Deutsche in der Tschechoslowakei

Andreas Morgenstern

Deutsche in der Tschechoslowakei

Die Berichterstattung der Reichenberger Zeitung 1932–1935

Mit einem Vorwort von Jaroslav Rudiš

METROPOL

Umschlagabbildung:
Alltag auf dem Altstädter Platz, heute Náměstí Dr. E. Beneše
in Liberec/Reichenberg, 1932. – *Privatbesitz*

ISBN: 978-3-86331-745-4

Ansbacher Straße 70
D–10777 Berlin
https://metropol-verlag.de/

Druck: AALEXX Druck Produktion, Großburgwedel

Inhalt

Vorwort

Auf nach Liberec. Nach Reichenberg

Das Wetter. Das macht die Atmosphäre von Liberec aus. Alles hängt mit der besonderen geografischen Lage zusammen. Liberec, Reichenberg, die Metropole von Nordböhmen, liegt in einem breiten, doch äußerst tiefen Tal, das sich nur in eine Richtung öffnet. In die Oberlausitz. Nach Deutschland. Wenn man von Reichenberg weiter nach Böhmen reisen möchte, muss man über den einen oder anderen Bergpass. Wenn von Deutschland Wolken kommen, bleiben sie im Tal hängen. So regnet es viel in Liberec. Und wenn es nicht regnet, dann schneit es. Und wenn es nicht regnet oder schneit, dann kann es in der Stadt oft sehr nebelig werden. Das regnerische und schneereiche oder nebelige Wetter macht aus den Menschen hier verregnete, verschneite und vernebelte Menschen. So auch einen Freund von mir, ein Arzt aus Liberec.

Im Nebel oder in den Wolken verstecken sich nicht nur Häuser und Hügel, sondern auch die Geschichte und Geschichten der Stadt, wo bis 1945 vor allem Deutsch gesprochen wurde, obwohl hier schon zu österreichischen Zeiten eine engagierte tschechische Gemeinschaft lebte.

Acht Jahre habe ich in Liberec verbracht. In der Gegend bin ich aufgewachsen, und in Liberec habe ich studiert, Germanistik und Geschichte. Viel Zeit verbrachte ich im Kreisarchiv. Nach ein paar Tagen kannten mich dort schon alle. So bekam ich immer einen Kaffee und vertiefte mich dann in die alte Lektüre.

Für meine Abschlussarbeit las ich die deutschsprachigen Zeitungen und Zeitschriften, die zwischen 1918 und 1938 in Liberec, in Reichenberg erschienen sind. In der Zeit der sogenannten Ersten Republik, wie wir Tschechen sagen. In der kurzen Periode zwischen dem Ende der österreichischen Monarchie und dem Zweiten Weltkrieg, der unser altes Mitteleuropa zerstört hat. Und viele Geschichten mit ins Grab nahm.

In Liberec habe ich mich in die bewegte Geschichte von diesem Mitteleuropa verliebt. Die Lektüre der alten Zeitungen war eine unglaubliche historische Entdeckungsreise, denn bis zu der sogenannten Samtenen Revolution, wie wir Tschechen zur Wende sagen, hat man sich nicht viel für die gemeinsame deutsch-tschechische Geschichte des Landes interessiert. Das war auch nicht gewünscht.

Die Deutschen galten als böse, vor allem die sogenannten Sudetendeutschen, die man als fünfte Kolonne Hitlers betrachtet hatte und für die Zerschlagung der Tschechoslowakei verantwortlich machte. Und ja, viele Reichenberger haben Hitler verehrt und waren furchtbare Nationalisten und Rassisten, nicht nur der bekannteste von ihnen – Konrad Henlein. Doch natürlich waren es nicht alle.

Vor allem eine Zeitung habe ich immer wieder gerne gelesen: die *Reichenberger Zeitung*. Ein weltoffenes, bürgerlich-liberales Blatt, das nicht nur in Reichenberg gelesen wurde, sondern in vielen anderen mehrheitlich deutschsprachigen Städten und Gegenden in Böhmen. Und auch in Prag.

Das Blatt war viel mehr als eine Regionalzeitung. Ganz im Gegenteil. Man muss sich bloß die Berichterstattung aus dem Ausland anschauen. Oder den Kulturteil.

Als Eisenbahnmensch las ich sehr gerne über die Eisenbahn. Auch auf die Geschichte der Feuerhalle, des ersten Krematoriums in der ehemaligen Monarchie, bin ich immer wieder gestoßen. Die Feuerhalle spielt eine zentrale Rolle in meinem Roman *Winterbergs letzte Reise*. Und die Eisenbahn, die 1859 Reichenberg mit der Welt verbunden hat, sowieso.

Immer wieder wurde auch über das Wetter berichtet. So las ich nicht nur über die Theaterpremieren in Wien, Prag oder Reichenberg und die stürmischen Zeiten in der Weltpolitik, sondern auch über die Schneestürme und Überschwemmungen.

Ich mochte auch die ganz kleinen Geschichten über die Menschen, die einst im Tal unter dem Jeschken, dem Hausberg von Reichenberg, lebten. Und die sicher auch schon damals verregnet, verschneit oder vernebelt waren, wie mein Freund, der Arzt, behauptet. Umso mehr freut es mich, dass wir mit dieser Publikation jetzt noch viel mehr über die *Reichenberger Zeitung* erfahren und uns auf eine Zeitreise begeben können.

Jaroslav Rudiš
Schriftsteller, Dramatiker, Musiker

Einleitung

Die Zeitung *Welt am Sonntag* betitelte 2017 einen Artikel des Historikers und Journalisten Sven Felix Kellerhoff mit „Sudetendeutsche lebten in Demokratie – und wählten Hitler".[1] Auch wenn die These, „sie wählten Hitler", in dieser Vereinfachung vor einer historischen Prüfung kaum Stand halten dürfte, muss uns auch heute noch beschäftigen, warum eine Mehrheit der Sudetendeutschen 1938 den Anschluss an die Diktatur des „Dritten Reichs" dem Leben in der Demokratie der Tschechoslowakischen Republik vorzog, warum die bald immer stärker in Hitlers Fahrwasser treibende Sudetendeutsche Partei (SdP) bei den Parlamentswahlen 1935 solch einen Erdrutschsieg unter den Deutschen erringen konnte.

Beschäftigen sollte uns vielleicht sogar die Frage, warum noch in unseren Tagen von einer lokalen Vertriebenenorganisation zu lesen ist, 1938 hätten die Sudetendeutschen im Deutschen Reich „Schutz vor Willkür und Unrecht" anstelle „fortschreitender Entrechtung und spürbar zunehmender Tschechisierung" gesucht.[2] Dies ist sicherlich ein Einzelfall, der aber doch noch nachträglich der These Kellerhoffs Substanz verleiht. Aber auch aus „tschechischer Perspektive", schon dieser Begriff ist schwierig, wird teils noch in unseren Tagen von der deutschen Minderheit als „Danaergeschenk" für die Tschechoslowakei geschrieben.[3]

Wie konnte es so weit kommen? Die Suche nach den Grundlagen dieser Entwicklung treibt die folgenden Seiten voran. Dabei soll im Mittelpunkt stehen, wie eine politisch nicht gelenkte, keiner bestimmten Richtung zugehörige und

1 Welt am Sonntag, 17.4.2017, online: https://www.welt.de/geschichte/article163760246/Sudetendeutsche-lebten-in-Demokratie-und-waehlten-Hitler.html [30.3.2022].

2 Vgl. Heimat Hohenelbe. Geschichte und Geschichten, zusammengestellt von Wolfgang Fink, Marktoberdorf 2007, S. 27, 44; vgl. allgemein zu Publikationen von Vertriebenenorganisationen: Tilman Kasten/Elisabeth Fechl (Hrsg.), Heimatzeitschriften. Funktionen, Netzwerke, Quellenwert, Münster/New York 2017.

3 Vgl. Jaroslav Kučera, Demokratie auf Bewährungsprobe. Die Erste Tschechoslowakische Republik und ihre deutsche Minderheit 1918–1938, in: Matthias Stickler/Jaroslav Kučera/Raimund Paleczek (Koord.), Deutsche und Tschechen. Landsleute und Nachbarn in Europa, München 2018, S. 185.

somit im Grundsatz unvoreingenommene Presse während der Scharnierjahre 1932 bis 1935[4] die Lebenssituation im Sudetenland[5] ihren deutschen Lesern darstellte. Ihren Anspruch drückte die *Reichenberger Zeitung* in einer durch die zahlreichen Organe der Parteipresse verschiedenster Couleur stark beeinflussten Mediensituation aus: „Das Wesentliche der RZ-Berichterstattung ist, daß RZ-Meldungen infolge der überparteilichen Einstellung des Blattes sachlich, wahrheitsgetreu und unbeeinflußt gehalten sind."[6]

Analysiert man die Artikel zur tschechoslowakischen Gegenwart dieser Jahre in der *Reichenberger Zeitung*, verspricht das eine Antwort auf die Frage, wie die Lebensverhältnisse der Deutschen als einer Minderheit in der Republik dargestellt wurden, wie sie sich dem Leser bei der täglichen Lektüre darstellten. Der Schriftleiter der *Reichenberger Zeitung*, Hans Kloos, beanspruchte dies auch als Aufgabe des Journalisten, „prägt er ja doch die Meinung des Volkes, zumindest beeinflußt er sie weiter. Das Publikum glaubt und vertraut ihm".[7] Die Zeitung beschrieb den Alltag, aber aus der Sicht ihrer Redaktion. Sie bestimmte als täglicher Begleiter ihrer Leser deren Haltung zum Staat Tschechoslowakei und dessen gesellschaftlich-politischer Realität mit.

Das Massenmedium Zeitung konnte damit für seine Leser Ereignisse jenseits der unmittelbaren Umgebung erlebbar machen, einordnen und werten. Immerhin war die Tageszeitung neben dem aufkommenden Rundfunk die wichtigste, vielfach einzige unabhängige Nachrichtenquelle. Zeitungen konnten einen Ausgleich mit den tschechischen Nachbarn befördern oder zumindest unterschiedliche Perspektiven aufzeigen, sie konnten aber auch Unterschiede betonen und Unzufriedenheit schüren. Medienverantwortliche entwickelten sie so zu einem herausgehobenen Akteur politischer Kommunikation.[8]

4 Raimund Graf überschrieb treffend ein Kapitel seiner bereits 1963 verfassten „Geschichte des Bundes der Landwirte" (Kulmbach 2017) für die Jahre 1933/34 als „die ersten Schritte auf dem Wege in die Katastrophe von 1945".

5 Vgl. kritisch zum Begriff Sudetenland als einem erst nachträglich künstlich gebildeten politischen Körper: Tobias Reger, „Volkstumskampf" ohne Ende? Sudetendeutsche Organisationen 1945–1955, Frankfurt a. M. 2008, S. 38; Philipp Ther sieht die Sudetendeutschen dagegen als „Kind der Tschechoslowakei", vgl. ders., Die dunkle Seite der Nationalstaaten. „Ethnische Säuberungen" im modernen Europa, Bonn 2012, S. 34.

6 Reichenberger Zeitung, 30. 9. 1934.

7 75 Jahre Reichenberger Zeitung. Ihren Beziehern und Lesern gewidmet, Reichenberg 1935, S. 7.

8 Vgl. Christoph Cornelißen/Roman Holec/Miroslav Kunštát, Medien und Öffentlichkeit. Zur nationalen und transnationalen Wirkungsmacht von Massenmedien im Spannungsfeld zwischen Tschechen, Slowaken und Deutschen, in: Bohemia 51 (2011), S. 3.

Reichenberg

Gemeinsam mit Prag[9] 1850 zur ersten Statuarstadt in Böhmen erklärt, war Reichenberg zu dieser Zeit auch nach Bevölkerungszahlen die Nummer zwei und behauptete sich auch in den folgenden Jahrzehnten als Kulturmetropole Nordböhmens. Ein Symbol hierfür ist das 1883 eröffnete Stadttheater (heute F.X. Šalda-Theater[10]). Schauspielgrößen wie Paul Hörbiger oder Hans Moser feierten hier erste Erfolge. Noch heute beeindruckt auch das Rathaus am Beneš-Platz, 1893 mit unübersehbaren Anleihen am Wiener Rathaus fertiggestellt. Eine Stadt mit selbstbewussten Bürgern, die sich an der Hauptstadt der Monarchie messen wollten. Für manchen wurde aus der Provinzstadt so nicht allein die „Hauptstadt“ Nordböhmens,[11] sondern gleich das „Wien des Nordens“, für andere das „böhmische Manchester“, war doch die Textilindustrie von besonderer Bedeutung für die Stadtentwicklung. An der Spitze stand einer der größten Betriebe in Österreich-Ungarn und in der Tschechoslowakei, Liebieg & Comp. Johann Liebieg sollte dann weiterhin zum Gründungsgremium der *Reichenberger Zeitung* zählen. Große wirtschaftliche Bedeutung nahmen daneben auch Metallverarbeitung und Nahrungsmittelproduktion ein.

Reichenbergs Wachstum erbrachte einen spürbaren Zuzug von Tschechen, die unter den einfachen Arbeitskräften und Dienstboten, aber auch bei den Staatsbeamten zahlreich vertreten waren, da sie ihre Zweisprachigkeit gegenüber deutschen Bewerbern bevorteilte. Rasch etablierte sich Reichenberg darüber hinaus als Verkehrsknotenpunkt. 1859 führten Eisenbahnlinien nach Turnau und, bereits grenzüberschreitend, in das nahe sächsische Zittau.

Am 29. Oktober 1918 wurde Reichenberg die erklärte Hauptstadt der Provinz Deutschböhmen, der aber nur ein kurzes Leben beschieden war. Am 16. Dezember marschierten tschechoslowakische Truppen in Reichenberg ein. Die *Reichenberger Zeitung* schrieb an diesem Tag von einem „traurigen Ereignis, mit dem nach der gegebenen Sachlage nun einmal gerechnet werden mußte“. Der

9 Die Ortsnamen orientieren sich in den folgenden Kapiteln an der Schreibweise der *Reichenberger Zeitung*, d.h. sie werden mit dem deutschen Namen benannt. Zur besseren Übersicht siehe das Namensverzeichnis im Anhang.

10 Der gebürtige Reichenberger František Xaver Šalda war nicht allein ein bedeutender Schriftsteller und Literaturkritiker, sondern unterstützte ab 1933 mit dem Šalda-Komitee auch deutsche Flüchtlinge in der Tschechoslowakei.

11 Miloslava Melanová, Die Hauptstadt Deutschböhmens? Reichenberg zwischen 1848 und 1918, in: Kristina Kaiserová/Miroslav Kunštát (Hrsg.), Die Suche nach dem Zentrum. Wissenschaftliche Institute und Bildungseinrichtungen der Deutschen in Böhmen (1800–1945), Münster 2014, S. 337–370.

Friedensvertrag von St. Germain schlug den Landstrich dem neuen Vielvölkerstaat Tschechoslowakei[12] zu. Jetzt waren die Deutschen in der Minderheit. Was diese ausmachte, darüber sollte 1933 das Büchlein von Karl Schreitter-Schwarzenfeld Auskunft geben, das die *Reichenberger Zeitung* im folgenden Jahr ausführlich zusammenfasste. Zu lesen war da von einer hohen Konzentration der Beschäftigten in Handel und Industrie, allerdings nur wenigen Industriellenfamilien und für das wirtschaftliche Potenzial zu vielen Händlern, einem in sich geschlossenen, standesbewussten Bauerntum sowie einem reichen Vereinsleben, das inzwischen auch wieder verstärkt als Brücke zur marxistischen Arbeiterschaft diene.[13]

Immerhin behauptete sich Reichenberg als heimliche Hauptstadt Nordböhmens. Hierzu trug auch die Reichenberger Messe bei – Gäste aus dem In- und Ausland brachten internationales Flair in die Stadt. 1933 gab es nach Angaben der *Reichenberger Zeitung* immerhin 39 Hotels und Gasthäuser mit 1112 Betten, wobei aber zwischen 1930 und 1933 die jährlichen Übernachtungszahlen von 69000 auf 55 600 gefallen waren. Weiterhin zählte die Stadt 1933 326 deutschsprachige und 27 tschechischsprachige Theatervorführungen, zehn Kinos, 492 Musikkonzerte und mehr als eintausend Vereine. Auf den Straßen der Stadt bewegten sich 965 Personenwagen, 569 Transporter, 514 Motorräder und immerhin 26 Busse.[14] Eine weitere Attraktion, die in der *Reichenberger Zeitung* regelmäßig mit Stolz beworben wurde, war der 1919 gegründete Zoo.

In den folgenden Jahren sollte die Stadt aber auch zu einem Zentrum der deutschvölkischen Bewegung heranwachsen.[15] Wenigstens in einer Andeutung machte auch die *Reichenberger Zeitung* daraus kein Geheimnis. So las man am 22. Januar 1934 vom Kontrast zwischen „weltbürgerlich-liberalem" Prag und „sudetendeutscher Provinz". Letztere habe im „Kampf um ihr nationales Dasein" eine „bodenständig-volksbewußte Haltung" ausbilden müssen.

Neben der Stadt Reichenberg selbst umfasste der Verwaltungsbezirk zahlreiche Industriegemeinden. Bekannte Städte waren Böhmisch Aicha, Grottau, Kratzau, Liebenau und Oschitz. In vielen Orten der Region wuchs zu dieser

12 Vgl. einführend: Andrej Tóth/Lukáš Novotný/Michal Stehlík, Deutsche, Ungarn und Slowaken in der Tschechoslowakei zwischen den Weltkriegen. Ein Beitrag zur Geschichte der ersten Tschechoslowakischen Republik, in: West Bohemian Historical Review 1 (2011) 1, S. 143–170, insb. S. 146–149.

13 Ausschnitte aus dem Band *Die Sudetendeutschen in ihrer gesellschaftlichen Schichtung* (Prag 1933) wurden abgedruckt in der *Reichenberger Zeitung* vom 2.6.1934.

14 Alle Zahlen aus Reichenberger Zeitung, 2.2.1934.

15 Art. Reichenberg/Liberec, in: Online-Lexikon zur Kultur und Geschichte der Deutschen im östlichen Europa, hrsg. von der Universität Oldenburg, https://ome-lexikon.uni-oldenburg.de/orte/reichenberg-liberec [22.2.2021].

Zeit der tschechische Bevölkerungsanteil. In diesem grenznahen Raum förderte der tschechoslowakische Staat die Ansiedlung von Tschechen. Allmählich sollte so die Sprachgrenze mit der Landesgrenze in Einklang gebracht werden.[16] In den 1930er-Jahren war die Bevölkerungsverteilung aber noch eindeutig. Bei der Volkszählung des Jahres 1930 bekannten sich die Bürger im Bezirk Reichenberg mehrheitlich als Deutsche, wobei doppelte Identitäten oft vorkamen. In Reichenberg selbst lebten 1930 knapp 39 000 Menschen, darunter 30 000 Deutsche.[17]

Reichenberger Zeitung

Die folgenden Kapitel fußen in erster Linie auf Beiträgen aus der zwischen 1860 und 1938 in Reichenberg herausgegebenen *Reichenberger Zeitung*, der größten von insgesamt sechs deutschsprachigen Tageszeitungen in der Stadt. An der Wiege des Blatts stand neben Johann Liebieg auch der damalige Bürgermeister Ludwig von Ehrlich. Erste Redakteure waren ein Dr. Kremla und ein Herr Moser. Verlegt wurde die *Reichenberger Zeitung* im Verlag Gebrüder Stiepel, die noch einige Jahre Geduld aufbringen mussten, bevor die Zeitung zu einem erfolgreichen Bestandteil ihres ständig wachsenden Unternehmensgeflechts aufstieg, das bis hin zu einer Kofferfabrik reichte. Im Verlag Gebrüder Stiepel erschien auch vielfältige weitere Literatur, von der Rundfunkzeitschrift *Europa-Stunde* über die deutschsprachigen Ausgaben der tschechoslowakischen Gesetzestexte und Adressbücher bis hin zu Kinderbüchern.[18]

Bald nahm die dann zwischen 1863 und 1881 von Dr. J. Herrmann geführte *Reichenberger Zeitung* unter den deutschsprachigen Blättern Böhmens neben den Prager Tageszeitungen eine durchaus gleichberechtigte Position ein. Ihren wirtschaftlichen Durchbruch erlebte das Blatt um die Jahrhundertwende. In den 1890er-Jahren stieg die Auflage von 4500 auf 13 000 Exemplare.[19]

Als 1886 Wilhelm Stiepel in der Nachfolge seines Vaters Herausgeber der Zeitung wurde, übernahm sein Schwager Wilhelm Feistner die Redaktion. In der Ausgabe zum 75. Jubiläum der Zeitung erklärte er zum Programm, „[zu]

16 Vgl. Detlef Brandes, Die Sudetendeutschen im Krisenjahr 1938, München 2008, S. 17.

17 Karl Kurth, Sudetenland, Kitzingen/Main 1954, S. 137.

18 Vgl. Murray G. Hall, „Ein Bilderbuch aus dem Märchenhaus Stiepel". Zum Kinderbuchprogramm des Verlages Gebrüder Stiepel in Reichenberg, in: Archiv für Geschichte des Buchwesens 70 (2015), S. 1–13.

19 Auflagenzahlen nach: Adéla Hall, Deutsch und Tschechisch im sprachpolitischen Konflikt. Eine vergleichende diskursanalytische Untersuchung zu den Sprachverordnungen Badenis von 1897, Frankfurt a. M. 2008, S. 52.

allererst unerschrocken einzutreten für Deutschtum, Freiheit und Fortschritt".[20] Die Leitung des Blattes kennzeichnete während dieser Zeit große Kontinuität. Mit Stolz wusste man später von einer „mehr als einstündigen Erörterung der innenpolitischen Verhältnisse" Feistners bei Präsident Tomáš Garrigue Masaryk zu berichten.[21] Eng verbunden mit den örtlichen bürgerlichen Parteien – Adalbert Lux z. B., der Stellvertreter Feistners, war Stadtrat für die Deutsche Arbeits- und Wirtschaftsgemeinschaft (DAWG)[22] –, präsentierte sich das Blatt als bedeutender Faktor im politischen und wirtschaftlichen Leben der Region.[23]

Ihre Artikel publizierte die *Reichenberger Zeitung* mit seltenen Ausnahmen ohne Autorennennung. Bei Übernahmen anderer Beiträge, auch regelmäßig aber knapp aus der tschechischsprachigen Presse, dagegen nur selten aus dem Ausland, zeigte die Redaktion die Herkunft an. Schließlich versicherte sie, „allen Ansprüchen dadurch Rechnung zu tragen, daß sie möglichst vielerlei Dingen Raum gibt".[24]

Obwohl die Zeitung selbst recht schmucklos war und dafür eine wöchentliche Bildbeilage[25] publizierte, war man stolz, an der Spitze des technischen Fortschritts zu stehen: „Rastlos war der Verlag der ‚Reichenberger Zeitung' ein Menschenalter hindurch bemüht, unter Heranziehung aller technischen Errungenschaften – von der Setzmaschine bis zur Riesen-Rotationsdruckpresse – und in Tag und Nacht währender Tätigkeit seiner Mitarbeiter die Leser zu treuen Lesern zu machen, die ihre Zeitung nicht einen Tag missen wollen." So habe man 1929 eine 64-seitige Rotationsmaschine angeschafft. Stündlich könne diese 72 000 Zeitungen im Umfang von 16 Seiten drucken.[26] Nun sei sie „die Zeitung der Sudetendeutschen!"[27]

In den Jahren 1932 bis 1935 erschien die Zeitung in zwölf Ausgaben pro Woche, d. h. dienstags bis samstags gab es eine Morgen- und eine Abendausgabe, sonntags und montags allein eine Ausgabe. Entsprechend versprach man: „Zweimal täglich, früh und abends informiert die ‚Reichenberger Zeitung' ihre Leser ausführlich und objektiv über alle wichtigen Ereignisse im In- und Auslande."[28]

20 75 Jahre Reichenberger Zeitung, S. 3.
21 Reichenberger Zeitung, 9. 12. 1932.
22 Vgl. Jaroslav Rudiš, Německy regionální tisk v Liberci v Letech 1918–1938 [Die deutsche Regionalpresse in Reichenberg in den Jahren 1918–1938], Diplomarbeit, Liberec 1994, S. 33.
23 Vgl. Rudolf Gränzer, Reichenberg. Stadt und Land im Neißetal, Augsburg 1974, S. 211.
24 Reichenberger Zeitung, 6. 12. 1934.
25 Für diese beanspruchte man nichts weniger, als „die sudetendeutsche Illustrierte" geschaffen zu haben. Vgl. 75 Jahre Reichenberger Zeitung, S. 24.
26 Ebenda, S. 7.
27 Reichenberger Zeitung, 22. 8. 1934.
28 Ebenda, 30. 3. 1933.

An anderer Stelle hieß es: „Wollen Sie alles wissen, was in der Welt wichtiges vorgeht, dann raten wir Ihnen, von jetzt ab täglich die ‚Reichenberger Zeitung' zu lesen." Profitieren würden die Leser von einem „weitverzweigten Nachrichtendienst",[29] hieß es weiter in dieser Werbeschrift. Die *Reichenberger Zeitung* versicherte in ihrem Untertitel, „Tagblatt für das deutsche Volk in Böhmen" zu sein. Ab 1934 ersetzte sie im Zeitungskopf „Böhmen" durch „Tschechoslowakei". Die Integration der Deutschen in die Republik schien abgeschlossen – jedenfalls vermittelte die Zusicherung diesen Eindruck.

Mitte der 1930er-Jahre bezifferte Rudolf Heider im *Sudetendeutschen Jahrbuch* die Auflage der *Reichenberger Zeitung* auf täglich 35 000 Exemplare, bzw. an Sonntagen sogar 70 000 Exemplare.[30] Nach diesen Verkaufszahlen war die *Reichenberger Zeitung* die Nummer zwei unter den deutschsprachigen Blättern, dicht hinter dem *Prager Tagblatt.*[31] Dennoch wurde das Sprachrohr der „deutschbewussten" Bevölkerung Nordböhmens,[32] das auch eine 1929 entstandene nationalistische Alternative[33] deutlich in den Schatten stellte, bisher kaum in den Blick der Forschung genommen.[34] Hier kann an dieser Stelle eingeschoben werden, dass die lange Zeit insgesamt recht stiefmütterlich behandelte Mediengeschichte des östlichen Mitteleuropas dank des breit gefassten Kompendiums

29 Ebenda, 17. 12. 1933.

30 Rudolf Heider, Neue Gemeinschaft – neue Presse, in: Sudetendeutsches Jahrbuch 1937, S. 64 f. Die gleiche Auflagezahl für die Sonntagsausgabe nannte auch der Jubiläumsartikel der *Reichenberger Zeitung* vom 22. 8. 1934.

31 Vgl. Norbert Linz, Der Aufbau der deutschen politischen Presse in der ersten Tschechoslowakischen Republik (1918–1925), in: Bohemia 11 (1970), S. 285, Fn. 8.

32 Rudiš, Německy regionální tisk, S. 34.

33 In der Erstausgabe des *Reichenberger Tagesboten* (30. 3. 1929) versprachen dessen Herausgeber offensichtlich mit Blick auf die *Reichenberger Zeitung*, man wolle „für die Zukunft verhindern, daß die regierenden tschechischen Kreise des Glaubens seien, die Bevölkerung Reichenbergs heiße das gut, was die bisher allein maßgebende Presse dieser Stadt unrichtiger Weise als Niederschlag der öffentlichen Meinung verbreitet".

34 Die wohl einzige bedeutendere Ausnahme ist der Aufsatz von Susanne Keller-Giger, Nicht zu Ende gedacht?! Ein Beitrag zur Sicht der deutschsprachigen Reichenberger Tagespresse auf die Situation der Sudetendeutschen in der Tschechoslowakei von 1929–1938, in: Fontes Nissae 5 (2004), S. 98–130, basierend auf ihrer gleichnamigen Lizenziatsarbeit von 2003. Als „nicht aggressiv" wird die *Reichenberger Zeitung* auch beschrieben in der knappen Darstellung des Blatts in der Bachelorarbeit von Markéta Benešová *Česko-německé vztahy na Liberecku* [Die tschechisch-deutschen Beziehungen in Liberec], Liberec 2019, S. 19. Leider konzentriert sich der Sammelband *Grenzdiskurse. Zeitungen deutschsprachiger Minderheiten und ihr Feuilleton in Mitteleuropa bis 1939*, hrsg. von Sibylle Schönborn (Essen 2008) nur auf Prag, nicht aber auf den tatsächlichen Grenzraum. Aufnahme fand das Blatt auch nicht in: Deutschsprachige Zeitungen in Mittel- und Osteuropa, hrsg. von Jörg Rieke und Britt-Marie Schuster, Berlin 2005.

Deutschsprachige Zeitungen im östlichen Europa. Ein Katalog[35] von Jörg Rieke und Tina Theobald, 2019 erschienen, sichtlich besser ausgeleuchtet wurde. Ein Kapitel stellt dort auch die *Reichenberger Zeitung* ausführlich vor.

Als unabhängige Tageszeitung, unabhängig von einer politischen, insbesondere parteipolitischen Leitlinie stand die *Reichenberger Zeitung* in einem besonders engen Verhältnis zu ihren Lesern. Ohne Aufgabe und Verantwortung zur Verbreitung einer vorgegebenen Richtung, damit aber auch ohne die wirtschaftliche Absicherung durch eine hinter ihr stehende Organisation, musste sie ungebundene Käufer erreichen, schon allein, um ihr Überleben zu sichern. Das galt selbst dann, wenn sie als publizistisches Aushängeschild des weitreichenden Stiepelschen Unternehmenskonglomerats auf Unterstützung rechnen durfte. Das Blatt zeigt sich so als Zeuge von hoher Authentizität allgemein verbreiteter Einstellungen. Zumindest grundsätzlich mussten in der gesellschaftspolitischen Einstellung Redaktion und Leserschaft in der nordböhmischen deutschen Gesellschaft übereinstimmen, ein Anschreiben jenseits oder gar gegen das Weltbild der bürgerlichen Leserschaft hätte den Verlust der wirtschaftlichen Basis bedeutet – ungewöhnliche Werbeaktionen um alte und neue Leser bezeugen den alltäglichen Kampf um diesen Rahmen. Seit 1926 bot man Reisen mit „Komfort bei Volkspreisen" in das eigene „RZ-Heim" im italienischen Adriaort Grado an. 1934 nahmen dieses Angebot immerhin 97 Leser wahr.[36] Darüber hinaus gehörten zu dieser Form der Leserbindung auch Sommertouren. 1932 organisierte die Zeitung beispielsweise eine Fahrt von Reichenberg über Prag, Linz und Salzburg in das einst österreichische Seebad Opatija/Abbazia.[37]

Nicht vergessen werden sollte, dass auch die *Reichenberger Zeitung* zu den deutschen wie tschechischen Zeitungen zählte, die der jeweils anderen Seite manche „Wunde" schlugen. In den meisten Publikationsorganen gab es eben immer wieder „Nadelstiche" und „Tiefschläge".[38] Gefordert sah sich auch die

35 Die Autoren heben darin die zahlreichen Rubriken der mit den Prager Blättern „zeitweilig annähernd gleichrangigen" *Reichenberger Zeitung* hervor. In ihrer umfangreichen Liste wichtiger Journalisten in den böhmischen Ländern und der Tschechoslowakei wird allerdings kein Mitarbeiter der Zeitung genannt. Vgl. Jörg Rieke/Tine Theobald (Hrsg.), Deutschsprachige Zeitungen im östlichen Europa. Ein Katalog, Bremen 2019, S. 287–294, 356–359, hier S. 357.

36 75 Jahre Reichenberger Zeitung, S. 30.

37 Hier fällt auf, dass der einstige deutsche Ortsname St. Jakobi in der Anzeige im Gegensatz zum üblichen Gebrauch keine Verwendung fand. Vgl. Reichenberger Zeitung, 11.6.1932.

38 Vgl. Ferdinand Seibt, Unterwegs nach München. Zur Formierung nationalsozialistischer Perspektiven unter den Deutschen in der Tschechoslowakei 1930–1938, in: Robert Luft u.a. (Hrsg.), Deutsche, Tschechen, Sudetendeutsche. Analysen und Stellungnahmen zu Geschichte und Gegenwart aus fünf Jahrzehnten, München 2002, S. 75f.

Reichenberger Zeitung, eine Heimat zu verteidigen, „die uns umso teurer wird, je mehr sie in der Gefahr ist, uns entfremdet zu werden“.[39] Das Bewusstsein für das eigene Deutschtum wollte sie fördern, da „nationale Gesinnung nach unserem Empfinden der Unterbau für die Gesinnung eines Mannes überhaupt“ sein müsse. Gleichzeitig sollte jedoch auch das Zusammenleben mit den Tschechen in „unserer gemeinsamen Heimat“ gefördert werden.[40]

Mitte der 1930er-Jahre erahnte es noch niemand, aber der *Reichenberger Zeitung* stand bald ein anderer, endgültiger Einschnitt bevor: Trotz ihrer hohen Auflage wurde das Blatt 1938 mit dem Anschluss an das Deutsche Reich eingestellt. In ihren letzten Ausgaben war die Zeitung jedoch bereits auf die Linie der Sudetendeutschen Partei bzw. dann der NSDAP getrimmt. Schriftleiter Wilhelm Feistner, der erst kurz zuvor nach mehr als 50 Jahren seine Schlüsselposition abgegeben hatte, und auch der langjährige Herausgeber Wilhelm Stiepel sollten dieses Ende ihrer Zeitung noch erleben müssen.

1932 bis 1935 war die *Reichenberger Zeitung* aber noch ein vor allem in Nordböhmen meinungsbildendes Presseorgan. Die folgenden Kapitel rücken deshalb verschiedene größere, aber auch kleinere Ereignisse und häufige Themen der Berichterstattung in den Mittelpunkt. Es ist dabei zu bedenken, dass in der Zeitung tendenziell kritische Berichte über alltägliche Ereignisse, über das Verhältnis zwischen Deutschen und Tschechen gegenüber Berichten über konfliktfreie Zusammenarbeit, über ein Miteinander im Alltag überwiegen dürften. Der Hang zum Sensationellen ist Zeitungen im Kampf um die Aufmerksamkeit der Leserschaft immanent. Dennoch vermag die Studie einen deutschen Blick vor allem auf als schmerzhaft empfundene Aspekte des Lebens zu zeigen. Anhand der Nachzeichnung der Struktur, der Form und Inhalte der damaligen Artikel sowie deren möglicher Anschlussfähigkeit an das politisch-gesellschaftliche Umfeld, also insbesondere die eigene Leserschaft, wollen die Ausschnitte untersuchen, ob die Berichte ausgewogen waren. Mit dieser Präsentation der Artikel aus dem Alltag stellt sich die Frage, ob eine bestimmte politische oder gesellschaftliche Position dominierte und deren Weiterverbreitung anschließend die deutsche Leserschaft zu beeinflussen vermochte. Immerhin sollte das zweifellos über viele Jahrzehnte, ja Jahrhunderte besonders enge Verhältnis zwischen Tschechen und Deutschen kurz darauf in der Katastrophe enden.

39 75 Jahre Reichenberger Zeitung, S. 24.

40 Vgl. ebenda, S. 35.

1. Alltag in Zeiten der Not – Leben in der Wirtschaftskrise

„Ein Leichenfeld der Arbeit" – Berichte aus dem Notstandsgebiet

Regelmäßig verkündete die *Reichenberger Zeitung* die aktuellen Arbeitslosenzahlen für Nordböhmen. Laut Meldung vom 19. Februar 1932 waren allein hier 150 554 Menschen ohne Arbeit – und ihre Zahl nahm so sprunghaft zu, dass die Redaktion am 8. März mit Blick auf die Dramatik in der gesamten Tschechoslowakei ergänzte, „auf jeden Arbeitstag entfällt die Schließung einer großen Fabrik mit einer Belegschaft von 2000 Köpfen". Unübersehbar zeigten sich Tausende einzelne Schicksale der Not, die ein bestürzendes Bild des Elends gerade in den deutschbesiedelten Regionen zeichneten. Das Blatt war dann reich an anrührenden Schilderungen dieser Armut, aber auch der Machtlosigkeit der Gemeinden. Aus Reichenberg selbst las man so am 18. November 1932: „Seit dem 1. Dezember 1930 zahlt die Stadtgemeinde den Arbeitslosen, welche seit 1. Juli 1930 ununterbrochen in Reichenberg wohnhaft oder nach Reichenberg zuständig sind, zu den staatlichen Lebensmittelkarten im Werte von 10 Kč für Ledige und 20 Kč für Verheiratete einen städtischen Zuschuß, welcher bei Ledigen wöchentlich 26 Kč und bei Verheirateten 40 Kč beträgt. Wenn ein verheirateter Arbeitsloser mehr als zwei Kinder unter 14 Jahren zu versorgen hat, so erhält er für jedes weitere Kind einen städtischen Zuschuß von 12 Kč ausgezahlt." Nun habe die Stadt beschlossen, „in Hinkunft die städtische Arbeitslosenunterstützung nur unter der Voraussetzung einer entsprechenden Arbeitsleistung für die Stadtgemeinde auszuzahlen", wofür ein kleiner Zuschlag gewährt wurde. Zur Einordnung dieser Geldleistung: Für 5 Kronen erhielt man eine günstige Mahlzeit in einem billigen Restaurant.

Was hier nach einer kommunalen Lösung in Bürokratendeutsch klingt, war dringend erforderliche Hilfe. Ein typisches Beispiel hierfür war am 23. November 1932 zu lesen. Abgedruckt wurde da ein „Notruf aus dem Erzgebirge", das den nationalsozialistischen Parlamentsabgeordneten Rudolf Kasper aus der Gemeinde W. erreicht habe: „Ehe ich Hungers sterbe, der meinen Kindern, meiner Frau das Ende nach einer langen Reihe von Tagen des Jammers bedeutet, versuche ich noch das Letzte, alle Vereine um Spenden zu ersuchen. Im Vorjahre wurden wir noch durch Geschwister, Freunde und Bekannte mit Spenden unterstützt; heuer ist nirgends mehr eine Verdienstmöglichkeit, alle sind verarmt, so daß

Das Verbreitungsgebiet der *Reichenberger Zeitung* liegt in Nordböhmen östlich der Elbe.

keiner dem anderen mehr helfen kann. Meine fünf Kinder sind gesund und wollen Brot. Ich bekomme in der Woche aber nur zwei Brote, die übrigen fünf Tage der Woche sind wir ohne jeden Bissen, und wir waren gezwungen, alles Eßbare ohne Ekel und Scheu zu uns zu nehmen. Ich ernähre meine Familie mit Hunde- und Katzenfleisch, aber auch diese ‚Delikatessen' sind schon rar geworden, denn wo noch etwas zu erblicken ist, wird es abgefangen, ganze Streifzüge von Arbeitslosen machen Jagd darauf." Kein Wunder, dass der verzweifelte Autor anonym in seiner Katastrophe bleiben wollte, über die er dem nationalsozialistischen Abgeordneten berichtete, nicht aber einem Mitglied der regierenden Parteien.

Die Not kostete aber auch direkt Menschenleben. So erfuhren die Zeitungsleser am 4. Dezember 1932 von zwei Arbeitslosen aus Teplitz-Schönau, die beim illegalen Kohlesuchen im früheren Schacht Elbe I ihr Leben verloren

Herders Welt- und Wirtschaftsatlas, 1932

hätten. Daneben stieg die Selbstmordquote. In Reichenberg schieden allein 1932 40 Menschen „freiwillig" aus dem Leben. Bei insgesamt 497 Sterbefällen in der Stadt waren dies immerhin knapp acht Prozent. Für ganz Böhmen wurden 1932 2780 Fälle notiert – eine Bilanz des Schreckens.[1] Überhaupt seien, so war am 2. Dezember 1933 zu lesen, in den 15 Jahren seit der Gründung der Tschechoslowakischen Republik 60 000 Menschen einer Eigentötung zum Opfer gefallen, die Hälfte davon Deutsche. Immer wieder verwies die *Reichenberger Zeitung* bei solchen Katastrophenmeldungen auf finanzielle Sorgen und fehlende Berufsaussichten. Ein besonders ergreifendes Schicksal schilderte das Blatt seinen Lesern von einer Marie M. aus Eichwald bei Teplitz-Schönau am 8. April 1932. Die

1 Reichenberger Zeitung, 16. 9. 1933, 3. 1. 1934.

„brave und arbeitsame Frau" ernährte durch ihre Fuhrwerksarbeit auch ihren Vater mit. Der Lohn schrumpfte aber immer weiter zusammen. Die Frau verlor ihren Lebensmut. „Sie fütterte das Pferd mit dem letzten Heu, das noch im Stalle war, dann griff sie zum Revolver, trat vor den Spiegel, um sich nicht zu verfehlen und schoß." Marie M. hatte nach diesem Bericht eigentlich alles richtig gemacht in ihrem Leben und sah sich doch aufgrund der schlimmen Lebensumstände in den Freitod gezwungen.

Ein weiteres Zeichen der Krise war der Rückgang der Eheschließungen. Nicht nur das Fehlen von Perspektiven, sondern auch ganz praktische Probleme, wie fehlende Mittel zur Ausstattung eines neuen Hausstandes, ließen die Nachfrage bei den Standesämtern auf einen Tiefpunkt fallen.

Die Not erzwang weiterhin den Bruch mit lieben, alten Traditionen. Das direkt an der Grenze nach Sachsen gelegene Bensen verzichtete am Gründonnerstag 1932 auf das Gabensammeln der Kinder mit Klappern und Ratschen.[2] Die Einwohner der Gemeinde besaßen nicht einmal mehr kleine Liebesgaben zum Verschenken an die Kinder der Nachbarschaft. Welche Aussichten sollten da gerade Kindern vermittelt werden? Aus dem Schluckenauer Bezirk las man am 3. März 1934 von 1500 bis 2000 Kindern, die „seitens der Eltern kein regelmäßiges Frühstück und kein Vormittagsvesperbrot erhalten. Muß da nicht jeder die bittersten Befürchtungen für die Zukunft unseres Volkes für die Kinder hegen." Darüber hinaus wüteten Diphterie und Scharlach unter den unterernährten Kindern. Krankheiten erschwerten das Leben noch weiter. Der Staat versagte in dieser Situation offenbar. Aus Karlsbad wurde gar berichtet, in einer Arbeitsvermittlung habe eine Mutter ihr Kind abgelegt. Sie werde es erst wieder abholen, wenn sie Arbeit gefunden habe.[3] Der Wahrheitsgehalt dieser Horrormeldung ließ sich nicht nachprüfen. Die Nachricht passte sich aber nahtlos in den Sound der Zeit ein.

Not verleitete auch manchen Bürger zu Straftaten. Ein Beispiel, von dem die Zeitungsleser erfuhren, war ein R. aus Warnsdorf. Der eigentlich redliche Mann stand wegen Veruntreuung vor Gericht. Die tatsächliche Verantwortung für das Abgleiten in Straftaten verortete die *Reichenberger Zeitung* aber wohl an höherer Stelle. Passend überschrieb sie am 4. Mai 1932 einen weiteren Artikel mit „Rücksichtsloses Vorgehen der Steuerbehörde". Der unglückliche Täter R. stand nicht allein. In Warnsdorf wurden 1933 692 Straftaten gegenüber 319 im Jahr zuvor gezählt.[4] Auch mit diesem Bericht drängte sich der Eindruck von

2 Ebenda, 17.3.1932.

3 Ebenda, 20.8.1932.

4 Ebenda, 3.1.1934.

Gesetzesbrüchen aus Verzweiflung auf. Ein seltenes Gegenbeispiel zu diesen Zeugnissen der Hoffnungslosigkeit gab es immerhin am 9. März 1934 aus Haida zu lesen. „Unter den größten Entbehrungen" nahmen dort Arbeitslose und der frühere Besitzer der Klarahütte in Blottendorf die Erzeugung von Hohlglas auf, „während es viele tschechische Glasmacher vorziehen, abzuwandern". Heimatliebe unter den Deutschen verlieh ihnen offensichtlich Kraft, obwohl die Absatzmöglichkeiten wenig Optimismus zuließen. Abwanderung hätte für sie jedoch den Umzug in die mehrheitlich tschechisch besiedelten Landesteile erfordert, denn zu den 16 am stärksten von der Not betroffenen Bezirken gehörten außer Starkenbach überwiegend deutschbesiedelte Bezirke,[5] und auf Hilfe vom Staat wartete man zumeist vergeblich, wie jedenfalls die *Reichenberger Zeitung* an verschiedenen Stellen vermittelte.

Für dieses Wegsehen des Staates stand beispielhaft die geschlossene Firma Jg. Klinger in Kratzau. In ihrem Fall musste man lesen, erbetene Hilfe des Fürsorgeministeriums, „welche gezeigt hätte, daß auch von höheren Stellen für die Aufrechterhaltung des Betriebes und Verhinderung der Vermehrung der Arbeitslosigkeit Schritte unternommen worden wären", sei ausgeblieben.[6] Auf die Not schienen die politischen Verantwortungsträger mit der kalten Schulter zu reagieren. Stattdessen fragte am 9. Juli 1932 die *Reichenberger Zeitung*, warum die Rüstungsausgaben unangetastet blieben, und am 15. Juli las man vom gerade fertiggestellten „Luxusbau des Eisenbahnministeriums". Die Büros der Sektionsvorstände beschrieb das Blatt seinen Lesern als „eingerichtet wie ein Märchen aus ‚Tausend und einer Nacht'". Dagegen geradezu symbolisch die Pfändung des Bürgermeisteramts in Klösterle an der Eger. Die Steuerbehörde konfiszierte neben der Stadtkasse auch eine Pendeluhr und eine Schreibmaschine.[7]

Die Arbeitslosenquote aber stieg und stieg. Schon im November 1932 erreichte sie nach einer leichten Erholung im Sommer wieder die Zahl von 138 496 Menschen ohne Arbeitseinkommen in Nordböhmen. Den Berufsgruppen nach handelte es sich um fast 33 000 „Hilfs- und Tagarbeiter, mehr als 28 000 Textilarbeiter, fast 22 000 Glasarbeiter, jeweils knapp 12 000 Metall- und Bauarbeiter sowie über 4000 Holzarbeiter".[8] Alles in allem ein „Leichenfeld der Arbeit" – so ein düsterer Jahresrückblick am 1. Januar 1933. Die Analogie zu den Schrecken des Weltkrieges mit seinen großen Opfern war nicht zu überlesen. Welch hoffnungslose Neujahrsbotschaft, die da die *Reichenberger Zeitung* zierte.

5 Ebenda, 20. 9. 1934.
6 Ebenda, 28. 9. 1934.
7 Ebenda, 13. 7. 1932.
8 Ebenda, 17. 12. 1932.

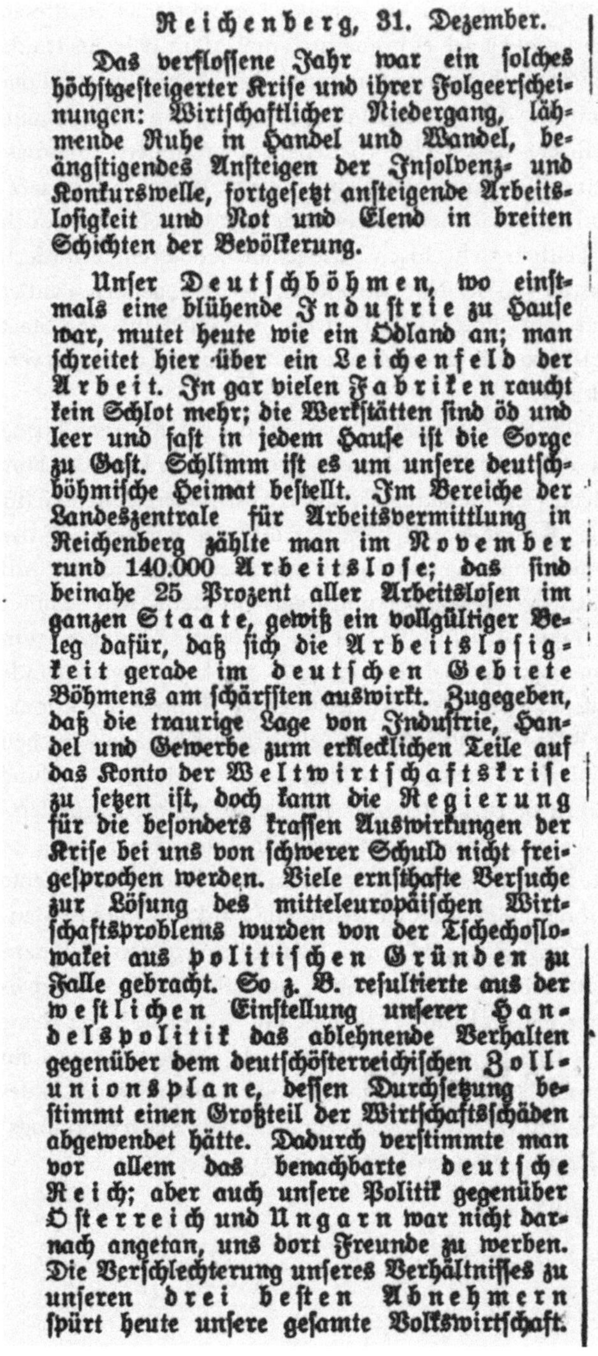

Reichenberg, 31. Dezember.

Das verflossene Jahr war ein solches höchstgesteigerter Krise und ihrer Folgeerscheinungen: Wirtschaftlicher Niedergang, lähmende Ruhe in Handel und Wandel, beängstigendes Ansteigen der Insolvenz- und Konkurswelle, fortgesetzt ansteigende Arbeitslosigkeit und Not und Elend in breiten Schichten der Bevölkerung.

Unser Deutschböhmen, wo einstmals eine blühende Industrie zu Hause war, mutet heute wie ein Ödland an; man schreitet hier über ein Leichenfeld der Arbeit. In gar vielen Fabriken raucht kein Schlot mehr; die Werkstätten sind öd und leer und fast in jedem Hause ist die Sorge zu Gast. Schlimm ist es um unsere deutschböhmische Heimat bestellt. Im Bereiche der Landeszentrale für Arbeitsvermittlung in Reichenberg zählte man im November rund 140.000 Arbeitslose; das sind beinahe 25 Prozent aller Arbeitslosen im ganzen Staate, gewiß ein vollgültiger Beleg dafür, daß sich die Arbeitslosigkeit gerade im deutschen Gebiete Böhmens am schärfsten auswirkt. Zugegeben, daß die traurige Lage von Industrie, Handel und Gewerbe zum erklecklichen Teile auf das Konto der Weltwirtschaftskrise zu setzen ist, doch kann die Regierung für die besonders krassen Auswirkungen der Krise bei uns von schwerer Schuld nicht freigesprochen werden. Viele ernsthafte Versuche zur Lösung des mitteleuropäischen Wirtschaftsproblems wurden von der Tschechoslowakei aus politischen Gründen zu Falle gebracht. So z. B. resultierte aus der westlichen Einstellung unserer Handelspolitik das ablehnende Verhalten gegenüber dem deutschösterreichischen Zollunionsplane, dessen Durchsetzung bestimmt einen Großteil der Wirtschaftsschäden abgewendet hätte. Dadurch verstimmte man vor allem das benachbarte deutsche Reich; aber auch unsere Politik gegenüber Österreich und Ungarn war nicht darnach angetan, uns dort Freunde zu werben. Die Verschlechterung unseres Verhältnisses zu unseren drei besten Abnehmern spürt heute unsere gesamte Volkswirtschaft.

Artikel aus der Neujahrsausgabe der *Reichenberger Zeitung* von 1933.

Wie bereits angedeutet, kam staatlichem Handeln in dieser Situation besondere Bedeutung zu. Gerade wenn wirtschaftliche Selbstheilungskräfte nicht zuletzt aufgrund der weltweit katastrophalen ökonomischen Lage ausfielen und die Arbeitslosenversicherung kaum vor dem sozialen Absturz schützte, musste die Politik eingreifen. Reichenbergs Bürgermeister Carl Kostka[9] gestand in einer Rundfunkrede jedoch ein: „Die Vorsorge des Genter Systems versagte sehr bald, die öffentliche Wohlfahrtsfürsorge mußte die Last übernehmen."[10] Katastrophale Lebensbedingungen für zahlreiche Betroffene waren die Folge, weil selbst die elementaren Hilfsmaßnahmen des Staates versagten. „Der Staat bezahlt die Lebensmittelkarten für Arbeitslose nicht!", lautete jedenfalls eine Überschrift am 22. April 1932. Zahlungen, so hieß es u.a. aus den Bezirken Schluckenau, Rumburg und Warnsdorf, seien über Wochen in Rückstand. Teilweise wurden die Gutscheine schließlich nicht einmal mehr angenommen.[11] Die Arbeitslosen hungerten, und die Händler verloren noch diese spärlichen Einnahmen. Die Verzweiflung führte sogar zu einem tätlichen Angriff auf den Bürgermeister und die Gemeindepolizei im kleinen Grünwald im Osterzgebirge.[12] Der Staat schien durch Untätigkeit die Kontrolle zu verlieren, so musste sich der Eindruck festsetzen. Gleichzeitig glaubte man, den „höheren Kräften", vor allem in Prag, machtlos ausgeliefert zu sein.

Als im Bezirk Graslitz 1932 nahezu die Hälfte der Arbeitslosen ausgesteuert war, versuchte man das Leid durch abwechselnden Einsatz bei lokalen Notstandsarbeiten – die Regulierung des Zwodaubaches und seiner Zuflüsse sowie Straßenreparaturen – zu lindern. Solche Maßnahmen brachten jedoch kaum noch Menschen zurück in den Genuss des Genter Systems.[13] Wie genau solch ein Modell von Notstandsarbeiten funktionierte, beschrieb am 11. August 1932 Vinzenz Repka, der stellvertretende Gemeindevorsteher von Schreckenstein: „Für je 4 Kč Unterstützung muß eine Stunde Arbeit geleistet werden. Jeden Donnerstag findet von 2 bis 3 Uhr die Meldung der Arbeitslosen im Beisein eines Beamten der Arbeitsvermittlungsanstalt Aussig statt. Ohne Meldung keine Unterstützung. Freitag erfolgt vom Straßenmeister die Zu- und Einteilung der zur Arbeit bestimmten Arbeitslosen. [...] Es wurde jederzeit getrachtet, die Arbeitslosen ihrer Befähigung nach zu beschäftigen, es hat sich aber

9 Einführend zu Carl Kostka und seiner Partei: Susanne Keller-Giger, Carl Kostka und die Deutschdemokratische Freiheitspartei in der Tschechoslowakei der Zeit vor dem Zweiten Weltkrieg, Kulmbach 2021.

10 Reichenberger Zeitung, 6.9.1932.

11 Ebenda, 28.4.1932.

12 Ebenda, 12.4.1932.

13 Ebenda, 29.7.1932.

gezeigt, daß der Großteil alle Arbeiten verrichten will und auch tatsächlich verrichtete."

Darüber hinaus erfuhren die Leser aus dem Fürsorgeministerium von drei Säulen der Krisenbekämpfung: Arbeitsbeschaffung, Arbeitszeitverkürzung und eine gesetzliche Regelung des Arbeitsmarktes.[14] Überzeugen konnte das nicht, von konkreten Verbesserungen war nichts zu lesen. Korrekturen des Versicherungssystems, noch dazu mitten in der Krise, versprachen keine kurzfristige Besserung. Solche wurde aber erwartet. 1934 hieß es dann auch, die beschränkte Reform habe die in sie gesetzten Erwartungen nicht erfüllt.[15] Unter Umständen mussten angedachte Arbeitszeitverkürzungen in Zeiten ohnehin sinkender Löhne nur noch mehr Menschen in Armut treiben. Jedenfalls erfuhr man am 20. Juli 1932, die Löhne in der für die Region wichtigen Textilindustrie seien schon jetzt „auf den Stand vom Jahre 1925 zurückgeschraubt" worden.[16]

Bald kam als großes öffentliches Investitionsprogramm zur Stärkung und Bündelung der staatlichen Nothilfe die „Masaryk-Anleihe" genannte Arbeitsanleihe ins Gespräch. Über ein solches Programm im Umfang von 1,5 bis zwei Milliarden Kronen war am 20. Juli 1932 zu lesen, doch verschwand dieser Hoffnungsschimmer danach wieder für längere Zeit aus der Zeitung. Die geplanten staatlichen Arbeitsbeschaffungsprogramme, über die Anleihe aus dem Haushalt der Republik finanziert, hätten vor allem die klammen Gemeinden entlasten sollen. Zahlreiche Schlagzeilen machten nämlich deutlich, dass diese ihrer Unterstützungsaufgabe nicht weiter nachkommen konnten. So hieß es aus Aussig, dort lägen „vier Millionen unbezahlte Rechnungen", in Görkau würden die Gehälter nur noch in Raten gezahlt, Staab zahle „weder Gehälter noch Armenunterstützung", in Warnsdorf müsse man vielleicht die Notküchen schließen.

Die in der *Reichenberger Zeitung* abgedruckte Liste des Grauens war noch deutlich länger.[17] Schlechte Nachrichten allerorten, und das praktisch täglich. Der Vorwurf des Staatsversagens zeigte sich in diesen Berichten – hervorgerufen aus einer Überlastung der Gemeinden. Von gelebter Solidarität wurde derweil aus Eger berichtet. Zugunsten der Kinderausspeisung verzichteten der Bürgermeister und weitere leitende Mitarbeiter der Stadtverwaltung auf 25 Prozent ihrer Gehälter. Mochte diese Meldung am 1. Juli 1932 breite Anerkennung erhalten, die Aktion konnte nur die Symptome der Krise ein wenig lindern, bekämpfte aber nicht ihre Ursachen.

14 Ebenda, 24. 9. 1932.
15 Ebenda, 3. 10. 1934.
16 Ebenda, 20. 7. 1932.
17 Vgl. ebenda, 11. 11. 1932, 14. 11. 1932.

Eine Selbstheilung der Wirtschaft in der Krise blieb eine Illusion. Stattdessen verschärfte mangelnde Konkurrenzfähigkeit der Betriebe die Not. Jedenfalls beklagte die Bezirksgenossenschaft Gewerbe und Handel Reichenberg, die Leipziger Messe 1932 habe ein „fast niederschmetterndes Urteil über unsere Wirtschaftstüchtigkeit" gesprochen.[18] Den Niedergang des Handels[19] offenbarte die am 22. Februar 1932 dokumentierte Bilanz des Verbands der deutschen Textilindustrie. Fünfzig Prozent weniger Exporte, sogar um 63 Prozent geringere Erlöse verschärften die Krise. Auch andere Bereiche litten unter teils extremen Exporteinbrüchen. Die schlimmsten Schrumpfungen betrafen die Eisenwarenindustrie (ein Minus von 75 Prozent) sowie den Handel mit Holz- und Glaswaren, wie die *Reichenberger Zeitung* in ihren ausführlichen volkswirtschaftlichen Betrachtungen schrieb. Verantwortung sah man auch hier wieder bei der Politik, die endlich erkennen müsse, „daß sie die Wirtschaft zu unterstützen, aber nicht ihr entgegenzuarbeiten" habe, wie am 9. April 1932 einer prominent auf großen Teilen der Titelseite abgedruckten Stellungnahme des Hauptverbandes der deutschen Industrie zu entnehmen war. Sich wandelnde Märkte oder ausgebliebene Investitionen kamen jedenfalls als Ursache des Niedergangs nicht infrage. Die vorgegebenen ökonomischen Rahmenbedingungen stimmten offensichtlich nicht, während die Akteure vor Ort in diesen Darstellungen als unschuldig galten.

In dieser Situation beklagte die *Reichenberger Zeitung* auch den Missstand, dass insbesondere die linken Parteien zwar die Interessenvertretung der verarmten Menschen versprächen, aber diesem Anspruch kaum nachkämen. Neben der direkten Regierungsverantwortung der deutschen Sozialdemokraten für die schwachen Ergebnisse der Krisenbekämpfung stand hierfür ein Bericht vom 2. Februar 1932 von einer sozialdemokratischen Kundgebung in Rumburg. Dort störten zahlreiche Kommunisten mit Sprechchören und folgendem Handgemenge, bis das Treffen abgebrochen werden musste und die Sozialdemokraten durch ein „regelrechtes Schimpfspalier" abzogen. Das harte Urteil des Berichterstatters: „Die Arbeitslosen haben sich mit dieser Demonstration einen schlechten Dienst erwiesen. Niemand konnte hier auf den Gedanken kommen, daß hier Menschen in wirklicher Not eine Besserung ihrer schlechten Lage anstrebten." Gleichzeitig zeugte der Bericht aber auch von fehlender Basisnähe der Sozial-

18 Ebenda, 5.4.1932.

19 Zwischen 1930 und 1933 schrumpfte der Außenhandel der Tschechoslowakei bei steigenden Zolltarifen um 25,6 Prozent (Einfuhr) und 16,7 Prozent (Ausfuhr), wobei man 1932/33 ein Handelsdefizit verzeichnen musste. Vgl. Jiří Kosta, Die tschechische/tschechoslowakische Wirtschaft im mehrfachen Wandel, Münster u. a. 2005, S. 38, 45.

demokraten. In einer der sehr seltenen Reportagen der *Reichenberger Zeitung* über Aktionen der politischen Linken standen somit ideologische Auseinandersetzungen statt praktischer Hilfe im Vordergrund. Inhalte der Reden, Forderungen der Sozialdemokraten oder Kommunisten blieben unerwähnt, dem Bericht nach zu urteilen handelte es sich allein um Radau. Hinzugefügt werden muss, dass dieser kritische Artikel offensichtlich nicht wie in vielen anderen Fällen von den Veranstaltern oder ihnen Nahestehenden der Redaktion zugesendet worden war, sondern einer unabhängigen, wenn nicht gar der Sozialdemokratie feindlich gegenüberstehenden Quelle entstammt haben dürfte.

Viel freundlicher beschrieb hingegen ein Bericht zwei Wochen zuvor einen „Schrei der Verzweiflung" in Gablonz, diesmal organisiert von den Nationalsozialisten. Deren Abgeordneter Hugo Simm beklagte, so war jedenfalls zu lesen, „die geschichtlichen Ergebnisse der Jahre 1918–1919, die niemals eine gesunde wirtschaftliche Entwicklung abgeben konnten". Der zu beengte Absatzraum für die Industrie in der nach dem Krieg gegründeten Tschechoslowakei wurde auch von der *Reichenberger Zeitung* vielfach bedauert, doch Simm sah in den Friedensbedingungen gar die grundsätzliche Überführung des „Haß[es] des Krieges in die Friedenszeit".[20] Eine geschlossen auftretende Notgemeinschaft sei dagegen gefordert.

Auch an einer weiteren Stelle enthielt das Blatt eine ausführliche Wiedergabe der Rede eines Nationalsozialisten. Von Reichenbergs Stadtrat Woldrich war darin vor allem ein Angriff gegen die linken Parteien zu lesen: „uns ist Sozialismus nicht der Jakobinerhut undeutscher Gesinnung und Weisheitsduselei, sondern die Erkenntnis jahrzehntelangen Ringens, ist die glühende Liebe zu unserem Volke und tiefes soziales Verständnis für seine schaffenden Stände".[21] Die Nationalsozialisten hatten sich mit solchen Schlagworten offenbar nicht mit der Not abgefunden. Immerhin ließ sich die *Reichenberger Zeitung* nicht zu einem einseitigen Sprachrohr einer bestimmten Richtung machen. Auf den Gablonzer Bericht der Rede Simms vom 18. Januar folgte am 21. Januar 1932 ein Artikel aus Brüx über eine gemeinsame deutsch-tschechische Protestversammlung der Handels- und Gewerbetreibenden.

Auch 1933 wendete sich das Blatt nicht zum Besseren. Aufmerken ließen aber zunächst zwei Meldungen. Die anstehenden Gemeindewahlen in Brünn wurden als „Sparmaßnahme" auf 1935 verschoben,[22] und Gablonz verbot eine Arbeitslosendemonstration für 20 000 Betroffene des gesamten Isergebirges „aus

20 Reichenberger Zeitung, 18. 1. 1932.

21 Ebenda, 22. 9. 1932.

22 Ebenda, 29. 1. 1933.

Gründen der Aufrechterhaltung der öffentlichen Ruhe und Ordnung".[23] Immerhin war am 2. Februar von „Hungermärschen unter Gendarmeriebegleitung" zu lesen. Waren dies Anzeichen von Demokratieabbau oder wenigstens Ignoranz in Zeiten der Not? Auch bei einer Preßnitzer Protestkundgebung fanden die „Regierungsstellen es nicht der Mühe wert, die notleidende Bevölkerung zu hören. Dafür traten die deutschen Volksgenossen helfend ein."[24] Gelebte Gemeinschaft auf völkischer Basis im Moment wachsender Repression statt praktischer Hilfe durch die gewählten Volksvertreter, so jedenfalls der Eindruck des aus Preßnitz übermittelten Berichts.

Wenn man dann am 17. Februar von Edvard Beneš las, der Bevölkerung „aller Klassen und Nationalitäten" könne es „im Wesentlichen nirgendwo anders wirtschaftlich, sozial, politisch und kulturell besser ergehen als hier", musste das wie Hohn auf die Arbeitslosen und von Arbeitslosigkeit Bedrohten wirken. Ganz unabhängig davon, ob diese positive Aussage im internationalen Vergleich diskussionswürdig sein mochte, auf Verständnis bei den Lesern durfte der Außenminister damit kaum hoffen. Am gleichen Tag jedenfalls wusste die Zeitung von einem weiteren der zahlreichen Selbstmorde aus dem nordmährischen Bärn zu berichten. Engelberg Sponer habe sich auf dem Dachboden des Rathauses erhängt, „weil es ihm unmöglich war, Arbeit zu finden". Weiter konnten bei diesen Nachrichten Anspruch und Realität nicht auseinanderklaffen.

Endlich nahm im März 1933 die Arbeitsanleihe des Staates Fahrt auf. Aus Brüx wurde am 12. April berichtet, 15 Millionen Kronen fordere man, um ein Freibad zu schaffen, Kanäle und einen neuen Friedhof anzulegen, Straßen zu pflastern, die Wasserversorgung auszubauen und die Stadtkirche zu renovieren. Auch Reichenberg beantragte fünf Millionen Kronen, unterstützte die Anleihe aber auch selbst mit einer Million Kronen.[25] Aus der tschechischen *Lidové listy* übernahm man dann aber im Juni die Nachricht, viele Bezirke könnten nicht einmal die Zinsen der Anleihe zahlen.[26] Dies musste für das verarmte Nordböhmen in besonderem Maß gelten. Hilfe blieb fern. Schließlich war schon am 5. Mai zu lesen gewesen, der Staat berücksichtige bei seinen Aufträgen selbst in deutsch besiedelten Landstrichen keine einheimischen Unternehmen, wodurch dann „ortsfremde Arbeiter herangezogen" würden.[27]

23 Ebenda, 1.2.1933.
24 Ebenda, 14.3.1933.
25 Ebenda, 22.4.1933.
26 Ebenda, 16.6.1933.
27 Ebenda, 2.5.1933.

Stellvertretend für die ganze Region lautete das Resultat aus Graslitz: Es „schwillt das Heer der Bettler in erschreckendem Tempo".[28] Die Verzweiflung trieb die 720 Arbeitslosen aus Meistersdorf-Ullrichtsthal bei Böhmisch Leipa gar zur Drohung des Hungerstreiks, wenn sie nicht zusätzliche Lebensmittelkarten erhielten.[29] Kurz darauf, am 15. Juli 1933, folgte von dort ein weiterer erschütternder Ortsbericht aus dem „Dorf des Hungers und der Verzweiflung": „Die Menschen sind abgekämpft, abgezehrt, verhärmt und versorgt. Die Ernährer kinderreicher Familien seit zwei, drei mitunter sogar seit fünf Jahren arbeitslos. [...] Die gesundheitlichen Verhältnisse der Bevölkerung sind äußerst ernst. Nach Erklärungen des Gemeinderates von Meistersdorf, Dr. Wagner, erscheinen 50 Prozent der Bevölkerung in gefahrdrohender Weise unterernährt und an der Grenze der Widerstandsfähigkeit gegen Krankheiten aller Art angelangt."

Der Staat hingegen reagierte einmal mehr mit „unfaßbaren Verfügungen", wie in Markt Eisenstein, wo er die Lebensmittelkarten trotz steigender Arbeitslosenzahl gekürzt hatte,[30] oder mit „immer nur Bajonetten statt Arbeit und Brot", wie bei der Auflösung einer Demonstration in Zwickau.[31] Da fielen staatliche Unterstützungen kaum ins Gewicht, wie eine am 3. August 1933 notierte Zusage über acht Millionen Kronen für den Bau der Elbbrücke bei Aussig. Die Bilanz staatlichen Handelns, in einer Überschrift am 9. November 1933 festgehalten, laute: „Statt Wirtschaftsplan – planlose Wirtschaft." Von der Arbeitsanleihe las man jedenfalls kaum noch.

1933 kamen Arbeitslager als neue Notstandsmaßnahme ins Gespräch. Gerade jüngere Arbeitslose sollten dort einen gewissen Unterhalt und eine Perspektive finden. Aber auch sie standen direkt unter Verdacht. Ob „tschechische Lager im deutschen Gebiet", fragte die *Reichenberger Zeitung* am 16. August 1933, nicht „in letzter Linie Tschechisierungszwecken dienen" würden. Der *České slovo* entnahm die Redaktion für ihre Leser dann auch die zweideutige Forderung nach „Kolonisierung" im nordböhmischen Grenzgebiet.[32]

Am 26. März 1934 wurde der Plan konkretisiert. „Etwa 150000 bis 180000 Arbeitslose im Jugendalter" sollten „voller sportlichem Gemeingeist", aber ohne „Feldwebelgeist" arbeiten. Bezahlung sei „selbstverständlich nicht vollwertig", aber neben Unterkunft und Verpflegung war doch ein kleineres Entgelt vorgesehen. Am 9. April hieß es ergänzend, man wolle „die sittliche Gefahr durch

28 Ebenda, 12.6.1933.
29 Ebenda, 12.6.1933.
30 Ebenda, 19.7.1933.
31 Ebenda, 29.7.1933.
32 Ebenda, 27.3.1934.

Müßiggang" mildern. Als freiwillige „Rekreationslager" hätten sie aber nichts mit den Arbeitslagern in Deutschland, Österreich und Bulgarien zu tun. Andererseits litt das Projekt unter Finanzmangel. Zu lesen war dieser Hinweis selbst in dem an sich optimistischen Bericht aus dem Lager Theresienstadt von Willi Tanzer am 5. Oktober 1934, der einen regen deutsch-tschechischen Austausch hervorhob. Manchen Lesern mag da noch das am 14. September abgedruckte erneute Versprechen von Edvard Beneš in Erinnerung gewesen sein, man habe „die Mittel zur Beseitigung der Krise, wenn wir es wünschen". Die Wirklichkeit schien ihn erneut zu widerlegen.

Als wertvollen Schritt zur Beschäftigung, aber auch sittlichen Erziehung der Jugend präsentierte die *Reichenberger Zeitung* vor Ort organisierte Arbeitslager in Trägerschaft deutscher Organisationen. Die Berichte zeigen aber, dass die von den staatlichen Programmen versprochene Ideologieferne hier nicht unbedingt gesichert war. Von einer Art Volksgemeinschaft der Jugend berichtete so der Graslitzer Lagerleiter Werner Pohl. Am 13. September 1934 gab man ihm breiten Raum für den folgenden Gedanken: „Ist auch den tschechischen Lagern äußerer Erfolg beschieden, den wir nicht schmälern wollen, so scheint es doch, daß den tiefen Sinn, die große erzieherische Aufgabe, den ganzen Idealismus, der in der Arbeitslagerbewegung steckt, nur die Deutschen in unserer Republik erfaßt und auch durch so und so viele schöne Versuche bewiesen haben. Wir schaufeln nicht allein Erde in unseren Lagern und brechen Steine, wir gründen Zellen einer Kameradschaft, die einmal das ganze Volk zu einen vermag."

Einige Wochen später, am 25. Oktober 1934, schob er noch einen Vergleich mit dem Egerer Lager nach: „Das Egerer Lager ist sehr schön in einer städtischen Villa untergebracht. Zu zweit und zu dritt besitzen die Arbeitsfreiwilligen ein eigenes Zimmerchen. Ein Arbeitslager soll aber kein Pensionat sein, sondern ein Gemeinschaftserlebnis. Dazu gehört aber ebenso wie die gemeinsame Arbeit auch der gemeinsame Schlafraum. Die Möglichkeit dazu wäre auch in Eger vorhanden, aber man kann sich dazu nicht entschließen, denn die Zimmerchen sind so nett und eben eine Besonderheit, die kein anderes Lager aufzuweisen hat. [...] Anders das Graslitzer Lager. [...] Die Gestaltung des Lagers wird dort der Jugend vollkommen überlassen. [...] Die Verhältnisse, in denen die Graslitzer leben, sind bedeutend einfacher als in Eger. In einer leerstehenden Fabrik wurde ein Raum zum Schlafen und ein Raum für die gemeinsamen Mahlzeiten hergerichtet. Aber gerade diese Einfachheit entspricht den erzieherischen Anforderungen eines Arbeitslagers. Spartanisch und schlicht. Das Graslitzer Arbeitslager wird von der Graslitzer Ortsgruppe der Heimatfront durchgeführt."

Eine solche Struktur war aber nicht mehr weit entfernt von der reichsdeutschen nationalsozialistischen Vorstellung für Schulungs- und Erziehungslager als dem „treffendsten, sichersten und naturbedingten Ausdruck für die Entfaltung des deutschen Menschen",[33] wie es in der Darstellung des „Dritten Reichs" hieß.

Die konkrete Ausgestaltung eines Tages im Arbeitslager war am 16. Mai 1935, damit in der Woche vor der Parlamentswahl, am Beispiel des vom Bund der Deutschen organisierten Wartenberger Lagers zu lesen: „Früh am Morgen beginnt für den Arbeitsdienstmann das Tageswerk: schon um 5 Uhr verkündet der Wachhabende: ‚Tagwacht!' […] Nach dem Frühstück holt jeder aus der Gerätekammer sein Werkzeug und 10 Minuten vor 6 Uhr erschallt das Kommando: ‚Zur Meldung, habt Acht!', 40 Mann vom Arbeitsdienst zur Arbeit angetreten!' […] es gilt hier ein Feld von 200 zu 60 Meter Größe zu ebnen und aus ihm einen Sport- und Festplatz herzustellen. Das ganze Jahr wird mit dieser Arbeit hingehen und fürs nächste und folgende sind große Pläne in Aussicht genommen: Ein großes, dem Rollberg zugewendetes Haus soll die Stätte des Turnverbandes werden, wo alljährlich verschiedene Vorturner-Lehrgänge abgehalten werden. […] In Schichten von je 2 Stunden arbeiten hier die jungen Leute und wechseln einander im Gebrauch der Geräte ab, um jedes selbst zu lernen. Um 10 Uhr wird das zweite Frühstück, das der fürsorgliche Koch mitgegeben hat, verzehrt […], was der Bauer aus Nordmähren bisher nicht kannte, zeigt ihm der Ingenieur aus dem Böhmerwald, und der Egerländer hilft dem Gebirgler, der schlesische Mundart spricht. So sind die Stämme, aus denen sich das Deutschtum in den Sudetenländern zusammensetzt, zusammengeführt und wachsen hinein in eine neue große, geistige Gemeinschaft. […] Die Nachmittage sind mit Gesang, Spiel und Lernen ausgefüllt; denn wenn einer später selbst einmal ein Lager leiten soll, muß er nicht nur Hacke und Schaufel zu führen verstehen, sondern auch imstande sein, die geistige Anleitung der ihm Anvertrauten zu übernehmen. Nach dem Abendappell um 6 Uhr ist freier Ausgang und mit dem Schlage der 10. Stunde alles wieder aus der Stadt ‚zurück gemeldet'." Die *Reichenberger Zeitung* kommentierte derlei Berichte vom Wachsen einer Volksgemeinschaft der Deutschen nicht.

Bei der Größe der Not bauten solche Maßnahmen eher ein Gemeinschaftsgefühl auf, als die akute wirtschaftliche Bedrängnis der Menschen zu bekämpfen. Die Massenarbeitslosigkeit war noch Anfang 1935 auf extremer Höhe. So erreichte die Zahl der Erwerbslosen zum Jahresbeginn für die gesamte Republik 755 149 und verharrte damit nur wenig unter dem Vorjahreswert von 779 987. Härtere Kriterien für den Bezug von Unterstützungen und mehr ausgesteuerte Arbeitslose ließen die *Reichenberger Zeitung* aber eine sogar noch höhere Zahl

33 Adolf Mertens, Schulungslager und Lagererziehung, Dortmund 1937, S. 37.

vermuten, vielleicht sogar noch über dem Vorjahresniveau.[34] In Nordböhmen wurden 144 456 Betroffene gezählt, 19 Prozent der Gesamtzahl und damit weiterhin deutlich über dem Landesschnitt verharrend. Allein aus Reichenberg berichtete Bürgermeister Kostka von 1800 Arbeitslosen. Für deren Unterstützung waren die Gemeinden noch immer gefordert. Hierfür stellte die Stadtkasse Reichenberg allein 1934 842 428 Kronen bereit, teilweise gegenfinanziert über die Anhebung der Grundsteuer. Der Gesamthaushalt der Stadt umfasste für das Jahr 1935 32,25 Millionen Kronen.[35] Daneben veranstaltete Reichenberg auch 1935 verschiedene Notstandsarbeiten. Während im Juni Kanalisations- und Pflasterungsarbeiten bereits abgeschlossen waren, standen der Ausbau des Wasserwerks in Machendorf, die Regulierung der Neiße, Einebnungen im Messegelände sowie weitere Kanalisationsarbeiten auf der Liste. Mehr als sechs Millionen Kronen investierte die Stadt.[36] Dabei drohten unverändert die deutschen Gemeinden finanziell an den insgesamt zwei Milliarden Kronen Schulden[37] zu ersticken.

In Nordböhmen stagnierte bis zur Parlamentswahl die Zahl der Arbeitslosen auf hohem Niveau. Im April 1935 lag sie bei 132 267 Personen.[38] Nun wurde bekannt, dass zwischen 1931 und 1934 in der gesamten Tschechoslowakei die Arbeitslosigkeit um 28,5 Prozent zugenommen habe.[39] Hinter Polen sei dies der zweithöchste Wert in ganz Europa. Als „Drama der Not" las man am 16. Mai 1935 von einem erneut besonders drastischen Fall. In Iglau hatte ein Fotograf seinen Vermieter ermordet. Seine Mietschulden hatten ihn so stark bedrückt, dass er kurz zuvor bereits seine fünf Kinder habe vergiften wollen, „damit sie nicht Not leiden müßten". Gab es unter diesen Umständen gerade für die jungen Leute eine Zukunft? In Tetschen jedenfalls hatte Ende 1934 kein einziger aktueller Absolvent des Lehrerseminars einen Arbeitsplatz gefunden.[40]

Positives Gegenbeispiel zu derlei Schrecken war das Deutsche Reich. Mit einer Reduzierung um 52 Prozent nehme der Nachbar mit weitem Abstand vor Dänemark die führende Position in der Bekämpfung der Arbeitslosigkeit ein.[41] Meldungen, dass „in Ostpreußen für alle bisher erfaßten Arbeitswilligen Arbeitsgelegenheit beschafft" worden sei, wie am 16. August 1933 aus Deutschland berichtet, mussten da wie ein wunderbares Märchen erscheinen.

34 Reichenberger Zeitung, 5. 1. 1935.
35 Ebenda, 12. 1. 1935.
36 Ebenda, 29. 6. 1935.
37 Ebenda, 17. 5. 1935.
38 Ebenda, 17. 4. 1935.
39 Ebenda, 29. 5. 1935.
40 Ebenda, 8. 11. 1934.
41 Ebenda, 29. 5. 1935.

Zuletzt folgte dann doch noch ein offensichtlicher Hoffnungsschimmer. Ab 1934 las man von den Aktivitäten der Sudetendeutschen Volkshilfe, die dort zu handeln schien, wo der Staat versagte. Lob erfuhr die der Sudetendeutschen Heimatfront nahestehende Organisation selbst aus Regierungskreisen. Franz Spina vom Bund der Landwirte sah sie so als „Ausdruck der Solidarität, des Verbundenseins von reich und arm".[42] Interessanterweise betonte Spina damit stärker ein wachsendes Gemeinschaftsgefühl in der Notzeit als tatsächliche Verbesserungen der Lebenssituation.

Die *Reichenberger Zeitung* rückte demgegenüber die praktischen Hilfsaktionen der Volkshilfe in den Mittelpunkt. Man erfuhr so zum Beispiel von einer Ausspeisungsaktion in Nixdorf[43] und einer Notsammlung in Ober Berzdorf bei Reichenberg.[44] Kritik wies man dagegen barsch zurück. Unter dem Titel „Wer ist gegen die Sudetendeutsche Volkshilfe?" berichtete das Blatt am 22. März 1935 von einer Suppenküche in Neu-Paulsdorf, die auch vom Gemeinderat mitfinanziert wurde. Um diesen Zuschlag von 2000 Kronen wurde nun aber harsch gestritten. Kommunisten und Sozialdemokraten vermuteten eine politische Nutzung der Aktion kurz vor der Parlamentswahl für die Sudetendeutsche Heimatfront und forderten die Verantwortlichkeit der Aktion durch die Gemeinde. Dass dies aber bereits der Fall sei, sei ihr „inzwischen entgangen", lautete die Kritik der Redaktion. Die genauen Verhältnisse vor Ort blieben ungeklärt, doch das Fazit des Berichts stand: „Die Frage, wer das größere Verständnis für die Not der Arbeitslosen hat und wer für oder gegen die Aktion der Sudetendeutschen Volkshilfe ist, konnten trotz stundenlanger Debatte die Kommunisten und Sozialdemokraten nicht klären."

„Es geht um die Aufdeckung der seelischen Wurzeln der Streikbewegung" – Der Bergarbeiterstreik im Frühjahr 1932

Mitten in der wirtschaftlichen Notsituation des Frühjahrs 1932 brach ein Konflikt zwischen Arbeitgebern und Arbeitnehmern aus, der die Berichterstatter und Leser der *Reichenberger Zeitung* über mehr als drei Wochen in Atem halten sollte und zahlreiche Schlagzeilen bot.

Im Blatt setzten die Meldungen am 23. März mit dem Hinweis ein, es seien auf dem Moldau-Schacht der Nordböhmischen Kohlenwerksgesellschaft bei

42 Ebenda, 29.12.1934.
43 Ebenda, 24.4.1935.
44 Ebenda, 28.4.1935.

Nieder-Georgenthal 312 der 380 Bergarbeiter gekündigt worden. Diese ließen sich das aber nicht gefallen, weshalb „die Arbeiterschaft die Entgegennahme der Kündigungsschreiben verweigert" habe. Selbst die Forderungen der staatlichen Bergbehörde nach eingehenden Verhandlungen und der Verschiebung der Kündigungen um vier Wochen habe die Gesellschaft abgelehnt. Der Fall stand nicht allein. Auch aus dem Nelson-Schacht bei Ossegg las man von 153 Entlassungen.

Für die Bergarbeiter war mit den Entlassungen der Fehdehandschuh geworfen. Bei „äußerst erregter Stimmung" griff der Streik über. Arbeitergruppen von bis zu 2000 Mann, teils auch „starke Radfahrerabteilungen" zwischen den Schächten beförderten einen Streikflächenbrand, der nicht nur die privatwirtschaftlich geführten, sondern selbst die staatlichen Bergwerke erreichte. Der Staat war nun direkte Konfliktpartei – und schützte die wichtigsten Werke auch gleich mit Militär, wie man über den Hedwig-Schacht in Seestadtl las, den Kohlelieferanten des Prag versorgenden Überlandwerks. Schon jetzt, am 25. März 1932, war zu erfahren, Kommunisten versuchten die Streikführung an sich zu reißen. So habe ihre Partei bei einer Demonstration in Nieder-Georgenthal am gleichen Tag alle fünf Redner gestellt. Am Folgetag las man erstmals von Gewalt und von „drohender Haltung" der Streikführer. Kohlewagen seien umgeworfen worden, um die Förderanlagen zu stoppen. Inzwischen waren schon 11 100 Mann im Ausstand, mehr als dreimal so viel wie am Vortag gemeldet. Im Großen und Ganzen aber blieben die Streiks zu diesem Zeitpunkt noch friedlich.

Am 27. März schrieb die *Reichenberger Zeitung* von bereits 31 bestreikten Schächten mit 13 000 Bergarbeitern. Die Bezirksbehörde versuchte einstweilen mit Maueranschlägen über die Rücknahme von Entlassungen Druck aus dem Kessel zu nehmen. Doch ihr Hinweis, damit gebe es nun keinen Streikgrund mehr, erreichte mit dem folgenden Versammlungsverbot eher das Gegenteil. Beim Blick in die Berichterstattung fällt aber auch auf, dass die Streikenden für ihr „großes Maß an Besonnenheit" zu diesem Zeitpunkt weithin Lob ernteten. So antworteten die Bergleute auf ein Versammlungsverbot in Nieder-Georgenthal mit der Mitnahme ihrer Familien – 4000 Menschen hörten dann diszipliniert eine kurzfristig doch noch erlaubte Ansprache.

Ändern sollte sich diese Anerkennung auch nicht nach Ostern. Allerdings kam nun spürbar eine kritisch betrachtete parteipolitische Note in der Berichterstattung auf. Während die deutschen bürgerlichen Parteien offenbar schwiegen, engagierten sich neben den Kommunisten auch die Sozialdemokraten sowie die deutschen Nationalsozialisten. In der Darstellung der *Reichenberger Zeitung* fiel bei den beiden linken Parteien deren angebliche Instrumentalisierung des Konflikts ins Auge: Die Kommunisten, deren Positionen hier wie selten sonst zu Wort kamen, versuchten demnach weiterhin, die Streikführung in ihre Richtung zu beeinflussen, während die Sozialdemokraten ihre Agenda einer Sozialisierung des Bergbaus insgesamt nun durchzusetzen trachten würden. Einzig die Nationalsozialisten schienen keine weitergehenden Ziele zu verfolgen.

Mit 20 000 Streikenden erreichte die Bewegung, inzwischen über das Brüxer und Komotauer Revier hinausgreifend, nach den Feiertagen ihren Höhepunkt. Der Ton wurde rauer – würden die Kündigungen nicht zurückgenommen, übernähmen die Streikenden „für die weitere Gestaltung der Ereignisse und der sich daraus ergebenden Folgen keine Verantwortung".[45] Nun fielen auch erste Steine gegen die Polizei, als diese die Einfahrt Arbeitswilliger in den Komotauer Julius-Schacht erzwang. Die Staatsgewalt reagierte auf den Widerstand mit Warnschüssen, die Situation eskalierte. In Mähren, das sich dem Protest anschloss, floss gar Blut auf beiden Seiten.[46]

In der folgenden Sitzung im Prager Parlament ging es heiß her. In der *Reichenberger Zeitung* war von einem „wütenden Pultdeckelkonzert" der Kommunisten zu lesen. Aber auch der Nationalsozialist Hans Knirsch beklagte die Untätigkeit der Regierung bei diesem „elementaren Ausbruch der Verzweiflung". Danach aber schwenkte er in seiner Rede auf die Studentenverhaftungen vor dem Volkssportprozess um. Derweil fiel von den Sozialdemokraten laut Bericht allein ihre Forderung nach Verstaatlichungen auf.[47]

Jenseits der Parteienkritik zeigten die Verhandlungen der Regierung jedoch Resultate – ein Kompromissvorschlag stand im Raum. Zugleich verkündeten Arbeitgeberaushänge die Rücknahme der Entlassungen. Die Zentrale Streikleitung wurde freilich nicht anerkannt. So titelte die *Reichenberger Zeitung* am 2. April: „Die Sozialdemokratie gegen den Streik in Nordwestböhmen". Letztlich blieb jedoch nach der Berichterstattung der bittere Geschmack eines Wettbewerbs innerhalb der Linken, ausgetragen auf dem Rücken der Bergarbeiter. Tatsächlich war nun eine gemeinsame Positionierung undenkbar. Die Weiterführung des Streiks erklärten die Sozialdemokraten jetzt zu einer „üblen Aktion". Zugleich verblieben örtliche Sozialdemokraten aber in den Streikausschüssen. Derweil versuchten Kommunisten, deren Treffen zu stürmen. Machtlosigkeit der Sozialdemokraten im Blick auf eine Gewalteindämmung auf der einen Seite, Radikalisierung der Streiks auf der kommunistischen Seite bestimmten die Nachrichten über beide linke Parteien. Es beruhigte da geradezu, als sich bei der Brüxer Einheitskonferenz am Folgetag der nationalsozialistische Deutschsozialistische Bergarbeiterverband in die Streikführung einreihte. Einen der größten

45 Ebenda, 29. 3. 1932.
46 Ebenda, 31. 3. 1932.
47 Ebenda, 31. 3. 1932.

Jubelstürme soll es dort übrigens bei dem Hinweis gegeben haben, im alten Österreich sei das Streikrecht nie infrage gestellt worden.[48]

Es wurde weiterverhandelt, aber voran kam man kaum. Teils wurden Kohlenverladungen für öffentliche Zwecke erlaubt, dann wieder bekämpft. Die eigentliche Beruhigung der *Reichenberger Zeitung*, es dürfte kaum zu weiteren Betriebsstilllegungen kommen, konnte die Gemüter kaum beschwichtigen. Kommentator Adalbert Worliczek bilanzierte barsch die „bedrohlich werdende" Entwicklung am 7. April: „Es geht um die Aufdeckung der seelischen Wurzeln der Streikbewegung. Deshalb hat es auch keinen Sinn darzulegen, daß die Erfüllung der vom Streikausschuß aufgestellten Forderungen den Ruin der Arbeitgeber zur Folge haben müßte. […] Deshalb muß sich unsere Sozialpolitik von zwei Annahmen freimachen, die sie bisher beherrscht haben, die ihr die Richtung gaben und die sich heute als verfehlt erweisen. Diese Annahmen sind: einmal, daß die Tschechoslowakei dem Aufbau ihrer Wirtschaft nach vor der Massenarbeitslosigkeit als Dauererscheinung geschützt ist, und dann, daß in der Tschechoslowakei im Unterschied zum Deutschen Reich die Arbeitslosigkeit nicht die sofortige wirtschaftliche Entwurzelung bedeute, weil das Industrieproletariat noch vielfältige Bindungen zur Landwirtschaft besitze."

Aus einer lokalen Angelegenheit war eine Grundsatzfrage geworden: der Streik als Symbol einer verfehlten Wirtschaftspolitik, die dank des Einflusses der Landwirtschaftsparteien, aber auch des Dogmatismus der Sozialdemokraten kein erfolgreiches Krisenmanagement entwickelte. Die Linken schließlich hätten sich für ihr Ziel einer Sozialisierung „die Schwierigkeiten der Lage zunutze gemacht". In Wirklichkeit laute ihr Programm aber Verstaatlichung, und von der wisse man „weiß Gott genug".[49]

Am 13. April kam es dann zum Gewaltausbruch. Als in Brüx Polizei einen verbotenen Protestmarsch auflösen wollte, eskalierte die Situation. Steine flogen, Barrikaden wurden errichtet. „Der genaue Hergang der Katastrophe ist nicht zu ermitteln. Die Gendarmerie hielt eine Zeitlang dem Hagel mit Wurfgeschossen noch stand, wobei zwei Personen ernstere Verletzungen erlitten. Dann gab die Gendarmerie zwei Salven ab. Man sah in der zurückflutenden Menge Menschen stürzen. Zwei Tote und vierzehn Verwundete blieben auf dem Platze",[50] so vermeldete die *Reichenberger Zeitung* am 14. April. Ähnliches ereignete sich in Komotau: „6 Demonstranten, 45 Gendarmen, 2 Wachleute [verletzt], ein Polizist

48 Ebenda, 4.4.1932.
49 Ebenda, 7.4.1932.
50 Ebenda, 14.4.1932.

Der Titelkopf blieb zwischen 1860 und 1938 von wenigen grafischen Details abgesehen unverändert, hier die letzte Variante aus den 1930er-Jahren.

tödlich verletzt".[51] In anderen Orten, so in Dux, Oberleutensdorf und Teplitz-Schönau, blieben die Proteste hingegen ruhig. Spätestens an dieser Stelle hatte sich die Streikbewegung in die Reihe der harten Auseinandersetzungen der Zeit eingereiht. Immerhin sollen 1930 bis 1933 bei Streiks, Demonstrationen und Betriebsschließungen in der Tschechoslowakei 29 Menschen zu Tode gekommen sein.[52]

Harte Wort in der *Reichenberger Zeitung* folgten, diesmal von Kolumnistin R. Wachsmann.[53] In der Verantwortung für die Eskalation sah sie den Staat: „Das alles, nachdem die Arbeiter des nordwestböhmischen Braunkohlenreviers in vollster Ruhe für die Sicherung ihres Arbeitsplatzes zumindestens während der nächsten Monate gekämpft und die städtische Bevölkerung nicht zuletzt vermöge der Gesamtheit und Disziplin der Bewegung, deren Existenz fast vergessen hatte. [...] Mit Gendarmerie, Militär, Säbeln und Gewehren loszuziehen, ist der unheilvolle Irrtum einer in schematischen Begriffen erstarrten Verwaltung. [...] Daß die Sozialdemokraten sich dadurch politisch schwer bedroht fühlen, daß die Kommunisten die Streikführung in den Händen haben, ist für die Inangriffnahme des Ausgleiches irrelevant. Ganz abgesehen davon, daß in einer Zeit, die wie kaum eine andere je zuvor, eine geeinigte Linksfront gegen reaktionäre Vorstöße der Rechtsradikalen zur Pflicht macht."[54]

Im Bericht zur folgenden Parlamentssitzung fiel dann die Schonung beider politischen Ränder auf. Hatte man von den Kommunisten einen stürmischen

51 Ebenda, 14.4.1932; Gemeint war ein tödlich verletzter Polizist, während die übrigen Opfer teils schwer verwundet wurden.

52 Vgl. Hans Lemberg, Die Tschechoslowakei im Epochenjahr 1933, in: Bohemia 25 (1984), S. 325.

53 Vermutlich handelt es sich dabei um die für verschiedene Zeitungen schreibende Journalistin Risa Wachsmann-Worliczek (1896–1970), die 1938 mit ihrem Mann Adalbert Worliczek nach Großbritannien flüchten musste.

54 Reichenberger Zeitung, 14.4.1932.

Auftritt erwartet, blieb dieser jenseits des Lärmens während der Erklärungsversuche von Innenminister Juraj Slávik aus. Rudolf Jungs[55] Rede für die Nationalsozialisten drehte sich nach wenigen Worten wie schon zuvor bei Knirsch um die Verbote von Hakenkreuz und Volkssport – offensichtlich wichtigere Themen als das Elend der Arbeiter.[56]

Wenigstens kam es nun zu einer raschen endgültigen Einigung zwischen den Streitparteien. Verzichtet wurde auf Massenentlassungen bis Ende 1932, aber auch auf Neueinstellungen jenseits eines „unbedingt notwendigen Maßes". Zur Befriedung sollten beschränkte Abstellungen zu Subunternehmen und Einschränkungen von Überstunden zum Erhalt der Arbeitsplätze beitragen. Schließlich galt das Versprechen, dass die bestreikten Schichten „entschuldigt" würden. Folgen sollte der Ausstand allein für jene Bergarbeiter haben, die sich „grob vergangen haben".[57]

Noch war der Arbeitskampf aber nicht beendet. Leichenzug und Beerdigung für die beiden Arbeiter in Brüx wurden zur 20000-köpfigen Demonstration in „voller Ordnung und Disziplin". Dabei polemisierten jedoch im Rahmen der Trauerfeier die Kommunisten aus den Streikleitungen durch „fliegende Meetings" gegen das Abkommen.[58]

Letztlich lehnte die Zentrale Streikleitung den Kompromiss ab. Die Kommunisten hatten sich durchgesetzt. Selbst Nationalsozialist Heinrich Proske, dessen Verband die Ergebnisse ablehnte, eine Entscheidung aber einer allgemeinen Abstimmung überlassen wollte, verließ das Treffen geschlagen. Immerhin hatte er den Eindruck erzeugt, den Wunsch der Basis in den Mittelpunkt zu stellen. Kurz darauf gingen dann aber doch wieder so viele Männer ihrer Arbeit nach, dass die *Reichenberger Zeitung* am 20. April titelte: „Das Ende des Streiks". Die Streikleitung konnte nur noch hilflos über den „Verrat" der Führer der anderen Gewerkschaften schimpfen.[59]

55 Vgl. einführend zur Person Jung und dessen Konzepten: Eva Hahn, Über Rudolf Jung und vergessene sudetendeutsche Vorläufer und Mitstreiter Hitlers, in: Hans-Henning Hahn (Hrsg.), Hundert Jahre sudetendeutsche Geschichte. Eine völkische Geschichte in drei Staaten, Frankfurt a. M. 2007, S. 91–144.

56 Reichenberger Zeitung, 15. 4. 1932.

57 Ebenda, 17. 4. 1932.

58 Ebenda, 17. 4. 1932.

59 Ebenda, 20. 4. 1932; vgl. einführend zur Situation der fragmentierten Struktur der Gewerkschaften in Arbeitskämpfen: Peter Heumos, Systemwechsel auf blankgefegtem Fundament. Arbeitskampf und Protestverhalten in der Tschechoslowakei 1918–1968, in: Dietmar Neutatz/Volker Zimmermann (Hrsg.), Von Historikern, Politikern, Turnern und anderen. Schlaglichter auf die Geschichte des östlichen Europa, Berlin 2018, S. 243–266, insb. S. 244 f.

Der Streik war vorbei. Selten erhielten die Kommunisten solche Aufmerksamkeit in der Zeitung – zumindest jenseits polemischer Verurteilung. Dennoch stand für sie am Ende ein krachendes Scheitern. Laut Berichterstattung hatten sie die Führung an sich zu reißen versucht, doch lief ihnen letztlich die vernünftig denkende Arbeiterschaft davon. Ähnlich entschieden auf die Seite der Streikenden hatten sich auch die Nationalsozialisten gestellt. Sie hatten offenbar im Moment der Entscheidung aber der Basis das Heft des Handelns mit einer Abstimmung geben wollen. Die Sozialdemokraten taktierten hingegen, indem sie die Ereignisse für ihr eigenes politisches Spiel nutzen wollten, so der Gesamteindruck beim Lesen der Berichte.

Schließlich fällt auf, dass es in der Berichterstattung[60] keinerlei Unterschiede zwischen den deutschen und tschechischen Bergarbeitern gegeben zu haben schien – gemeinsame Not schweißte offenbar zu einem gemeinsamen Arbeitskampf zusammen. Dieser Eindruck wurde dann aber zum Arbeitswiederbeginn in den Schächten doch eingetrübt. Ohne weitere Einordnung verbreitete die *Reichenberger Zeitung* eine tschechenfeindliche Darstellung zu den angeblichen Hintergründen der Notsituation aus der Zeitschrift *Glück auf!*: „Das nordwestböhmische Braunkohlen-Revier wird ganz systematisch seit Jahren durch die chauvinistische und protektionistische Kohlenpolitik geschädigt und [die Lage wird] verschärft aus nationalen Gründen durch die ständige Benachteiligung der Braunkohle bei der Vergabe von Kohlenlieferungen an die Staatsbahnen und Staatsbetriebe durch die ständige Bevorzugung der Steinkohle auf Kosten der Braunkohle. [...] Der Entzug der Staatsbahnlieferungen ist nun unmittelbare Ursache der Entlassungen in den letzten Wochen. [...] Mit Ausnahme 1929 wurden in der Regel deutsche Bergarbeiter entlassen. [...] Die Bergarbeiter selbst kennen allerdings nur zum Teil die tieferen Ursachen ihres Elends."

Im Nachklang erschienen die Bergarbeiter als Opfer einer höheren, für den „kleinen Mann" kaum durchschaubaren deutschfeindlichen Politik, die die wahren, über ökonomische Fragen hinausgreifenden Ursachen der Krise auch diesmal erfolgreich habe verschleiern können. Auch wenn dieser Artikel am 20. April 1932 an wenig prominenter Stelle abgedruckt wurde, trübte er den vorherigen Eindruck einer sich auf soziale Probleme fokussierenden Berichterstattung, die nationale Fragen nicht zum Schlüssel der Auseinandersetzung machte.

60 Vgl. über diesen herausragenden Arbeitskampf im ohnehin streikintensiven Jahr 1932: Klaus Sato, Anpassung ohne Erfolg. Die sudetendeutsche Arbeiterbewegung und der Aufstieg Hitlers und Henleins 1930–1938, Darmstadt 1996, S. 83.

2. Die Deutschen als „Gleiche unter Gleichen“?

„Alles ist abhängig von dem Glauben eines Volkes an sich selbst“ – Das Goethejahr 1932

Ostern 1932. Ein Leitartikel mit dem Titel „Osterglaube im Goethejahr“ fasste die Gedanken zum Fest zusammen. Zu lesen war am 27. März, wenige Tage nach Goethes 100. Todestag, von einem „besiegten Volk, wehrlos gemacht und künstlich in Wehrlosigkeit gehalten, in sich zerrissen“. Ein trauriges Bild, wenig Hoffnung auf Besserung versprechend. Weiterhin müsse gar „ein Drittel des deutschen Volkes das bittere Brot der Minderheit essen, deutsche Jugend im Kerker; im Osten ein Raum ohne Volk, im Westen ein Volk ohne Raum, religiös zerklüftet, aller sozialen Schattierungen voll, wirtschaftlich ohne einheitlichen Schwerpunkt. Dazu umgeben von Nachbarn, die nur auf den Augenblick warten, ihren ungehemmten Ehrgeiz zu entfalten.“ Trostlosigkeit allerorten. Deutschland und alle Deutschen in und außerhalb des Reichs erschienen politisch, wirtschaftlich und auch kulturell auf einen Tiefpunkt abgesunken.

Dennoch sah der ungenannte Autor dieser Zeilen ein Licht am Horizont. So merkte er an: „Die deutsche Geschichte zeigt wie selten das Werden der großen Nationen, ein jähes Auf und Nieder. Als 1808 der ‚Faust‘ erschien, glaubte in der Tat ein ganzes Geschlecht, mit Deutschland und dem deutschen Volke sei es für immer zu Ende. Und doch folgte auf diese tief beschatteten Tage der herrliche, von Heinrich von Treitschke in so leuchtenden Farben beschriebene Völkerfrühling von 1813. [...] Alles ist abhängig von dem Glauben eines Volkes an sich selbst.“

Auf Goethe, den Dichterfürst, den großen Deutschen, den Visionär eines geeinten Volkes jenseits des zerklüfteten Meinungs- und Organisationsgefüges[1] projizierte man geradezu die Vision des Erlösers aus tiefer Erniedrigung. Ein fast religiöser Glaube an die noch nach einem Jahrhundert ausstrahlende Macht der Sprache Goethes als Klammer zwischen allen Deutschen brach sich hier Bahn. Befördern sollte sie einen Glauben, der auf die Gegenwart einwirken sollte und

1 Vgl. Rudolf Jaworski, Historische Argumente im sudetendeutschen Volkstumskampf 1918–1938, in: Bohemia 28 (1987), S. 331.

Kraft zum Streben nach neuer Größe oder wenigstens zur Wahrung der materiellen wie geistigen Besitzstände versprach.

Das Goethejahr 1932 diente so nicht allein der Ehrung eines großen Universalgelehrten. Die zahlreichen Beiträge in der *Reichenberger Zeitung* blickten mehrfach auf die Lehren dieses Wegweisers für die Gegenwart und Zukunft. Im Mittelpunkt stand nicht der Dichter, noch nicht einmal der Mensch Goethe in seiner Gesamtheit, sondern die aus seinem Wirken herausgelesene Vorbildfunktion für das gesamte deutsche Volk. Leider, so wurde beklagt, sei nun aber dieses Leitbild verblasst. So erlebe die Menschheit zwar technischen Fortschritt, doch habe das deutsche Volk Goethes Sendung („er war deutsch, wie keiner vor ihm und keiner nach ihm“) vergessen, wie Reichenbergs Leiter der deutschen Bücherei Friedrich Jaksch bedauerte. Daher heiße es nun, „in Schweigen zu arbeiten, an uns und unseres Volkes innerer Größe und Reinheit“.[2]

Dieses Klammern an Goethes Erbe vermittelte den Sudetendeutschen das Gefühl, nicht allein als nationale Minderheit zu stehen, sondern in der Nachfolge mit allen anderen Deutschen eine Gemeinschaft eines bedeutenden Kulturvolks zu bilden. Zur Untermauerung hieß es am 22. März: „Das unzerstörbare Bewußtsein, Glieder eines ‚großen, geachteten Volkes‘ zu sein, wäre ohne die gemeinsamen Besitztümer des Geistes und der Seele gar nicht möglich. [...] Das sudetendeutsche Volk ist im Geiste [...] wo die deutsche Seele eine Heimat hat. Denn diese Heimat ist auch unsere Heimat.“ Dieses Versprechen band man mit der Selbstverpflichtung, den hohen Forderungen zu folgen, die „er an den sittlich wertvollen Menschen im Lebenskampfe stellt“, wie Ewald Mayer bei der Feierstunde in Reichenberg mahnte.[3]

Geehrt wurde reichlich in diesem Jahr, und das beschränkte sich nicht auf die größeren Städte. Mochten Goethe-Ehrungen auf dem Land auch „nicht gut besucht“ gewesen sein, wie zu Ostern in Rosenthal, waren sie „dafür würdig verlaufen“.[4] Die Feiern sollten auch der Landbevölkerung das Goethe-Ideal praktisch allerorts erlebbar machen. Hierfür sorgten jenseits von Vorträgen und Musikstücken niederschwellige Angebote jenseits eines kulturbeflissenen Publikums, wie beispielsweise das Lustspiel „Die Mitschuldigen“, aufgeführt am 8. Mai in Althabendorf, vor allem aber zahlreiche Denkmäler als steinerne Monumente. Hier engagierten sich Städte wie Franzensbad oder Teplitz-Schönau, Ehlbogen und Asch.

2 Reichenberger Zeitung, 23. 3. 1932.

3 Ebenda, 22. 3. 1932.

4 Ebenda, 30. 3. 1932.

In Asch wurde die Enthüllung des dank Spendern und einer Stiftung finanzierten Denkmals mit den bescheidenen Festlichkeiten zum 60. Stadtjubiläum verbunden. Von der Enthüllung lieferte die *Reichenberger Zeitung* am 30. August ein eindrückliches Stimmungsbild: „Es fügte sich weiter, daß das Goethedenkmal, das auf dem Ascher Marktplatze steht, zu einem Zeitpunkt enthüllt wurde, welcher der Stadt Asch sozusagen einen Marktplatz erst verschaffte. Denn noch vor wenigen Tagen stand das letzte Haus. [...] Die benachbarten reichsdeutschen und sudetendeutschen Städte hatten ihre Bürgermeister oder deren Vertreter nach Asch entsandt." Glanz verlieh der Veranstaltung ein Turmblasen vom Stadtturm, während laut Bericht „von einer Beflaggung wegen der bekannten Fahnenzwangsverordnung abgesehen" wurde – ein Wehrmutstropfen bei diesem nationalen Fest. Zum Höhepunkt senkte sich die „geschmackvolle Hülle über den Brunnen, in dessen Mitte sich das Goethedenkmal erhebt". Ihm folgte „ein tausendstimmiger Ruf der Überraschung und Bewunderung".

Die Denkmäler sollten offensichtlich ebenso wie die Hinweise auf Besuche Goethes in Böhmen einen unverrückbaren Anspruch der Deutschen auf ihre Sprachautonomie und kulturelle Tradition im Land aufzeigen.[5] Hierfür stehen auch noch zwei Ideen, die allerdings nicht umgesetzt wurden. Während die seit 1931 in Bau befindliche Talsperre in Pirkenhammer den Namen des Dichters erhalten sollte – immerhin wurde das am 14. September 1932 so begründet, Goethe habe dort mineralogische Studien durchgeführt –, forderte der deutschnationale Abgeordnete Fritz Hassold eine Goethe-Briefmarke der tschechoslowakischen Post. Sein Vorschlag habe dabei ein „großes Echo" auf tschechischer Seite erzeugt. Zumindest aus dem Artikel vom 20. Juni 1932 war nicht herauszulesen, welche weitere Beziehung Goethe nach Böhmen gehabt hatte; eine Leerstelle, die auch bei den anderen Artikeln auffällt.

Am 23. August sah der Goethe-Experte Walter Sprengel in dessen Deutschtum sogar eine „Überwindung der Ausländerei", herausgebildet aus einer „Gegensätzlichkeit zum Franzosentum". Warum hätte ihm da die tschechoslowakische Post eine Briefmarke widmen sollen? Der Vorschlag musste so

5 Jaroslav Kučera weist dabei darauf hin, dass auch noch in der Ersten Republik die Mehrheit der Deutschen im Alltag ohne Tschechischkenntnisse ausgekommen sei. Andererseits sei besonders in den ersten Jahren nach der Republikgründung ein „Kurs einer Vorrangstellung des Tschechischen" unübersehbar gewesen. Vgl. ders., Minderheit und Nationalstaat. Die Sprachenfrage in den deutsch-tschechischen Beziehungen 1918–1938, München 1999, S. 24, 95; vgl. weiterhin: Klaas-Hinrich Ehlers/Marek Nekula/Martina Niedhammer/Hermann Scheuringer (Hrsg.), Sprache, Gesellschaft und Nation in Ostmitteleuropa. Institutionalisierung und Alltagspraxis, München 2014.

in erster Linie als Provokation ankommen. Derlei Überlegungen wurden aber in der *Reichenberger Zeitung* nicht gemacht – man beließ es bei der Erwähnung der Ablehnung, die im Rahmen der umfangreichen Ehrungen einer unbestritten bedeutenden Persönlichkeit einen ungünstigen Eindruck hinterlassen musste.

Zwar hatte die Reichenberger Goethe-Woche mit Vorträgen u. a. zu Goethes Epik und Dramatik oder zu seinem Verhältnis zur bildenden Kunst im frisch bezogenen „Goethe-Heim",[6] der neuen Volkshochschule, tatsächlich auch das Verständnis für das künstlerische Werk befördert. Letztlich stand jedoch jenseits anspruchsvoller Bildungsveranstaltungen über dem ganzen Jubiläumsjahr das Ziel einer Hebung des nationalen Gedankens.

„Zweierlei Maß" – Deutsche Schulen in der Republik

Die Ausbildung der Kinder ist zu jeder Zeit eine Zukunftsfrage par excellence. Gerade in Zeiten wirtschaftlicher Not war jedoch eine gute Schulbildung von herausgehobener Bedeutung. Dies galt im Sudetenland nicht allein für die einzelnen Kinder, sondern auch für sie als Gesamtgruppe. Immerhin sollten sie einmal die Geschicke der Deutschen in Böhmen übernehmen. Pointiert erklärte der Reichsverband deutschvölkischer Lehrer, nachzulesen am 13. November 1933: „Die Schule ist Organ der Volksgemeinschaft und die Grundlage jeder Erziehung muß das Volkstum sein. [...] Die Aufgabe des Lehrerstandes ist es, ein Geschlecht heranzubilden, das befähigt ist, das deutsche Volk auf dem Boden seiner Heimat zu erhalten. Menschen, die nicht reife Glieder der Volksgemeinschaft sind, werden auch keine reifen Glieder des Staates sein können."

Kritisch betrachtete auch die *Reichenberger Zeitung* die Schulsituation in der Republik, von der fast 2,5 Millionen Heranwachsende[7] betroffen waren. Sowohl bei den Volksschulen als auch bei den weiterführenden Mittelschulen blickte sie mit Argusaugen auf die Entwicklung, gerade im Vergleich zu den Schulen der tschechischen Bevölkerung. Das Schulsystem war national gegliedert, deutsche

6 Reichenberger Zeitung, 25. 8. 1932.

7 Ebenda, 3. 3. 1934; einführend zum Thema: Mirek Němec, Der Schulalltag in den deutschen Schulen der Tschechoslowakei (1918–1938) im Spannungsfeld zwischen Staat und Volksgruppe, in: brücken. Germanistisches Jahrbuch 12 (2004), S. 195–221; Rex Rexheuser, Das Schulwesen nationaler Minderheiten in Estland, Lettland, Polen und der Tschechoslowakei zwischen den Weltkriegen, in: Hans Lemberg (Hrsg.), Ostmitteleuropa zwischen den beiden Weltkriegen. Stärke und Schwäche der neuen Staaten, Marburg 1997, S. 283–312, insb. S. 297–301.

Kinder besuchten zumeist deutsche Schulen, tschechische Kinder tschechische Schulen. Für die jeweilige Minderheitengruppe mussten in einem gewissen Rahmen daher Minderheitenschulen betrieben werden. Sprachenaustausch war weitverbreitet, sei es durch zeitlich begrenzten Besuch tschechischsprachiger Schulen oder durch auch in der *Reichenberger Zeitung* vielfach beworbenen Sprachenaustausch in den Ferien.

Die Lage der deutschen Volksschulen

Zu Beginn des Schuljahres 1933/34 gab es in der Tschechoslowakei insgesamt 15 236 Volksschulen mit 44 472 Klassen. Nach Nationen gegliedert hieß das: 10 416 tschechoslowakische, 3313 deutsche, 845 ungarische, 561 transkarpatische, 91 polnische, sechs jüdische und vier rumänische Schulen standen zur Verfügung.[8] Zumindest bei den größeren Nationen entsprach die Schulzahl damit grob gerechnet der Relation der Einwohnerzahlen. Einzuschränken ist dabei, dass die *Reichenberger Zeitung* am 9. Juli 1934 auch von „über 12 500 deutschen Kindern in tschechischen Schulen" und 3562 Tschechen in deutschen Schulen zu berichten wusste.

Hinzu trat die ständige Neugründung von tschechischen Schulen, scheinbar auch ohne tatsächlichen Bedarf. So soll es in Schönficht in Kaiserwald „eine tschechische Schule ohne tschechische Schüler" gegeben haben, und während deutsche Schulen „aus Ersparnisgründen" zusammengelegt wurden, entstanden neue tschechische Volksschulen in Eichwald und Wellemin.[9] Im Resultat zitierte man am 7. November 1933 eine offizielle Statistik, nach der seit 1918 die Zahl deutscher Schulen um 196 gefallen, die Zahl tschechoslowakischer Einrichtungen jedoch um 1477 gewachsen sei. Beim Blick auf diese Zahlen schien klar, wen der Staat bevorzugte. Hierfür lieferte ein Artikel aus Schmiedeberg am 25. Mai 1933 ein Beispiel: Der Betrieb einer Tabaktrafik sei dort 1933 trotz der Bewerbung von sechs kriegsinvaliden Deutschen an einen tschechischen Vater von sechs Kindern gegangen. Genau sechs Kinder hätten bis dahin noch gefehlt für eine tschechische Schule für die Erzgebirgsgemeinde. Von weiteren Neubauten im Erzgebirge las man am 5. September 1934. Die Schulen in Zinnwald, Moldau und Lochtschitz besuche vor allem der Nachwuchs zugewanderter, also hier von der Republik eingesetzter Finanz- und Zollbeamter, Eisenbahner und Polizisten. Selbst in der Notzeit sei die Baufinanzierung für solche tschechischen Minderheitenschulen kein größeres Problem. Verbände wie der Národní jednota

8 Reichenberger Zeitung, 4.7.1934.
9 Ebenda, 7.9.1933, 26.10.1933.

streckten zwar die Kosten vor, doch kündige der Staat inoffiziell einen späteren Kauf an. Die Sparmaßnahmen würden so umgangen.[10]

Die Gründe für dieses Missverhältnis erschienen klar: Eine massive Bevorzugung der tschechischen Einrichtungen, gern auch als „Schulpalast“ oder „Prachtpalast“[11] verurteilt, benachteilige die deutschen Kinder. Die Eltern gerieten dann in Versuchung, ihre Kinder in diese Schulen zu schicken und so deren „Assimilation in den tschechischen Kulturkreis“[12] hinzunehmen. Die Abgrenzung auf die Spitze trieb dabei eine scharfe Anklage gegen die Eltern von Philippshütte im Böhmerwald. Unter dem Titel „Sie verkaufen ihre Kinder für 100 K“ war da am 26. Oktober 1932 zu lesen: Die deutschen Kinder besuchten eine tschechische Minderheitenschule, nachdem den Eltern Bekleidung und Verköstigung der Kinder ebenso wie ein Sparbuch über 100 Kronen versprochen worden seien. Für den Schreiber des Artikels war dieser „krasse Fall von Seelenhandel“ im Land vorbildlos. Ihrer Strafe seien sie aber sicher: „Neben den heldenhaft kämpfenden Deutschen von Albrechtsried wird man für alle Zukunft die ‚Deutschen‘ von Philippshütte nennen. Aber der Name Philippshütte wird keinen guten und keinen ehrenvollen Klang haben, so weit die deutsche Zunge reicht.“

Nicht nur die Anstrengungen der benachbarten Albrechtsrieder wurden betont, sondern das Deutschsein der Deutschen aus Philippshütte mit der Setzung in Anführungszeichen zumindest in Zweifel gezogen. Nicht die individuellen Interessen des eigenen Kindes anhand der örtlichen Situation standen im Mittelpunkt. „Das deutsche Kind gehört in die deutsche Schule“, denn das „uns vor Gott und den Menschen zustehende Recht“[13] hatte die Grundlage jeder Schulentscheidung zu bilden. Schulen sollten sudetendeutsche Identität stärken.[14]

Deutsche Schulen in der Minderheitenposition stiegen da rasch zur „Trutzschule“ auf, wie im Fall von Deutsch-Gießhübel bei Iglau. Zum Erhalt des Hauses seien die Eltern sogar zu einem „stundenweiten“ Transport der Kinder bereit.[15] Immerhin wusste man am 12. Juni 1935 von einer neuen deutschen Volksschule in Weigsdorf zu berichten. Für die 100 evangelischen Schüler wurden sogar 400 000 Kronen investiert. Der Grund für diese „unbedingte Notwendigkeit“

10 Ebenda, 22. 8. 1934.

11 Ebenda, 6. 1. 1932, 12. 11. 1932.

12 Ebenda, 14. 1. 1932.

13 Ebenda, 1. 6. 1934, 21. 8. 1934.

14 Vgl. Tomáš Kasper, Sudetendeutsche Schulreform. Versuch eines deutsch-tschechischen Vergleichs, in: brücken. Germanistisches Jahrbuch 14 (2006), S. 111, 115; gerade mit Blick auf die Grenzräume unterstützt das auch Reinhard Suchomel, Die deutsche Minderheit in Ostböhmen. Sonderfall Schatzlar, Dissertation, Wien 2017, S. 105.

15 Reichenberger Zeitung, 15. 3. 1932.

Wilhelm Stiepel (1854–1941) führte die *Reichenberger Zeitung* zwischen 1886 und 1938 als Herausgeber.
75 Jahre Reichenberger Zeitung, 1935

des Staates: Da die Schüler traditionell eine nahe reichsdeutsche Schule besucht hatten, musste ihnen nun nach dem Ende der Demokratie in Deutschland eine Alternative in der Republik geschaffen werden.[16]

Bei all diesen Meldungen fällt aber auf, dass die eigentliche Frage einer besonderen Förderung der tschechischen Kinder und eine Behinderung deutscher

16 Ebenda, 12. 6. 1935.

Kinder mit Blick auf deren jeweilige Zukunftsaussichten nicht angesprochen wurde. Die Darstellungen verharrten in der Beschreibung von Strukturen, streiften pädagogische Fragen nicht einmal. Die Notwendigkeit des Lernens der tschechischen Sprache stand in der *Reichenberger Zeitung* wiederholt im Mittelpunkt, aber offensichtlich kam es den Redakteuren nicht in den Sinn, dass diese Kenntnisse an einer tschechischen Schule mindestens ebenso gut wie an einer deutschen erworben werden konnten. Weiterhin setzte man die Aussage, der Besuch einer tschechischen Schule führe zur „Tschechisierung“ so selbstverständlich, dass eine Auseinandersetzung mit der These vollkommen ausblieb. Nationaler Besitzstand war zu wahren – und jedes einzelne Kind oder dessen Eltern trugen dafür Mitverantwortung. Individuelle Interessen, eben auch die Frage der Zukunft des einzelnen Kindes, waren diesem Ziel untergeordnet. Damit waren die Anklänge an die Erklärung der deutschvölkischen Lehrer am Beginn des Kapitels auch in der Berichterstattung der *Reichenberger Zeitung* nicht zu übersehen. Die tatsächliche stärkere Förderung der tschechischen Schulen durch den Staat unterfütterte dieses Gefühl der Notwendigkeit zur Verteidigung zusätzlich. Gerade dieser Punkt sollte dann auch die Diskussion um Schließungen der weiterführenden Mittelschulen beeinflussen.

Der Kampf um die Mittelschulen 1934/35

„Ein neuer Schlag gegen das Deutschtum unseres Staates. Aus ‚Ersparnisgründen‘ sollen neun deutsche, aber nur drei tschechische Mittelschulen aufgelassen werden.“ Am 25. Juli 1934 kündigte die *Reichenberger Zeitung* die Schließung vor allem deutscher weiterführender Schulen an. Die Tschechoslowakei musste in der Wirtschaftskrise sparen. Betroffen sein sollte aber vor allem die deutsche Minderheit. Nach alter österreichischer Tradition gehörten neben allen Arten von Gymnasien noch die Realschulen und Lehrerbildungsanstalten zu diesem Schultypus.[17]

Konkret beschäftigte sich die *Reichenberger Zeitung* mit dem kurzfristigen Ministerratsbeschluss, vom Blatt am 29. Juli zusammengefasst: „Die beiden deutschen Mittelschulen in Arnau und Leutschau verlieren augenblicklich sämtliche vier Oberklassen und sollen in den folgenden vier Jahren gänzlich verschwinden. In Reichenberg, Leipa, Leitmeritz und Brünn werden je zwei deutsche Mittelschulen mit 1. September 1934 zusammengelegt, in den drei zuerst genannten

17 Vgl. Némec, Der Schulalltag, S. 196; Tomáš Kasper fügt aber hinzu, dass sich die deutschen Schulen trotz dieser Reformen in einer starken Position im Vergleich zu den tschechischen Schulen befunden hätten. Vgl. ders., Sudetendeutsche Schulreform, S. 111.

Städten je ein Gymnasium und eine Realschule, in Brünn zwei Realschulen. Das ergibt einen sofortigen Verlust von weiteren vier Anstalten. Ferner werden mit 1. September 1934 die staatlichen Lehrkräfte der Mädchenmittelschulen in Teplitz, Karlsbad, Eger und Troppau abberufen. Da die bisherigen ‚Schulerhalter', die Stadt Karlsbad und drei Kuratorien (Vereine), nicht imstande sind, aus eigenen Mitteln neue Lehrkräfte zu bezahlen, bedeutet die Abberufung der staatlichen Lehrkräfte praktisch nichts anderes als die Schließung der genannten vier Mädchenmittelschulen, wodurch der Gesamtverlust an deutschen Anstalten in einem einzigen Jahre die Zahl zehn erreicht."

Die „große Vernichtung eines mühsam aufgebauten Stückes deutschen Kulturgutes" sei „angeblich gegen die Stimmen der beiden deutschen Minister" entschieden worden, die im Vorfeld nicht einmal die eigenen Parteien hätten informieren dürfen. Mit den Schulschließungen schien sich deren Hilflosigkeit gegenüber einer systematischen Benachteiligung „im achten Jahr der Teilnahme deutscher Minister an den Regierungsgeschäften" fortzusetzen. Immerhin würden viele der bisherigen Schüler im slowakischen Leutschau durch den längeren Schulweg die Schule abbrechen müssen, „weil die Eltern, arme Gebirgsbauern und Arbeiter, kaum in der Lage sein dürften, die hohen Kosten des Aufenthalts außer Haus zu bestreiten".[18] Fraglich ist hingegen, wie viele Arbeiterkinder überhaupt solch eine Schule besuchen konnten und viele Schüler aus entlegeneren Orten ohnehin unter der Woche bei Gasteltern oder in Schulinternaten übernachteten.[19] Die *Reichenberger Zeitung* forderte jedenfalls als Antwort auf diese Diskriminierung: „Der Abwehrkampf muß vom ganzen deutschen Volke geschlagen werden" und fragte zugleich: „Wo sind seine berufenen Führer?"[20]

Es überrascht nicht, dass sich die Protestartikel über die „nicht gerechtfertigte Zurücksetzung"[21] in den folgenden Tagen häuften. Am 31. Juli 1934 druckte das Blatt eine Entschließung der deutschen Stadträte Reichenbergs ab. Die Zusammenlegung von Gymnasium und Realschule, trotz wachsender Schülerzahlen in beiden Anstalten, sei ein „Schlag gegen das Deutschtum unseres Staates". Gerade in Notzeiten bewahre die Ausbildung „vor dem Nichtstun", während ein früher Schulabgang „nur die Anzahl der Arbeitslosen vergrößern" werde. Eine solche Argumentationslinie ließ dann auch die Sozialdemokraten zustimmen.[22]

18 Reichenberger Zeitung, 29.7.1934.
19 Vgl. Némec, Der Schulalltag, S. 197 f.
20 Reichenberger Zeitung, 29.7.1934.
21 Ebenda, 30.7.1934.
22 Ebenda, 31.7.1934.

Weitere, nicht näher ausgeführte Protestresolutionen, so aus Eger und Troppau,[23] dürften ähnlich die sozialen Folgen hervorgehoben haben.

Im Mittelpunkt der Berichterstattung stand aber die Gegenüberstellung der Zahlen der Schulen für Deutsche und Tschechen. Aus Leitmeritz las man unter Auslassung von Kapazitäten oder Lehrformen von einer Protestresolution des Bundes der Landwirte, „daß der 50 000 Einwohner zählende Bezirk Leitmeritz für 39 000 Deutsche eine, für 12 000 Tschechen jedoch bereits drei Bürgerschulen aufweise und daß für den politischen Bezirk Leitmeritz für 72 000 Einwohner zwei deutsche Mittelschulen, hingegen für nur 20 000 Tschechen eine Mittelschule bestehe und daß der Zusammenschluß faktisch bedeute, daß die Zahl der Mittelschulen dann für Deutsche und Tschechen je eine Anstalt bedeuten wird“.[24] „Zweierlei Maß“[25] zwischen Deutschen und Tschechen, basierend auf solchen Zahlenvergleichen, erreiche mit dieser Sparmaßnahme eine neue Dimension. Unberücksichtigt blieb bei einer solchen Analyse unverändert der Besuch deutscher Schüler an tschechischen Schulen.[26] Derweil stellte die *Reichenberger Zeitung* einen stärkeren Besuch tschechischer und slowakischer Mittelschulen fest, über den am 18. Dezember 1934 allerdings ohne Hinweis auf die gleichzeitigen Schließungen berichtet wurde. Der Andrang der Kinder liege daran, dass „die tschechische Bevölkerung im allgemeinen wohlhabender und daher in der Lage ist, einer verhältnismäßig größeren Zahl auch weniger begabter Kinder das Mittelschulstudium zu ermöglichen“.

In ihren Anfängen stecken blieb in der Kürze der Zeit dagegen die Beschreibung möglicher pädagogischen Folgen und Perspektiven. Einen Ansatz bot am 5. August 1934 Gottfried Preißler, als Autor des Buches *Grundfragen der tschechoslowakischen Schulreform vom Standpunkt der deutschen Mittelschule* ausgewiesener Bildungsexperte. Seine Kritik an der Reichenberger Zwangsfusion: Das Resultat, eine „Mammutanstalt“, überzeuge bestenfalls diejenigen, welche Größe als Wert an sich betrachten, ohne an tatsächlichen Bildungsfortschritt zu denken. Ansonsten verharrte aber auch Preißler im verbreiteten Anklageton. Die Vereinigung von Gymnasium und Knabenmittelschule werfe „den Kulturmittelpunkt Nordböhmens“ „um achtzig Jahre zurück“ auf den Stand „kleiner Provinzstädte“. Preißler mahnte daher, die Aufgabe sei die räumliche Trennung des

23 Ebenda, 31.7.1934.

24 Ebenda, 1.8.1934; Gemeint waren hier offenbar einerseits der Gerichtsbezirk Leitmeritz, andererseits der gleichnamige politische Bezirk.

25 Reichenberger Zeitung, 7.8.1934.

26 Vgl. bspw. Romana Cihlařova, Základní škola v Novém Sedle [Die Grundschule in Neusattl], Bachelorarbeit, Plzeň 2015, S. 25 f., und Peter Haslinger, Nation und Territorium im tschechischen politischen Diskurs, München 2010, S. 370.

deutschen und des tschechischen Gymnasiums – bisher in einem Haus untergebracht. So suchte Preißler noch einen Ausweg für das deutsche Gymnasium, den die Verwaltung Reichenbergs mit einem Neubau für die Tschechen eröffnen sollte. Der Vorschlag kam aber sehr spät, das Amtsblatt vom 8. August verkündete bereits die Zusammenführung.

Die Schließungen waren außer wenigen Ausnahmen – so lief der Betrieb am Realreformgymnasium in Karlsbad zunächst weiter[27] – nicht aufzuhalten. Über eine Reichenberger Protestversammlung las man: „Sie können es einfach nicht verstehen, daß man ihnen das bei der aufwärts anwachsenden Loyalität antun konnte." Der Ursprung für dieses Unrecht seien „die Fäden, die hinter den Kulissen gesponnen werden".[28] Der Staat gehe über die berechtigten Interessen seiner gutwilligen deutschen Bürger kalt hinweg, er bestrafe, statt Loyalität zu belohnen.

Selbst die zunächst noch positiv vermerkte Solidarität der tschechischen mit den deutschen Eltern, immerhin litten ja beide Reichenberger Gymnasien unter dem Raummangel im gemeinsamen Gebäude, fand ein jähes Ende. Mit dem Beschluss zur Übergabe des Gebäudes an die tschechische Schule sei es zur „Ablehnung einer weiteren Zusammenarbeit der tschechischen Elternschaft" gekommen. „Mit Befremden" über diesen Schritt standen die Deutschen nun allein gegen die „angeblichen Sparmaßnahmen". Diese seien aber in Wirklichkeit gar keine Einsparungen, „da nur der Posten eines Direktors eingespart wird, der ohnedies seit fünf Jahren nicht besetzt war".[29]

Spätestens jetzt war die Mittelschulfrage im aufkeimenden Wahlkampf angekommen. Bereits am 16. Oktober 1934 hatte man die markigen Worte von Robert Mayr-Harting, ehemaliger Minister, auf dem christlichsozialen Parteitag lesen können: Die Schließung der „uralten" deutschen Mittelschulen „angeblich aus Ersparnisgründen" sei ein Symptom des „systematischen Abbaus der Demokratie". „Vollständig preisgegeben" worden sei der Gedanke der Gleichberechtigung der Nationen. Gespart werde eben nur an den Deutschen, und dann auch noch bei deren Kindern. Bezeichnend hierfür war die am 12. Juni 1935 in der *Reichenberger Zeitung* notierte Ignoranz des Schulministeriums gegenüber deutschen Einsprüchen. Als die Gemeinde Arnau vor dem Obersten Verwaltungsgerichtshof erfolglos gegen die Schließung ihres Gymnasiums klagte, sandte das Ministerium nicht einmal einen Vertreter zur gerichtlichen Auseinandersetzung und legte auch keine schriftliche Entgegnung vor.

27 Reichenberger Zeitung, 11. 8. 1934.
28 Ebenda, 11. 9. 1934.
29 Ebenda, 13. 10. 1934.

Im Jahr 1935 rückte die endgültige Zusammenlegung der beiden Reichenberger Mittelschulen nahe. Bürgermeister Kostka versuchte in einer Versammlung dem auch Vorteile abzugewinnen. Natürlich sei der Raumbedarf die Herausforderung, so müsse die eigentlich im Chemieraum des Gymnasiums untergebrachte Klasse als „Wanderklasse" immer wieder ihren Unterrichtsraum wechseln, aber jenseits dieser praktischen Fragen böten sich auch Vorteile. Kostka berichtete dafür aus eigener Ausbildung: „Ich selbst bin Absolvent eines humanistischen Gymnasiums. Für mich war es im praktischen Leben von größtem Nachteil, daß ich mir eine der lebenden Sprachen – Französisch oder Englisch – mühsam aneignen mußte."[30] Nun bekomme man die verschiedenen Profile in einem Haus angeboten. Das Ende des Kampfes um den Schulerhalt erfordere, den Blick in die Zukunft zu richten.

Die von Kostka offensichtlich erhoffte Debatte über die Modernisierung der Unterrichtsangebote wurde bei der allgemeinen Ablehnung der Reform jedoch nicht aufgegriffen. So befürchtete der Bund der Landwirte „später einmal eine Einschränkung des Schulbesuchs".[31] Staatliche Zugangsbegrenzungen könnten folgen, wenn die Unterrichtsbedingungen sich verschlechtert hätten. Dazu passte dann allerdings nicht die Kritik vom 12. April 1935 in der *Reichenberger Zeitung*. Da „fast zehn Prozent Mittelschüler durchfallen", sollten, so diesmal die Forderung, die Volksschullehrer „etwas rigoroser in der Beurteilung der Fähigkeit ihrer Schüler" werden. Die Berichterstattung schwankte damit zwischen dem Vorwurf der Benachteiligung – am 27. April 1935 las man von der bevorstehenden Eröffnung eines Gymnasiums für die Tschechen in Kaden, am 14. Juni von einem neuen tschechischen Realgymnasium in Komotau –, der Sorge um Zugangsbeschneidungen, aber auch einer Kritik an beschränkter Auslese.

Am 14. Juni 1935, kurz nach der Parlamentswahl und nach dem Start des neuen Schuljahres, bilanzierte die *Reichenberger Zeitung* die Entwicklung im Mittelschulsektor voller Bitterkeit: „An deutschen Mittelschulen und Lehrerbildungsanstalten wurden seit 1918/19 aufgelöst: 15 Gymnasien, 7 Realschulen, 3 Realgymnasien, 5 Reform-Realgymnasien, 3 Mädchenlyzeen und 9 Lehrerbildungsanstalten. Durch Zusammenlegung wurden 1934/35 aus 3 Gymnasien und 5 Realschulen, 3 Realgymnasien und 1 Realschule gebildet, d.h. es verschwinden 4 Anstalten. Der Gesamtverlust beträgt somit 46, in welcher Zahl 2 in Untermittelschulen umgewandelte Anstalten (Realgymnasium in Arnau und Reform-Realgymnasium in Leutschau) nicht inbegriffen sind. Eröffnet wurden

30 Ebenda, 26.2.1935.
31 Ebenda, 10.3.1935.

in dieser Zeit bloß das Mädchen-Reform-Realgymnasium in Gablonz (städtisch, mit verstaatlichtem Lehrkörper), das Realgymnasium in Mähr.-Neustadt (städtisch) und das Unter-Realgymnasium in Marienbad (städtisch), zusammen also 3 private Anstalten. [...] Das bedeutet – abgesehen von der schweren kulturellen Schädigung der Deutschen in der Tschechoslowakischen Republik – besonders einen fühlbaren Verlust an Arbeitsplätzen für die Kandidaten des Mittelschullehramtes, die derzeit mehr als 300 an der Zahl ohne Beschäftigung sind. Vorschläge zur Linderung dieser Not wurden von verschiedenen Seiten schon des öfteren gemacht, aber sie finden keine Beachtung."

Abbau statt Zukunft, das war das in den Artikeln stets wiederholte Ergebnis tschechoslowakischer Schulpolitik für die Deutschen. Die Ausbildung der deutschen Schüler im Land werde systematisch zurückgedrängt – das Ideal der „Gleichen unter Gleichen" werde nicht nur nicht gefördert, sondern rücke sogar in immer weitere Ferne. Düstere Perspektiven für die Deutschen in der Tschechoslowakei.

„Ein Haufen von Apachen" – Der Überfall auf die Turner in Dux

„Überfall auf deutsche Turner in Dux", titelte die *Reichenberger Zeitung* am 28. Juni 1932. Der folgende Bericht über den „Terrorakt" gegen das „Notfest in der völkisch schwerbedrängten Stadt" zeichnete ein Bild des Grauens. Während man ein „Fest nach deutscher Art und Sitte, um den Lebenswillen auf hartbedrängtem Kampfboden zu stählen", habe begehen wollen, seien die Deutschen Opfer eines planvoll agierenden tschechischen Mobs geworden. Schon der erste Bericht versuchte, das Geschehen vollständig wiederzugeben: „Unverantwortliche tschechische Elemente glaubten aber, das Fest stören zu müssen." Als der „Fackelzug durch die Schloßgasse marschierte, fuhr plötzlich in der Nähe des Stadt-Kinos ein unbeleuchtetes Auto, besetzt mit bewaffneten Tschechen, in den rückwärtigen Teil des Fackelzuges hinein, dadurch diesen in zwei Teile trennend. Die Tschechen sprangen vom Auto und begannen sofort mit Messern und anderen Gegenständen auf die Turner einzuschlagen, während von beiden Seiten der Straße ein Steinhagel über die Turner sich ergoß. Schon vorher trachtete man, den Fackelzug durch aufreizende Zurufe der aus der ganzen Umgebung zusammengetrommelten Tschechen zu stören. Innerhalb weniger Minuten waren sechzehn leichter oder schwerer Verletzte das Ergebnis dieses rohen, allen Anzeichen nach gut vorbereiteten Angriffes auf deutsche Turner."[32]

32 Ebenda, 28. 6. 1932.

Das Schloss mit der Schlossgasse in Dux, aufgenommen um 1935.
Privatbesitz

Wenn die Einleitung des Berichts ein nationales Anliegen der Veranstaltung betont hatte, verstand man die Attacke als einen Angriff nicht allein auf die Turner. Stattdessen habe er das Existenzrecht der Deutschen in Dux und wohl noch darüber hinaus attackiert. Im Besonderen sei dies in Gefahr, wenn die Polizei auf das Geschehen nur mit „Schulterzucken" reagierte.

Bereits in den Wochen zuvor hatte sich eine Trennlinie zwischen „Deutschem Turnen",[33] so übrigens auch die allgemeine Überschrift der Sportberichte in der *Reichenberger Zeitung*, und den Behörden gezeigt. Nach dem Verbot des Tragens des Hakenkreuzes war es so aufgrund der äußerlichen Ähnlichkeit des Turnerkreuzes zu „ungerechtfertigten Kontrollen" in Gablonz bzw. einer „Razzia" als „Willkürakt"[34] in Oderberg gekommen. Dem Turnverein Lichten-

33 Vgl. grundlegend: Andreas Luh, Der Deutsche Turnverband in der Ersten Tschechoslowakischen Republik. Vom völkischen Vereinsbetrieb zur volkspolitischen Bewegung, 2. Aufl., München 2006.

34 Reichenberger Zeitung, 31.3.1932, 13.4.1932.

stadt (bei Karlsbad) war der Festumzug verboten worden, da er sich geweigert hatte, diesem die Fahne der Republik voranzutragen.[35]

Der aufkeimende Konflikt konnte nicht überraschen. Der Abgeordnete Alfred Rosche hatte bereits am 9. Januar 1932 festgehalten, „ein großer Teil der Turnbewegung nimmt parteipolitische Entwicklung an".[36] Die Bewegung verstand sich selbst als Abwehr gegen die wachsende tschechische Sokol-Organisation. Diese vermochte zwischen 1920 und 1937 die Zahl ihrer Turnhallen von 205 auf 1117 zu vermehren und soll mit Kongressen im deutsch besiedelten Bereich die einheimische Bevölkerung wiederholt eingeschüchtert haben.[37] Beim Gauturnfest in Zwickau, das am selben Wochenende wie jenes in Dux stattfand, gab es dann auch nicht nur Sport, sondern auch ein patriotisches Programm mit Gesang, einer Ansprache sowie einem feierlichen Treuegelöbnis.[38]

Für die Redaktion waren die Rollen jedenfalls klar verteilt. Hier die Turner, die sich alle nicht provozieren ließen (es waren immerhin 1400 Personen) – dort „ein Haufen von Apachen".[39] Selbst der Bürgermeister wurde angespuckt. Die Zeitung bilanzierte tschechische Trupps, die mit dem Spruch „Wir sind Faszisten" teils in Häuser eindrangen, eine untätige Polizei, wenigstens „größere Zurückhaltung der einheimischen Duxer tschechischen Bevölkerung", dafür „Desperados der Arbeitslosenschicht der umliegenden Orte".[40]

R. Wachsmann kommentierte am 28. Juni und gab letztlich die Linie für die weitere Diskussion vor: „Polizei und Gendarmerie versagten, obwohl die Vorgänge sich unmittelbar vor ihren Augen abspielten. [...] Sonntag wiederholte sich das Spiel, ohne daß die Behörde trotz Intervention des Bürgermeisters und zweier deutscher Abgeordneter Miene gemacht hätte. [...] In großen Trupps zogen die Turner unter Gendarmeriebedeckung zum Bahnhof. Und hier ereignete sich das Unglaubliche: Sie wurden von rückwärts abermals mit Steinen beworfen, wobei es eine erhebliche Zahl Verletzter gab. Die Gendarmerie nahm auch neuerlich keine Verhaftungen vor. Lediglich ein kreischendes Weib, das den Deutschen voraussagte, in zehn Jahren würden sie das ‚Nazdar!'-Rufen schon gelernt haben, wurde sichergestellt. Ihre Aufmerksamkeit galt einzig den deutschen Turnern und einer sich durch diese etwa ergebenden allfälligen Provokation.

35 Ebenda, 1.6.1932.

36 Ebenda, 12.1.1932.

37 Vgl. Thomas Handschuh, Die Geschichte der tschechischen Sokolbewegung unter besonderer Berücksichtigung der „deutschen" Perspektive, Diplomarbeit, Wien 2010, S. 75, 97 f.; vgl. auch: Haslinger, Nation und Territorium, S. 359–378.

38 Reichenberger Zeitung, 28.6.1932.

39 Ebenda, 28.6.1932.

40 Ebenda, 28.6.1932.

Die Messerstiche des Vorabends, die Spucke in das Antlitz des Bürgermeisters und die Zurufe ‚Deutsche Hunde!‘ waren belangloses Begleitwerk. [...] Die Sache ist ernst. [...] Die Verhetzung der tschechischen Presse hat die Angst vor dem Deutschtum zur Groteske gesteigert. In einem Staat, in dem die Sokol-Uniform ‚sakrosankt‘ ist, wirkt besonders auf die Grenzland-Tschechen bereits die deutsche Turnertracht als Aufreizung. [...] So scheint es fast, als ob Unterschiede bestünden, je nach dem Objekt, dem gegenüber die Autorität gewahrt werden soll. Das wäre eine Feststellung bitterster Art.“

War einem Staat, der auf einem Auge nicht nur blind war, sondern sich zum Verbündeten der Angreifer machte, noch zu trauen? So mochte sich jedenfalls mancher Zeitungsleser fragen. Inzwischen schienen „faustdicke Unwahrheiten“ in der tschechischsprachigen Presse weiter antideutsche Stimmung zu schüren. „Weiter breitgetreten, obwohl sie glatt erfunden ist“, würde darin „die Geschichte von dem ‚Dorftrottel‘, der dem Turnerzug die Staatsfahne vorangetragen haben soll, um die Verhöhnung des Staates offenkundig zu machen.“[41]

Reichenbergs deutsche Parteienmehrheit in der Stadtverordnetenversammlung reagierte. Sie drückte ihre „Entrüstung über diese Vorfälle“ aus.[42] Da sich dort die Kommunisten gegen die ihnen unterstellte Verantwortung für die Eskalation in Dux wehrten, druckte die *Reichenberger Zeitung* deren Widerspruch ab: „Die nationalsozialistischen Urheber dieser Aktion gaben, wie einwandfrei feststeht, jedem Überbringer einer Hakenkreuzfahne 20 bis 30 K[ronen] und dreißig Ägyptische.“ Darüber hinaus hätten die Täter zur Verschleierung „Es lebe Moskau!“ rufen sollen, wie die Kommunisten zur eigenen Entlastung betonten.[43]

Die Stimmung war explosiv. Für die Duxer Opfer sammelte nicht allein die Zeitungsredaktion Spenden, die nationalistische tschechische Nationale Liga rief zu einer Veranstaltung „Für eine Regierung der Tschechen und Slowaken, gegen die Teilnahme der Deutschen“ auf, die allerdings verboten wurde.[44] Ebenfalls verboten worden waren zuvor deutsche Völkische Tage in Reichenberg, Eger und Mährisch-Schönberg mit dem Hinweis auf die Aufrechterhaltung der öffentlichen Ruhe und Ordnung. Und noch weiter lief die „behördliche Verbotsmaschinerie ohne Unterlaß“. In Franzensbad traf es ein „Kinderfest mit öffentlichem Umzug“. Fahnen und Wimpel durften allein in den „Staatsfarben“ aufgehängt werden. Gänzlich politikfrei war aber wohl selbst dieses Kinderfest nicht. Unter

41 Ebenda, 29.6.1932; Das Bild des „Trottels“ als Fahnenträger sollte sich 1935 in der Diskussion um die Staatsfahne in Einsiedel wiederholen.

42 Reichenberger Zeitung, 28.6.1932.

43 Ebenda, 28.6.1932.

44 Ebenda, 30.6.1932.

zahlreicher Beteiligung wurde gesammelt für „den edlen Zweck der Erhaltung unserer deutschen Schulen".[45]

Am 7. Juli las man dann aber doch von zwei großen Protestveranstaltungen, gegen die nicht vorgegangen worden war. In Aussig demonstrierte beim Bundestag des Bunds der Deutschen vom 4. Juli eine „Heerschau" für „die Erziehung von gesunden deutschen Männern und Frauen voll Haltung, Zucht, Ehrfurcht, Glauben, Opfermut und Volkstreue". Zum Festzug mit 10000 Teilnehmern, darunter Turner mit den gleichen Übungen wie beim „blutigen Gauturnfeste", begrüßte man Spitzenpolitiker aller sudetendeutschen Parteien von Rechtsaußen und Mitte. In Leipa sprach u. a. der Abgeordnete des Bundes der Landwirte Franz Heller bei einer laut Zeitungsüberschrift „Kundgebung deutschen Willens. Sämtliche deutsche Parteien in einer Front", wobei entgegen dem Titel die Sozialdemokraten fehlten. „Dröhnenden Beifall" erfuhren seine Worte – kurz vor einem polizeilichen Abbruch: „Es muß die Not jeden erfassen, weil wir eine Schicksalsgemeinschaft sind. Wir werden alle untergehen oder alle bestehen!" Die kriegerische Wortwahl war nicht zu überhören.

Aus einem lokalen Ereignis war eine veritable nationale Auseinandersetzung geworden. Die bürgerlichen Parteien im Bezirk Saaz drohten am 5. Juli, die Geduld der Deutschen sei am Ende.[46] Eine Abordnung des Turnverbands und der deutschen bürgerlichen Parteien überbrachte am 13. Juli Innenminister Juraj Slávik eine Protestnote und forderte Schutz,[47] nur die Sozialdemokraten hätten die Aktion nicht unterstützt. Bei einer weiteren Protestversammlung in Komotau fehlten die Sozialdemokraten erneut – und ernteten dafür laut Zeitung „Pfui-Rufe". Dort schob der nationalsozialistische Kreisleiter Friedrich Brehm dem Staat insgesamt die Verantwortung für die Ausschreitungen zu.[48]

Zum Eklat kam es in der Duxer Stadtverordnetenversammlung. Nach der *Reichenberger Zeitung* hatten alle Fraktionen, auch die tschechischen Vertreter, einstimmig eine ausgleichend formulierte Entschließung vorbereitet. Darin protestierten sie „gegen jegliche nationalistische Verhetzung, gegen welche Nation immer, die das für alle Völker des Staates, aber auch den Staat selbst unerläßliche schwierige Werk der nationalen Verständigung gefährdet. Indem die Gemeindevertretung warnend erinnert an die Folgen ähnlicher Ereignisse zu Zeiten der alten Monarchie, richtet sie an die Angehörigen der beiden Nationen den dringenden Appell, die chauvinistischen Verhetzungsversuche zurückzunehmen".

45 Ebenda, 13. 7. 1932.
46 Ebenda, 8. 7. 1932.
47 Ebenda, 14. 7. 1932.
48 Ebenda, 14. 7. 1932.

Doch nun habe sich, so hieß es weiter, der tschechische Nationalsozialist Lindauer gemeldet und Gegenmaßnahmen gegen die aktuellen Boykotte tschechischer Läden angekündigt. Als der deutsche Sozialdemokrat Metzl auch deutsche Provokationen einräumte – allerdings blieb im Artikel unklar, ob er auf die Ausschreitungen selbst oder die folgende Reaktion anspielte –, habe er „schärfste und eindeutige Ablehnung" geerntet. Wenigstens gelang noch die Annahme der Entschließung, wenn auch nun nicht mehr einstimmig, sondern gegen die Stimmen der tschechischen Nationalsozialisten.[49]

Wenn auch laut Meldung vom 9. Juli „reichlich spät", entlastete eine Untersuchung des Innenministeriums die Turner. Am Folgetag konnte der letzte Verletzte das Krankenhaus verlassen. Da sei es aber schon zu weiteren antideutschen Ausschreitungen in Tetschen gekommen, wieder unter Billigung der Polizei und erneut gefolgt von „verleumderischer tschechischer Pressehetze". Bei einer Saalräumung seien selbst Frauen „zu Boden geschlagen und mißhandelt worden. [...] Trotzdem die Gendarmerie nur die Aufgabe haben konnte, den Saal zu räumen, drang sie auch im Freien weiter auf die Menge ein und jagte sie durch die Straßen".

Gemeinsam mit diesem Bericht erfuhren die Leser am 15. Juli von der Reaktion der Stadtverordnetenversammlung in Tetschen. Deren deutschvölkische Mehrheit drohte gegen die Stimmen von Sozialdemokraten und Tschechen unverblümt: „Wenn weiterhin Fälle vorkommen, daß z. B. der Bezirkshauptmann in Dux eine Gewähr für das Leben und die Gesundheit deutscher Menschen nicht übernimmt, dann muß auch das sudetendeutsche Volk jedwede Verantwortung dafür ablehnen, was aus solchen Vorfällen, wie denen von Dux und Tetschen, folgen kann." Der Konflikt drohte mit solchen Ankündigungen außer Kontrolle zu geraten. Im August wurden weitere Entschließungen der Stadtverordnetenversammlung Warnsdorf von den Behörden wegen ihres über die Gemeindeebene hinausreichenden Inhalts nicht entgegengenommen. Diese betrafen aber neben den Duxer Ereignissen auch einen kommunistischen Antrag gegen die Auflösung der Roten Gewerkschaften.[50]

Danach beruhigte sich die Situation wieder. Es gab ausführliche Untersuchungen zu den Duxer Vorfällen, und das Turner-Abzeichen war trotz seiner je nach grafischer Umsetzung tatsächlichen Ähnlichkeit mit dem Hakenkreuz zum Beispiel an der neu erbauten Sporthalle des Komotauer Gymnasiums angebracht worden.[51] Der Konflikt schwelte jedoch weiter. Und im August 1933 erfuhr man schließlich auch noch, die im Jahr zuvor zu einer ausgleichenden Erklärung

49 Ebenda, 14.7.1932.
50 Ebenda, 6.8.1932.
51 Ebenda, 19.9.1932.

bereiten tschechischen Duxer Stadträte hätten inzwischen nichts weniger als eine „Machtergreifung“[52], eine offensichtliche begriffliche Anleihe am „Dritten Reich“, in den Blick genommen. Da ihnen das aufgrund der Mehrheitsverhältnisse, angegeben mit „19 Deutsche, 13 Tschechen und 4 tschechische Kommunisten“, nicht möglich sei, versuchten sie es auf „dem Wege der Einsetzung eines tschechischen Regierungskommissärs.“ Mit dieser „Sabotierung der Gemeindeverwaltung“ schwächten sie zielgerichtet eine ordnungsgemäße Weiterarbeit der Stadtverwaltung.[53] Solche Meldungen schienen für die Leser aufzuzeigen, dass nicht wenige Tschechen nun gar die Ausschaltung der Demokratie im Blick hätten.

„Sache des gesamten Sudetendeutschtums“ – Der Volkssportprozess

1. März 1932: Die Leser der *Reichenberger Zeitung* erreicht die Schlagzeile „Der nationalsozialistische Volkssport aufgelöst“. Noch am gleichen Tag kam die ausführliche Begründung aus dem Innenministerium: Nach einem Hinweis auf die enge Verbindung zwischen der Organisation und der nationalsozialistischen Partei folgte der Hinweis, die Mitglieder hätten „teils in Braunhemden, teils in Sportkleidung“ regelmäßig an Parteiveranstaltungen teilgenommen, der Volkssport sei „straff militärisch gegliedert worden; er sei in Züge, Hundertschaften und Tausendschaften eingeteilt gewesen. Der ‚Volkssport‘, der nach den Satzungen nur ein Touristen- und Sportverein sein sollte, habe eine militärische, damit staatsgefährdende Organisation aufgewiesen. In einer Volkssporttagung in Fulnek [Sitz des Volkssports] habe der Redner an die Volkssportleute die Frage gerichtet: ‚Wer seid Ihr?‘ und im Chor sei geantwortet worden: ‚Wir sind das Heer vom Hakenkreuz!‘.“ Ein Schlag sondergleichen gegen den 1929 von den deutschen Nationalsozialisten gegründeten paramilitärischen Verband nach dem Vorbild der SA, der Wellen schlagen und für große Aufmerksamkeit unter den Sudetendeutschen sorgen musste.

Die folgenden Wochen waren bestimmt von Berichten über zahlreiche Hausdurchsuchungen. In Komotau wurden in der Kreisgeschäftsstelle der Partei, im Parteiheim und beim früheren Führer des örtlichen Volkssports Durchsuchungen durchgeführt, die aber „vollkommen ergebnislos“ blieben, da „der Verband gleich nach dem Braunhemdenverbot anfangs Juli 1931 seine Tätigkeit eingestellt hat. Lediglich in der Kreisgeschäftsstelle sind acht braune Kappen, ein braunes Hemd und zwölf Leibriemen aus Leder der Beschlagnahme verfallen, obzwar

52 Ebenda, 16. 8. 1933.
53 Ebenda, 16. 8. 1933.

diese Gegenstände Eigentum der Kreisgliederung der Partei waren." Ziel dieser, wie auch weiterer Hausdurchsuchungen waren dagegen „Schriften, die beweisen sollen, daß der ‚Volkssport' in Wirklichkeit von Berlin und München aus geleitet wurde".[54] Diese behauptete Fremdbestimmung der Organisation durch reichsdeutsche Feinde der Tschechoslowakei, die die Existenz des Staates gefährden würden, war für die Behörden zu beweisen.

Die Aktion gegen den Volkssport erfolgte während einer gleichzeitigen Zunahme der Akzeptanz der Faschisten innerhalb des tschechischen Bevölkerungsteils. Deren erfolgreiches Abschneiden bei den Wahlen in Pardubitz hatte nicht nur im ganzen Land für Aufmerksamkeit gesorgt, angeprangert wurden auch „rücksichtslose Methoden" im Wahlkampf „nach dem Muster Hitlers".[55] Vor allem aber befürchtete man ein weiteres Anwachsen der „Hakenkreuzler", und so die Sudetendeutschen ohne entschiedenes Eingreifen an die Nationalsozialisten zu verlieren und letztlich die Integrität des Staates aufs Spiel zu setzen.[56] Spannungen zwischen den verschiedenen politischen Richtungen, auch innerhalb der einzelnen Volksgruppen, traten durchaus offen zutage. Gewalt spielte dabei immer wieder eine Rolle, etwa bei einem blutigen Zusammenstoß zwischen Sozialdemokraten und tschechischen Faschisten in Cimitz bei Schüttenhofen, wovon die *Reichenberger Zeitung* am 15. und 16. März 1932 zu berichten wusste. Die Atmosphäre erschien einmal mehr in höchster Spannung.

Ein gewisser Aktionismus der Behörden war da nicht zu übersehen. Die *Reichenberger Zeitung* berichtete am 9. März von der „eigenmächtigen Auflösung" der nationalsozialistischen Jugendgruppe in Nixdorf, die für die Polizei „nichts anderes sei als der Volkssport". Die Bezirksbehörde kassierte den Beschluss aber direkt wieder. Am nächsten Tag wurden Schriften in Gablonz beschlagnahmt, „die keineswegs irgendeinen geheimen Charakter haben" und obwohl die örtliche Volkssport-Gruppe bereits acht Wochen zuvor aufgelöst worden sei. Systematische Verfolgungen auf schmaler rechtlicher Basis an den verschiedensten Orten, so der vermittelte Eindruck solcher Artikel. Dieses Muster sollte sich ständig wiederholen. Durchsuchungen fanden an den verschiedensten Orten und bei Zielen auch jenseits des Volkssports statt, die aber kaum ernstzunehmende Funde erbrachten. Der Eingriff in die jeweilige Privatsphäre und die inneren Angelegenheiten der nationalsozialistischen Partei waren stattdessen mit dem Eindruck einer überzogenen Handlung, bis hin zur Überdehnung der

54 Ebenda, 7.3.1932.

55 Ebenda, 29.2.1932.

56 Als ein Beispiel hierfür steht der Antrag des nationaldemokratischen Abgeordneten František Ježek, die Vereine und Formationen der „anwachsenden Hakenkreuzlerbewegung in Nordböhmen" aufzulösen. Vgl. Reichenberger Zeitung, 1.3.1932.

rechtlichen Handhabe der Behörden verbunden. Ein weiteres Beispiel: In Bodenbach erwischte es Ernst Schaschek, den Ortsführer des Volkssports. Nachdem die Vernehmung aber keine Ergebnisse brachte, musste er wieder auf freien Fuß gesetzt werden. „Trotz alledem ist er heute vormittags neuerlich verhaftet worden, offensichtlich über Weisung von Prag aus."[57] Diese Liste ließe sich weiter verlängern. Hingegen fielen gleichzeitige behördliche Aktionen gegen Vertreter anderer politischer Richtungen in der Berichterstattung kaum ins Gewicht. Dies galt gerade für die zu dieser Zeit ebenfalls einsetzenden Auflösungen von Gruppen der Roten Hilfe und der Arbeiterhilfe.[58]

Zunehmend würden aber, wie bald zu lesen war, in der deutschen Bevölkerung die „immer neuen Verhaftungen",[59] auch einmal wie in Gablonz durch eine „Gendarmerie mit aufgesetztem Bajonett",[60] in Zweifel gezogen. Breit berichtete das Blatt über öffentliche Proteste. So hieß es am 21. März 1932 aus „den sudetendeutschen Städten", dass es Veranstaltungen „gegen die immer mehr überhand nehmenden Drangsalierungen des deutschen Volkes" gäbe, wie zum Beispiel mit „starkem Besuch" in Teschen, aufgerufen von der Deutschen Nationalpartei. In der abschließenden Erklärung hieß es dann resolut: „Man täusche sich nicht darüber hinweg, daß die Geduld der Deutschen in der Republik am Ende ist, daß sie weitere Verluste am Arbeitsmarkte und weitere Einschränkungen der staatsbürgerlichen Freiheit weder ertragen wollen noch können." Das klang schon nach einer Drohung. Nicht mehr die Volkssportler im engeren oder zumindest die deutschen Nationalsozialisten im weiteren Sinne galten jetzt als Opfer der staatlichen Verfolgungen; „drangsaliert" wurde nach dieser Darstellung das deutsche Volk in der Republik insgesamt, welches so zu Gegenmaßnahmen gezwungen würde.

Gleichzeitig vermied das Blatt aber den Eindruck, der Rechtsstaat sei in der Verfolgung des Volkssports außer Kraft gesetzt worden. Ein längerer Beitrag berichtete am 18. März über „die Rektoren bei den verhafteten Studenten". Darin wurde von diesen „keinerlei Klage über die Behandlung vorgebracht", auch dank der „anzuerkennenden Beschleunigung des Untersuchungsverfahrens". Andererseits hieß es am 3. April, „der ungünstige Einfluß der Haft" belaste immer stärker die Gesundheit mehrerer Häftlinge.

Ein wiederholt auftretendes Stilmittel der *Reichenberger Zeitung* war die kritische Auseinandersetzung mit Darstellungen in der tschechischsprachigen

57 Ebenda, 14. 3. 1932.
58 Ebenda, 25. 3. 1932, 26. 3. 1932.
59 Ebenda, 23. 3. 1932.
60 Ebenda, 24. 3. 1932.

Presse zu den Ermittlungen. So warf man der *České slovo* eine „planmäßige Hetze gegen die deutschen Studenten" vor. Berichtet hatte diese, dass der Prager Polizei ein Text mit einer „staatsfeindlichen Eidesformel" vorliege, „die jeder neugebackene Hakenkreuzler aufsagen mußte".[61] Schlimmer noch ein Bericht aus der Zeitung *Polední list*. Ihn gab man einerseits wieder und informierte so auch die eigenen Leser über die (vorgebliche) Schwere der Vergehen des Volkssports, stellte dies aber direkt unter den Verdacht der „maßlosen Übertreibung": „Wir konnten diesen Wust von Sensationen bis zur Stunde nicht auf ihren wahren Gehalt prüfen, glauben jedoch, daß der ‚Poledni List' in dem Bestreben, sein Konkurrenzblatt zu übertreffen, maßlos übertrieben hat."[62]

Dafür erfuhr man am 30. März, wieder mit Blick auf die rechte Seite des politischen Spektrums, nun sei auch der nationalsozialistische Jugendverband aufgelöst. Wenige Tage zuvor war die Verbreitung des Hakenkreuzes verboten worden. Als Strafe bei Zuwiderhandlungen wurden zwischen zehn und 500 Kronen oder bis zu 14 Tage Arrest angedroht.[63] In Gablonz kam es dank der Ähnlichkeit zwischen Hakenkreuz und Turnerabzeichen zu Kontrollen – mithin fußend auf tschechischer Uninformiertheit (die am 8. April 1932 in dem Bericht mündete, selbst die tschechischen Pfadfinder trügen das Hakenkreuz auf den Nationalfarben) und Desinteresse, aber wohl auch vereinzelt Voreingenommenheit, die Unterschiede einfach verwischte und Deutsche generell verdächtigte. Selbst der deutschdemokratische Abgeordnete Franz Bacher erklärte so in Brünn und nachlesbar in der *Reichenberger Zeitung*: Die Volkssport-Verfolgungen „hätten nur den Zweck, die Aufmerksamkeit von anderen Dingen abzulenken, vor allem von den Verhältnissen im Parlament".[64] Wolfgang Zierhut vom Bund der Landwirte verniedlichte die Vorwürfe gegen den Volkssport zu „Kindereien". Ihre Mitglieder seien von der nationalsozialistischen Partei in ihrer politischen Naivität in Dinge hineingezogen worden, die „niemand verantworten kann". Die Kritik an den Nationalsozialisten verband der Agrarier so mit dem Hinweis auf „den Weg, den gewisse Behörden eingeschlagen haben".[65] Auffällig die Wortwahl, welche keine Verantwortlichen nannte und den Anschein eines Einflusses dunkler Mächte zur Unterdrückung einer gutwilligen deutschen Jugend durchschimmern ließ. Letztlich spannte sich so ein breites Bündnis der deutschen bürgerlichen Parteien gegen die staatlichen Maßnahmen. Im Parlament warf der

61 Ebenda, 19. 3. 1932.
62 Ebenda, 21. 3. 1932.
63 Ebenda, 27. 3. 1932.
64 Ebenda, 5. 4. 1932.
65 Ebenda, 7. 4. 1932.

Christlichsoziale Karl Fritscher im Namen aller deutscher nichtmarxistischer Parteien und ganz auf der Linie der *Reichenberger Zeitung* den Behörden und der tschechischsprachigen Presse vor, sie hätten „die politische und nationale Atmosphäre vergiftet". Eine „Welle des Mißtrauens und der Verfolgung", befördert durch ein „Spitzelsystem",[66] empöre zu Recht die deutsche Bevölkerung.

Aus einer Frage der Verteidigung demokratischer Grundlagen durch einen wehrhaften Verfassungsstaat war in kurzer Zeit in allgemeiner Wahrnehmung eine nationale Auseinandersetzung geworden. Auch *die Reichenberger Zeitung* beförderte letztlich diesen Eindruck. Selbst die am 21. Juni prominent auf der Titelseite wiedergegebene Werbung für Demokratie und Mitarbeit im Staat von Franz Spina blieb davon nicht frei, wenn der Minister von einer „bedauernswerten Aufbauschung" und „falscher Generalisierung" schrieb. Als schuldig sah er einzelne „gewissenlose Politiker bei uns", während, und da wurde der Ausdruck geradezu militärisch, die „Deutschen in diesem Staate nun einmal im Stellungskrieg gegen einen stärkeren Gegner" stünden.

Bei der allgemeinen Zurückweisung der Verhaftungen war es nicht mehr weit bis zur Ausgrenzung von Befürwortern eines entschiedenen Vorgehens gegen die Organisation, gerade in den Reihen der Sudetendeutschen. Auf den Punkt gebracht wurde das auf dem im Blatt ausführlich dokumentierten nationalsozialistischen Parteitag in Teschen. Auf dieser „Kundgebung gegen die Verfolgung der Sudetendeutschen" versprach die Partei: „Niemals wird sich der wahrhaft nationale Teil der Sudetendeutschen, der die Mehrheit des Volksstammes bildet, von seinem Ziel, Erkämpfung der sudetendeutschen Selbstverwaltung, abbringen lassen!"[67]

Bereits wenige Woche nach der Verbotsverfügung nahm Ende Mai 1932 die Prozessvorbereitung Fahrt auf. Die tschechoslowakische Justiz zeigte hohes Arbeitstempo.

Dem bald folgenden Prozess[68] räumte die *Reichenberger Zeitung* auffallend breiten Raum ein, wenn auch meist nicht im vorderen Teil. Aber schon die erste

66 Ebenda, 8. 4. 1932.

67 Ebenda, 29. 5. 1932.

68 Vgl. u. a. Andreas Luh, Die Deutsche Nationalsozialistische Arbeiterpartei im Sudetenland. Völkische Arbeiterpartei und faschistische Bewegung, in: Bohemia 32 (1991), S. 24–34; Miroslav Breitfelder, Volkssport a jeho proces [Der Volkssport und sein Prozess], in: Dějepis XXIII: sborník katedry historie: napsán a sestaven k šedesátým narozeninám katedry 1948–2008, Plzeň 2008, S. 48–60. Nach dem Prozess entstand eine Dokumentation aus nationalsozialistischer Sicht: Deutsche Nationalsozialistische Arbeiterpartei/Hans Krebs (Hrsg.), Der Volkssport-Prozeß. Ein Tatsachenbericht nach den stenographischen Protokollen und den Zeitungsmeldungen über die Brünner Gerichtsverhandlungen vom 8. August bis 14. September 1932, Brüx 1932.

Sitzung, nach kurzer Zeit vertagt, offenbarte eine belastet konfrontative Atmosphäre, die sich im Kampf um die Verwendung der deutschen Sprache in den Verhandlungen ebenso manifestierte, wie an der Klage der Verteidigung, es gehe in Wahrheit gar nicht um die sieben Angeklagten, sondern letztlich „gegen die deutsche Gesinnung“, weshalb eine Prozessführung „vor deutschen Richtern, zumindest aber auch auf Deutsch“[69] zu führen sei. Der Leser konnte sich hier bereits fragen, ob es sich um ein Verfahren von Tschechen gegen Deutsche handele, immerhin erlebte man diesen Auftakt wenige Tage nach den Ausschreitungen von Dux mit seinen nationalen Aufwallungen.

Am 9. August war dann erstmals ein langer Bericht über den Prozessverlauf zu lesen. Darin und in den Folgetagen erfuhren die Leser von den Vorwürfen des Verteidigers Josef Stark über die „Ungesetzlichkeit“ des Verfahrens „ab Erhebung der Anklage“. Die sieben Angeklagten würden willkürlich „in Beziehung gebracht zu den angeblich gegen die Einheit der Tschechoslowakischen Republik gerichteten Bestrebungen der größten innenpolitischen Bewegung des Deutschen Reiches seit dessen Bestand und in Beziehung gesetzt zu Verbindungen geistiger und kultureller Art, wie sie die Tschechen ebenso wie alle anderen europäischen Nationen zu Minderheiten blutsverwandter Art, überhaupt allen europäischen Minderheitsnationen und nationalen Splitter zu ihren Stammnationen und daher naturgemäß auch die Sudetendeutschen zu den Mutterdeutschen in keiner anderen Weise unterhalten.“ Säßen in diesem Prozess im Prinzip alle Sudetendeutschen auf der Anlagebank – eine besondere Nähe restlos aller Sudetendeutscher zur NSDAP würde die Justiz behaupten[70] – sei die Verhandlung „Sache des gesamten Sudetendeutschtums“.

Im Folgenden las man über die sieben, sich durchwegs selbst als unpolitisch beschreibenden Angeklagten. Alexander Petermichel betonte, er habe „nichts anderes als geturnt“, er wisse nichts über die NSDAP und SA, die sudetendeutsche nationalsozialistische Partei sei „wie jede andere“ und die ganzen Verfolgungen letztlich allein Folge von „Verwechslungen“; die Ermittlungen Ergebnis tschechischer Unwissenheit und sprachlicher Ungenauigkeiten. Dafür folgte gleich ein Beispiel: Petermichel wehrte sich gegen die ihm zugeschriebene Äußerung, der Volkssport sei „militärisch organisiert“ gewesen. Tatsächlich habe er aber von „Ordnungsübungen“ gesprochen.

69 Reichenberger Zeitung, 7. 7. 1932.

70 Eine allgemeine Stoßrichtung des Republikschutzgesetzes von 1923 gegen Deutsche, Ungarn und Kommunisten muss wohl tatsächlich konstatiert werden. Vgl. Jan Kazda, Die Intrigen gegen die Tschechoslowakische Republik nach dem Republikschutzgesetz in der Zwischenkriegszeit, in: Jura. A Pecsi Tudomanyegyetem Allam – es Jogtudomanyi Karanak tudomanyos lapja 21 (2015) 1, S. 218.

Der nächste Angeklagte, Adolf Metzner, Obmann des nationalsozialistischen Studentenbundes, erklärte sämtliche Aktivitäten seines Bereichs als „rein geistige Einrichtung". Auch er widersprach Vorwürfen von Kontakten nach Deutschland. Während beide sich auch über die *Reichenberger Zeitung* als harmlos präsentierten, erfuhr der Zeitungsleser von einer tendenziösen tschechischen Berichterstattung: „Wiewohl der Presse eine redaktionelle Stellungnahme in einer dem Urteil vorgreifenden Sinne untersagt ist, lassen fast sämtliche tschechischen Zeitungen sehr deutlich durchblicken, daß an der Schuld der Angeklagten und ebenso an deren Verurteilung nicht zu zweifeln ist. [...] Man sieht, wie richtig die Voraussage der Verteidigung war, die auf die zu erwartende tschechische Pressehetze hinwies, die selbstverständlich wesentlich schärfer gewesen wäre, wenn der Prozeß in Prag stattgefunden hätte."[71]

In der Folge betonten auch die weiteren Angeklagten, sie hätten keinerlei politische Tätigkeit ausgeübt. Der von Peter Donnhäuser geführte Jugendverband „hatte nur sportliche Ziele" und Zeitungen der Hitlerjugend seinen „ausdrücklich verboten" gewesen. Rudolf Haider, Führerschulen-Leiter, betonte, im Studentenbund sei nur wissenschaftlich gearbeitet worden. Immerhin sah er Hitler als den Führer der größten Weltanschauungsbewegung, die es je in Deutschland gegeben habe. Aus seiner Hitler-Faszination machte er kein Hehl. Immerhin stünden reichsdeutsche und sudetendeutschen Nationalsozialisten „in politischer Hinsicht unterschiedlichen Fragen gegenüber und haben verschiedene Ziele." Über wiederholte Nachfragen des Staatsanwalts, ob diese Unterschiede nur vorläufig seien, immerhin konnten die sudetendeutschen Nationalsozialisten im Unterschied zur Hitler-Partei nicht auf die Erringung einer parlamentarischen Mehrheit hoffen, betonte die Zeitung, darüber würde im Gerichtssaal „schon gelacht". Den Schlüssen des „Anklägers" könne „außer ihm kaum jemand folgen".[72]

Über die weiteren Angeklagten Anton Schwab, Paul Illing und Friedrich Palliege erfuhr man, auch ihr Arbeitsschwerpunkt habe nur in Bildungs- und Sportangeboten gelegen. So sollte laut Illing, stellvertretender Volkssport-Landesführer in Böhmen und Gauführer in Lobositz, die Organisation den Parteinachwuchs vor „Verlotterung" bewahren. Von militärischer Ausbildung könne keine Rede gewesen sein, schon allein wegen des Waffenverbots. Stattdessen gab es „Ausbildung nur im Sanitätswesen", da man feindlichen Angriffen „schutzlos ausgesetzt" gewesen sei. Kontakte zu reichsdeutschen Verbänden oder Gruppen verneinte er. Erklärt wurde dies aber eher mit taktischen Beweggründen: „um

71 Reichenberger Zeitung, 9. 8. 1932.
72 Ebenda, 10. 8. 1932.

die Bewegung nicht zu gefährden". Immerhin gab er zu, die Gestaltung der Uniform nach dem Vorbild der SA sei ein Fehler gewesen.[73]

Ab dem dritten Verhandlungstag standen dann die Für- und Widerrede zu den einzelnen Beweisen im Mittelpunkt. Aber hier zeigte sich ein Element, das der Zeitungsleser im weiteren Verlauf immer wieder erleben und zum Eindruck einer Farce beitragen musste: „Die Angeklagten stellten in diesen Protokollen eine Unmenge von Übersetzungsfehlern und Mißverständnissen fest, die sich aus dem eigenartigen Vorgange bei der Durchführung dieser Verhöre erklären. Die Angeklagten sagten damals nämlich in deutscher Sprache aus, [Ermittler] Miloslav Preininger diktierte die Protokolle tschechisch, übersetzte dann das tschechische Protokoll ins Deutsche und zurück und verlas diese Übersetzung den Vernommenen. [...] So taucht z. B. in den tschechischen Protokollen immer wieder der Ausdruck ‚Velitel' auf, der dann in der deutschen Rückübersetzung als ‚Befehlshaber' oder ‚Kommandant' erscheint, während die Angeklagten den Ausdruck ‚Führer' oder ‚Leiter' verwendeten."[74] Der bereits von Beginn an beklagte Verzicht auf Deutsch als Verhandlungssprache erschwerte nach dieser Darstellung nun den weiteren Verhandlungsverlauf. Preininger sollte kurz darauf zumindest einige Übersetzungsfehler eingestehen, betonte aber die grundsätzliche Richtigkeit seiner Protokolle.[75]

Wie ungleich die Mittel zwischen Staatsanwaltschaft und Verteidigung verteilt seien und wie schlecht der Prozess vorbereitet, dafür vom vierten Verhandlungstag ein weiteres Beispiel der Berichterstattung: Der Verteidiger Herbert David hatte Einsichtnahme in verschiedene relevante Schriftstücke gefordert. „Der Staatsanwalt erklärte darauf, er habe bereits selbst Einsicht nehmen wollen, die Schriftstücke aber im Prozeßakte nicht gefunden. Seines Wissens nach sei sie noch nicht in Brünn." Wenige Tage weiter galt als „eines der hervorstechendsten Merkmals des ‚Volkssport'-Prozesses die heillose Unordnung in den Prozeßakten. [...] In Papierballen, Schachteln und zwei großen Reisekörben, die im Verlaufe der heutigen Vormittagsverhandlungen in den Gerichtssaal gebracht worden, ist das Prozeßmaterial bald auf dem Richtertische, bald auf einem langen Tische vor diesem aufgestapelt. [...] Folge davon ist, daß der Prozeß einen schleppenden Gang zu nehmen beginnt [...] Der Staatsanwalt suchte dann in den beiden Koffern mit Beweismaterial und erklärte, daß in den Koffern etwa 200 Erlagscheine über Geldanweisungen an eine Gablonzer Bank gewesen seien, die als Vermittlerin der nach Deutschland getätigten Zahlungen aufgetreten

73 Ebenda, 10.8.1932.
74 Ebenda, 11.8.1932.
75 Ebenda, 16.8.1932.

Wilhelm Feistner (1855–1946) prägte zwischen 1886 und 1938 für mehr als fünf Jahrzehnte das Blatt. *75 Jahre Reichenberger Zeitung, 1935*

sei."[76] Hier zeichnete man ein Bild chaotischer Verhältnisse und miserabler Vorbereitung, offensichtlich der Preis für die rasche Einberufung des Gerichts. Für die Angeklagten verlängerte die folgende Prozessverschiebung dann auch ihre Haftzeit, wobei Adolf Metzner ohnehin schon Preininger vorwarf, dieser habe ihn „fortwährend angeschrien, um mich dadurch einzuschüchtern".[77]

Beide Seiten sprachen aneinander vorbei, wobei insbesondere für die Verteidigung eine Strategie der Fensterrede, mehr an die Öffentlichkeit außerhalb als an die Prozessbeteiligten gerichtet, auffiel. In der inhaltlichen Auseinandersetzung blieben die Grenzen der Meinungsfreiheit ungeklärt. War die Verbreitung von Hassparolen mit der grundsätzlichen Freiheit gedeckt? Noch im Nachhinein stellt sich die Frage, ob der Prozess nicht nach rechtsstaatlichen Maßstäben fragwürdig und mit der Perspektive, die deutsche Bevölkerung für den demokratischen Staat einzunehmen, kontraproduktiv war.[78] In der Zeitung analysiert wurde dieser Konflikt nicht. Ein Beispiel aus einem wiedergegebenen, typischen Dialog: „Nach Verlesung einiger weiterer Gedichte, in denen von Rassenkampf, Sprung auf die Barrikaden, von Sturmkolonnen usw. die Rede ist, bemerkte der Angeklagte Metzner: ‚Uns wurden derartige Artikel und Lieder eingeschickt.

76 Ebenda, 18.8.1932.
77 Ebenda, 12.8.1932.
78 Vgl. Sator, Anpassung ohne Erfolg, S. 133.

Wir haben sie einfach abgedruckt und für das andere ließen wir die Zensur sorgen.' – Staatsanwalt: ‚Sie sind nicht wegen der Veröffentlichung dieser Gedichte angeklagt, sondern diese Gedichte werden nur zur Illustrierung Ihrer Gesinnung angeführt. Auf die Zensur können Sie sich nicht fortwährend berufen!' [...] [Darauf Adolf Metzner] ‚Wenn wir von Adolf Hitler sprechen, so ist das dasselbe, wie wenn die Marxisten von Karl Marx als ihrem Führer sprechen!'"[79] Da konnte es die Verteidigung auch nicht beeindrucken, wenn aus einem „Verhandlungsbuch des nationalsozialistischen Studentenbundes in Prag", geführt von einem „gewissen Walter Fuchs", zitiert wurde: „Im Keller haben wir uns eine Festung geschaffen, die zu halten uns heilig sein wird. Zwischen zwei Hakenkreuzfahnen hängt das Bild unseres Führers Adolf Hitler. [...] Das ist unser Braunes Haus in Prag!"[80]

Verteidigung und Staatsanwaltschaft schienen sich immer wieder in Details zu verhaken, die Atmosphäre blieb von scharfer Spannung gekennzeichnet. Hierzu trugen auch Polemiken im Umfeld bei. Während tschechische Meinungen aber in der *Reichenberger Zeitung* bestenfalls aus zweiter Hand abgedruckt wurden, erhielt der nationalsozialistische Angeordnete und Volkssport-Obmann Hans Krebs am 10. August umfangreichen Raum für einen Meinungsartikel. Krebs teilte darin mit seiner Klage über eine „tschechische Herrennation, geblendet von der Machtposition der Gegenwart" aus. Der Nationalsozialist verband dies aber gleich mit der Drohung, „die tschechischen Patrioten vom heute ahnen gar nicht, welche Rolle ihnen die Geschichte zumessen wird, wenn Verblendung und Machtdünkel sie nicht einsehen lassen, in welcher Lage sie sich befinden".[81] Krebs merkte schließlich an, die Siegerjustiz einer Mehrheit über eine machtlose Minderheit werde sich einmal rächen.

Am 18. Verhandlungstag „kam endlich die Verteidigung dazu, ihre Beweisanträge vorzubringen." Die Tendenz zur Fensterrede wurde dabei aber weitergeführt. Der Zuhörer im Saal und dann auch der Zeitungsleser vom 1. September erfuhr: „Die Bedeutung des Brünner Prozesses für das gesamte Deutschtum liegt darin, daß in der Letztzeit immer klarer die Frage gestellt wurde, ob den Auslandsdeutschen, ja einer so starken, geschlossen siedelnden, deutschen Volksmasse von 3 ½ Millionen, wie den Sudetendeutschen, überhaupt jeder kulturelle Zusammenhang mit dem deutschen Muttervolke verboten und unter Strafsanktion gestellt werden soll." Die Deutschen als Opfer und gemeinschaftlich auf die Anklagebank gesetzt – das bisher gepflegte Bild zeichnete man unvermindert

79 Reichenberger Zeitung, 18.8.1932.
80 Ebenda, 18.8.1932.
81 Ebenda, 10.8.1932.

fort. Die eigentlichen Anklagepunkte sollten mit dieser Taktik im Prinzip nicht einfach entkräftet werden, man lehnte insgesamt die Grundlagen für den Prozess ab. Anstelle eines Strafprozesses handele es sich in Wahrheit um einen politischen Prozess, nicht gegen eine Partei oder eine bestimmte politische Idee, sondern gegen die Deutschen, so der damit verbundene und von der *Reichenberger Zeitung* nicht hinterfragte Vorwurf. Dies gipfelte in der Forderung nach Einvernahme zahlreicher Zeugen, darunter Adolf Hitler, Heinrich Brüning und Joseph Goebbels.

In der Zeitung vom 9. September war dann endlich aus der „120 Seiten umfassenden Schlußrede" des Staatsanwalts zu lesen: Endziel der sudetendeutschen Nationalsozialisten sei das 25-Punkte-Programm der NSDAP, verbunden mit einem Zusammenschluss aller Deutschen; die offiziellen Ziele der Partei seien „bloß vorläufige Forderungen". „Beide Parteien arbeiteten auf eine Beseitigung der Friedensverträge hin und griffen so in die Hoheitsrechte der auf Grund dieser Verträge geschaffenen Staaten ein. Wenn behauptet wird, daß zwischen den beiden Parteien kein organisatorischer, sondern nur ein ideologischer Zusammenhang bestehe, so beweise das in der Verhandlung verlesene Jahrbuch der nationalsozialistischen Partei das Gegenteil." Abschließend erfuhr man: „Zum Schluß seiner allgemeinen Ausführungen wies der Staatsanwalt darauf hin, daß der ‚Volkssport' ein wesentlicher Bestandteil der nationalsozialistischen Partei und dieser direkt untergeordnet gewesen sei. Auch das Verbot der Partei, Beziehungen mit den reichsdeutschen Stellen zu unterhalten, sei mißachtet und im Gegenteil ein regelmäßiger Kurierdienst mit Deutschland eingerichtet worden." Tatsächlich saß hier die Partei mindestens ebenso auf der Anklagebank wie die Volkssport-Organisation. Kritisch merkte die *Reichenberger Zeitung* an, dass es sich bis dahin um „allgemeine Ausführungen" gehandelt habe.[82]

Danach aber wurde die Anklage mit der Charakterisierung von Volkssport (Parteimitglieder über 21 Jahre), des Jugendverbandes (Jugendliche von 14 bis 21 Jahren) und des Jungvolkes (Kinder unter 14 Jahre) konkreter. Gemeinsam gewesen sei ihnen die „Heranziehung der Jugend für die Partei vom zartesten Kindesalter an, den Kommunisten nachgemacht". Somit habe der „Volkssport nichts anderes als die SA" dargestellt, gekennzeichnet durch „militärische Disziplin und das Führersystem", „Verschwiegenheit über die wahren Ziele", Erziehung „im Kampfgeiste", „militärische Übungen" und Verbindungen mit dem Sudetendeutschen Heimatbund in Deutschland. Partei und Volkssport hätten „die Bildung eines Staates im Staate" sowie „einen gewaltsamen Angriff auf die Einheit der Tschechoslowakischen Republik" angestrebt. Als letztes Ziel nannte

82 Ebenda, 9.9.1932.

der Staatsanwalt „den Zusammenschluß aller Deutschen im Dritten Reiche auf gewaltsame Art." Beweis dafür: „Die Behauptung, daß die Schießübungen in Teplitz-Schönau nur den Zweck gehabt hätten, Geld für die Arbeitslosen des VS [Volkssport] zu verschaffen, sei nicht stichhaltig, da die eingenommenen Gelder nicht einmal zur Deckung der Regie gereicht hätten."

Nun wechselte der Fokus auf die einzelnen Angeklagten. Tatsächlich sei Illing anstelle des offiziellen Leiters Hans Krebs Landesführer des Volkssportes für Böhmen gewesen. Illing trage daher die Verantwortung für die Erziehung einer Jugend „zum Widerstand gegen die Tschechoslowakische Republik und zu dem Kampfgeiste, der in der reichsdeutschen Hitler-Jugend herrsche". Sinnbildlich stehe auch das Kürzel SA des Studentenbundes nicht wie behauptet für „Sportabteilung", sondern bedeute wie in Deutschland „Sturmabteilung".

Der „vorzügliche Organisator" Donnhäuser habe „als Landesvorsitzender des Jugendverbandes von der gegen die Grundlagen des Staates gerichteten Tätigkeit des Jugendverbandes gewußt". Weiter folgte mit scharfen Worten, die noch Konsequenzen haben sollten: „Er muß sich im Hinblick auf seine Verantwortung den Vergleich mit einem Dieb gefallen lassen, der etwas stiehlt und dann ‚Fangt ihn' ruft".

Haider „habe seine Stellung als Assistent der Deutschen Technik in Prag dazu ausgenützt, um sich die Briefe aus dem Auslande an die Technik schicken zu lassen". So stand er „in unmittelbarer Verbindung mit der Leitung des Studentenbundes in München und mit anderen der Tschechoslowakei feindlichen Faktoren". „Er habe in den Intentionen des VS und der Partei gearbeitet und seine Aufsätze seien ein Beweis für seine Beteiligung an der umstürzlerischen Tätigkeit in der Republik."

Adolf Metzner habe als Vorsitzender des Studentenbundes und führendes Volkssport-Mitglied von den wahren Zielen der Organisation Kenntnis gehabt und an der Umsetzung mitgearbeitet. Gleiches galt auch für Petermichel und Palliege. Im Falle Anton Schwabs könne eine Volkssport-Mitgliedschaft nicht final nachgewiesen werden, „das sei aber nebensächlich", so zitierte die *Reichenberger Zeitung* den Staatsanwalt, „da der ‚Studentenbund' nur ein Glied der Organisation des ‚Volkssportes' sei."

Strafmindernd galt allein die Unbescholtenheit der Angeklagten, während andererseits die Handlungen fortdauernd erfolgten und eine „besondere Gefahr für den Staat angenommen werden" müsse.[83]

Nimmt man diese Zusammenfassung, fällt tatsächlich auf, dass die Beweise gegen die Angeklagten recht dünn waren. Hier standen sieben Angeklagte,

83 Ebenda, 9.9.1932.

aber stärker als Vertreter einer inzwischen verbotenen Organisation, als dass ihnen konkrete Taten nachgewiesen werden konnten. So klagte in seiner Replik „Hauptverteidiger Dr. Stark“, „oberflächlich und willkürlich wurden sieben Leute herausgefischt“. Danach rechnete er mit dem Gericht ab, das sich „im Verlaufe dieses Verfahrens schon verschiedentlich äußeren Einflüssen gebeugt habe“: „Die Verteidigung sage nicht, daß nicht auch innerhalb des Verfahrens selbst Ungesetzlichkeiten vorgekommen seien, doch mache sie daraus dem Brünner Gericht keinen Vorwurf, weil sich diese Ungesetzlichkeiten zwangsläufig aus den ersten Ungesetzlichkeiten ergeben hätten. [...] Der einzige konkrete Tatbestand, der sich aus dem Gestrüpp der Anklage und des Beweisverfahrens herauskristallisieren lasse, sei, daß sich die Angeklagten zur Errichtung des dritten Reiches vereinigt hätten. Nach Ansicht des Staatsanwaltes sei das ‚dritte Reich‘ Großdeutschland mit den deutschen Gebieten der Tschechoslowakei. Jeder politisch Gebildete wisse aber, daß der Begriff des ‚dritten Reiches‘ ein weltanschaulicher und mythischer Begriff ist, der eine neue soziale und ethische Ordnung des heutigen Deutschen Reichs enthält. Jeder Orientierte wisse ferner, daß die NSDAP jeden Einfluß auf die Innenpolitik der Staaten an der Ostgrenze des Deutschen Reiches – mit Ausnahme vielleicht des polnischen Korridors – ablehnt und daß sie ihre Ziele nur auf gesetzlichem Wege erreichen will. [...] Es sei zu hoffen, daß dieser Prozeß etwas zum gegenseitigen Verständnis beigetragen habe, zumindest zum Verständnis der eigentlich unter Anklage gesetzten nationalsozialistischen Partei.“[84]

Der Verdacht der Rechtsbeugung durch die Justiz stand bei solchen Worten im Raum. Von der *Reichenberger Zeitung* wurden derlei Andeutungen nur dokumentiert. Gleiches galt für den Zynismus in Starks letztem Satz – sollte dieses gewachsene Verständnis die Opferrolle der Nationalsozialisten auch für die Tschechen sichtbar machen? Erneut konnte man die Strategie der Verteidigung so zusammenfassen, dass neben den Angeklagten alle Sudetendeutschen Opfer tschechischer Willkür seien. Immerhin könnte dieses Bild durchaus verfangen haben, wenn die Nationalsozialisten gleichzeitig bei Gemeindewahlen in Westböhmen zahlreiche Wahlerfolge feiern duften.

Betrachtet man die weiteren Schlussplädoyers der einzelnen Verteidiger, so fällt auf, dass sie darin je eigene Schwerpunkt setzten, eine Absprache zwischen ihnen somit zweifellos vorhanden war. Dr. Schreitter-Schwarzenfeld emotionalisierte, indem er auf das Schicksal seines Mandanten Schwab hinwies: Infolge der Verhaftung „sei dessen Vater auf der Stelle gezwungen worden, um seine Versetzung in den Ruhestand einzureichen. [...] Die herzkranke Mutter Schwabs habe

84 Ebenda, 11.9.1932, 12.9.1932.

die Aufregung infolge der Verhaftung ihres Sohnes und die Hetze gegen ihren Mann an den Rand des Grabes gebracht.“ Letztlich ein Fall von Sippenhaft mit schlimmen, nicht mehr wiedergutzumachenden Folgen, ganz egal, wie nun das Urteil vor Gericht ausfalle.

Dagegen stellte Herbert David an die Spitze seiner Ausführungen das Schiller-Wort „Da rast der See und will sein Opfer haben!“ Er beklagte, in Wahrheit hätten „die politischen Parteien diesen Staat in den wirtschaftlichen Abgrund geführt. Um dies zu bemänteln habe die tschechische Presse die Volksseele gegen alles, was deutsch heißt, aufgepeitscht.“ Sein Mandant Metzner sei ein Opfer staatlicher Verfehlungen.[85]

Für den Schluss der Plädoyers hatte sich die Verteidigung noch etwas Besonderes aufgehoben. Leo Dembitzki, der Anwalt des redegewandten Peter Donnhäuser, fiel erkrankt aus. Stattdessen verteidigte dieser sich in einer „temperamentvollen, packenden Rede“ selbst. Sie nahm in der *Reichenberger Zeitung* großen Raum ein, während der Umstand der plötzlichen Erkrankung und der folgenden Redemöglichkeit Donnhäusers einmal mehr nicht kommentiert wurde, wohingegen das Verlassen des Verhandlungsraums durch den Staatsanwalt direkt zu Beginn aber Erwähnung fand. Zu lesen war dann am 14. September von Donnhäuser über eine „Jugend, deren Wiegenlied der Kanonendonner des Krieges war, die am Abend mit den Worten schlafen ging: ‚Mutti, ich habe noch Hunger!‘, die am Morgen mit den Worten erwachte: ‚Mutti, wo ist der Vater!‘, die aufgewachsen ist ohne väterliche Autorität und ohne ordentliche Schulerziehung, denn der Volksschullehrer habe damals anderes zu tun gehabt, als Kinder zu erziehen. Die eine Woche mußte er die Ziegen aufschreiben, die andere Woche die Kartoffeln – und tat er das nicht, so mußte er für die Kriegsanleihe werben.“ Der ausführliche Abdruck der Ansprache Donnhäusers ging weiter. So schilderte er „sodann seinen Aufenthalt in der Pankratzer Strafanstalt. Vier Wochen sei er in seiner Zelle auf und ab gegangen, immer sechs Schritte vorwärts, und dann wieder sechs Schritte zurück, und habe sich dabei gedacht: ‚Warum bist du hier?‘. Er habe achtmal den Fußboden gewaschen und den Kübel, sowie die Fenster geputzt und habe sich gefragt: ‚Warum bist du hier?‘ Nach vier Wochen sei er nervös und krank geworden, daß er in den Nächten nicht schlafen konnte. Seinem Ersuchen, ihm einen zweiten Spaziergang zu gewähren, sei nicht stattgegeben worden. Schließlich kam er vier Wochen ins Spital. Er bringe dies alles vor, um sein zerfahrenes Wesen und seine Nervosität zu erklären. [...] Außer dem Worte Mutter gibt es in der deutschen Sprache nur noch das Wort Heimat, das einen so tiefen, innigen, trauten Inhalt hat für jeden Deutschen [...]

85 Ebenda, 13.9.1932.

Ich künde Liebe zu Volk und Heimat und daraus konstruiert der Staatsanwalt für mich Belastendes. [...] Wenn die Liebe zu Volk und Heimat, wenn die Erziehung und Bildung der Jugend, wenn die körperliche Ertüchtigung und die sittliche Erneuerung der Jugend Verbrechen sind, dann bitte, verurteilen Sie mich." Später konnte sich schließlich auch noch Anwalt Dembitzki, sein Rederecht hatte er nicht eingebüßt, nach seiner Genesung mit „allgemein politischen Fragen" befassen.[86]

Der Volkssportprozess ging nun seinem Urteilsspruch entgegen. Die *Reichenberger Zeitung* mahnte: „Die große Idee der Gerechtigkeit muß die Gesetze durchdringen (O-Ton Meißner). Und, Herr Justizminister, nicht nur die Gesetze, sondern auch die Staatsanwälte, die für ihre Anwendung zu sorgen verpflichtet sind, und nicht zuletzt ihren obersten Chef, den Justizminister!"[87] Die Sympathien der Redaktion waren klar verteilt.

Am 24. September dominierten Unverständnis, ja Protest über den Urteilsspruch die Spalten der Zeitung. Das „drakonische Urteil" von 15 bis 36 Monate Staatsgefängnishaft auf der Basis der „Behauptungen" der Staatsanwaltschaft habe eine „Erörterung von Gesinnungen, nicht von Taten" erbracht. Kontrastiert worden sei die wiederholt beklagte chaotische Verhandlungsführung aber durch eine Verteidigung, die, „wie selten in einem Prozeß, glänzend organisiert war. Dr. Stark, der sie leitete, hatte sich einen Teil seines Kanzleipersonals nach Brünn mitgebracht und im Grandhotel eine eigene Kanzlei errichtet, die das Hauptquartier der Verteidigung bildete." Nicht genug, und hier erklärt sich dann endgültig die tendenziöse Berichterstattung der vergangenen Wochen, „vergaß man anerkennenswerter Weise nicht die Presse". Immerhin wurde die Rechtsstaatlichkeit nicht ganz infrage gestellt: „Im Übrigen muß man anerkennen, daß der Vorsitzende die Verhandlung in ruhiger, sachlicher und vornehmer Weise geleitet und beide Seiten in ihrer Redefreiheit fast gar nicht eingeschränkt hat."[88]

Ein umfassender Kommentar über den Kampf der Deutschen „gegen Nationalismus, Zentralismus, Bürokratismus" folgte. Darin finden sich aber in der Druckausgabe zahlreiche weiße Stellen, Auslassungen durch die Zensur. Folgend druckte man den früheren – jedoch hier ebenfalls zensierten – Bericht des damaligen Führers der „Jungtschechen" Josef Herold von 1893 ab, um Parallelen zwischen der Gegenwart und dem einstigen Freiheitskampf der Tschechen zu knüpfen: „Wenn jemand glaubt, daß Österreich nur dann glücklich sein kann, wenn es zentralistisch regiert wird, dann muß er als ehrlicher Mann und Patriot

86 Ebenda, 14.9.1932.
87 Ebenda, 21.9.1932.
88 Ebenda, 24.9.1932.

jedes Bestreben auf Föderalismus und Autonomie bekämpfen. Wenn Sie das Recht von diesem Standpunkte für sich in Anspruch nehmen, so hat das böhmische Volk, welches auf dem entgegengesetzten Standpunkte steht, auch das volle Recht, den Zentralismus zu bekämpfen, die Germanisation und das Überwuchern des Deutschtums zu bekämpfen, und es hat die bürokratische Willkür und was damit zusammenhängt, zu bekämpfen."[89] Die verurteilten Nationalsozialisten stiegen in dieser Umdrehung der damaligen Argumentation selbst auf zu Kämpfern für die Freiheit. Folglich herrsche „überall im deutschen Volke Befremden, ja Bestürzung. Es wäre zweifellos besser gewesen, der gerichtliche Spruch hätte den Übereifer der Polizei und Verwaltungsbehörden durch eine noble Geste gedämpft und die jungen Leute mit der harten Mahnung, die schon die Haft und der Prozeß an sie gerichtet haben, nach Hause geschickt." Verfehlungen wurden nicht geleugnet, doch stachele das Urteil so nur die Konflikte weiter an. Selbst die sonst kaum einmal wiedergegebene sozialdemokratische Presse fand da diesmal Raum: „Auch der ‚Sozialdemokrat' bezeichnet den Brünner Spruch als ein empörend hartes Urteil".[90]

Dagegen las man dann noch, die tschechischsprachige Presse hetze gegen alles Deutsche trotz des Urteilsspruchs unvermindert fort. Beispielsweise habe am 26. September die *České slovo* nun auch die deutschnationale Grenzlandjugend angegriffen. Immerhin bilde die *Právo lidu* „in eisiger, leidenschaftsloser Weise, die wohltuend absticht von dem Gehaben der übrigen tschechischen Presse", eine Ausnahme. Das sozialdemokratische Blatt hatte gemahnt: „Wir müssen uns dessen bewußt sein, daß dem nationalen Radikalismus auf der anderen Seite nicht überflüssig geholfen und jenen deutschen Parteien, welche ein positives Verhältnis zur Demokratie unserer Republik vertreten, den Boden unter den Füßen abgegraben werde."[91]

Kurz nach Prozessende erlebte die *Reichenberger Zeitung* ein Novum. Das Blatt veröffentlichte einmalig ein Interview, hier mit Verteidiger Stark. Der konnte noch einmal seine Sichtweise auf das Geschehen verbreiten. Der Leser erfuhr dabei, dass Stark dem Staatsanwalt „persönlich nicht böse sein" könne. „Seine Energie und seine Hingabe in einer verfahrenen Sache war geradezu bewundernswert. Seine persönliche Art ist allerdings nicht angenehm und sie wurde noch verschärft durch eine gewisse, notwendigerweise gegebene Hilflosigkeit". Unausgesprochen zeugten auch solche Aussagen aber noch einmal von der Grundlinie der Verteidigung. Nicht die Personen der Gegenseite hätten

89 Ebenda, 25.9.1932.
90 Ebenda, 26.9.1932.
91 Ebenda, 30.9.1932.

einen Fehler gemacht, stattdessen hätte sich ein verfehltes Justizsystem in Vorbereitung und Durchführung des Prozesses durchgesetzt. Schließlich hob Stark noch den Idealismus der Verteidigung für die nationale Sache hervor, denn „bis auf kleine Zuschüsse von Professoren und Privaten wurden die heute schon über 100 000 Kronen betragenden reinen Barauslagen fast nur von der Verteidigung getragen."[92] Diese Aussage passte allerdings nicht zusammen mit der Darstellung Hans Knirschs vom 29. September, die nationalsozialistische Partei habe frühzeitig 25 000 Kronen zur Verteidigung beigetragen.

Der Prozess mochte abgeschlossen sein, doch schlug er weiter hohe Wellen. Weitere Gerichtsverhandlungen folgten. In Leipa wurde ein Hans Sedlaschek zu drei Jahren schweren Kerkers wegen militärischer Ausbildung von Jugendlichen in Sommerferienlagern verurteilt. Dafür hatte er auch Material aus dem Reich erhalten.[93] Die Strafe befand sich am oberen Ende der Sprüche des Volkssportprozesses, dieser Prozess nahm allerdings nur eine Randrolle in der Berichterstattung ein. Den ebenfalls gestarteten Jungsturm-Prozess hemmten laut Artikel wieder „mangelhafte Beherrschung der deutschen Sprache" und „Wortverwechslungen".[94] Hingegen lobte man am 26. November bei einem parallelen Prozess die „objektive Prozeßführung des Königgrätzer Gerichtes, das ja ebenfalls aus Tschechen besteht".

Vor allem folgte aber nun die Diskussion über Ermittlungen gegen die führenden nationalsozialsozialistischen Abgeordneten. Ihre tiefgreifende Verwicklung war in Brünn deutlich geworden, doch schützte sie noch ihre parlamentarische Immunität. Auch diesmal bekamen die Nationalsozialisten für eine gemeinsame Erklärung von Parteivorstand und Fraktion breiten Raum zur Replik: „Wenn es tatsächlich zur Durchführung des Prozesses kommt, steht das Sudetendeutschtum vor einem der folgenschwersten politischen Ereignisse, das die Krönung all der Verfolgungen darstellt, die in der letzten Zeit gegen nationalsozialistische Parteigänger und Organisationen, wie auch gegen andere sudetendeutsche Verbände an der Tagesordnung sind. [...] Innenpolitisch bedeutet diese prozessuale Entwicklung der tschechoslowakischen Politik eine untragbare Belastung der deutsch-tschechischen Regierungsgemeinschaft und eine vollständige Unterwühlung der nationalen Verständigung."[95]

Die *Reichenberger Zeitung* verbreitete diese Klagen wie schon die Auslassungen der Angeklagten und ihrer Verteidiger im Prozess ohne weiteren

92 Ebenda, 26. 9. 1932.

93 Ebenda, 27. 9. 1932.

94 Ebenda, 18. 10. 1932.

95 Ebenda, 10. 11. 1932.

Grafische Darstellung des Unternehmens Gebr. Stiepel in Reichenberg.
Die Redaktionsbereiche befanden sich im vorderen Teil an der Herrengasse.
75 Jahre Reichenberger Zeitung, 1935

Kommentar. Dabei hätte man durchaus bemerken können, dass die mögliche Aufhebung der Immunität der nationalsozialistischen Abgeordneten zum gleichen Zeitpunkt ins Blickfeld geriet, wie die knapp erwähnte drohende Auslieferung des kommunistischen Senators Josef Haken,[96] sich mehr als Bestandteil der Verfolgung beider politischer Ränder einordnete. Die tschechoslowakischen Behörden beschränkten auch ihre Maßnahmen mitnichten allein auf Deutsche. Man hätte sich auch jenseits einer knappen Meldung damit auseinandersetzen können, dass die tschechischen Nationaldemokraten mit ihrer außer Kontrolle geratenen Jugendorganisation „kurzes Verfahren" gemacht hatten. Während sich die Nationalsozialisten zu keiner Zeit vom Volkssport distanziert hatten, wurde hier angeordnet, „daß alle Mitglieder der ‚jungen Generation' soweit sie das 26. Lebensjahr bereits überschritten haben, ausschließlich in der Partei organisiert sein dürfen. Praktisch bedeutet dieser Parteibefehl die sofortige Auflösung der ‚jungen Generation'".[97] Dies waren aber offensichtlich innertschechische Angelegenheiten, mit denen man sich nicht näher befassen musste. Und wo das doch einmal geschah, diente es zur Darstellung der Deutschen als Opfer. Am 23. April 1933, inzwischen war die Immunität der nationalsozialistischen Abgeordneten Jung, Krebs, Leo Schubert und Rudolf Kasper aufgehoben, fragte man: „Ist so Demokratie?". Daraus folgerte man, es fehle „der durchgehende

96 Ebenda, 11.11.1932.
97 Ebenda, 17.11.1932.

demokratische Geist der Innenpolitik, woran es fehlt, ist das gegenseitige Verständnis der in diesem Staate lebenden Nationen".

„Nur im Schnüffeln und Bespitzeln hat man es heute weiter gebracht als im alten Österreich" – Habsburgermonarchie gestern, Tschechoslowakei heute

1933/34 vollzogen sich in Österreich tiefgreifende Veränderungen. Den demokratischen Verfassungsstaat, „die im Jahre 1919 im Friedensvertrage dem kleinen Österreich aufgezwungene Staatsidee",[98] ersetzte der autoritäre Ständestaat. Die *Reichenberger Zeitung* blickte kritisch auf diese Entwicklung. Wenn auch gewisse Sympathien durchklangen – so lobte man am 20. Januar 1934, die „wüsten Parteikämpfe" sollten dem Land nun erspart bleiben – galt dieses neue Staatsleben als „schwer erkauft", wenn, wie am 12. Februar 1934 angefügt, „Standrecht und Henker schließlich Sieger bleiben über das arbeitende Volk". Für die *Reichenberger Zeitung* waren diese Ereignisse aber nur ein Vorgang in der Ferne, in einem Land voller Deutscher, aber doch jenseits der eigenen Grenzen gelegen, jenseits eigener Betroffenheit. Die Berichte blieben entsprechend knapp.

Die Wurzeln der Deutschen in der Region lagen aber doch bei Österreich. Wenn auch die Gegenwart des Alpenstaats keine große Relevanz mehr für sie hatte, die österreichische Vergangenheit diente als Referenzpunkt zur Einschätzung der aktuellen Entwicklungen in der Tschechoslowakei. Eines der jedoch alles in allem seltenen Beispiele: „Im alten Österreich hat es wiederholt Ausgleichsverhandlungen zwischen Deutschen und Tschechen gegeben." Mochten sie auch keine großen Ergebnisse gebracht haben, so hätten sie immerhin den guten Willen der deutschen Mehrheit bewiesen. Von dieser Mentalität sei bei den Tschechen jedoch nichts zu finden – und wenn doch, müsse man dies geradezu als „politische Heldentat" ansprechen. Überall stünden neben verständigungsbereiten Politikern, genannt wurden in dem Artikel Edvard Beneš oder der mehrjährige Innenminister Josef Černý, „Chauvinisten schärfster Prägung".[99]

Wenn also die Republik versprach, mit Ungerechtigkeiten zwischen den Völkern Schluss gemacht zu haben, so müsse sie den Vergleich mit dem „alten, viel verlästerten Österreich" aushalten, so die Forderung. Die Bilanz war aber bitter: Der Verlust des großen Wirtschaftsraums ohne Konzept für einen Ersatz und darüber hinaus auch noch „deutschfeindliches Verhalten" werde die Republik

98 Ebenda, 4. 3. 1934.
99 Ebenda, 1. 2. 1934.

„vor dem Richterstuhl der Geschichte" schlecht bestehen lassen, so klagte der frühere Senator Wilhelm Medinger am 3. Dezember 1932. Selbst die offiziell hochgehaltene Pressefreiheit erreiche nicht die einstigen österreichischen Verhältnisse, wie ein weiterer Vergleich vorwarf. Am 23. März 1933 hieß es zum neuen kleinen Pressegesetz: „Es werden in der Tschechoslowakei dreimal mehr Druckschriften beschlagnahmt als im alten Österreich." Welche Publikationen hier betroffen waren, beispielsweise zahlreiche Schriften direkt aus Deutschland, wurde nicht erwähnt – es blieb die Hervorhebung des Unterschieds zwischen hohem Anspruch und trüber Realität in der Republik. Das traurige Ergebnis, zusammengefasst am 30. Januar 1933: „Nur im Schnüffeln und Bespitzeln hat man es heute weitergebracht als im alten Österreich, das z. B. kein Schutzgesetz kannte."

1932 erschütterte eine „Veruntreuungswelle"[100] die Tschechoslowakei, zumindest wenn man regelmäßigen Berichten der *Reichenberger Zeitung* Glauben schenkte. Die Fälle seien, so war zu lesen, dabei so aufsehenerregend, dass mittlerweile selbst den Tschechen die Augen aufgingen, dass wir „dreizehn Jahre Zeugen einer unerhörten Unverantwortlichkeit"[101] seien. Diese Verantwortungslosigkeit und Filz schienen jedoch erst seit Gründung der Republik zu wuchern. In der Berichterstattung über einen Skandal bei der Marienbader Post vergaß der Autor dann auch nicht darauf hinzuweisen, „welche Elitenbeamte vor dem Kriege ausgewählt wurden". Im dabei idealisierten alten Österreich haben man aber auch nicht versucht, Fehlverhalten „zu vertuschen und mit einem Disziplinierverfahren abzutun".[102] Wenn man solche Verfehlungen vielleicht noch als tschechische Schlamperei relativieren wollte, so schimmerte an einigen weiteren Stellen sehr deutlich die Auffassung einer gezielt auf Machtsicherung und -ausbau setzenden tschechischen Bürokratie als „Tschechisator"[103] durch. Interessanterweise klang an solchen Stellen dann das sonst als nachlässig kritisierte Verhalten aber nach weitsichtiger Planung, während Kolumnist Wachsmann den Tschechen insgesamt organisatorische Begabung absprach.[104] Welch Kontrast zur wohlgeordneten, wenn auch vielleicht manchmal schwerfälligen früheren Monarchie.

Auch um die Kultur erschien Sorge berechtigt. Nach einem Artikel litt Prags Stadtarchiv, für die habsburgische Zeit als Institution von herausragender Bedeutung hochgelobt, inzwischen unter chronischer Unterfinanzierung.[105]

100 Ebenda, 18. 9. 1932.
101 Ebenda, 15. 9. 1932.
102 Ebenda, 4. 2. 1932.
103 Ebenda, 5. 1. 1933.
104 Ebenda, 29. 9. 1932.
105 Ebenda, 18. 6. 1935.

Auch hier ein Bild tschechischer Nachlässigkeit und Undankbarkeit für die modernen Strukturen, die man von der Monarchie geerbt habe.[106] Ein Aufruf forderte dann auch die Museen auf, der „Nachwelt zu zeigen, wie gut es uns in unserer deutschen Heimat früher ging und wie ihr deutsches Gepräge seither geändert wurde".[107] Immerhin schien aus Minderheitensicht die religiöse Neutralität fortgeschritten. Jedenfalls zitierte so die *Reichenberger Zeitung* Erich Wehrenpfennig, den Vorsitzenden der deutschen evangelischen Kirche in der Tschechoslowakei, als dieser eine größere Freiheit für seine Gemeindeglieder betonte, als dies im alten Österreich der Fall gewesen sei. Wehrenpfennig lobte dabei den Staat sogar als eine „Schicksalsgemeinschaft".[108]

Mit dem Ende des Jahres 1933 verschwanden Bezüge zum ehemaligen Mutterland Österreich beinahe völlig aus der Berichterstattung. Das alte Österreichbild schien jedenfalls verblasst. Immerhin stand 1934 noch der 20. Jahrestag des Kriegsbeginns an. Durchaus kritisch sprach man da Wiens und Berlins Kriegsbereitschaft des Juli 1914 an. Beide Länder hätten sich nicht mit einem „bloßen diplomatischen Erfolg, selbst wenn er mit einer Erniedrigung Serbiens endet", zufriedengegeben. Zu lesen war dies am 28. Juni 1934, genau zwanzig Jahre nach dem schicksalhaften Attentat von Sarajevo.

Während man hier aber zu einem wichtigen Jubiläum auf die vergangenen Ereignisse zurückblickte, fand die parallel und ergänzend zur Gründung der Tschechoslowakei erstandene parlamentarischen Demokratie keine Würdigung. Die Ereignisse 1918/19 fasste man immer wieder knapp und wertungsfrei als „Umsturz"[109] zusammen. Einerseits durchaus verständlich nach dem Schmerz von Kriegsniederlage und dem Ende des Traums einer deutschböhmischen Republik, andererseits verschwieg man so aber den qualitativen Unterschied zwischen der konstitutionellen Monarchie des Habsburgerreichs und der Volkssouveränität der Bürger der Tschechoslowakei.

Da aber schließt sich der Bogen. Das habsburgische Österreich habe zwar seine Fehler gehabt, aber die Tschechen hätten daraus nicht gelernt. Noch der Kommentar zur Parlamentswahl vom 19. Mai 1935 reklamierte zwei Tage später, die Republik leide unter „Geburtsfehlern", die sie „trotz der vorausgegangenen Erfahrungen des alten Österreichs nicht wirksam zu bekämpfen vermochte".[110] Bereits zuvor war die Klage zu lesen, die Ziele Sprachengleichheit und Selbst-

106 Vgl. Jaworski, Historische Argumente, S. 339 f.

107 Reichenberger Zeitung, 9. 1. 1932.

108 Ebenda, 2. 12. 1933.

109 Ebenda, 1. 1. 1932, 12. 1. 1932, 26. 4. 1932, 20. 12. 1932, 2. 12. 1933, 2. 6. 1934, 23. 1. 1935.

110 Ebenda, 21. 5. 1935.

verwaltung seien „nur über die Leiche der Verfassung von 1920“ zu erreichen. Ein Programm „für Jahrzehnte“,[111] so die mehrdeutige Aussage.

Österreich stand im Schatten des nahen und mächtigeren Deutschen Reichs.[112] Gerade in der Wirtschaftskrise hatten internationale Absatzmärkte existenzielle Bedeutung – und hier versprach Deutschland einen weit höheren Gewinn. Hinzu trat die traditionelle Überzeugung, im Reich seien die Lebensverhältnisse besser, die schon durch die Wanderarbeiter vergangener Jahrzehnte unterfüttert worden war.[113] Österreich besaß dagegen höchstens noch nostalgische Bedeutung. Gegen fundamentale Kritik am Habsburgerreich wehrte man sich entsprechend, aber der Blick der Redaktion und wohl auch der Leser ging nicht mehr nach dem österreichischen Süden, sondern richtete sich nach dem reichsdeutschen Norden.

„Der Tag der Wende“ – Die Deutschen und die Staatsfeiertage

„Wie oft wurde hier Stellung genommen gegen die alberne Kraftmeierei, hinter der nichts Reales stand, gegen die Politik der großen Worte und leeren Phrasen und gegen die Zerrissenheit, durch die unser Volk zur Ohnmacht verurteilt war all die Jahre“. So war am 28. Oktober 1933 zu lesen. Die Republik feierte ihren 15. Geburtstag, und die *Reichenberger Zeitung* war voller Nachrichten über eine rege Beteiligung der Deutschen an diesem Fest. Nach vielen Jahren, in denen die Zeitung wenigstens nach eigener Wahrnehmung „völkischer Unzuverlässigkeit verdächtigt und als ‚Regierungsblatt‘ beschimpft“ worden war, fühlte sie sich endlich bestätigt. Immerhin habe, so die Bilanz des Feiertages 1933, die „Parole der Vernunft Recht gegeben: Kampf um die Lebensnotwendigkeiten unseres sudetendeutschen Volkes im Rahmen und auf dem Boden dieses Staates, der auch unser Staat ist, engster Zusammenschluß der Parteien der Mitte und Verständigung mit dem tschechischen Volke im Interesse des Staates, der auch unsere Heimat umschließt.“ So erfuhr man von immerhin 170 deutschen Vereinen, die an einem gemeinsamen Fackelzug in Reichenberg teilgenommen hätten,[114] worauf Bürgermeister Kostka die „einmütige Zusammenarbeit der gesamten Bevölkerung“ in „unserem gemeinsamen tschechoslowakischen Staat“

111 Ebenda, 28. 6. 1934.

112 So auch Kučera, Demokratie auf Bewährungsprobe, S. 186.

113 Vgl. Manfred Jahn, Grenzbeziehungen zwischen Sachsen und der Tschechoslowakei, in: Dresdner Hefte 48 (1996) 4: Böhmen und Sachsen. Momente einer Nachbarschaft, S. 50–56, insb. S. 53 f.; ebenso Seibt, Deutschland und die Tschechen, S. 327.

114 Reichenberger Zeitung, 28. 10. 1933.

hervorgehoben habe. Während aber Kostka mit dieser sich stets wiederholenden Formel der Akzeptanz der Republik die Forderung nach „voller Gleichheit" verband, erinnerte Garnisonskommandant Oberst Kostak sowohl auf Deutsch als auch Tschechisch an diejenigen, „auf deren Blute" der Staat errichtet sei, weshalb ein Kampf gegen ihn „ein Verbrechen" sei.[115]

Beispiele neu betonter Einmütigkeit fanden sich auch aus anderen Städten. Im mehrheitlich deutsch besiedelten Bilin seien diese erstmals bei den Feiern anwesend gewesen,[116] in Karlsbad nahmen an den offiziellen Veranstaltungen sogar frühere Mitglieder der aufgelösten Rechtsparteien teil,[117] in Neustadt an der Tafelfichte fiel eine „außergewöhnlich starke Beteiligung" auf, in Warnsdorf lauschte ein prall gefüllter Saal stehend der Staatshymne, in Böhmisch Leipa war die Turnhalle bis auf den letzten Platz gefüllt.[118] Scheinbar eitel Sonnenschein.

Alles in allem schilderte die *Reichenberger Zeitung* den Feiertag als „Tag der Wende". Mit diesem Bekenntnis zum Staat an vielen Orten sei nun Einigkeit im „Kampf um die volle Gleichberechtigung" gefordert.[119] Passend hierzu erfuhr man selbst von einem Brief Konrad Henleins an Präsident Tomáš G. Masaryk, in dem er seine „festen Zuversicht" mitteilte, unter seiner Führung werde die Sudetendeutsche Heimatfront „zu einem wesentlichen und politischen Faktor im öffentlichen Leben des Staates".[120] Die Redaktion betonte nicht nur allgemein die Akzeptanz der Republik, sondern attestierte dieser auch Reformfähigkeit – die man früher als andere erkannt habe. Gleichzeitig reklamierte man aber auch: Die Vorstellung „liebeglühender Herzen" wäre nur „Heuchelei" und befördere falsche Erwartungen. Immerhin ernte nur der Liebe, „der Liebe sät".[121]

Dabei durfte die allgemeine Zustimmung zum Staat durchaus überraschen. Nicht nur der Hinweis auf eine „Wende" deutete auf eine Veränderung in der Einstellung vieler Deutscher hin. Darüber hinaus hatten im Vorjahr die Zeitungsleser noch einen empörten Bericht eines „strammen Tschechen" (wohl ein Synonym für einen Spitzel) aus der *České slovo* präsentiert bekommen, im Bodenbacher Kaffeehaus Corso habe man zum Nationalfeiertag lauter patriotisch-österreichische Musik, wie den Radetzky-Marsch und den k.u.k.-Deutsch-

115 Ebenda, 28. 10. 1933.
116 Ebenda, 30. 10. 1933.
117 Ebenda, 30. 10. 1933.
118 Ebenda, 31. 10. 1933.
119 Ebenda, 6. 11. 1933.
120 Ebenda, 30. 10. 1933.
121 Ebenda, 28. 10. 1933.

meistermarsch gespielt.[122] Ansonsten war der Feiertag 1932 noch weitgehend unbeachtet an der *Reichenberger Zeitung* vorbeigegangen.

Widerspruch zur behaupteten wie gefeierten Eintracht nahm hingegen erst verzögert und dann auch nur als Gerichtsberichterstattung Raum im Blatt ein. So las man am 2. Januar 1934 über den Elektrotechniker Helmuth Mahr aus Gablonz. Er hatte in Reichenberg am Feiertag Hakenkreuze aus Zeitungspapier verteilt. Eingefügt wurde noch der Einwurf seines Verteidigers vor dem Kreisgericht, der die Tat als „Bubenstreich" abtat. Eine Altersangabe Mahrs fehlte.

1934 standen dann gleich zwei große Veranstaltungstage im Mittelpunkt – neben dem Staatsfeiertag auch die Tage der Wehrhaftigkeit. Wie schon bei den Berichten vom Feiertag 1933 beförderte die *Reichenberger Zeitung* von den Tagen der Wehrhaftigkeit einen überaus positiven Eindruck voller „schöner Bilder harmonischer Geschlossenheit".[123] Zustimmung zum Staat schien dabei über reine Symbolik hinauszureichen. In vielen Orten hätten „alle Staatsbürger ohne Unterschied der Volkszugehörigkeit" ihren Willen zum „Auf- und Ausbau der Staatsverteidigung" gezeigt.[124] Neben Schülerwettkämpfen, Hindernisläufen und weiteren Veranstaltungen für die gesamte Bürgerschaft prägte da in Reichenberg ein großer Zug unter Beteiligung solch unterschiedlicher Vereine wie den Deutschen Turnern, CVJM, Makkabi und mehrerer Sokolvereinigungen das mehrtägige Ereignis. Unter Klängen der Hymne sei dann, so hieß es weiter, die Staatsfahne aufgezogen worden. Die „tausendköpfige Menge" habe diese „entblößten Hauptes" gegrüßt. Nachdenkliche Worte waren indes vom tschechischen Veranstaltungsredner David zu hören. Nach eigenen Unterdrückungserfahrungen wollten die Tschechen niemanden unterdrücken, so zitierte ihn die *Reichenberger Zeitung*, aber zugleich müsse man von den Deutschen verlangen, „daß sie unsere Republik ebenso als ihre Heimat betrachten und bereit sind, sie zu verteidigen". Immerhin stiftete die Stadt Reichenberg der im Ort stationierten Artillerie-Abteilung 253 unter „regster Anteilnahme der Bevölkerung" eine Standarte.[125]

Von einem anschließenden Ereignis wachsender tschechisch-deutscher Einigkeit las man am 1. Oktober 1934. In Tetschen nahmen am Festakt zum Jahrestag der Armeegründung von 1918 auch deutsche Bürgermeister teil. Man konnte dies durchaus als einen Akt nachträglicher Versöhnung mit den einstigen, für die Deutschen schmerzhaften Entwicklungen ansehen.

122 Ebenda, 2.11.1932.
123 Ebenda, 28.9.1934.
124 Ebenda, 28.9.1934.
125 Ebenda, 30.9.1934.

Wenige Wochen später folgte der Republikfeiertag 1934. Da zeigte sich Gablonz sichtlich staatstreu mit reicher Beflaggung „in den Staats- und Stadtfarben“, Intonation der Hymnen, Hissung einer großen tschechoslowakischen Fahne und einem Festzug unter Beteiligung der örtlichen Heimatfront. Aber auch andernorts („Riesenkundgebung in Teplitz“, „Massenteilnahme an der Warnsdorfer Staatsgründungsfeier“, „Festabend“ der Bezirksbildungsausschüsse in Rumburg) wurde der Tag festlich begangen. Der Bericht aus Eger betonte gar das „rückhaltlose Bekenntnis zum Staate“ des neugewählten Bürgermeisters Andreas Prokisch, was von keinem seiner Vorgänger zu vernehmen gewesen sei.[126] Besprochen wurden dabei aber nicht die Umstände seines Amtsantritts nach der behördlich erzwungenen Abdankung seines nationalsozialistischen Vorgängers.

All diesen Meldungen deutscher Verständigungsbereitschaft zum Trotz beklagte die *Reichenberger Zeitung* die „Hetze“ tschechischsprachiger Zeitungen. So habe der *Národní politika* die Akzeptanz der Deutschen allein auf härtere Strafen republikfeindlicher Taten geschoben, weshalb man sich auf sie nicht verlassen könne. Als „Jauche der Nar. Listy“ kritisierte man gar einen Bericht aus einer nicht näher benannten Riesengebirgsgemeinde über die lokale Verächtlichmachung der Republik. Dort werde Jahr für Jahr am Staatsfeiertag Jauche ausgefahren. Ein Einspruch sei gar von der Bezirkshauptmannschaft abgewiesen worden. Mit ihrer Überschrift schob nun die *Reichenberger Zeitung* die Ursache des Konflikts der tschechischen Seite zu.[127]

Jenseits der Festveranstaltungen herrschte offensichtlich doch kein eitel Sonnenschein deutsch-tschechischer Einigkeit. Da erschien es nur konsequent, wenn in einer umfassend von der *Reichenberger Zeitung* dokumentierten Parlamentsrede wenige Tage später Alfred Rosche das vielfach empfundene Dilemma ausdrückte: „Sind wir illoyal, sind wir Staatsfeinde, sind wir loyal, dann heucheln wir.“ Rosche konnte durchaus auf die beiden zurückliegenden Veranstaltungen sowie die „fünfzehnjährige Bewährung“ verweisen.[128] Gelohnt habe sich alles Bemühen um nationalen Ausgleich offensichtlich nicht.

Ein schaler Nachgeschmack nach den so zukunftsfrohen Veranstaltungsberichten blieb hängen. Einerseits hatte nach der Berichterstattung das Misstrauen der Tschechen kein Ende gefunden – wobei die dafür aufgeführten Quellen ihrerseits einseitig und knapp blieben –, andererseits schienen die Forderungen der Deutschen nach voller Gleichberechtigung als Gegenleistung für das Zeigen ihrer Loyalität unerfüllt zu bleiben.

126 Ebenda, 29.10.1932.
127 Ebenda, 29.10.1934, 2.11.1934.
128 Ebenda, 11.11.1934.

„Mit uns gibt er sich überhaupt nicht ab" – Außenminister Edvard Beneš

17 Jahre, von der Staatsgründung bis 1935, war Edvard Beneš Außenminister der Tschechoslowakischen Republik. Nach Staatspräsident Tomáš G. Masaryk war der tschechische Nationalsozialist die prägende politische Figur des Landes. Im Ausland war Beneš das Gesicht der Republik, in der Republik kristallisierte er sich als wahrscheinlicher Nachfolger des amtierenden Staatsoberhaupts heraus. Er war in den verschiedenen Regierungskonstellationen das Symbol für Kontinuität. Selbst als seine Partei kurzzeitig in die Opposition wechselte, blieb Beneš dem Kabinett erhalten. Der Blick der Sudetendeutschen auf seine Person und Politik war da für das weitere Zusammenleben von Tschechen und Deutschen von besonderem Interesse.

Während die *Reichenberger Zeitung* aber Präsident Masaryk verehrte,[129] verbreitete sie von Beneš keine allzu hohe Meinung. Am 26. Oktober 1932 beschrieb sie ihn als arrogant gegenüber den fleißig arbeitenden und Not leidenden Sudetendeutschen: „Mit uns gibt er sich überhaupt nicht ab. [...] Für Leute, die von Bankett zu Bankett fahren und draußen anders reden als herinnen und überhaupt nur reden und reden, haben wir in Nordböhmen eine treffende Bezeichnung, voll von heimatlicher Geradheit: ‚Brejcher'. So erscheint uns – und nicht nur uns Deutschen – der Herr Außenminister auf Lebenszeit."

Eine Woche später offenbarte noch eine weitere Meldung das belastete Verhältnis. Den Bericht in der *České slovo* übernehmend, hieß es darin: Zum Staatsfeiertag am 28. Oktober sei im Kino von Bodenbach auch ein Film vorgeführt worden, in dem Minister Beneš über das Genfer System sprach. „Der Minister sei jedoch nicht zu verstehen gewesen, weil die deutsche Bevölkerung ‚auffallend zu husten und lärmen angefangen habe'".[130]

Beneš selbst erlebten die Leser als Optimisten, sowohl über die außenpolitische Stellung der Republik als auch über die Zukunft von Demokratie und Zusammenleben der Nationen im Land. Alle Nationalitäten bildeten für ihn eine Gemeinschaft, deren Schicksal untrennbar miteinander verbunden sei. Am 17. Februar 1933 zitierte ihn entsprechend die *Reichenberger Zeitung*: „Für uns alle ohne Ausnahme wäre jeder Krieg, ein Kampf auf Leben und Tod, ein Kampf um die wirtschaftliche, politische, nationale und soziale Existenz. Das gilt für alle Klassen und die Parteien aller Nationalitäten in unserem Staate. Weder die Deutschen noch die Magyaren in unserem Staate können sich in dieser Richtung

129 Ebenda, 9.12.1932.
130 Ebenda, 2.11.1932.

Illusionen machen. In jedem unserer Kriege würden sie wirtschaftlich, sozial und kulturell mitgerissen".[131] Gefordert sei Zusammenhalt, für den aber vom Staat die Grundlagen geschaffen worden seien. Zwar gebe es einzelne politische Parteien, die „beispielsweise in der Bureaukratie" zahlreicher vertreten seien. Das begründete Beneš aber mit dem „Wesen der Entwicklung und der Struktur des Staates".[132] Ob diese Gründe die Sudetendeutschen zu überzeugen vermochten, ist fraglich, verstärkten sie doch eher den Eindruck eines tschechischen Staates. Derlei Vorwürfen widersprach Beneš an anderer Stelle. Die „einst versprochenen schweizerischen Verhältnisse" in der Behandlung der Minderheiten seien erfüllt. Neben diesen persönlichen Freiheiten genössen die Menschen Stabilität. „Anderswo gibt es Umstürze, Revolutionen, Putsche und alles mögliche – in diesem Staate nichts dergleichen. Wir haben der Staatsbevölkerung das Vermögen, die Währung, die Demokratie und die politische Ruhe erhalten. Wir haben ihr eine ordentliche, bürgerliche Freiheit gegeben, konnten auf eine befriedigende Wirtschaftslage zurückblicken und waren bestrebt, konsequent für den Frieden zu arbeiten".[133]

Benešs Versprechen war kein Grund für Zufriedenheit unter den Sudetendeutschen. Seine „verhängnisvolle Rolle" in der „Liaison mit dem so unverläßlichen Frankreich"[134] ließ das Ansehen schwinden. Schließlich ging es hier nicht allein um Diplomatie. Senator Wilhelm Medinger hatte in seinen Neujahrsgedanken 1932 in der *Reichenberger Zeitung* erinnert, „unser Export nach Deutschland ist zehnmal so groß". Die Folgen spürten die Sudetendeutschen: „Es ist weltbekannt, daß die Linie der Benesch'schen Außenpolitik hierzulande die Wirtschaft nicht verstärkt, sondern durchkreuzt". Den Außenminister schmerze dies jedoch keineswegs. Er stelle strategische Überlegungen über den wirtschaftlichen Kampf gegen die Not.[135] „Für sich selber haben diese Kreise wohl vorzüglich gesorgt, für sie selber bedeutete der Umsturz nur Aufschwung. Daher kommt der Optimismus!" Das schreckliche Resultat dieser abgehobenen Politik für Medinger: „Schon eine erschreckend hohe Zahl mir Nahestehender hat mit Selbstmord geendet; andere leben heute in beständiger Angst, in den Strudel der Konkurse und der Arbeitslosigkeit gezogen zu werden."[136] Für Autor Wachsmann ließ die tschechische Außenpolitik Mitteleuropa passend dazu zu einem

131 Ebenda, 17.2.1933.
132 Ebenda, 17.2.1933.
133 Ebenda, 16.11.1933.
134 Ebenda, 1.1.1932.
135 Ebenda, 1.1.1932; vgl. zu dieser Problematik Seibt, Deutschland und die Tschechen, S. 20, 29 f.
136 Reichenberger Zeitung, 1.1.1932.

„Kolonialisierungsgebiet"[137] Frankreichs verdorren. Als Gesicht dieser wirklichkeitsfremden, die Nöte der Menschen ignorierenden (tschechischen) Politikerkaste galt Beneš. Da passte es dann auch noch gut, dass Medinger aufgrund einer fraglichen Staatsangehörigkeitsangelegenheit seinen Senatssitz verlor. Der Christlichsoziale Hans Krumpe nannte den Vorgang denn auch in einem auffälligen Beispiel für sprachliche Rohheit „einen Terrorakt des Außenministers".[138] Politisch wie persönlich erschien Beneš als Führungsfigur des Landes so wohl kaum als geeignet.

Jenseits aller Kritik wurde jedoch die demokratische Gesinnung von Beneš nie in Zweifel gestellt. Die Verurteilung der wirtschaftlichen Kleinstaaterei schränkte man so am 15. September 1932 mit dem Hinweis ein, Beneš habe nicht einfach einen anderen Kurs einschlagen können. Er sei „kein Diktator, sondern parlamentarischer Außenminister".[139] Auch noch im Januar 1934 stand dieses Urteil. In einer in Auszügen wiedergegebenen Rede, das war in den Jahren 1932 bis 1934 die einzige Form, in der politische Ansichten des Staatsmanns in der *Reichenberger Zeitung* verbreitet wurden,[140] bekannte dieser sich selbstbewusst zur Demokratie. Gegenüber den Diktaturen behaupte sie sich, weil „sie nach Westen orientiert ist. In Reaktion gegen die deutsche und österreichische Kultur haben wir uns Frankreich zugewendet. Unser intellektuelles und politisch kulturelles Niveau ist höher als das unserer Nachbarn. In zivilisatorisch-technischer Beziehung übertrifft uns Deutschland."[141]

Derlei Erfolgssicherheit erforderte Bestätigung im Alltag der Notzeit. Am 5. Januar 1934 versprach er, „daß das Jahr 1934 für die tschechoslowakische Wirtschaft ein Jahr des Aufstieges sein müsse, wenn der Staat nicht in eine unhaltbare Lage geraten solle".[142] Die Messlatte hatte er so selbst hoch gelegt, aber der große Aufschwung blieb aus.

Dafür erfuhr er in den wachsenden internationalen Krisen auf dem Kontinent 1934 Anerkennung. Dies galt nicht allein für das Lob von Ministerpräsident Jan Malypetr.[143] Sogar Kolumnist Wachsmann hob „seine kühl realistische

137 Ebenda, 23.3.1932.

138 Ebenda, 16.6.1932.

139 Ebenda, 15.9.1932.

140 Dabei wusste der Außenminister durchaus um die Bedeutung einer intensiven Pressearbeit. Vgl. Manfred Alexander, Edvard Beneš und seine Politik im Licht der österreichischen diplomatischen Quellen der 1930er Jahre, in: Otá Konrád/René Küpper (Hrsg.), Edvard Beneš. Vorbild und Feindbild. Politische und mediale und historiographische Deutungen, Göttingen u.a. 2013, S. 49, ebenso: Seibt, Deutschland und die Tschechen, S. 310.

141 Reichenberger Zeitung, 13.1.1934.

142 Ebenda, 5.1.1934, ebenso bereits 16.11.1933.

143 Ebenda, 27.5.1934.

Schilderung der Ereignisse, so unerwartet diese auch sind"[144] hervor. In schwerer See erschien Beneš als verlässlicher Steuermann. Ein Steuermann, der allerdings recht allein agierte. Selbst in seiner eigenen Partei sah die *Reichenberger Zeitung* tschechische Chauvinisten.[145] Außenpolitischen Kooperationsbestrebungen folgten, so Adalbert Worliczek am 11. November 1934, dann auch keine Schritte des Ausgleichs zwischen den Nationen in der Republik.

Der Republik stand im Wahljahr 1935 eine Weichenstellung bevor. Beneš, der fließend Deutsch sprach, wendete sich nun auffallend oft direkt an die Sudetendeutschen.[146] Dabei durfte er nicht einmal auf Wählerstimmen für seine tschechische Partei in der durch nationale Organisationen strukturierten Politik hoffen. Wenn er Zustimmung sammeln wollte, dann in erster Linie für die durch die Heimatfront bedrängten aktivistischen deutschen Regierungsparteien.

Über Ansprachen auf Deutsch berichtete die *Reichenberger Zeitung* am 8. Februar (Urania in Prag), am 30. April (vor Lehrern[147] in Teplitz-Schönau) und am 16. Mai (im Volkshaus von Aussig). Bei der Urania gehörte sogar Konrad Henlein zu seinen Hörern. Der Artikelschreiber betonte einen „lebhaften Beifall" für Benešs Plädoyer für einen deutschen Aktivismus.[148] Die Berichterstattung aus Teplitz-Schönau ließ hingegen eine vorsichtige Distanz zwischen Referent und Redakteur erkennen. Der verzichtete auf die sonst vielfach verwendeten wörtlichen Zitate zugunsten indirekter Rede, die allein die „Ansicht" des Ministers verbalisierte. So hieß es: „Nach Dr. Benesch ist der Kampf um die demokratischen Institutionen nichts anderes, als der Kampf um den modernen europäischen Menschen überhaupt. Nach seiner Ansicht wird der traditionelle westeuropäische Nationalismus seinen Kampf mit dem mitteleuropäischen und östlichen Instinktivismus gewinnen. [...] Die Aufgabe der Deutschen und Tschechen in der Tschechoslowakei erblickt Dr. Benesch vor allem in der harmonischen Zusammenarbeit dieser beiden Nationen." Freundlicher dagegen der Bericht aus Aussig. Schon die Überschrift „Gleiche unter Gleichen – keine leere Phrase" weckte wenige Tage vor der Parlamentswahl Erwartungen. Beneš wollte in Aussig einerseits als nahbarer Politiker erscheinen („Ich bin zu Ihnen nicht nur als Politiker gekommen, sondern auch als Mensch zu Mensch"), pochte

144 Ebenda, 4.7.1934.

145 Ebenda, 1.2.1934.

146 Vgl. auch Haslinger, Nation und Territorium, S. 390.

147 Thomas Oellermann betrachtet den Lehrerverband als „Schnittstelle" zwischen Arbeiterbewegung und bürgerlichen Mittelschichten. Vgl. ders., Mehr als nur eine Partei. Die deutsche Sozialdemokratie in der Tschechoslowakischen Republik 1918–1938, Dissertation, Düsseldorf 2013, S. 176.

148 Reichenberger Zeitung 8.2.1935.

andererseits aber auch auf die Wahrung der demokratischen Ideale: „Unser Staat wird immer alle Minderheitenrechte respektieren. Wir glauben aber, daß wir von unseren Minderheiten mit Recht verlangen können, daß sie sich bei uns einleben." Bei dieser Formulierung dürfte sich nun aber mancher Leser die Frage gestellt haben, ob Beneš seinen deutschen Zuhörern im mehrheitlich deutschbesiedelten Nordböhmen mitteilte, sie befänden sich in einem Nationalstaat der Tschechen und Slowaken, in den sie erst hineinfinden müssten. Immerhin hatte er in Preßburg kurz zuvor ein einheitliches tschechoslowakisches Volk gefordert. Getrennt hingegen „wären Tschechen und Slowaken zu schwach".[149] Der Bezugsrahmen des Außenministers für diese Forderung war aber wohl eher die internationale Ebene.

Die Ansprachen auf Deutsch ließen das Misstrauen nicht verschwinden. Ein am 28. März 1935 mit „C. T. J." gezeichneter Kommentar jedenfalls machte aus seiner harschen Ablehnung von Politik wie Persönlichkeit des Außenministers kein Hehl: „Nun erleben wir, daß Herr Doktor Benesch es für richtig hält, im sechzehnten Jahr des Bestandes der Tschechoslowakischen Republik zum erstenmal deutsch zu uns zu sprechen. Es sind wohl Erwägungen ganz eigener Natur, die ihn dazu nötigten und auf die wir nicht eingehen wollen. Sie haben ihn daran erinnert, daß er auch dreieinhalb Millionen Deutsche vor dem Forum der Welt vertritt. Wir haben bisher alle Ursache gehabt anzunehmen, daß er das vollkommen vergessen hat."

Wie schon vor Jahresfrist befürchtet, wurde 1935 zu einem turbulenten Jahr in der europäischen Politik. Beim Völkerbund in Genf fasste das Beneš prägnant zusammen: „Bei unparteiischer Betrachtung erkennt man, daß der deutsche Schritt die Beunruhigung Europas verstärkt hat."[150] Gemeint war die Einführung der Wehrpflicht im Deutschen Reich, was dem Versailler Vertrag widersprach. Als „Staat von mittlerer Größe" sei man aber zur Vorsicht gezwungen. Denn Machtpolitik würde nur dem „stärksten Nachbar" das Recht verleihen, „diese Macht vor allem gegen die Tschechoslowakei auszunützen."[151] Allerdings fordere die Krisenverschärfung „eine selbstdisziplinierte staatliche Organisation und eine ethisch und materiell starke Armee." Für den „Sieg der geistigen und moralischen Kräfte" müsse die Jugend radikal sein. „Aber ihr Radikalismus muß eine Reihe von Pflichten und Taten sein und muß treu sein den großen Ideen unserer nationalen Revolution".[152]

149 Ebenda, 5. 5. 1935.
150 Ebenda, 17. 4. 1935.
151 Ebenda, 24. 4. 1935.
152 Ebenda, 29. 4. 1935.

Neben die Ausbildung einer wehrfähigen Armee stellte die Tschechoslowakei kurz vor den Wahlen 1935 einen Bündnisvertrag mit der Sowjetunion zur äußeren Sicherung. Ein spektakulärer Schritt eines Staates, der die kommunistische Partei zwar nicht verboten hatte, ihre Aktivitäten aber regelmäßig mit Verboten und Verhaftungen behinderte. Die *Reichenberger Zeitung* verurteilte den Entschluss dann auch vehement. Der Gastautor Karl Anton Prinz Rohan sah darin in seinem Leitartikel einen Schritt zur Kriegsvorbereitung. Immerhin sehe der französisch-russische Vertrag mit seiner tschechoslowakischen Beteiligung einer Konstellation „zum Verwechseln ähnlich", die einst zum Weltkrieg führte. Die Verständigung der Völker werde „durch die Wirklichkeit der militärischen Allianzen unterbaut". Deren Speerspitze richtete sich aber gegen Deutschland. Solches „Doppelspiel" der Siegerstaaten habe das Völkerrecht ausgehöhlt. Da sei „das natürliche Bestreben der Besiegten nach Selbsthilfe [...] in tiefstem Sinne naturgemäß legitimiert."[153] Hier vermittelte die *Reichenberger Zeitung* in der Woche vor der Abstimmung den Eindruck, Beneš trüge dank seiner unerschütterlichen Stützung des „bösen Geists"[154] Frankreichs für diese Konfrontation Mitverantwortung. Gerade jetzt häuften sich in der *Reichenberger Zeitung* Berichte über schlimme Zustände in der Sowjetunion, aber auch über die Wühlarbeit der tschechoslowakischen kommunistischen Partei.

Nach einem Gastbeitrag vom 18. Mai 1935 des Kenners „asiatischer Fragen" Iwan Rietthoff, als solcher benannt, weil er seit Jahren „in Vorderasien wohnt", stellten sich Sozialismus und Kommunismus ohnehin als nahe Verwandte dar. Diese Vorstellung umschloss alle sozialistischen Regierungsparteien, auch die tschechischen Nationalsozialisten von Edvard Beneš. Die Sensation der Allianz war somit nach dieser Ansicht gar keine. Selbst einen neuen Panslawismus schloss man in der *Reichenberger Zeitung* nicht aus.[155]

Das Jahr 1935 endete für Beneš mit einer Wendung. Am 18. Dezember wählten ihn Abgeordnetenhaus und Senat zum zweiten Präsidenten des Staates. Die *Reichenberger Zeitung* deutete zwar nochmals die außenpolitischen Differenzen an. Sie betonte aber die „Ideale der Humanität und der allseitigen und gleichmäßigen, keine Sonderrechte kennenden Gerechtigkeit", für die „der Schüler Masaryks und der Fortsetzer seines Werkes" stehe. Obwohl sich die Sudetendeutsche Partei Henleins mit ihrer großen Mehrzahl der deutschen Mandate bei der Wahl enthielt und die Redaktion kurz vor der Abstimmung selbst den Bund der Landwirte im Lager des Gegenkandidaten Bohumil Němec vermutet hatte, versprach

153 Ebenda, 9. 5. 1935.
154 Ebenda, 28. 4. 1932.
155 Ebenda, 9. 6. 1935.

die *Reichenberger Zeitung* abschließend: „Daher begrüßen auch die deutschen Bewohner des Staates den Ausgang der gestrigen Wahl."[156] Der Satz umfasste aber eine wichtige Einschränkung. Man schrieb von den „deutschen Bewohnern", eine weniger umfassende Formulierung als die inzwischen zumeist verwendeten Formeln „sudentendeutsches Volk" oder einfach „Sudetendeutschtum".

„Der Sturm auf die deutsche Universität" – Streit um nationale Symbole in Einsiedel und Prag 1934

Für eine angespannte Atmosphäre zwischen den Deutschen und der Staatsmacht standen 1934 zwei besonders eindrückliche Beispiele.

Im Sommer kam es bei einem Fest des Marienbader Bezirksverbands des Bundes der Deutschen in Böhmen zu einem Zwischenfall. Am 17. August, die Veranstaltung im außerhalb des Verbreitungsgebiets der *Reichenberger Zeitung* gelegenen Ort Einsiedel war zuvor ohne größeren Nachbericht vorbeigegangen, titelte das Blatt: „Keine Schändung der Staatsfahne!" Das Blatt widersprach darin vehement einer Meldung des *Tschechoslowakischen Pressebüros* vom 14. August, die tschechoslowakische Fahne sei „von einer als geistig beschränkt bekannten Person getragen und später auf dem Festplatz verunehrt worden". Dieser Behauptung stellte die Redaktion einen „Tatsachenbericht" entgegen, welcher selbst ganz offensichtlich von den Beteiligten selbst verfasst worden war. Beschrieben wurde dort eine große Bereitschaft vor Ort zur Zusammenarbeit mit den Behörden. Aus dem Nichts heraus sei dann aber Tage später die Staatsmacht gegen die Veranstalter vorgegangen, ausgelöst von Vorgängen, „die sich ereignet haben sollen". Falsch seien insbesondere die Vorwürfe gegen den „in der Gemeinde Ansehen genießenden" Fahnenträger. Dieser habe schon bei den verschiedensten Ereignissen die Fahne vorangetragen. Der Eindruck musste sich so einstellen, dass die Staatsmacht völlig überreagiert und das Pressebüro anschließend falsche Anschuldigungen gegen Deutsche verbreitet hatte.

Vier Tage später, am 21. August, folgte eine weitere Meldung, diesmal aber an einem weitaus weniger prominenten Platz. Im hinteren Teil der Zeitung fand sich eine sehr knappe Randnotiz, neutral überschrieben als „Einsiedler Fahnenaffäre". Sie widersprach der ersten Meldung, da die Ermittlungen die „Richtigkeit der ursprünglichen Meldungen" bestätigt hätten. Die Fahne sei „über den Gartenzaun geworfen" worden. Fünf Strafmandate über Geldstrafen folgten. Weiterhin wurden die Aktivitäten der betroffenen örtlichen Vereine eingestellt.

156 Ebenda, 19.12.1935.

Besonderes Vertrauen schenkte die Redaktion diesem Entscheid jedoch nicht. Bereits am folgenden 22. August schrieb man wieder über die „angebliche Verunglimpfung“. Lieber als den Ermittlungsbehörden folgte man da den Angaben des örtlichen Bürgermeisters, alle Fahnen seien am Zaun eines Gasthauses aufgestellt gewesen und die betroffene Fahne, „wahrscheinlich durch einen Windstoß“ umgefallen, wäre nach ihrer Entdeckung sofort wieder aufgestellt worden. Gleichzeitig habe die Gemeinde eine „Belohnung von 150 Kč zur Ausfindigmachung eines möglichen Täters ausgesetzt“, obwohl man selbst an einen Angriff auf die Staatsfahne gar nicht glaube.

Dafür druckte man abschließend am 26. August einen selbst recherchierten langen Bericht vom Ort des Geschehens ab – eine solche Reportage war eine Seltenheit. Einleitend hieß es darin kritisch von Urteilen gegen „ältere, sehr angesehene Bürger von Einsiedel und Marienbad“, obwohl die Behörden selbst am Veranstaltungstag – „obzwar wiederholt persönlich eingeladen“ – nicht erschienen seien. „Mußte, so die Frage, der hohe politische Beamte außer der Rechts- und Aktenkenntnis nicht auch die unvoreingenommene Fühlung mit der Gesamtbevölkerung seines Sprengels, auch der nicht der Staatsnation angehörigen, pflegen, die ihm erst die wahre Unterlage für eine Verwaltungstätigkeit zu bieten vermag, die im Sinne einer reibungslosen Administration in einem national gemischten Staat unumgänglich notwendig ist?“ Fehlendes Fingerspitzengefühl einer kalt agierenden Staatsmacht strafe nun „durchwegs besonnene“ Herren, denen „jeder politische Radikalismus“ fehle. Bis an diese Stelle wäre für den Bericht gar keine Reise nach Einsiedel nötig gewesen. Im Anschluss erfuhr der Leser außerdem, dass „das Verhältnis zwischen Tschechen und Deutschen im Orte immer gut war“ und las nochmals, der fragliche Fahnenträger Gustav Zeidler habe diese Aufgabe bereits bei anderen Umzügen erfüllt. Dass er aber die Fahne trug, sei Zufall gewesen. Zunächst habe sie der örtliche Oberlehrer zum Festplatz getragen, bevor dieser sie Zeidler als „dem am nächsten stehenden Burschen“ weiterreichte, da er den Festzug nicht anführen wollte. Das Ende der Geschichte: „Die Fahne, das corpus delicti, steht zusammengefaltet beim Postmeister und ist weder beschmutzt noch zerrissen, noch zerknittert, sondern in tadellosem Zustand.“

Die Unstimmigkeiten in der Beschreibung des Vorfalls interessierten nicht. Als Zeugen für ihre Darstellung hatte die *Reichenberger Zeitung* allein Deutsche herangezogen. Die Artikel hatten damit das Bild einer tschechischen Justiz gezeichnet, die sich ohne Ortskenntnis eingemischt habe, dabei eine Nichtigkeit zu einer staatsfeindlichen Aktion aufblasend. Darüber hinaus hatten die Verfolgungsbehörden wohl nicht einmal die Fahne in Augenschein genommen – elementare Regeln der Strafermittlung waren missachtet worden. Verurteilt wurden dagegen die Deutschen, allein wegen eines gegen sie gerichteten generellen Misstrauens.

1934 sollte noch ein weiteres Beispiel für die Darstellung fehlenden Fingerspitzengefühls der Tschechen gegenüber der deutschen Minderheit folgen. Der seit Jahren schwelende Streit um die Insignien der Prager Universität erreichte jetzt seinen Abschluss. Seit der Trennung in eine deutsche und eine tschechische Karls-Universität 1882/83 stand die Frage im Raum, wem diese Zeichen mit ihrem hohen symbolischen Wert zuständen. Die Teilung hatte keinen Ausgleich, vielmehr ein weiteres Auseinanderdriften befördert. Der wachsende Nationalismus wurde geradezu „existenzielle Selbstverständlichkeit".[157] Nachdem die Rechtsfrage über den Verbleib der Insignien zugunsten der tschechischen Karls-Universität entschieden war – und eine Übergabe von deutscher Seite zu erfolgen hatte – zeichneten die Zeitungsmeldungen das Bild einer überkochenden Volksseele, die im Moment des Triumphs wild alles Deutsche in Prag attackiere.

Am 24. November 1934 war so von eindringenden Tschechen in die Deutsche Universität zu lesen. Nach den Mittelschulschließungen und nachdem Schlagzeilen von der drohenden Zusperrung einer der beiden deutschen technischen Hochschulen aufmerksam gemacht hatten,[158] zeigte sich an dieser Stelle eine erneute Gefährdung des deutschen Bildungswesens. Am folgenden Tag beschrieb ein Artikel geradezu Kriegszustände in einem Prag, das zu dieser Zeit immerhin 6000 deutsche Studenten beherbergte.[159] „Der Sturm auf die deutsche Universität", verübt von offenbar verblendeten Studenten, führte darin dank eines „Bombardements mit Steinen" zur Verletzung mehrerer Deutscher. Auch später habe der Ruf „Weg mit den Deutschen aus dem Karolinum" noch lange durch das Stadtzentrum gehallt. Bereits am nächsten Tag, dem 26. November, schrieb die *Reichenberger Zeitung* dann aber von einer „Beruhigung" der Lage, gekennzeichnet von einem massiven Polizeiaufgebot, welches selbst kleine Personenansammlungen sofort auflöse. Gegenüber den deutschen Einrichtungen in der Stadt herrschten strenge Sicherheitsvorkehrungen. „So wird das ‚Deutsche Haus' auf dem Graben von einer Abteilung bewacht, in gleicher Weise das Deutsche Theater, das Gebäude der ‚Urania', das Deutsche Studentenheim und die Schriftleitungen der Prager deutschen Zeitungen." Deutsches Geistesleben in der Hauptstadt musste wohl vor Angriffen bewahrt werden. Wie es weiter

157 Matthias Stickler, Von der alteuropäischen Universitas zum ethnisch-nationalen akademischen Schisma. Die böhmischen Länder als Bildungsraum (1848–1945), in: ders./Kučera/Paleczek, Deutsche und Tschechen, S. 50, 62 f.

158 Reichenberger Zeitung, 8. 7. 1934.

159 Ebenda, 16. 11. 1934.

hieß, mache die tschechische Seite für die Ausschreitungen dann aber die Deutschen sogar mitverantwortlich. Der tschechische Universitäts-Rektor habe den Ursprung für die Eskalation in der hinhaltenden Taktik der deutschen Universität verortet.[160]

Am 27. November 1934 war von der endlichen Übergabe der Insignien zu lesen, begleitet von einer national überladenen Begeisterung der Tschechen. Die Symbole seien von einer Menschenmenge begrüßt worden, die ergriffen „einige Sekunden in tiefem Schweigen“ verharrte. Danach sang sie die Nationalhymne und „Hej Slovane“. „Ohrenbetäubendes Geheul und schrille Pfeifen“ folgten darauf. Diesem Eindruck einer Massenversammlung stand jedoch gegenüber, dass aus einem Zweitabdruck der *Prager Presse* nur von einem „Häuflein“ Demonstranten zu erfahren war. Aus dem regierungsnahen Blatt wusste die *Reichenberger Zeitung* aber außerdem noch die Kritik am „Brüllen und Zerschlagen von Einrichtungsgegenständen“, sowie wütende Rufe gegen Minister Franz Spina herauszunehmen.[161] Ein Mob randalierte an diesen Tagen in nationaler Euphorie, befeuert durch „laute Siegesfreude“ bei der tschechischen Presse.[162] Das Zusammenleben von Deutschen und Tschechen schien ein weiteres Mal auf die Probe gestellt. Walter Hergl, Rechtsanwalt und Parteifreund des Abgeordneten Alfred Rosche, sah da bereits die Zukunft der deutschen Hochschulen nur noch jenseits der Hauptstadt im deutschen Gebiet – für ihn eine „außerordentliche Verminderung der Reibungsflächen“.[163] Eine zur konstruktiven Auseinandersetzung fähige Konfliktgesellschaft war hier einmal mehr nicht gefördert, sondern sogar durch widersinnige Konflikte geschwächt worden.[164]

160 Ebenda, 26. 11. 1934.
161 Ebenda, 27. 11. 1934.
162 Ebenda, 27. 11. 1934.
163 Ebenda, 28. 11. 1934.
164 Vgl. Seibt, Deutschland und die Tschechen, S. 290 f., 295.

3. Neue Wege gesucht

„Unhaltbare deutsche Parteiwirtschaft und Parteitaktik" – Die Kommunalwahlen 1932/33

In der Berichterstattung fielen 1932 und 1933 ständige Berichte über Wahlen auf Gemeindeebene auf. Für die Neubestimmung der kommunalen Vertretungen gab es keinen zentralen Termin im ganzen Land. Die vielfach nur relativ wenige Einwohner umfassenden Gemeinden wählten hierfür eigene Termine. Zumindest nach dem so geförderten Eindruck konkurrierten die verschiedenen Parteien pausenlos miteinander.

Gerade die montägliche Auflistung der örtlichen Parteiresultate, ohne Hinweis auf lokale Einflussfaktoren, wie beliebte Kandidaten oder Entscheidungen auf Gemeindeebene, ließen diese Meldungen als Parlamentswahlen in Miniaturformat erscheinen. In gewisser Weise bot so noch ein Ergebnis aus der kleinsten Gemeinde einen Fingerzeig für die allgemeine Stimmungslage. Andererseits zeigten die Abstimmungen tatsächlich einen gewissen Trend an, zumindest, wenn sich bestimmte Muster wiederholten. Zu diesen unübersehbaren Auffälligkeiten gehörten die weiträumigen Zustimmungsgewinne der Nationalsozialisten. Gleich bei der ersten verzeichneten Kommunalwahl 1932, im Februar in Rudig bei Podersam, dokumentierten die Zahlen einen Einbruch in eine kommunistische Hochburg. War man zuletzt nicht angetreten, erreichten die Nationalsozialisten nun hinter den Kommunisten und der Landwirtepartei, aber vor der Liste der Tschechen und den Sozialdemokraten direkt den dritten Rang. Auch in Postelberg gelangen Stimmengewinne, offensichtlich auf Kosten der Liste der „Deutschen Volksgemeinschaft", in Saaz verdoppelten die Nationalsozialisten ihre Stimmen, nach der Zeitungsmeldung zu Lasten der Deutschnationalen.[1] An diese Wahlen schlossen sich noch im März und April 1932 Urnengänge in Haindorf, Krummau, Rumburg, Wisterschan, Jüdendorf bei Teplitz, Tepl und Landskron mit nationalsozialistischen Erfolgen an, wobei sich in Haindorf und Wisterschan die Kommunisten an erster Stelle hielten.[2] Wenig spektakuläre

1 Reichenberger Zeitung, 24.2.1932.
2 Ebenda, 8.3.1932, 15.3.1932.

Ergebnisse, wie in Grulich,[3] fielen bei dieser langen Liste, die noch verlängert werden könnte, kaum ins Gewicht. Dabei fanden diese Wahlgänge gleichzeitig mit den aufziehenden Verfolgungen im Vorfeld des Volkssportprozesses statt. Hausdurchsuchungen und Verhaftungen von den Nationalsozialisten zumindest nahestehenden Personen schadeten jedenfalls nicht.

In diesem März 1932 findet sich aber auch ein Beitrag, der die Zurechnungsfähigkeit der Wähler insgesamt fraglich erscheinen lässt, zumindest aber jener, die nicht für nationale Kandidaten stimmten. Den Wahlgang in Dauba kommentierte die *Reichenberger Zeitung* am 7. März folgend: „Das Bezeichnendste bei der Wahl ist der Erfolg der tschechischen Minderheit, welche die Listennummer 1 ergattert hatte. Viele unbeholfene und nervöse Wähler haben einfach den obenauf liegenden Wahlzettel in die Urne geworfen. Schuld daran trägt die deutsche Saumeligkeit und Streiterei, aber auch die ausgezeichnete ‚amtliche Informiertheit' der tschechischen Minderheit. [...] Für die bevorstehende Wahl in Wegstädtl dürfte seitens der Tschechen dieselbe Praxis versucht werden!" Aus diesem Befund schloss der Redakteur aber nicht die Forderung nach verstärkten Bildungsanstrengungen, sondern folgerte: „Die Wahl ist der deutlichste Beweis dafür, daß die unhaltbare deutsche Parteiwirtschaft und Parteitaktik einen geschlossenen Widerstand gegen die Tschechen geradezu verhindert."

Die bürgerlichen sudetendeutschen Parteien agierten auf kommunaler Ebene aber durchaus nicht so isoliert, wie dieser Einwurf vermuten lässt. Der Bogen schloss dabei die Nationalsozialisten ein. In Olmütz kandidierten Nationalsozialisten und Christlichsoziale zwar getrennt, kündigten aber an, gemeinsam mit anderen deutschen Bürgerlichen einen Parteiklub bilden zu wollen.[4] Zur nächsten Stadtratswahl in Reichenberg mahnte dann auch der Liberale Alfred Rosche einen „Zusammenschluss des Bürgertums als die Losung" an.[5] In Böhmisch Leipa beschlossen die deutschen bürgerlichen Parteien im Juni 1932 eine Wahlgemeinschaft, um die Verteidigungskraft des Deutschtums gegen „tschechische Demonstrationssucht", „planmäßige Hetze" und die „sittliche Herabwürdigung des ganzen deutschen Volkes" in Leipa zu stärken.[6] Aus konkurrierenden Parteien wurde auf lokaler Ebene eine nationale Abwehrgemeinschaft. Von gemeinsamen politischen Zielen war neben der defensiven Abwehr aber nichts zu lesen.

3 Ebenda, 13.4.1932.
4 Ebenda, 21.3.1932.
5 Ebenda, 10.3.1932.
6 Ebenda, 11.6.1932.

In Franzensbad scheiterte die Kopplung aller deutschen Parteien jenseits der Linken nur daran, „weil für einzelne dieser Parteien auch Juden kandidieren“. Für die Nationalsozialisten Grund genug, auszuscheren. Geschadet hat ihr dies nicht. Nach der „Unpolitischen Gruppe“, angetreten mit einem reinen Wirtschaftsprogramm und dem populären Altbürgermeister Eugen Leumann, holten die Nationalsozialisten den zweiten Platz.[7] Ihre antisemitisch begründete Selbstabschottung wurde von den Wählern ebenso belohnt wie die Kandidatur einer Liste, die sich als „unpolitisch“ einen Protestgestus zulegte. Hingegen kandidierten in der Gemeinde Spansdorf mit seinen 300 Wählern tatsächlich 15 Parteien. Urteil der *Reichenberger Zeitung*: „Ein krasseres Beispiel deutscher Zerrissenheit gibt es wohl kaum!“[8] Gleichzeitig durften die Nationalsozialisten über glänzende Wahlergebnisse auch in den beiden anderen „Weltbädern“ Karlsbad und Marienbad jubeln.[9] Besonders spektakulär war dieser Erfolg, der sich Anfang Oktober in Asch und anderswo wiederholen sollte, weil er als direkte Antwort der Deutschen auf die Verhaftungen vor dem Volkssportprozess wenige Tage zuvor erscheinen musste.

Vor allem bei den Sozialdemokraten fiel hingegen auf, dass die Wahlen mehr Niederlagen als Siege erbrachten und sie von den Nationalsozialisten wiederholt überrundet wurden. Insgesamt lässt sich festhalten, dass in Nord- und Nordwestböhmen 1932 die Nationalsozialisten mit aufsteigender, Sozialdemokraten und Kommunisten hingen mit absteigender Tendenz die führende Position bei den deutschen Wählern einnahmen.[10]

In Böhmisch Aicha wurde in diesem Moment das demokratische Wahlprinzip ganz ausgehebelt. Die Wahl wurde abgesagt. In der *Reichenberger Zeitung* fand das rege Zustimmung: „Mit Rücksicht auf die herrschende Arbeitslosigkeit und die Notlage eines Großteils der Bevölkerung wurde von deutscher Seite der Vorschlag gemacht, sich auf eine einzige Wahlliste zu einigen und dadurch die kostspielige Durchführung der Wahl zu vermeiden und der Gemeinde mehr als 4000 Kč an Wahlauslagen zu ersparen.“ Verteilt wurden die Mandate „auf Grund des mutmaßlichen Wahlergebnisses“. „Die Stadtgemeinde und die einzelnen Wahlparteien ersparen in der gegenwärtigen Notzeit bedeutende Auslagen und der Bevölkerung ganz überflüssige Aufregung, da das Wahlergebnis kaum ein anderes hätte sein können, als durch ein friedliches Übereinkommen erzielt worden ist.“ Immerhin wurde der Mandatsproporz auch auf die

7 Ebenda, 11.4.1932.
8 Ebenda, 9.9.1932.
9 Ebenda, 4.4.1932, 11.4.1932.
10 Vgl. auch Sator, Anpassung ohne Erfolg, S. 131.

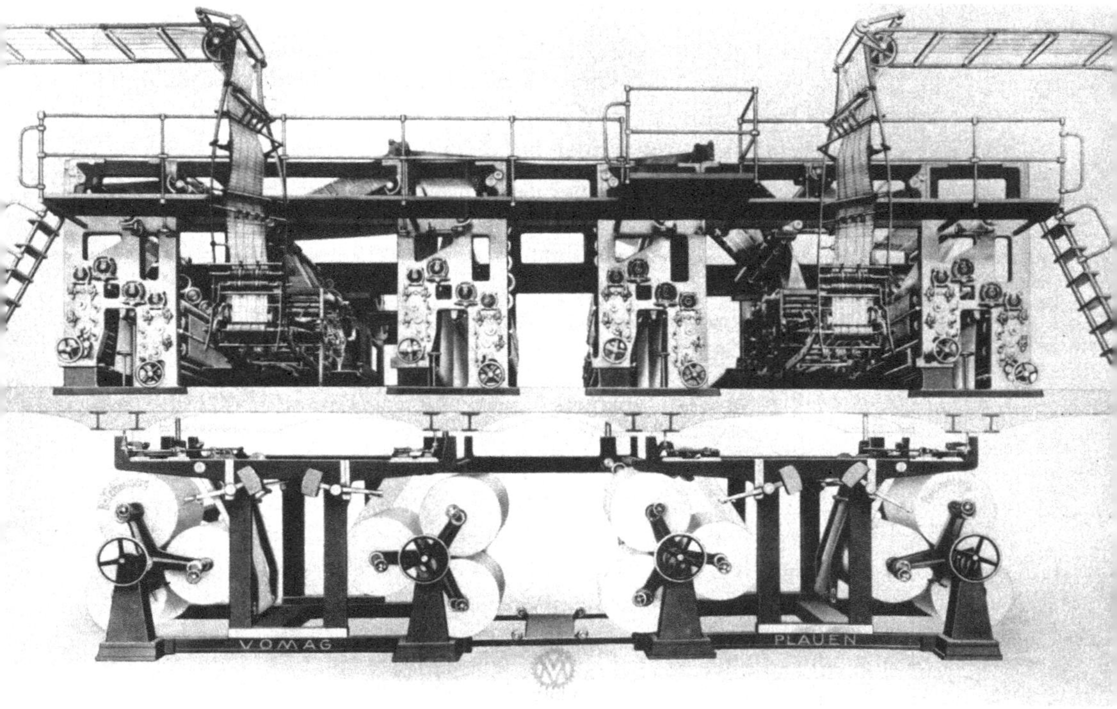

1929 wurde die Rotationsdruckmaschine angeschafft.
72 000 Zeitungen im Umfang von je 16 Seiten konnte sie pro Stunde drucken.
75 Jahre Reichenberger Zeitung

tschechische Bevölkerungsgruppe angewendet.[11] Im Ergebnis bestimmte die „neugewählte Stadtvertretung“ sogar einen tschechischen Nationalsozialisten zum Ersten Bürgermeister.[12]

Der Sinn von kommunalen Wahlen wurde aber auch von anderer Seite infrage gestellt, wie am 29. November 1932 ein Blick nach Brünn aufzeigte: „Nach den Äußerungen führender Brünner Politiker werden die Neuwahlen in die Brünner Gemeindevertretung, die im kommenden Frühjahr stattfinden soll, nicht ausgeschrieben werden. Da in Koalitionskreisen die Befürchtung besteht, daß die Gemeindewahlen zu einem nahen Termin eine starke Verschiebung in der jetzigen politischen Zusammensetzung hervorrufen würden, sollen die Neuwahlen in den Gemeinden erst in zwei Jahren gemeinsam mit den Parlamentswahlen statt-

11 Reichenberger Zeitung, 15. 10. 1932.
12 Ebenda, 4. 12. 1932.

finden." Die Lehre aus dieser Aussage, die mit der am 29. Januar 1933 verkündeten Wahlverschiebung auf 1935 auch Bestätigung fand: Wahlen bringen Unruhe und sind daher zu vermeiden. Offenbar galt dies im Besonderen dann, wenn die Regierungsparteien mit Verlusten rechnen mussten. Ein fataler Eindruck kam da auf.

Vor diesem Hintergrund musste die aufkeimende Diskussion um die Verschiebung weiterer Kommunalwahlen „um 2 Jahre bis 1935", ausgehend „ von den tschechischen Sozialdemokraten und den tschechischen Nationalsozialisten", die „größere Verluste befürchten", ein verhängnisvolles Bild ergeben.[13] Der drohende Glaubwürdigkeitsverlust der tschechoslowakischen Parteiendemokratie erhielt aber mit der Verschärfung der Schutzgesetze sogar noch weitere Nahrung. Gleich war in der *Reichenberger Zeitung* Sorge vor den „Maßnahmen zum Schutze der Demokratie", eben dem Schutz der Demokratie vor Entwicklungen wie in Deutschland in Presse, parlamentarischer Geschäftsordnung, der Dienstpragmatik der Staats- und öffentlichen Angestellten, zu vernehmen. Die Deutschen müssten „nach allen ihren Erfahrungen Grund zu den größten Besorgnissen" haben. Nur der Umstand, „daß für manche Parteien das ‚Wohl der Demokratie' identisch ist mit der Verlängerung der ‚Macht'"[14] lasse es begreiflich erscheinen, „daß selbst sozialistische Parteien bisher keinen Widerspruch gegen die geplanten Eingriffe erhoben haben." Die vorbereiteten Maßnahmen würden sich, so zitierte man die *Lidové noviny* „gleichmäßig gegen die ‚deutschen Hakenkreuzler und gegen die tschechischen Faschisten und Kommunisten' richten. Die *Reichenberger Zeitung* schloss nun daraus: „das heißt also, daß sie eigentlich gegen alle Deutschen angewendet werden können, deren nationale Betätigung den Tschechen mißfällt, denn die Tschechen bezeichnen nicht nur die deutschen Nationalsozialisten, sondern alle nationalen Deutschen einfach als Hakenkreuzler".[15]

Noch durchgeführte Wahlen Anfang 1933 sorgten doch noch für überregionale Aufmerksamkeit. Wenige Tage nach Hitlers Einzug in die Reichskanzlei in Berlin feierten die Nationalsozialisten erneut lokale Erfolge. Die *Reichenberger Zeitung* fasste am 21. März 1933 das folgende Urteil der tschechischsprachigen Zeitungen so zusammen: „Die Egerer Wahlen haben den Tschechen gezeigt, daß die faszistische Welle nicht vor den tschechoslowakischen Grenzen Halt macht. Das ‚Ceske Slovo' folgert, daß die nationalsozialistische Gefahr für die sudetendeutsche Politik besonders ernst ist, weil die Sozialdemokraten dem Nationalsozialismus in der Tschechoslowakei keinen so starken Widerstand bieten wie in Deutschland." Der Gefahrenpegel für die

13 Ebenda, 12.4.1932.
14 Ebenda, 8.5.1933.
15 Ebenda, 8.5.1933.

Republik stieg. So steigerten sich die Nationalsozialisten auch in Ebersdorf von 68 auf 182 Stimmen[16] und in Ober Lohma und Kropitz stieg die Partei aus dem Stand auf die führende Position auf.[17] Im Mai 1933 folgten dann noch nationalsozialistische Erfolge im Komotauer Bezirk „überall, wo sie antrat".[18] Die Partei segelte unübersehbar im Schatten der Hitler-Partei. Die deutschen Sozialdemokraten erlitten dagegen zum wiederholten Male Stimmenverluste.[19]

Ein Mittel zur Einhegung des Wählerwillens per Gemeindewahlordnung, welches in den folgenden Monaten noch Bedeutung gewinnen sollte, war die zwischenzeitlich eingeführte Bestätigung der Bürgermeister durch Landesamt oder Innenministerium, denn „durch die letztere Maßnahme soll es unmöglich gemacht werden, daß an die Spitze von Gemeinden Persönlichkeiten ‚antistaatlicher' Gesinnung gestellt werden."[20] In der *Reichenberger Zeitung* wurde diese Regelung mit Verve abgelehnt. „Der ‚oben' gut angesehene Bürokrat wird genug freies Feld haben, um sich das Gesetz nach seiner Ansicht, nach seiner Parteileidenschaft und nach der politischen Färbung ‚seines' Ministers auszulegen, wie er will". Das Ganze sei „der Anfang vom Ende der politischen Freiheit".[21] Die Tschechoslowakei auf einer Rutschbahn zum Verlust der Demokratie? Grundlage für dieses Urteil war das verbreitete Verständnis von Demokratie als ein unbeschränktes Recht der Mehrheit auf Machtausübung. Demokratie galt als Meinungsäußerung des Volkes mit der daraus folgenden Machtausbildung, aber nicht unbedingt als Mittel zur Stabilisierung und Stärkung von Akzeptanz und Fundamenten des staatlichen Gemeinwesens. Die grundsätzliche Mahnung, das Wahlrecht als „wichtigstes politisches Recht" „zu wahren" „ist Pflicht jedes Staatsbürgers", erhielt einen mehrdeutigen Klang.[22] Passend dazu die abgedruckte Polemik Rudolf Jungs auf einem Parteitag der Nationalsozialisten im Juni 1933. Jung rief da Anhängern und Gegnern entgegen, während „die Regierung Hitlers im weitesten Ausmaße vom Volkswillen getragen, also im wahrsten Sinne des Wortes ‚demokratisch' sei", würden „hierzulande nicht einmal Krankenkassenwahlen durchgeführt."[23]

Die neue Bestätigungsklausel zeigte rasch Folgen. In Eger setzte im August 1933 nach der Ablehnung von Johann Schneider eine Allianz aus Nationalsozialisten und Christlichsozialen die Wahl von Bürgermeister Andreas Prokisch

16 Ebenda, 31.3.1933.
17 Ebenda, 10.4.1933.
18 Ebenda, 29.5.1933.
19 Ebenda, 29.5.1933.
20 Ebenda, 8.5.1933.
21 Ebenda, 25.5.1933.
22 Ebenda, 18.6.1933.
23 Ebenda, 12.6.1933.

unter „großem Zudrang" des Zuschauerraums durch.[24] In Warnsdorf musste dank des „Ermächtigungsgesetzes" der „hochverdiente Bürgermeister Karl Richter" sein Amt aufgeben.[25] Im Umfeld des Endes von nationalsozialistischer und von deutschnationaler Partei sollten sich diese Nichtbestätigungen zahlreich wiederholen. Im Bezirk Gablonz überwogen sie gar.[26] Regelmäßig wurden dann aber auch die Verdienste der Ausgeschiedenen herausgestellt. Es setzte sich dabei unübersehbar der Eindruck eines von strategischen Überlegungen geprägten Verhältnisses der Tschechoslowakei zur Demokratie fest. Gerade auf Gemeindeebene schien der Wählerwille dort nichts zu zählen, wo dieser nicht den Vorstellungen der mehrheitlich tschechischen Staatsführung entsprach. Selbst wenn Ministerpräsident Jan Malypetr versprach, die Demokratie müsse nur vor einem Abgleiten in die Anarchie bewahrt werden,[27] warnte bereits am 18. August 1933 die *Reichenberger Zeitung*, die Entwicklung in Deutschland habe aufgezeigt, „wohin es führen muß, wenn die Demokratie dahin mißverstanden wird, daß eine Partei gute Leistungen einer anderen Partei nicht anerkennt und durch diese Selbstsucht die Demokratie diskreditiert. Wo soll der blinde Eifer, überall nur Feinde der Demokratie und des Staates zu sehen, letzten Endes hinführen?"[28]

„Die gemeinsame Vertretung unserer Lebensnotwendigkeiten" – Von Volksräten, Ständen und einer Volksgemeinschaft

Die Realität des Lebens der Deutschen in der Republik wurde in düsteren Farben gezeichnet. Die Wirklichkeit spotte der versprochenen Gleichheit aller Staatsbürger, erlaubt sei nur „stilles Kriechen".[29] Zu lesen war auch wütend vom „Geßlerhut des Sprachengesetzes".[30] Viel seltener erfolgten dagegen Berichte über einen tschechisch-deutschen Ausgleich. Immerhin registrierte die *Reichenberger Zeitung* in ihrem Bericht über den Sokol-Kongress von 1932 den Fortschritt, dass man sich dort inzwischen wenigstens von den schlimmsten Nationalisten distanziere.[31]

24 Ebenda, 16.8.1933; vgl. auch: Andreas Wolf, Das Egerland in der Tschechoslowakei. Politik und kollektive Erinnerung in einer ehemaligen Reichspfandschaft, in: Bohemia 41 (2000), S. 45.
25 Reichenberger Zeitung, 21.9.1933.
26 Ebenda, 29.9.1933.
27 Ebenda, 15.11.1933.
28 Ebenda, 18.8.1933.
29 Ebenda, 25.6.1932.
30 Ebenda, 21.1.1932.
31 Ebenda, 29.6.1932.

Weiterhin war bereits ein Mann in Sokol-Uniform eine Meldung aus Prag wert, der bei Pöbeleien zwischen zwei Tschechinnen und Deutschen mäßigend eingegriffen habe.[32] Wenn derlei Petitessen schon Nachrichtenwürdig waren, konnte es um das Verhältnis zwischen den Nationen nicht besonders gut stehen. Wenigstens zitierte das Blatt aber auch ausgleichsbereite Positionen aus Regierungskreisen, wie die des stellvertretenden Außenministers Kamil Krofta. Dieser hatte in einem in Ausschnitten wiedergegebenen Vortrag zumindest versprochen: „Die Tschechoslowaken wollen nicht im deutschen Meer versinken, aber es ist ihnen klar, daß sie nicht danach streben können und wollen, ihre deutschen Landsleute zu entnationalisieren."[33] Tschechische Angriffe durften somit nicht mit allgemeiner Zustimmung unter den Tschechen rechnen.

Dennoch überstrahlte das Bild der Deutschen als Opfer tschechischer Dominanz jegliches Themenfeld. Ob Wirtschaft oder demokratische Staatsform – auf eine gleichberechtigte Behandlung der Interessen des deutschen Volkes insgesamt, aber auch des einzelnen Staatsbürgers konnte man offenbar nicht (mehr) vertrauen. Der völkische Reichenberger Arzt Gustav Rösler schrieb gar von einem „tschechischen Siegervolk" voller „Deutschenhaß",[34] an anderer Stelle schien eine „Vertschechung"[35] zu drohen. Deren Methoden seien „allzu bekannt, als daß sie hier noch geschildert werden müßten".[36] Harscher Protest gegen die politischen Verhältnisse war folglich selbst aus der politischen Mitte zu hören. Sogar Senator Kostka beklagte ein „deutschfeindliches System im Staate", welches für vielfaches Unrecht sorge. In der Republik sei, so seine Botschaft, etwas faul, es handele sich nicht um Einzelfälle, sondern um ein toleriertes, wenn nicht gar gefördertes Programm. Immerhin zweifelte Kostka an einer Akzeptanz dieser Diskriminierung unter den Tschechen selbst.[37] Gründe dafür, dass

32 Ebenda, 7.7.1932.

33 Ebenda, 17.5.1934.

34 Ebenda, 5.4.1935; vgl. zu Gustav Rösler u.a. Tobias Weger, Das Konzept der „Volksbildung". Völkische Bildung für die deutschen Minderheiten, in: Cornelia Eissler/Silke Götsch-Elten (Hrsg.), Minderheiten im Europa der Zwischenkriegszeit. Wissenschaftliche Konzeptionen, mediale Vermittlung politische Funktion, Münster 2017, S. 107f.

35 Reichenberger Zeitung, 30.4.1935; Die Angst vor einer „Vertschechisierung" prägte über Jahrzehnte viele Deutsche, wobei sich diese Entwicklung ab 1933 zuspitzen sollte. Vgl. Suchomel, Die deutsche Minderheit in Ostböhmen, S. 103f.

36 Reichenberger Zeitung, 16.2.1935.

37 Ebenda, 18.8.1932. Überhaupt blieben in der sudetendeutschen Presse, so auch in der *Reichenberger Zeitung*, um Loyalität werbende Aussagen von tschechischer Seite ohne breite Aufnahmen, während kritische Äußerungen hervorgehoben wurden. Vgl. Martin Schulze Wessel, „Loyalität" als geschichtlicher Grundbegriff und Forschungskonzept: Zur Einleitung, in: ders., Loyalitäten in der Tschechoslowakischen Republik. Politische, nationale und kulturelle Zugehörigkeiten, München 2004, S. 20f.

Benachteiligungen trotzdem so allgemein üblich geworden seien, vermutete man dann in verbreiteter Desinformation.

Der prominente Deutschdemokrat Franz Bacher kritisierte die Politik der Regierenden barsch als „Vernichtungskampf gegen die städtischen Mittelschichten".[38] An anderer Stelle musste man lesen von einer „Atmosphäre der Feindseligkeit", von der versuchten Überdeckung der herrschenden Not durch aufgebauschte Hochverratsaffären, natürlich gegen Deutsche, ständigen Intrigen hinter den Kulissen, „Cliquenwesen" und „Rankünen" innerhalb der Regierung. Letztere befördere als „Quelle allen Übels" eine „Politisierung der Ämter" und „Freunderlwirtschaft". Weiterhin falle besonders bei den tschechischen Abgeordneten eine hohe Dichte zusätzlicher Sitze in Verwaltungsräten auf. Solcherlei Berichte, die sich vor allem im Frühjahr und Herbst 1932 ballten, durchzog ein Atem des Misstrauens und der Abgrenzung.[39]

Andererseits unterstützten die Artikel der *Reichenberger Zeitung* kein einfaches antitschechisches Politik- und Parteienbashing. Ein ausführlicher Kommentar von R. Wachsmann am 9. September 1932 verurteilte zwar die Lähmung im Parteiensystem, aber schrieb dennoch Parteien und Parlamentarismus Selbstheilungskräfte zu. Auch vom Direktor des Volksbundes der sudetendeutschen Katholiken, Josef Zak, las man am 22. Januar 1934 ein Lob auf die Demokratie als Garanten für „das gleiche Recht auf gleiche Menschenwürde, das Recht auf Gleichheit von Mensch zu Mensch." Am 20. Mai 1934 las man gar von einem im internationalen Vergleich „sehr ehrenvollen" Fleiß des Parlaments. Insgesamt nahmen die aggressiv-nationalistischen Beiträge bei der vorhandenen Bandbreite der Texte keinen breiten, gar dominierenden Raum in der Berichterstattung ein. Dennoch dürften besonders die bissig formulierten Vorwürfe die ohnehin gerade in Zeiten der Not und der mindestens gefühlten nationalen Benachteiligung vorhandene Unzufriedenheit unter der Leserschaft genährt haben. So hob in der Gewerbepartei Gustav Horn, Vorsitzender des Gablonzer Bezirks, gleich die Schädlichkeit der Parteien insgesamt hervor.[40] Ihm sekundierte der frischgewählte Gablonzer Bürgermeister Gustav Petrovsky mit der Forderung nach „restlosem Zusammenschluss". Bezeichnenderweise sprach er dabei „nicht als Bürgermeister, sondern als Gewerbetreibender".[41]

Dieses an vielen Stellen beschriebene Bedrohungsgefühl schien neue Ansätze zur Zukunftssicherung der Deutschen zu erfordern. Hier stellten Schlagworte

38 Reichenberger Zeitung, 10.6.1932.

39 Ebenda, 5.2.1932, 16.2.1932, 27.2.1932, 7.3.1932, 16.10.1932, 27.10.1932.

40 Ebenda, 14.3.1934.

41 Ebenda, 14.3.1934.

wie Ständegesellschaft, Volksrat und Volksgemeinschaft für manchen einen Hoffnungsschimmer dar. Zu unterschiedlichen Zeitpunkten durchzogen sie die Berichterstattung der *Reichenberger Zeitung*. Genährt wurde ihre Popularisierung durch Berichte nationaler Veranstaltungen, aber auch mit Äußerungen aus dem bürgerlichen Lager der sudetendeutschen Politik und schließlich durch Kommentare und Leserbriefe.

Ein Beispiel hierfür war die ausführliche Wiedergabe eines Referats des Reichenbergers Emil Lehmann vom mitgliederstarken Schutzverein Bund der Deutschen in Böhmen[42] am 28. Februar 1932, der die Befestigung einer sudetendeutschen Trutzburg gegen eine drohende tschechische Überfremdung forderte. Als verantwortlich für diese „nationalen Verluste“ verurteilte Lehmann aber nicht in erster Linie die Tschechen, sondern in den Reihen der Deutschen „Mängel der Volksseele, der Anlage und Erziehung“. Gefordert seien daher „Innenkultur“, eine neue Ethik und „Rassenhygiene“ zur „Aufartung des Volkskörpers“. Individualismus sowie die Pflege übernationaler Bindungen beförderte nach seinem Verständnis eine „spießbürgerliche Behaglichkeit“. An anderer Stelle beklagte man dann auch fehlende Steuerung im „Abwehrkampf“, der „zerfahren, zersplittert, ziel- und planlos und daher auch so erfolglos wie nur möglich“ bleibe.[43] Mancher Deutsche handele gar gegen nationale Interessen. Ohne Namen zu nennen, hieß es da am 21. Februar von Unternehmern, die, statt für die Besetzung freiwerdender Verwaltungsstellen mit Deutschen zu kämpfen, lieber mit tschechischen Beamten sprächen, da man von diesen „größere Macht und Schutz“ erwarte.[44]

Um diesem beschriebenen Übelstand unter den Deutschen entgegenzuwirken, bediente sich mancher Autor einer Sprache voller militärischer Ausdrücke. So titulierte ein wahrscheinlich von den Veranstaltern selbst verfasster Artikel über eine Tagung des Bundes der Deutschen 1932 in Aussig das Treffen als „Heerschau“. Derlei Forderungen reichten weit hinein in die Mitte der Gesellschaft. Immerhin zählte der Bund nach eigenen Angaben 100 000 jugendliche Mitglieder und durfte hier wie so oft Gäste aus allen sudetendeutschen Parteien von der extremen Rechten bis in die liberale Mitte begrüßen.[45]

42 Vgl. einführend: Jitka Balcerová, Die deutschen nationalen Schutzvereine in den böhmischen Ländern und der Tschechoslowakei 1880–1945. Begriffsabgrenzung, Klassifizierung und Periodisierung, in: Peter Haslinger (Hrsg.), Schutzvereine in Ostmitteleuropa. Vereinswesen, Sprachenkonflikte und Dynamiken nationaler Mobilisierung 1860-1939, Marburg 2009, S. 111–141.

43 Reichenberger Zeitung, 29. 3. 1932.

44 Ebenda, 21. 2. 1932.

45 Ebenda, 7. 7. 1932.

Neue Strukturen fanden in der verbreiteten Parteien- und Parlamentsmüdigkeit[46] Akzeptanz. 1932 schossen lokale Volksräte beinahe wie Pilze aus dem sudetendeutschen Boden. In Saaz spannte er den Bogen von den Deutschdemokraten bis zur nationalsozialistischen Partei. Selbst die Sozialdemokraten seien nicht grundsätzlich ausgeschlossen, wie man am 21. September 1932 erfuhr. Ziel sei „Volksarbeit statt Parteiarbeit". Die Existenz der Parteien taste man nicht an.[47] Wie aber das „einvernehmliche Vorgehen" und die „Entgiftung der widerlichen politischen Atmosphäre" gesichert werden sollte, blieb ungeklärt. Als Ziel in Saaz blieb lediglich eine nicht weiter erklärte „wahre deutsche Volksgemeinschaft".[48]

Weitere Berichte von Volksräten in Reichenberg und Haida („dem alle nichtmarxistischen Parteien angehören"[49]) folgten. Rasch zeichnete sich ein „Sudetendeutscher Volksrat" ab, zusammengestellt ohne die Sozialdemokratie. Am 10. November 1932 war über ihn erstmals eine Art Inhaltsangabe zu erfahren: „Der Deutsche Volksrat soll werden, was die ‚Narodni rada' der Tschechen ist, die große Organisation zum Schutze der gesamtnationalen Belange des sudetendeutschen Volkes und jedes Einzelnen". Misstrauen unter den Beteiligten belastete jedoch die Idee. Der christlichsoziale Robert Mayr-Harting bemängelte öffentlich den Regierungseintritt des Bundes der Landwirte 1929, den diese mit dem Verzicht auf das Aufrollen der nationalen Frage erkauft hätten.[50] Postwendend dementierte dieser, deutsche Interessen preisgegeben zu haben. Gleichzeitig war allerdings selbst innerhalb des Bundes der Landwirte die Regierungsbeteiligung durchaus umstritten. Aus Westböhmen berichtete die *Reichenberger Zeitung* am 19. Juni 1932 von Forderungen nach einem Austritt aus dem Kabinett, das dank des Einflusses von Sozialdemokraten und tschechischen Agrariern nicht erfolgreich arbeiten könne. Von der geforderten Einigkeit war unter den vorgesehenen Teilnehmern eines Volksrates wenig zu spüren.

Konkreter wurden die Ziele dann am 30. November 1932 benannt. Hier las man von der „einheitlichen, einigen Vertretung unserer Lebensinteressen". Mitten in der „wirtschaftlichen, nationalen und politischen Not" der Deutschen

46 Der Autor Paul Hartmann hatte schon 1931 eine „elementare Volksbewegung" zur Veränderung der „Parteienherrschaft" gefordert. Vgl. ders., Die politische Partei in der Tschechoslowakischen Republik. Eine juristische Studie, Brünn u. a. 1931, S. 259.

47 Birgit Vierling betont, so wären die Parteien zu „gefassten Rahmenverwaltern" in einem sudetendeutschen Block geworden. Vgl. dies., Kommunikation als Mittel politischer Mobilisierung. Die Sudetendeutsche Partei (SdP) auf ihrem Weg zur Einheitsbewegung in der Ersten Tschechoslowakischen Republik (1933–1938), Marburg 2014, S. 44 f.

48 Reichenberger Zeitung, 21. 9. 1932.

49 Ebenda, 25. 10. 1932.

50 Ebenda, 10. 11. 1932.

solle er „endlich die unpolitische Zentralstelle sein, die unsere Wünsche und Beschwerden auf kulturellem, wirtschaftlichem Gebiet sammelt und formuliert", um „die Heimat unseren Kindern deutsch zu erhalten". Gefordert wurde dafür ein „einiger Wille". Belege für die Notwendigkeit dieses Existenzkampfs folgten nur wenige Tage später. Am 6. Dezember 1932 las man von der „Eroberung letzter deutscher Gemeinden" durch tschechischen Zuzug und am 23. Dezember mit manchem Leser noch in den Ohren klingenden Tönen einer Frontberichterstattung „vom Kampf der deutschen Sprachinseln".[51]

Auf Kritik der tschechischsprachigen Presse an Volksräten reagierte die *Reichenberger Zeitung* voller Unverständnis. Dabei handele es sich allein um substanzlose „Alarmnachrichten" voller „Gehässigkeiten und Verdächtigungen".[52] Als Beispiel hierfür führte man die Wochenzeitung *Zaterky kraj* an. Diese habe dem Saazer Volksrat vorgeworfen, zum Boykott des von Tschechen produzierten Hopfens aufgerufen zu haben.[53] Die Frage der „chauvinistischen"[54] *Národní politika*, welchen Zweck ein sudetendeutscher Volksrat denn habe, beantwortete die *Reichenberger Zeitung* am 29. November harsch: Es werde die „gleiche Hauptaufgabe wie der ‚Tschechische Nationalrat' haben, den die ‚Nar. Politika' wohl kennen wird."

Der Formierungsprozess der Volksräte setzte sich im Frühjahr 1933 fort, nun aber unübersehbar beeinflusst von den gleichzeitigen Ereignissen in Deutschland. Der Leitkommentar eines Adalbert Wabersich aus Kukan bei Gablonz unterstützte am 25. März 1933 die Bildung von Volksräten als „Gebot der Selbsterhaltung unseres Volkes auf dem Boden dieses Staates zu einer gerechten Neuordnung" mit dem Hinweis auf eine derzeitig „historisch denkwürdige Zeit". In diesem Aufruf überschnitten sich grundsätzliche Akzeptanz der Tschechoslowakei mit einer Wagenburgmentalität („eine feste Burg im wogenden brandenden Meere des Völkerlebens"). Ungelöst blieb der Widerspruch einer Verbindlichkeit der Weisungen und Richtlinien des Volksrats für alle beteiligten Parteien[55] bei unverändert gleichzeitiger Ablehnung einer „Einheitspartei", wie am 21. September 1933 von Karl Hilgenreiner zu lesen.

Adalbert Worliczek beklagte dann auch noch, dass traditionelle Wertsystem sei in Zeiten des Wandels ins Schwanken geraten, rufe nun aber nach einer neuen Befestigung. Zur Überwindung drohender „Atomisierung" brauche es eine

51 Tatsächlich waren die Verschiebungen der Sprachgrenze viel geringer, als es die zeitgenössische Darstellung erwarten lässt. Vgl. Seibt, Deutschland und die Tschechen, S. 243 f.

52 Reichenberger Zeitung, 4. 11. 1932.

53 Ebenda, 27. 10. 1932.

54 Ebenda, 8. 9. 1933.

55 Ebenda, 26. 9. 1933.

Gemeinschaft der nationalen Solidarität.[56] Blieb das Ziel des Volksrates schon schwammig, verlor der Autor kein Wort darüber, wie die Interessen der Sudetendeutschen zusammengeführt werden könnten. Gemeinsame deutsche Herkunft schien ihm wie auch seinen Vorrednern als einendes Band wohl als ausreichend. Vertraut wurde letztlich allgemein auf die Imagination einer alle Unterschiede überspannenden nationalen Gemeinschaft, die nur noch in eine Form gegossen werden müsse.[57]

Bald kam es zu einer Radikalisierung. Die *Reichenberger Zeitung* vermeldete eine Initiative der Deutschnationalen für einen „arischen Volksrat". Ob neben den liberalen Deutschdemokraten auch die Gruppe Rosche ausgeschlossen werden müsse, da auch sie „rassefremde Elemente", sprich Juden, in ihren Reihen habe, müsse allerdings vor der Gründung noch geprüft werden. Bereits zwei Tage nach dieser Meldung vom 23. April 1933 wurden diese Gedanken als Einzelposition dementiert, ihr ausgrenzender Charakter selbst blieb ohne Kommentar. Einen weiteren Beleg für die zunehmende Durchdringung der Volksräteidee mit nationalsozialistischem Gedankengut lieferte die *Reichenberger Zeitung* am 17. August 1933. Über die Nichtbestätigung des Marienbader deutschnationalen Bürgermeisters Hans Turba las man da, die Gründe lägen in einem Treffen des örtlichen Volksrats, einberufen von Turba, bei dem das Horst-Wessel-Lied abgesungen wurde.[58]

Selbst wenn sich 1933 weitere lokale Volksräte bilden sollten, so in Schluckenau[59] oder Warnsdorf,[60] die Organisationsform blieb eine kurzlebige Augenblickserscheinung, mehr Absicht als Realität. Die Schuld schob man zunächst den Sozialdemokraten zu, die eine Beteiligung abgelehnt hätten,[61] schließlich verzögerten aber zunächst Auflösung oder Einstellung der nationalsozialistischen und der deutschnationalen Partei sowie Gründung der Sudetendeutschen Heimatfront einen sudetendeutschen Volksrat. Uneinigkeit und die vielen offenen Fragen zu Strategie und Zielsetzung dürften ebenfalls bremsend gewirkt

56 Ebenda, 19.3.1933.

57 Hier wirkte erschwerend, dass das „Sudetenland" letztlich durch die Grenzziehung 1918/19 ein „künstlich gebildeter politischer Körper" blieb. Vgl. Reger, Volkstumskampf, S. 43. So blieben selbst die verschiedenen Regionen nur eingeschränkt zusammenfassbare Subeinheiten. Vgl. Eva Bendl, Die Region im Kopf. Zur regionalen Identitätsbildung der Vertriebenen aus Südmähren in Deutschland, Augsburg 2015, S. 31 f. Birgit Vierling sieht die Vervollkommnung der sudetendeutschen Identität erst in der Zeit nach der Vertreibung. Vgl. dies., Kommunikation als Mittel, S. 29.

58 Reichenberger Zeitung, 17.8.1933.

59 Ebenda, 27.3.1933.

60 Ebenda, 12.6.1933.

61 Ebenda, 27.9.1933.

haben. Kurz darauf war die Volksratidee jedenfalls bereits überholt. Ihr alles in allem geräuschloses Verschwinden zeugt von einem geringen Zuspruch.

In den Vordergrund rückte bald der Gedanke einer ständischen Gliederung. Aber zumindest in der Berichterstattung verharrten Ziele und organisatorische Vorstellungen erneut im Ungefähren. Ein am 16. Januar 1934 abgedruckter Leserbrief forderte vehement ein Ständewesen, das „alle wirtschaftlich, kulturell, geistig und politisch richtig denkenden Menschen zu fassen" habe und nicht wie die „Nachkriegsparteien" „Selbstzerfleischung hineinpflanze". Bedeutet hätte eine solche ständische Gliederung die Umformung und Zusammenfassung der ungeliebten Parteien, was die Volksräte zumindest öffentlich nicht verlangt hatten. Umschlossen wurden diese Schlagworte mit der Forderung nach Ausgrenzung aller wirtschaftlich, kulturell, geistig und politisch nicht „richtig denkender" Menschen.[62]

Auf eine wissenschaftliche Ebene hob die *Reichenberger Zeitung* die Frage einer Reform der politischen Kultur mit einer scharfen Parlamentarismus- und Parteienkritik des Prager Professors für Staats- und Verwaltungsrecht Fritz Sander am 16. Januar 1934. Das „Grunddogma der Demokratie", ein Volk habe einen „einheitlichen und klaren Willen", so Sanders Beschreibung, sei gescheitert.[63] Konsequenterweise hätten die Parteien die Macht an sich gerissen. Gegen diesen Missstand forderte Sander eine ergänzende zweite Kammer „aus den Berufskörperschaften". Wie bei allen früheren Überlegungen blieb auch der Staatsrechtler die Beschreibung schuldig, wie diese Kammer besetzt und wie in ihr Entscheidungen getroffen würden. Schuldig blieb er auch die Beschreibung, worin denn nun der genaue Vorteil dieser Kammer liege. Wenn bereits die Parteien nach seinem Verständnis Gruppenegoismen trennte, musste dies für solche Körperschaften im Besonderen gelten. Trotz solcher unübersehbaren Schwächen zeigte die *Reichenberger Zeitung* mit ihrer ausführlichen Wiedergabe der Aussage grundsätzliche Sympathie.

Auch die wenigen abgedruckten Leserbriefe wiesen Ähnlichkeiten zu Sanders Position auf, wie ein auf der Titelseite abgedruckter Leserbrief „aus

62 Ebenda, 16. 1. 1934.

63 Sanders Artikelserie zu Reformüberlegungen stieß insbesondere in einem Leitartikel vom 18. Januar 1934 des Prager *Der Sozialdemokrat* auf scharfen Widerspruch. So solle, wie dort zu lesen war, nach diesen Wünschen „das Volk nichts weiteres und besseres tun können, als sich der Einflußnahme auf den Staat und auf seine eigenen Geschicke zu entäußern und sich einer allmächtigen Bürokratie willig und lammsfromm zu unterstellen". Auch sei es typisch, dass derlei Gedanken in einem Blatt wie der *Reichenberger Zeitung* abgedruckt würden, die „solange es noch ungefährlich war, unverhüllt für den Hitler-Fascismus Stimmung machten und die sich jetzt widerwillig darauf beschränken, dies etwas weniger offen zu tun".

Reichenbergs Wahrzeichen, das Rathaus am Altstädter Platz, in den 1930er-Jahren.
Privatbesitz

Arbeiterkreisen" am 27. Februar 1934 zeigt. Drei Stände müssten sich bilden, so war dort zu lesen: neben den Landwirten auch die Gewerbetreibenden, vor allem aber die „deutschbewußten Arbeiter und Angestellten" in einer „neuen deutschen Arbeiterbewegung" jenseits der Sozialdemokratie. Wüchsen diese drei Stände „zu einem Ganzen zusammen", verschwände auch „das Erbübel des Parteienstreites – hier Aktivismus, hier Negativismus", da man sich für eine Linie entscheiden würde. Dabei, so versprach der anonym bleibende Autor, stünde das gesamte Volk „auf dem Boden seiner Heimat und daher auf dem Boden des Staates".

Zu lesen waren aber auch andere Überlegungen. Bodenständig argumentierte der österreichische Soziologe Franz Adler am 6. Januar 1934, wenn er die verbreitete Unzufriedenheit mit der Demokratie den zu großen Erwartungen an sie zuschrieb. Zu oft vergesse man, so Adler mit Hinweis auf die noch junge und damit in Entwicklung stehende tschechoslowakische Demokratie, dass die „raue politische Wirklichkeit" die erwarteten, übersteigerten Ideale kaum erreichen könne. Dem Modell der Demokratie werde so jedoch die Verantwortung für wenig zufriedenstellende, aber den Umständen und nötigen Kompromissen entsprechende Ergebnisse zugeschrieben. Adler forderte dagegen eine gestärkte direkte Demokratie mittels Zulassung von Volksbegehren und Volksentscheiden, zusätzliche Elemente der Selbstverwaltung und eine Direktwahl des Präsidenten. Kämpferisch sprach auch der sozialdemokratische Parteivorsitzende Ludwig Czech in seiner am 16. April 1934 wiedergegebenen Karlsbader Programmrede. Sein optimistischer Grundgedanke war dabei, dass die Tschechoslowakei als „letzte demokratische Insel" sich allen Feinden der Demokratie zur Wehr zu setzen wisse, gerade weil die Arbeiterschaft hier nicht allein kämpfen müsse. Bezeichnenderweise hatten weder Adler noch Czech mit der nationalen Karte gespielt. Für beide stand das Überleben der uneingeschränkten Demokratie selbst in der Republik im Zentrum ihrer Gedanken. Wenn die *Reichenberger Zeitung* ihre Perspektiven einer breiten Leserschaft präsentierte, bot sie hier einmal mehr durchaus unterschiedlichen Perspektiven Raum zur Verbreitung.

Im Frühjahr 1934 verstummte die „vor einem halben Jahr in die sudetendeutsche Öffentlichkeit geschleuderte Parole: Stände statt Partei"[64] ebenso abrupt, wie vor ihr die Debatte um Volksräte geendet hatte. Das Grunddilemma brachte Gustav Peters endlich auf den Punkt, nachzulesen am 25. März 1934: Den Sudetendeutschen ermangele es an einer „hinreichenden Idee". Dabei habe die „materialistische Geschichtsauffassung, die auch stark ins bürgerliche Lager

64 Reichenberger Zeitung, 27.4.1934.

• (Die Ereignisse des Jahres 1933) kann niemand voraussagen. Da ist es schon klüger, täglich die „Reichenberger Zeitung" zu lesen; denn der vorzüglich organisierte Nachrichtendienst und die modernsten technischen Einrichtungen ermöglichen es, die „R.-Z."-Leser raschest und zuverlässig über alle bemerkenswerten Vorkommnisse zu informieren. Auch der reichhaltige Unterhaltungsteil und die regelmäßig erscheinenden Beilagen „Mode und Haus", „Reise und Bäder", „Sport", „Lichtbildecke", „Literatur", „Radio" und „Ratgeber für Gartenbau und Landwirtschaft" befriedigen auch anspruchsvolle Leser. Die ständigen Bezieher der „R. Z." erhalten die Tiefdruckbeilage „Bilder vom Tage" und sind außerdem samt der Gattin gegen Unfall bei bleibender Invalidität mit einem Betrage bis zu je 10.000 tschsl. Kronen, zusammen also bis zu 20.000 tschsl. Kronen kostenfrei versichert. Wünsche wegen Probelieferung und Bezugsneuanmeldungen sind an die Verwaltung der „Reichenberger Zeitung", Versand-Abteilung, Reichenberg, Herrengasse, zu richten. — Auch Sie sollten ab Neujahr die „R. Z." täglich lesen: das schafft Weltverbundenheit und Sie werden auf jeden Fall nur Nutzen davon haben.

Trotz Einbindung in den Stiepelschen Firmenverbund blieb die *Reichenberger Zeitung* auf Bindung und Neugewinnung von Lesern angewiesen. Diese Werbeschrift stammt vom 25. Dezember 1932.

eingedrungen war, zum Großteil unbewußt, ausgespielt". Ein Ständeaufbau habe damit keine Zukunftsaussichten. Wohl nicht zufällig fielen diese Entwicklung und die Bildung des von der *Reichenberger Zeitung* kritisch betrachteten österreichischen Ständestaates zeitlich eng zusammen. Nötig sei eine Perspektive jenseits der Überwindung der wirtschaftlichen Krise, im Prinzip auch jenseits des Gefühls einer Benachteiligung gegenüber den Tschechen – beides mehr oder weniger „materialistische" Forderungen. Die große Aufgabe blieb die Suche nach der einenden Idee in einer Zeit des ohnehin bevorstehendes Wandels mit weitgreifenden Staats- und Verfassungsreformdiskussionen, die für R. Wachsmann bereits zu einer „Zwischenform" zwischen Demokratie und Faschismus in der Republik geführt hatten.[65]

65 Wachsmann bezeichnete diese Stufe als „wenig befriedigend". Folglich werde es sich zu erweisen haben, „ob die Ausschaltung der demokratischen Grundrechte bei immer stärkerer Hervorhebung des autoritären, auf die Mehrheitsparteien angewendeten Grundsatzes der Weg zur Gesundung oder zur Tötung der Demokratie ist." Vgl. Reichenberger Zeitung, 25. 10. 1934.

Die in Deutschland popularisierte Volksgemeinschaft fand nun auch in der Republik ihre Anhänger.[66] Diese leere Hülle füllte vor allem die Heimatfront. Deren Werte benannte Konrad Henlein als „anständig, sauber und stark".[67] Was das genau heißen sollte, konkretisierte Pfarrer Gottfried Wehrenpfennig, Gründungsobmann des übergreifenden Bundes der Deutschen in einem langen Artikel vom 1. Juli 1934. Das Volk sei „ein Körper höherer Art, in welchem der Einzelne nur eine Zelle darstellt. Der Einzelne muß sich wieder eingliedern. Damit machen wir unser Volk gesund." Den Zweck dieses einheitlichen und dabei schlagkräftigen Volkskörpers umriss dann der bekannte Reichenberger Volkstumsforscher Emil Lehmann: „Die großen Bereiche unserer Arbeit sind Blut und Boden, Gehalt, Gestalt. Blut ist der große Zusammenhang der Volkstumsgeschlechter, der Boden nach dem Blute die wesentliche Voraussetzung des Volkstums. Gehalt das innere Leben der Volksgemeinschaft mit ihren großen Hervorbringungen, an erster Stelle die Sprache, im weiteren aber alle Leistungen und alle Kulturentfaltungen." Bekenntnis zum Volksganzen diente als Grundlage aller schöpferischen Leistung. Dazu passte auch das Referat eines Dr. Brexl beim Tag des Bundes der Deutschen im Gau Jeschken-Iser. Ungeschminkt verneinte der jeglichen Individualismus, da es stattdessen „um die Deutscherhaltung des Volksbesitzes überhaupt gehe".[68]

Das Gefühl der existenziellen Bedrohung erforderte einheitliche Führung. Während dieser Schritt aber noch von Robert Mayr-Harting mit Blick auf den „Totalitarismusanspruch" der Heimatfront abgelehnt wurde,[69] verfocht diese in ihrer auf der Titelseite vom 9. Januar 1935 wiedergegebenen Erklärung eine „geschlossene, festgefügte und zielklar handelnde Willenseinheit". Andernfalls drohe ein „langsamer, aber sicherer Tod" des „Sudetendeutschtums" – auch dieser Begriff, ein einheitliches Wesen des Volkes in Idee, Organisation und Strategie versprechend, fand sich nun in vielen Texten.

Sichtbar wurde dieser Wandel bereits frühzeitig auf symbolischer Ebene. Traditionell nutzten die Sudetendeutschen die Farben Schwarz-Rot-Gold als Zeichen ihrer großdeutschen Gesinnung. Noch beim Märzgefallenentag 1932 in Reichenberg schrieb die *Reichenberger Zeitung* von den „heiligen Farben" als

66 Allgemein verfing die Volksgemeinschaftsidee in der Zwischenkriegszeit in zahlreichen Staaten. Vgl. Sabine Bamberger-Stemmann, Zwischen vielen Stühlen? Nationale Minderheiten zwischen staatsbürgerlicher Loyalität und konnationaler Solidarität, in: Schulze Wessel, Loyalitäten, S. 83; vgl. grundlegend Detlef Schmiechen-Ackermann, Volksgemeinschaft: Mythos, wirkungsmächtige soziale Verheißung oder soziale Realität im Dritten Reich?: Zwischenbilanz einer kontroversen Debatte, Paderborn 2012.

67 Reichenberger Zeitung, 14.5.1934.

68 Ebenda, 21.3.1932.

69 Ebenda, 23.12.1934, 20.2.1935

Zeichen für Mut, Zuversicht und Glaube an die Gerechtigkeit im Leben.[70] Da einten die Farben noch die Deutschen über das Spektrum der aktivistischen Parteien hinaus.[71] Beispielsweise wurden beim Antrittsbesuch von Bischof Anton Alois Weber in Schluckenau akkurat die gehängten Flaggen registriert. Neben vierzig Stadtfahnen, sechs Kirchenfahnen und fünf Staatsfahnen (nach Zeitungsangaben lediglich an den Amtsgebäuden gehisst) dominierten 47 schwarz-rot-goldene Fahnen, die aber nicht gezeigt werden durften. Vor Ort habe man daraufhin ganz pragmatisch die goldenen Streifen abgerissen.[72]

Nach der Beseitigung der Fahne in Deutschland trennten sich auch die Sudetendeutschen von ihr. Berichte ab dem Sommer 1934 zeugen von einer Suche der Sudetendeutschen nach einer eigenständigen Alternative. Der Vorschlag des Bundes der Deutschen einer schwarz-rot-schwarzen Fahne fand dabei breite Zustimmung.[73] So hätten auch der „deutsche Turnverband, der Sängerbund, der Kulturverband und die Heimatfront" diesen „historisch begründeten" Farben zugestimmt. Dabei waren schon bei diesem Treffen die alten Farben nur noch an zwei Stellen zu sehen gewesen.[74]

Gezeigt werden sollte die „neue sudetendeutsche Fahne" als Zeichen der Volksgemeinschaft erstmals bei einer Heimatfront-Versammlung am 22. Juli 1934 in Schluckenau – doch ereilte sie ein kurzfristiges Behördenverbot, angeblich auf Betreiben einer „politisch parlamentarischen Persönlichkeit", obwohl oder gerade, weil die neuen Fahnen laut Bericht bereits „auf vielen Häusern" gehisst worden waren.[75] Die Farben sollten sich trotz weiterer lokaler Verbote durchsetzen. In der *Reichenberger Zeitung* spielte die Fahnenfrage jedoch keine Rolle mehr.

70 Ebenda, 5. 3. 1932.

71 Dies gilt mit der Einschränkung, dass die Nationalsozialisten bis zu deren Verbot die Hakenkreuzfahne bzw. danach andere Symbole zeigten. Vgl. Reichenberger Zeitung, 12. 6. 1932.

72 Ebenda, 5. 5. 1933.

73 Ausnahme war ein am 18. Juli 1934 abgedruckter Leserbrief. Der Schreiber wandte sich gegen die „freudlose" Schwarz-Rot-Schwarz-Kombination und fragte: „Warum verzichtet man nicht lieber auf das Schwarz, so daß Rot-Gold übrig bliebe? Man könnte dann die Gegenfarbe von Schwarz, nämlich Weiß hinzufügen und erhielte so die prachtvoll leuchtenden Farben Weiß-Rot-Gold, die als Verschmelzung des böhmischen Weiß-Rot mit dem deutschen Schwarz-Rot-Gold einen tiefen und treffenden Sinn hätten, denn sie würden den Gedanken der böhmerländischen Heimat mit jenem des deutschen Volkstums vereinigen. [...] Die Zusammenstellung Weiß-Rot-Gold ist der lebendige Ausdruck der Zuversicht. Wir wollen kein Volk sein, daß sich geschlagen gibt und die Resignation als seine wahre Stimmung empfindet".

74 Reichenberger Zeitung, 2. 7. 1934.

75 Ebenda, 9. 7. 1934, 23. 7. 1934. Hier ist aber anzufügen, dass auch andere Verbotsverfügungen nachweisbar sind. In Stefanau schritt die Polizei am Tag nach der Parlamentswahl 1935 so gegen die Hissung einer schwarz-rot-goldenen Fahne ein. Vgl. ebenda, 24. 5. 1935.

Wie schon die Zustimmung der Heimatfront für die schwarz-rot-schwarze Fahne andeutet, verkörperte sie wie keine andere Partei den „Willen zur Volksgemeinschaft", wie Alfred Rosche formulierte.[76] Als politisch unbelasteter Akteur bündelte sie vielschichtige Hoffnungen in sich. Folgerichtig bezeichnete die *Reichenberger Zeitung* dann auch den Wahlsieg der Sudetendeutschen Partei als „überwältigendes Bekenntnis zur Volksgemeinschaft".[77] Diese Volksgemeinschaft war aber der Kriegskameradschaft entlehnt und gestützt auf die lange Jahre gepflegte militärische Sprache. Folglich musste man am 15. Mai 1935, wenige Tage vor der Parlamentswahl, im Blatt lesen, die Idee der Volksgemeinschaft schöpfe auf den „Erfahrungen der Front, Kriegsgefangenschaft und der heutigen Not".

Direkt nach den Wahlen schien die Henlein-Partei ihren Worten Taten folgen zu lassen. Die *Reichenberger Zeitung* publizierte rasch Beispiele, dass sie es mit einer Volksgemeinschaft als praktischer Solidargemeinschaft der Deutschen ernst meinen würde. Am 6. Juni berichtete man vom entstehenden „Haus der Volksgemeinschaft" in Saaz durch die Ortsgruppe zugunsten von zwölf von Arbeitslosigkeit betroffener Familien, „um ihnen ein menschliches Wohnen zu gewährleisten". In Reichenberg eröffnete „Kamerad Franz Plaschke" eine „Beratungsstelle für Handel und Gewerbe". Die Begründung der Sudetendeutschen Partei: „In der Volksgemeinschaft muß ein jeder das Recht zum Leben haben und es darf weiterhin nicht mehr einfach der oft nur durch Zufall mit irdischen Glücksgütern mehr gesegnete die Erfüllung seiner Aufgabe darin erblicken, seinen wirtschaftlich schwächeren Volksgenossen einfach den rücksichtslosesten Kampf anzusagen".[78] Schließlich bauten 18 „Kameraden" in Loosdorf bei Tetschen das Ende Mai 1935 abgebrannte Haus eines Mitglieds wieder auf. Gefördert wurde die Aktion durch ein Gartenkonzert der Bezirkskapelle der Partei.[79] Von solcher Unterstützung für in Not geratene Landsleute las man von keiner anderen Partei – ein attraktives Alleinstellungsmerkmal der Sudetendeutschen Partei.

Alles in allem verfingen aber die Vertreter aggressiv nationalistischer Ziele und Ideen kaum in der *Reichenberger Zeitung*. Einerseits fanden sie dort zwar durchaus Raum, aber nicht in einem solchen Maße, dass sie der Berichterstattung eine solche Schlagseite hätten geben können. Nicht vergessen darf man schließlich auch Äußerungen aus entgegengesetzter Richtung, die ebenfalls in der *Reichenberger Zeitung* Platz fanden. Das Blatt wurde so zu einem Sammel-

76 Ebenda, 21.4.1935.
77 Ebenda, 21.5.1935.
78 Ebenda, 18.6.1935.
79 Ebenda, 26.6.1935.

becken verschiedener Meinungen, bei weitgehender Meinungsenthaltung der Redaktion. Anderseits setzte die Notwehrrhetorik der Schutzvereine stark auf emotionale Ansprache – und das Medium Tageszeitung war da kaum ein geeigneter Träger zu deren Weiterverbreitung, im Unterschied zum Rundfunk. Dafür waren die Artikel insgesamt inhaltlich zu vielschichtig und zugleich in ihrer Formulierung zu unaufgeregt.

„Männer, die Geschichte machen" – Faschismus in Italien und Kommunismus in der Sowjetunion

„Mussolini hat das Übel bei der Wurzel gepackt und hat der Gomorra und der Mafia den Todesstoß versetzt. Er hat Unteritalien eine Wasserleitung gegeben, die als eines der großartigsten, genialsten Werke dieser Art gewürdigt werden darf, und hat Straßen und Eisenbahnen gebaut und selbst das kleinste Bergdorf mit einer Schule versehen." Diese Lobeshymne auf den „Duce" bekamen die Leser der *Reichenberger Zeitung* am 20. Februar 1932 präsentiert. Der faschistische Führer habe sein Land aus der Rückständigkeit herausgeführt und mit der einst mächtigen Unterwelt abgerechnet. Verfasst worden waren die Italien allein auf die Person Mussolini zuschneidenden Zeilen vom ungenannt bleibenden „römischen H. W. Korrespondenten".

Dieser Artikel sollte kein Ausreißer bleiben. Zwar tauchten zu selten Beiträge über Mussolini in der *Reichenberger Zeitung* auf, als dass man von einer gezielten Imagekampagne sprechen könnte, doch strahlten die Abhandlungen über den „Duce" ein Bild der Modernisierung seines Landes voller Fokussierung und Effizienz aus. Wenn man am 26. April 1932 unter Aussparung der für örtliche Bevölkerung und Natur verheerenden Methoden von der „Eroberung der pontinischen Sümpfe" las, ergänzt um den Hinweis „Mussolini schafft eine neue Provinz", war die Bewunderung für die scheinbar im Alleingang geleistete Aufbauarbeit unübersehbar.

Ein weiterer Beitrag zeigte keine Berührungsängste mit der faschistischen Jugendorganisation Opera Nazionale Ballila. Zwar fand darin eine vorsichtige Distanzierung vom angedeuteten militärischen Drill Raum, doch erneut überwog die Faszination für so eine dynamische Formation. Das vermittelte faschistische Gedankengut schreckte nicht ab, wurde von Sport und Spiel überstrahlt: „Sie werden körperlich wie geistig ausgebildet, lernen schwimmen und rudern, machen Turnübungen, treiben leichten Sport, werden früh mit der Waffenkunde vertraut gemacht, was da und dort Kopfschütteln verursacht". Ein geradezu romantisches Pfadfinderbild entstand da, ergänzt um praktische Erziehungsgewinne für den Einzelnen, immerhin mehrten sich die Fälle, „daß ein Ballilaknabe ein Kind vom Ertrinkungstode rettet“.[80]

Nicht nur die Jungen, auch die Erwachsenen schienen vom Faschismus zu profitieren, wobei ein Blick hinter die Fassaden der Diktatur ausblieb. 1932 brach so nach „zehn Jahren Faszismus“ einerseits angeblich dessen „soziale Phase“ dank verschiedener Arbeitsprogramme an, andererseits lobte man Mussolini auch dafür, dass er „bei aller Kühnheit seines Auftretens“ jederzeit gewusst habe, „wie weit er gehen durfte“.[81] Fasst man die Berichte des Jahres 1932 zusammen, so vermittelten sie den Eindruck eines umsichtigen Landesvaters, der unter hohem persönlichen Einsatz seinem Volk den Weg in eine bessere Zukunft ebne. Vertrauen in einen autoritären Führer zu setzen, schien sich zu lohnen.

Ein Gastbeitrag des reichsdeutschen Otto Corbach zu Jahresende 1932 sollte dieser Erzählung aber doch noch einen Dämpfer versetzen. Zwar benannte der liberale Journalist nicht näher, was er konkret unter den „Fehlern des Regimes“ verstand, aber er sah Italien nicht auf der Höhe einer Erfolgsgeschichte, sondern in einer „Krise“, die auch verursacht sei durch den „Zwang zu einer abenteuerlichen Außenpolitik“.[82] Von der behaupteten Umsichtigkeit des „Duce“ war da jedenfalls nichts zu lesen. Nur noch einmal, am 5. Juni 1934, sollte ein Artikel mit einem solchen Tenor erscheinen. Darin mahnte der Redakteur, das „autoritäre Regime“ veröffentliche keine unabhängigen Wirtschaftsstatistiken. Eine realistische Beurteilung der wahren Lage in Italien sei so ebenso wie durch die Unterdrückung einer freien Presse kaum möglich.[83]

Nach dem zehnten Jubiläumsjahr der Machtübernahme der italienischen Faschisten 1932 feierte Mussolini im Folgejahr seinen 50. Geburtstag. Der Leser lernte da: „Wir erkennen wieder mit Treitschke, daß es immer Männer sind, die Geschichte machen.“[84] Während sonst die Person Mussolini aber keine Rolle mehr spielen sollte, nahm 1933 dafür der Faschismus als Modell eine gewisse Bedeutung ein – wobei auch hier die überschaubare Zahl an Beiträgen nicht zulässt, von einer geförderten Debatte sprechen zu dürfen. Ins Spiel gebracht wurde diese These in einer Serie des Prager Staatsrechtprofessors Fritz Sander. Er forderte eine „fruchtbare Synthesis“ von Demokratie und Faschismus,[85] ohne an anderer Stelle dessen „diktatorisch-totalitäre Staatsidee“ zu verschweigen.[86]

80 Ebenda, 27.4.1932.
81 Ebenda, 1.11.1933.
82 Ebenda, 24.11.1932.
83 Ebenda, 5.6.1934.
84 Ebenda, 29.7.1934.
85 Ebenda, 19.11.1933.
86 Ebenda, 26.1.1934.

Italien als reales Vorbild für die Tschechoslowakei spielte in seiner Debatte keine größere Rolle, ja selbst die Grundlagen des Faschismus blieben blass.

Anfang 1934 sollte die unverhohlene Bewunderung Mussolinis sogar solche Missstände entschuldigen, unter denen die deutschen Landsleute in Südtirol litten. Für Verfolgung und ökonomische Benachteiligung sei nicht etwa Mussolini verantwortlich. Der umsichtige „Duce" habe von dieser Notlage „bis vor kurzem wenig Kenntnis gehabt". Die Schuld für das Leid der Südtiroler schob man stattdessen den Bozener Präfekten zu, die es „offenbar nicht wagten, die Zustände in ungeschminkter Form zu schildern".[87] Woher sich wiederum diese Angst gespeist haben sollte, ließ der Beitrag ungefragt im Raum stehen.

Die *Reichenberger Zeitung* blendete die Wirklichkeit der Diktatur aus. Anders lässt sich der Bericht über die Wahl vom 26. März 1934 nicht erklären. Das offizielle Ergebnis einer Zustimmung von 99,84 Prozent für die Faschisten kommentierte das Blatt als überragenden Vertrauensbeweis für Mussolini. Weit ab von der Realität hieß es dann: „Wenn mehr als 96 Prozent der Wähler zur Urne gehen und sich fast 100 Prozent aller Wählenden zugunsten der Regierungsliste aussprechen, so heißt das nichts anderes, als daß tatsächlich der Staat und das Volk Staat geworden sind."[88] Die Illusion einer freien Abstimmung wurde verbreitet, obwohl überhaupt nur ein Teil der männlichen Bevölkerung (insgesamt nur 9,5 Millionen) wahlberechtigt war, im Wahlvorgang dann grundlegende Regeln gebrochen wurden und das Resultat bei der von der *Reichenberger Zeitung* selbst eingestandenen Unmöglichkeit einer „geschlossenen Gegnerschaft" reine Akklamation des Erzwungenen bleiben musste. Schließlich blieb diesmal die Lage der deutschen Minderheit unerwähnt – hatten sie trotz der Missstände ebenfalls geschlossen für die Faschisten votiert? Solche Artikel der *Reichenberger Zeitung* vermittelten den Eindruck, eine Mehrheit der Italiener stehe hinter dem Kurs der Modernisierung in den Formen des Faschismus.

Dafür hätte für manchen Leser zumindest sprechen können, dass im Unterschied zu den bedrängten Menschen in der Tschechoslowakei Italien von der dauernden ökonomischen Not nicht betroffen zu sein schien. Am 17. Januar 1934 erfuhr man so von nachhaltiger Wirtschaftsförderung bei gleichzeitiger Senkung der Staatsausgaben um ein Drittel. Italien prosperierte nach dieser Beschreibung, ohne von Sparzwängen erdrückt zu werden. War es da so sicher, ob nicht doch mancher Leser bei dieser Leistungsfähigkeit Außenminister Beneš widersprechen wollte, der vier Tage zuvor in seinem Plädoyer für die Demokratie

87 Ebenda, 31. 1. 1934.
88 Ebenda, 7. 4. 1934.

Zweifel angezeigt hatte, ob „der moderne Deutsche oder Italiener nicht dauernd ohne ein gewisses Maß individueller Freiheit leben“ wolle?[89]

Interesse und Faszination für das faschistische Italien beschränkten sich jedoch nicht auf die *Reichenberger Zeitung*. Selbst der Prager Rundfunk übertrug am 6. Oktober 1934 Mussolinis Mailänder Rede an die Arbeiterschaft zur „Disziplinierung der Produktion“.[90] Hingegen schien der Faschismus als Importgut in die Republik nicht zu taugen. Wie schon Sander lehnte Konrad Henlein in seiner Ansprache von Böhmisch Leipa eine Übernahme ab. Nationalsozialismus wie Faschismus würden „an den Grenzen die natürlichen Voraussetzungen ihres Daseins verlieren“.[91]

Deutlich größeren Widerspruch erntete dagegen das Regime der Sowjetunion. Im Mittelpunkt der Beschäftigung stand hier das kommunistische Gedankengut, nicht deren Umsetzung. Großprojekte der stalinistischen Modernisierung blieben ebenso wie das Alltagsleben, jenseits der Beschreibung einer diametral zur Menschenwürde stehenden Hungerkatastrophe in der „Hölle“,[92] ausgeblendet.

Bei der Ablehnung der ideologischen Grundlagen des Kommunismus bewies die *Reichenberger Zeitung* hin und wieder sogar Mut zu beißender Ironie, die im nüchtern gestalteten Politikteil sonst kaum zu finden war. Hierfür steht ein Artikel unter dem Titel „Praktischer Kommunismus“. Die Darstellung einer persönlichen Tragödie, die zu einem Fall gewöhnlicher Kriminalität wurde, deutete sie zu einem Fall kommunistischer Unehrlichkeit um. Der junge Parteisekretär Karl Stasko hatte „seinem Wohnungsinhaber zwei Einlagebüchel entwendet, darauf einen Betrag von 1800 Kronen abgehoben und eine lustige Nacht verbracht. Zwei Tage später kehrte er wieder in seinen Wohnort zurück und erschoß sich vor dem Fenster seines Wohnungsinhabers, mit dessen Tochter er ein Verhältnis unterhalten hatte.“[93] Das Bild eines räuberischen Hallodris charakterisierte die Kommunisten allerorten, auch wenn für dieses Beispiel eine Geschichte aus dem Teschener Land dienen musste, weit jenseits des eigenen Verbreitungsgebiets gelegen. Hierzu passte, wenn auch erst mehr als ein Jahr später publiziert, ein Fall der „böswilligen Beschädigung eines Kriegerdenkmals“ in Neu-Paulsdorf. Das Aufmalen eines roten Sterns verurteilte das Blatt hart als „ruchlosen Bubenstreich“.[94]

89 Ebenda, 13. 1. 1934.
90 Ebenda, 8. 10. 1934.
91 Ebenda, 22. 10. 1934.
92 Ebenda, 23. 1. 1932, 29. 8. 1934.
93 Ebenda, 3. 2. 1932.
94 Ebenda, 27. 3. 1934.

Man musste sich fragen, was würde wohl geschehen, würden diese Kommunisten das Heft des Handelns in die Hand bekommen? Eine Antwort des Schreckens bot der ausführlich dokumentierte Vortrag einer Edith Beyer aus Dresden, den sie im November 1932 in Reichenberg gehalten hatte. Das „Gesicht des Bolschewismus" beschrieb Beyer als „Schreckensherrschaft" des „roten Zaren Stalin". Die propagierte Gleichheit der Menschen in der Sowjetunion versuche man in Wahrheit durch eine Zerstörung der „Heiligkeit der Familie" zu erzwingen. Aggressiv unterstütze der Kommunismus schließlich die „Gottlosenbewegung" jenseits der eigenen Grenzen.[95] Ein Beispiel für solche beklagten Übergriffe folgte kurz vor Weihnachten 1932. Nach einer Schlagzeile der *Reichenberger Zeitung* wollte der Moskauer Rundfunksender ein „deutsches Weihnachten stören". Dagegen seien „besondere Maßnahmen der Abwehr" gegen die „Einmischung in innerlichste Angelegenheiten des deutschen Volkes" gefordert. Unklar blieb in dem Artikel, worin aber konkret die Bedrohung durch *Radio Moskau* lag.[96] Das Feindbild war aber auf jeden Fall gepflegt worden.

Im Umfeld des Abschlusses des sowjetisch-tschechoslowakischen Beistandsvertrags kurz vor der Parlamentswahl 1935 nahmen die Beiträge mit harscher Kritik an der Sowjetunion zu – und diese Meldungen hatten ihren Ursprung mehrfach in Deutschland. So musste nun der Leser erfahren, dass jetzt der „bolschewistische Blutterror"[97] drohend vor der Tür stehe. Aber das Trommelfeuer gegen den Vertrag fußte auch auf eigenen Überlegungen. Festgestellt wurde so am 16. Mai, eine Einhegung der gefährlichen kommunistischen Propaganda in der Republik sei in dem Vertrag nicht vereinbart worden, während man einen Tag darauf das Abkommen selbst als Gefahr für die ohnehin wacklige Statik der europäischen Friedensordnung ablehnte.[98]

Solche Vorwürfe schlugen Faschismus und „Duce" nicht entgegen. Akzeptanz für radikalen Fortschritt auf der einen, Brutalität, Einmischung in andere Gesellschaften und Hunger auf der anderen Seite kennzeichneten den Unterschied zwischen Kommunisten und Faschisten in der Berichterstattung für die Deutschen der Tschechoslowakei. Von mindestens Ansätzen einer gezielten Kampagne kann aber lediglich im Fall des abgelehnten Beistandsvertrags mit der Sowjetunion gesprochen werden.

95 Ebenda, 10.11.1932.
96 Ebenda, 17.12.1932.
97 Ebenda, 15.5.1935.
98 Ebenda, 17.5.1935.

4. Links und rechts der Grenze

„Die wirtschaftliche Schicksalsgemeinschaft" – Der Blick nach drüben 1932

Im 19. und 20. Jahrhundert geriet der grenzüberschreitende Alltag durch die Ausbildung nationalstaatlicher Strukturen und später die völkische Propaganda – das „Grenzland" als „Bollwerk gegen das Slawentum" – unter Druck.[1] Nach 1918 wurde die Frage der Grenzzone in der Öffentlichkeit zu einem Thema von nationaler Bedeutung erklärt. In dieser Region würde sich das Schicksal des Volkes mitentscheiden.[2] Würde deutsche Kultur in der Tschechoslowakei überleben und bewiesen sich andersherum die Deutschen im Reich als Verteidiger des Deutschtums selbst?

Die deutsch-tschechoslowakische Grenze bildete eine im Alltag regelmäßig überschrittene Linie, auch wenn die Weltwirtschaftskrise zu Einschränkungen geführt hatte. Entlang der Grenze existierte ein sich überlappender Kultur-, Verkehrs- und Wirtschaftsraum.[3] Die Bewohner aus Nordböhmen, Sachsen und Niederschlesien arbeiteten vielfach jenseits „ihrer" Seite oder nutzten dort günstigere Angebote des Einzelhandels. Regelmäßig traf man sich auch bei Ausflügen in grenznahen Gasthäusern. Die *Reichenberger Zeitung* war voll von Berichten über solche Kontakte.

Dem Deutschen Reich kam aber nicht allein wegen seiner räumlichen Nähe, sondern auch wegen der dort lebenden Sudetendeutschen eine besondere Bedeutung zu. Nach Angaben vom 9. Januar 1932 lebten im Jahr 1925 immerhin

1 Vgl. Katrin Lehnert, Die Un-Ordnung der Grenze. Mobiler Alltag zwischen Sachsen und Böhmen und die Produktion von Migration im 19. Jahrhundert, Leipzig 2017.

2 Vgl. Jana Piňosova, Geteiltes Leben. Das sächsisch-böhmische Grenzgebiet in der Weimarer Republik, in: Konstantin Hermann/Mike Schmeitzner/Swen Steinberg (Hrsg.), Der gespaltene Freistaat. Neue Perspektiven auf die sächsische Geschichte 1918 bis 1933, Leipzig/Dresden 2019, S. 391, 393.

3 Caitlin E. Murdock, Changing places. Society, Culture and Territory in the Saxon-Bohemian Borderlands, 1870–1946, Ann Arbor 2010, S. 11; grundsätzlich: Hans Lemberg (Hrsg.), Grenzen in Ostmitteleuropa im 19. und 20. Jahrhundert. Aktuelle Forschungsprobleme, Marburg 2000; Peter Haslinger, Der spatial turn und die Geschichtsschreibung zu Ostmitteleuropa, in: Zeitschrift für Ostmitteleuropaforschung 63 (2014) 1, S. 74–95.

202 521 deutschsprachige Bürger der Tschechoslowakischen Republik im Reich, davon beinahe 190 000 in Preußen, Sachsen und Bayern. Unter den Städten standen Berlin, Dresden und Chemnitz an der Spitze. Die zahlreichen Arbeitspendler kamen zu diesen noch hinzu. Andersherum darf der Ausländeranteil an der Gesamtbevölkerung der Republik nicht überschätzt werden. Für Böhmen liest man zu dieser Zeit von einem Ausländeranteil von 1,28 Prozent, der geringste Wert aller Regionen der Tschechoslowakei. Lokal differenziert fanden sich die meisten Einwohner ohne die Staatsbürgerschaft der Republik in Eger (6,8 Prozent), Tetschen und St. Katharinaberg[4] – wohl kaum zufällig in direkter Nachbarschaft zu Deutschland. Nach Angaben von 1934 stellten allerdings Polen vor Österreichern, Deutschen und Ungarn die größte Gruppe der Ausländer in der Republik.[5]

Jenseits grundlegender Entwicklungen kennzeichneten ganz praktische Probleme die Berichterstattung. Ein Beispiel hierfür lieferte die *Reichenberger Zeitung* am 5. Februar 1932: In Asch kollidierte ein Autofahrer aus Crimmitschau mit einem einheimischen Fahrzeug – der Lenker aus Westsachsen hatte den in der Tschechoslowakei geltenden Linksverkehr nicht bedacht. Jenseits freiwilliger oder wie hier unfreiwilliger Begegnungen erfuhr der Leser regelmäßig von interessanten Ereignissen aus der reichsdeutschen Nachbarschaft, sei es der Brand des Zittauer Stadttheaters[6] oder die kritisch beleuchteten Rahmenbedingungen eines Fußballvergleichs zwischen dem in das sächsische Ligasystem integrierten böhmischen DSK Weipert und dem VfB Annaberg,[7] den letzterer mit einem Foul der besonderen Art für sich entscheiden wollte. Offensichtlich als letztes Mittel bei eigener Unterlegenheit riefen die Annaberger die tschechoslowakischen Behörden, weil die Gegenseite einen Spieler aufbot, der am Vortag nicht zum Militär eingerückt war. Geholfen hat das übrigens nicht – die Weiperter gewannen das Spiel klar mit 6:1.[8]

Regelmäßigen Austausch garantierte ein eng geknüpftes Verkehrsnetz. Mehrere Bahnlinien verbanden beide Seiten der Grenze. Mitfahrer waren besonders die „Sachsengänger" – auf deutscher Seite ihr Geld verdienende Arbeiter. Trotz teils unterschiedlicher Interessen war auch in Verkehrsfragen die Situation entspannt. Für einen Bericht über Rechtsverhandlungen übernahm die *Reichenberger Zeitung* einfach einen Artikel der *Zittauer Morgen-Zeitung*, aus dem aber

4 Reichenberger Zeitung, 21. 6. 1932.

5 Ebenda, 11. 8. 1934.

6 Ebenda, 4. 3. 1932.

7 Beide Mannschaften trugen zu diesem Zeitpunkt ihre Punktspiele der sächsischen Gauliga Erzgebirge aus.

8 Reichenberger Zeitung, 23. 9. 1932.

auch die konstruktive Haltung beider Seiten sowohl bei der Verbesserung der regionalen Angebote im Bereich Zittau-Warnsdorf-Reichenberg als auch für überregionale Anschlüsse ersichtlich wurde.[9] So las man am 23. Januar 1932 vom Wunsch einer Schnellzugverbindung von Reichenberg nach Berlin, wenigstens aber einem Anschluss Zittaus an die Strecke vom niederschlesischen Glatz in die Reichshauptstadt, von dem dann auch die Reichenberger Pendler profitieren sollten. Für die Handelskammern auf beiden Seiten verband sich mit derlei Forderungen die Hoffnung auf eine Besserung der harten wirtschaftlichen Lage. Das war auch dringend vonnöten. Neben den Meldungen zur dramatischen Lage in Nordböhmen schrieb die *Reichenberger Zeitung* am 29. Januar auch von 12 621 Arbeitssuchenden in Stadt und Amtshauptmannschaft Zittau – jeder neunte Einwohner, vom Neugeborenen bis zu den Ältesten, war als arbeitslos gemeldet. Überhaupt lag die Arbeitslosigkeit im Freistaat Sachsen an der Spitze des ohnehin gebeutelten Deutschland.

Gefördert wurde der grenzüberschreitende Ausflugsverkehr durch vergünstigte Rückfahrkarten[10] oder Sonderfahrten der Bahn, beispielsweise nach Dresden, Bautzen (zum Trachtenfest im Juni) und Berlin.[11] Schwierig gestalteten sich bei diesen Ferienfahrten aber die rigiden Devisenbeschränkungen. Eine Pauschaltour der Reichsbahn auf die Insel Rügen war daher bereits im Reichenberger Bahnhof zu bezahlen.[12] An den Grenzübergängen wurden die Reisenden auf unerlaubte Mitnahme von Devisen zunehmend schärfer kontrolliert.[13] Selbst im eigenen Land erworbene Gutscheine mussten in die Devisenschwelle von 3000 Kronen bzw. 200 Reichsmark eingerechnet werden[14] und eine Umgehung der Regeln wurde mit harten Strafen geahndet.[15] Im April wurde die Devisenschwelle sogar auf 1000 Kronen abgesenkt; für die *Reichenberger Zeitung* am 29. April 1932 bereits im Frühjahr das „Ende der Urlaubssaison“. Solch eine in der Ferne von den Regierungen getroffene Entscheidung war ebenso wie die strenge Abschirmung des Handels von der nahen Nachbarschaft für die „wirtschaftliche Schicksalsgemeinschaft“[16] diesseits und jenseits der Grenze schmerzhaft.

Die Leser wurden aber auch Zeuge kleinlich erscheinender Bürokratie. So bekräftigte das Prager Innenministerium, nachzulesen am 5. Mai 1932, Reisende

9 Ebenda, 12. 2. 1932.
10 Ebenda, 9. 3. 1932.
11 Ebenda, 16. 3. 1932.
12 Ebenda, 21. 4. 1932.
13 Ebenda, 5. 3. 1932.
14 Ebenda, 21. 4. 1932.
15 Ebenda, 22. 4. 1932.
16 Ebenda, 23. 9. 1932.

mit gültigem Pass aber ohne Ausflugschein dürften lediglich die Übergänge für den Fernverkehr, nicht aber die zahlreichen Kontrollstellen des kleinen Grenzverkehrs nutzen. Diese touristenfeindliche Regel kritisierte die *Reichenberger Zeitung* am 12. Mai scharf, auch mit Hinweis auf die flexibleren reichsdeutschen Regeln für die Ausstellung von Grenzkarten: „Auf reichsdeutscher Seite werden diese Ausflugsscheine in den Grenzorten, auf Bahnhöfen und an Grenzübergängen von den Gemeinden ausgegeben und bilden einen beträchtlichen Einnahmeposten für die ausgebenden Gemeinden, auf tschechoslowakischer Seite erfolgt die Ausgabe durch die Gendarmerie." Der Redakteur widersprach diesen Grenzkontrollen als „Kriegsmaßnahmen, die wohl jetzt überflüssig sein dürften". „Verhältnisse der Nachkriegszeit" schienen aber überhaupt zurückzukehren. Am 9. September beklagte die *Reichenberger Zeitung* Taschenkontrollen der Reisenden, bei denen „oft so kleinlich vorgegangen wird, daß es an Lächerlichkeit grenzt." Gleichzeitig sei die Regulierungswut derart gewuchert, dass sich kaum noch jemand in dem „Wirrwarr der Bestimmungen" auskenne.

Der Verkehr abgewürgt, bürgerfeindliche Schikane und Chaos allerorten – so das Bild. Betroffen davon waren aber weniger Touristen, sondern in erster Linie die Tausenden Grenzpendler,[17] jedenfalls wenn sie in der Krise nicht ohnehin entlassen worden waren. Von der Hoffnung auf neue Arbeitsplätze durch Betriebsverlagerungen dank der niedrigen Produktionskosten in der Tschechoslowakei las man dagegen nur an einer Stelle. Lediglich am 16. November spekulierte das Blatt über die Verlegung „reichsdeutscher Spielwarenfabriken nach Böhmen", genauer gesagt in den Raum Weipert. Allerdings rechnete dieser im vagen bleibende Artikel die auf einen Umzug unweigerlich folgende Exportverzollung nicht ein.

Die allgemeine Not sorgte derweil für einen besonderen Schwerpunkt in der täglichen Berichterstattung. Mancher Notleidende versuchte, mit Schleichhandel seine eigene Lage ein wenig zu bessern. Folglich zeigte sich die Region beiderseits der Grenze als vereinter Schmugglerraum,[18] der von unterschiedlichen Preisstrukturen profitierte. Salz und Tabak, Fahrzeugersatzteile, Margarine, Kosmetika, Schokolade waren besonders beliebte Waren.[19] Fotoapparate mussten zur Sicherheit nach einem Bericht vom 22. April beim Übertritt in die Reiseunterlagen eingetragen und bei Rückkehr wieder vorgezeigt werden. Im Mittleren Erzgebirge rund um Annaberg versuchten Arbeitslose neben Tabak-

17 Ebenda, 13.10.1932.

18 Jana Piňosova weist darauf hin, dass eine Zunahme des Schmuggelwesens wiederholt in wirtschaftlichen Krisensituationen zu beobachten sei. Vgl. dies., Geteiltes Leben, S. 389f.

19 Reichenberger Zeitung, 20.1.1932, 13.4.1932, 30.5.1932, 22.6.1932.

und Zigaretten- auch mit Medikamententransport ihr Überleben zu sichern.[20] „Ganze Dörfer leben vom Schmuggel" – dieser Artikel beschäftigte sich zwar am 10. November 1932 mit der Situation in Transkarpatien, er hätte jedoch ebenso gut für den nordböhmischen Grenzraum gepasst.

Zahlreiche Artikel legten die Organisation dieses Schwarzhandels offen. Trotz hoher Geldstrafen bildeten sich „Banden", die, so ein ausführlicher Bericht vom 11. August, „Schmuggelware in kleineren Mengen aus Böhmen nach Sachsen bringen, sie dort in einem Versteck unterbringen, und sie dann, wenn genügend Vorräte angehäuft sind, ins Landesinnere schaffen. In den Wäldern bei Weipert-Neudorf wurden mehrfach solche Verstecke entdeckt, und erst an diesem Sonntag wieder wurde eine aus drei Männern und einem Mädchen bestehende Paschergruppe dabei überrascht, wie sie ein solches Lager auf einem Handwagen fortschaffen wollten." Daraufhin hätten die sächsischen Beamten erst einen Warnschuss abgegeben, dann aber scharf geschossen. Die aus Böhmen stammenden, aber in Sachsen gemeldeten Flüchtenden feuerten zurück. Schließlich sei die Festnahme des Mädchens gelungen. Doch kurz nach ihrer Inhaftierung in Cranzahl vermochte sie bereits wieder zu fliehen. Zumindest konnte man 1080 Päckchen böhmischen Pfeifentabaks sicherstellen. Ging hier die Schießerei wenigstens unblutig aus, wurde ebenfalls bei Cranzahl ein Schmuggler angeschossen. Dennoch gelang diesem die Flucht über die Grenze nach der Tschechoslowakei.[21]

Ein Artikel vom 20. August 1932 offenbarte die straffe Organisation des illegalen Handels im großen Stil. Erwischt wurde diesmal zwischen Kaiserswalde bei Schluckenau und Sohland an der Spree eine Gruppe, die mit zwei Handwagen voller bestellter Gablonzer Schmuckwaren für einen größeren Auftraggeber in Dresden über die Grenze wollte. Am gleichen Abend fing der Zoll auch noch eine zweite Gruppe des gleichen Kunden ein. In den Berichten der *Reichenberger Zeitung* klang das Bild des Schmuggels trotzdem als einer Art Notwehr des kleinen Mannes durch. Der „Schmugglerkönig von Weipert", Ernst Günther, erreichte dabei eine gewisse Popularität. Bei seinem Eintreffen im örtlichen Gefängnis versammelten sich etwa 200 Personen, die „teils für, teils gegen ihn Stellung nahmen."[22]

Neben den Schwarzhandel traten 1932 zunehmend Hinweise zur verschärften Lage in Deutschland. Bereits am 15. Februar erschien unter der Überschrift „Eine blutige politische Schlägerei in Zittau" ein Beitrag über einen Überfall von Kommunisten auf zwanzig Nationalsozialisten – nach Polizeiangaben wohl ein

20 Ebenda, 9. 8. 1932.
21 Ebenda, 11. 8. 1932.
22 Ebenda, 26. 10. 1932, 28. 12. 1932.

sorgfältig geplanter Angriff. Überhaupt schien man vor den Kommunisten auf der Hut sein zu müssen. So folgte am 19. Februar der Bericht über die Aushebung des Waffenlagers eines Genossen aus Oybin. Sichergestellt worden seien Karabiner, Handgranaten, Schaftpistolen und Munition.

Von der Nachbarschaft schrieb man immer öfter unter Überschriften wie „Der Bürgerkrieg in Deutschland“, „Der kleine Bürgerkrieg in Deutschland“, „Krieg auch in Löwenberg“ oder „Kommunistenterror in Köln“[23] – nur eine Auswahl aus den Monaten Juni und Juli 1932. Ausführlich dagegen beschrieb das Blatt den Wahlkampfauftritt Adolf Hitlers am 23. Juli in Zittau: Auch wenn die Beteiligung „infolge des nachmittags einsetzenden Regens nicht ganz so groß war, wie man erwartet hatte; doch dürften immerhin gegen 10 000 Menschen auf der Zittauer Schießwiese versammelt gewesen sein“. Man las von gut vorbereiteter Choreographie und Begeisterung, aber auch von Reichenbergern, „die die Gelegenheit benützt hatten, Hitler in Person zu sehen und zu hören“. Über Inhalte der 25 Minuten langen Rede des Spitzenkandidaten der von Sieg zu Sieg marschierenden Partei wurde übrigens nicht geschrieben, es blieb bei einer Darstellung der Veranstaltungsatmosphäre.[24]

Immerhin zeigte die *Reichenberger Zeitung* keine besondere Sympathie für die Nationalsozialisten in Deutschland. Direkt nach dem Preußenschlag verurteilte man in Artikeln vom 21. und 22. Juli mit klaren Worten die „Reichsdiktatur“ zur „vollständigen Knebelung aller politisch unbequemen Reden und Handlungen“, welche erfolgt sei auf „Forderung der rechtsradikalen Kreise unter der Führung von Hitler und Hugenberg“. Während hier die Verantwortungsfrage für die Leser eine eindeutige Antwort bekam, zeichnete man am 2. August ein anderes Bild. Diesmal war keine politische Strömung Deutschlands mehr in der Verantwortung für die schlimmen Zustände, sondern „allein eine europäische Politik, die das deutsche Volk in diese Verzweiflung hineingetrieben hat“. Die an dieser Stelle verbreitete Botschaft lautete: Das Unheil ist von außen über die Deutschen hereingebrochen.

Direkte Folgen der explosiven Lage in Deutschland waren auch für die Republik zu vermelden, auffallend aber zunächst als Übernahme aus der *České slovo*. Nach ihr kamen sechzig „Hakenkreuzler“ über die Grenze nach Böhmisch Hammer, unterhalb des Keilbergs, um dort einen Wachmann zu schlagen.[25] Als Eigenmeldung folgte am 21. Juni eine „wüste Rauferei zwischen Sächsisch-Waltersdorfer Burschen und zwei Gendarmen des Postens Niederlichtenwalde

23 Ebenda, 23. 6. 1932, 11. 7. 1932, 12. 7. 1932, 13. 7. 1932.

24 Ebenda, 24. 7. 1932.

25 Ebenda, 26. 3. 1932.

in Böhmen". In der Sächsischen Schweiz hatten die Männer den Grenzbeamten überfallen, nachdem er kurz zuvor einen von ihnen wegen illegalen Grenzübertritts bestraft hatte. Der Eindruck musste sich einstellen, dass die Grenze immer weniger gesichert war, die staatliche Kontrolle wankte. Bereits am 10. August wusste man da von „tschechischen Sorgen" des *Večer*, immerhin eine Zeitung der stimmenstärksten tschechischen Partei, vor „einer Masseneinwanderung von reichsdeutschen Kommunisten und Juden in die Tschechoslowakei, sowie anderer politisch verdächtiger reichsdeutscher Staatsbürger".

Die Niederlage der Nationalsozialisten bei den Reichstagswahlen vom 6. November verstärkte in der *Reichenberger Zeitung* die Ablehnung der „Hitler-Bewegung", die jetzt auf eine Stufe mit den Kommunisten gestellt wurde. Beide kämen sich „im Radikalismus und im Negativismus" nahe". Kolumnist Wachsmann beklagte die Möglichkeit eines „vorübergehenden taktischen Zusammengehens", weshalb nicht näher bestimmte Teile der Reichsführung trachteten, die Nationalsozialisten in die Verantwortung einzubinden.[26]

Alles in allem kein schmeichelhaftes Bild für die extreme Rechte. Es sollte aber noch schlimmer kommen. Am 5. Dezember begannen in der *Reichenberger Zeitung* Berichte über den Tod des Dresdner SA-Mannes Norbert Hentsch (im Blatt „Hentzsch" geschrieben).[27] Weniger die Todesumstände selbst, als die Schwierigkeiten der Ermittlungsarbeit durch die der NSDAP-Nähe bezichtigte Polizei („das sind in Dresden nicht wenige!"), insbesondere aber die fehlende Kameradschaft innerhalb der Sturmabteilung stellten die Nationalsozialisten in ein ungünstiges Licht. Nach einem Brief der Mutter des Opfers wurde diese von der Partei im Stich gelassen, für die der Sohn zuletzt sogar das Leben gegeben habe. „Auf diesen Brief haben Hitler und Röhm überhaupt nicht geantwortet". Lediglich der lokale Dresdner Standartenführer habe gefühllos mitgeteilt: „Sollte eine durch den Parteidienst hervorgerufene strafbare Handlung vorliegen, so wäre zu wünschen, daß die inzwischen erfolgte Amnestie zu der erhofften Lösung der Angelegenheit beitragen werde".[28] Für den Fememord lastete die *Reichenberger Zeitung* eindeutig den Nationalsozialisten die Verantwortung an. Hentsch habe aus dem Partei-

26 Ebenda, 9.11.1932.

27 Vgl. zum Fall Hentsch: Wolfgang Hesse, „Dolchstoß von rechts". Visuelle Deutungen des Dresdner SA-Fememords von 1932, in: Volkskunde in Sachsen 22 (2010), S. 87–159; im Umfeld der sozialdemokratischen *Dresdner Volkszeitung* erschien Anfang Januar 1933 auch eine 32-seitige Broschüre *Der Dresdner Fememord. Ist Hitler mitschuldig?*. Das Titelblatt ist abgedruckt bei: Swen Steinberg, „Karl Herschowitz kehrt heim". Der Schriftsteller-Journalist Edgar Hahnewald zwischen sächsischer Identität und der Heimat im Exil, Berlin 2016, S. 90.

28 Reichenberger Zeitung, 29.12.1932.

geheimdienst ausscheiden wollen und „anscheinend fürchtete man, daß er zuviel wisse“.[29] Im Januar 1933 beschäftigte sich das Blatt noch mehrfach mit diesem für die Nationalsozialisten unangenehmen Fall. So hieß es am 4. Januar von massiver Zeugenbeeinflussung, doch nach dem Machtantritt der NSDAP verschwand die Angelegenheit komplett aus der Berichterstattung.

„Das stärkste Bollwerk gegen alle rechtsradikalen Umsturzpläne“ – Paul von Hindenburg

Am 11. Februar 1932 lobte die *Reichenberger Zeitung* Paul von Hindenburg als „das stärkste Bollwerk gegen alle rechtsradikalen Umsturzpläne“ im Nachbarland. Nach siebenjähriger Amtszeit stellte sich der deutsche Reichspräsident seiner Wiederwahl. Auch wenn die sudetendeutschen Leser gar nicht direkt betroffen von dieser Abstimmung waren, machte das Blatt in seiner auffallend breiten Berichterstattung keinen Hehl aus seiner Zustimmung zur erneuten Kandidatur, immerhin, so wurde gleich am 16. Februar nachgeschoben, sei er „das personifizierte Verantwortungsbewußtsein“. Gegenkandidat Adolf Hitler fand hingegen in der Berichterstattung keine Gnade. So lautete eine Überschrift vom 17. März 1932: „Vorbereitungen zum Bürgerkrieg. Nationalsozialistisches Spiel mit dem Feuer“. Gelobtes Verantwortungsbewusstsein des erfahrenen Staatsführers auf der einen, unverantwortliche Hasardspiele auf der anderen Seite sprachen eindeutig für Hindenburg.

Am 19. März übernahm man auch einen ins gleiche Horn stoßenden Leitkommentar des Schriftleiters Sven von Müller aus der Berliner *Vossischen Zeitung*. Müller nahm in seiner Feindschaft gegenüber dem Nationalsozialismus kein Blatt vor den Mund. Er schrieb von „Putsch“ und „Waffenlagern“, „Sprengdepots“ sowie einer „Propaganda, die vernichten will ohne ein Ziel des Aufbaues“. Aber zumindest sei die Regierung auf dem Posten, denn „Demokratie heißt nicht Schwäche“. Hindenburg war da die Garantie für diesen „Freiheitswillen“,[30] für Stärke und Stabilität, Garant der Demokratie. Die *Reichenberger Zeitung* verbreitete nun diese These unter ihrer zahlreichen Leserschaft weiter.

Aber bereits die rasch auf Hindenburgs Wiederwahl folgenden preußischen Landtagswahlen, für die *Reichenberger Zeitung* dank der nahen Grenzlinie zu Schlesien ein Wahlgang in direkter Nachbarschaft, zeigten, wenn Hindenburg die Identifikationsfigur für den Überlebenskampf der Demokratie war, dann

29 Ebenda, 29.12.1932.
30 Ebenda, 18.3.1932.

kratzte die schwindende Demokratieakzeptanz auch an seiner Reputation. Den NSDAP-Erfolg betitelte man jedenfalls als Votum „gegen das vom Reichspräsidenten gestützte System".[31] Die Warnung war klar. Wenn sich der Präsident in die Ebene der Parteikämpfe hinabbegab, dann litt sein Ansehen. Hindenburg sollte stattdessen über den Hadern des Alltags wachen.

In den folgenden neun Monaten ging die Demokratie tatsächlich in Deutschland unter – der eben noch als ihr Garant gelobte Hindenburg dagegen nahm bei dieser Ereigniskette keine Rolle in der Berichterstattung mehr ein. Im August 1932 hieß es zwar einmal, er stünde für „abenteuerliche Pläne, die leichtfertig mit der Verfassung umgehen" nicht bereit[32] – aber Berichte über das Agieren des immerhin obersten Wächters der Verfassung zur Stützung der Demokratie in dieser schicksalhaften Situation finden sich nicht.

Nach der Einsetzung Hitlers in das Reichskanzleramt wiederholte die *Reichenberger Zeitung* dann am 31. Januar 1933 die Warnung des sozialdemokratischen Berliner *Vorwärts*, mit diesem Schritt habe Hindenburg „die furchtbarste Verantwortung übernommen". Jedoch lediglich Anfang Februar waren noch einmal kritische Äußerungen zu diesem Schritt zu lesen. Am 3. Februar entlastete die als Überschrift zitierte Kritik der Bayerischen Volkspartei, „Phrasen, kein Programm. Wer hat Hindenburg falsch unterrichtet", den Reichspräsidenten als Opfer einer Intrige. Deutlicher dagegen die mahnende Erinnerung an Hindenburgs Amtseid am 8. Februar: „Der neue Geist und der neue Ton [...] Wer nicht nach der neuen Pfeife tanzt, fliegt heraus!". Danach aber, gerade in den Wochen der Zerstörung der demokratischen Strukturen, spielte der Reichspräsident erneut in der Berichterstattung keine Rolle. Mit den Ereignissen schien er offenbar nichts zu tun zu haben. Im Zentrum standen allein die Aktionen der Nationalsozialisten selbst, Hindenburgs Mitverantwortlichkeit oder gar seine Eingriffsrechte blieben unerwähnt.

Erst in der zweiten Märzhälfte 1933 tauchte er in den Nachrichten nochmals auf – beredter Weise mit dem Hinweis „Ehrungen", gemeinsam mit dem gerade erst ins Amt gekommenen Hitler. Die *Reichenberger Zeitung* beschränkte sich dabei auf die Beobachterrolle. Beispielhaft hierfür aus der direkten Nachbarschaft: „In Zittau selbst werden der Rat und die Stadtverordneten heute um 10 Uhr zu einer Ehrensitzung zusammentreten, in der Reichskanzler Hitler zum Ehrenbürger der Stadt Zittau ernannt werden soll. Außerdem soll je eine Straße Zittaus zu Ehren Hitlers und Hindenburgs mit den Namen dieser Staatsmänner benannt werden. Zu der Stadtverordnetensitzung sind die Mitglieder der sozial-

31 Ebenda, 25.4.1932.
32 Ebenda, 13.8.1932.

demokratischen Fraktion nicht eingeladen worden. Ferner wird heute abends in Zittau ein Fackelzug stattfinden an dem neben der nationalsozialistischen Partei und dem Stahlhelm auch alle übrigen nationalen Vereinigungen teilnehmen werden."[33] Die Diskriminierung der Sozialdemokraten, 1932 noch wertvolle Stütze Hindenburgs, war allein eine Randnotiz wert. Als aus Görlitz die Kunde von der Verhaftung der jüdischen Richter und Staatsanwälte durch SA und SS kam, der die reguläre Polizei nur zuschaute,[34] äußerte man ebenfalls keine eigene Meinung mehr, wie es noch bis 1932 der Fall gewesen war. Die *Reichenberger Zeitung* schwieg über dieses Unrecht ebenso, wie Hindenburg schwieg. Der Reichspräsident hatte offensichtlich seine Geltung eingebüßt und verschwand aus der Zeitung.

Erst Hindenburgs Tod ließ ihn in großen Lettern wieder in die *Reichenberger Zeitung* zurückkehren. Am 2. August 1934 dokumentierten der Titel „Präsident Hindenburg gestorben" und die weiteren Berichte sein großes Ansehen, das die übliche Bedeutung des Oberhaupts eines Nachbarstaates weit überschritt. Dem Umfang nach schien es sich eher um ein Ereignis mit tiefschürfender innenpolitischer Tragweite zu handeln. Offenbar hatten viele Deutsche in der Tschechoslowakischen Republik ein enges Verhältnis zum obersten Repräsentanten ihrer Landsleute jenseits der Grenze entwickelt. Inhaltlich ließ die *Reichenberger Zeitung* hingegen Vorsicht walten: „Was sich unter seiner Präsidentschaft ereignet hat, gehört der jüngsten Vergangenheit an und braucht hier nicht wiederholt zu werden. Es war der Weg vom Weimarer Parteienstaat über den halbautoritären Staat der Brüning und Schleicher zum nationalsozialistischen Staate Hitlers."[35] Aus der Berichterstattung verschwand der einst als „Bollwerk gegen alle rechtsradikalen Umsturzpläne" gelobte endgültig. Hindenburg war aus der Verantwortung für den Weg von Demokratie zur Diktatur entlassen. Eine der letzten Konstanten eines Deutschland vor Hitler war verloren.

„Die tote Grenze" – Der Blick nach drüben 1933

Zunächst beherrschte wie im Vorjahr der drohende Bürgerkrieg in der Nachbarschaft die grenzüberschreitenden Schlagzeilen. Am 4. Januar las man vom Platzen einer Gemeinderatssitzung im nahen sächsischen Schmiedeberg, nachdem dort tags zuvor Abgeordnete als „Lumpen" verunglimpft worden waren. In

33 Ebenda, 21. 3. 1933.
34 Ebenda, 29. 3. 1933.
35 Ebenda, 2. 8. 1934.

Blick über die Stadt Reichenberg in den 1930er-Jahren.
Privatbesitz

Dresden mussten Ende Januar alle politischen Veranstaltungen verboten werden. Es war zu Ausschreitungen bei einem kommunistischen Treffen gekommen.[36] Auch die Nationalsozialisten erschienen in keinem guten Licht. Die *Reichenberger Zeitung* schrieb von „wirrköpfigen Machtansprüchen", getarnter Industrieförderung am Fiskus vorbei und der Rückkehr zu Strategien der „Provokation und des Überfalls".[37] Hitlers Machtantritt kommentierte dann auch Adalbert Worliczek am 31. Januar zurückhaltend als „gewaltiges Experiment".

Begleitet wurde dieses Ereignis vom nächsten spektakulären politischen Mordfall jenseits der Grenze nach dem Fall Hentsch, diesmal in Zittau. Die nationalsozialistische These von einem kommunistischen Verbrechen zweifelte die *Reichenberger Zeitung* laut an, allerdings mit einer in dieser Bürgerkriegsstimmung durchaus naiv wirkenden Begründung: „schließlich schießt niemand

36 Ebenda, 26. 1. 1933.
37 Ebenda, 12. 1. 1933, 21. 1. 1933, 24. 1. 1933.

einen Menschen mit drei Kugeln nieder, nur weil er Mitglied einer gegnerischen Partei ist".[38]

Rasch schlich sich allerdings ein anderer Ton im Blatt ein. Am 23. Februar folgten so die folgenden Zeilen: „Es liegen ausreichende Beweise dafür vor, daß in letzter Zeit die Kommunisten in der Uniform der SA. und anderer nationaler Verbände Terrorakte schon hervorgerufen haben". Nach diesen Belegen fragte die Redaktion bei der Übernahme der Meldung aus dem Reich nicht, und sollte das in Zukunft auch zumeist lassen. Nun standen bei solch einer Darstellung der Ereignisse die Kommunisten unter dem generellen Verdacht des „bewaffneten Umsturzes, der blutigen Revolution",[39] während die noch wenige Wochen zuvor kritisch angesehenen Nationalsozialisten in eine staatstragende Funktion hineinzuwachsen schienen. Dank ihrer Machtergreifung sei nach dem Reichstagsbrand der „Aufstand im Keime erstickt"[40] worden. Den qualitativen Unterschied zwischen der Übernahme von Mitteilungen einer Presse oder einer Verwaltung aus einem pluralistischen Rechtsstaat und einer sich mit Gewalt und gezielter Desinformation etablierenden Diktatur sah die *Reichenberger Zeitung* nicht und vermittelte ihn ihren Lesern nicht. Beispielhaft hierfür steht auch, dass man Begriffe aus dem nationalsozialistischen Deutschland für Ereignisse in anderen, demokratischen Ländern übernahm und so den Unterschied zwischen einer Diktatur und einer Demokratie verwischte. So schrieb die Redaktion von einem eigenen Ermächtigungsgesetz in der Tschechoslowakischen Republik 1933, ohne dabei die Differenzen zum gleichnamigen Gesetz im Deutschen Reich herauszuarbeiten[41] oder nannte US-Präsident Roosevelt am 1. November 1933 und nochmals am 9. März 1934 wegen seiner umfassenden Wirtschaftsreformen einen „Diktator". Universitätsprofessor und Gastautor Fritz Sander nutzte in einem Namensartikel gar direkt nationalsozialistische Sprache, wenn er den Vereinigten Staaten vorwarf, eine „entartete Demokratie" zu sein.[42]

Das „Bekenntnis der Massen zum nationalen, autoritären Staate"[43] als Ergebnis der März-Reichstagswahl wurde in der *Reichenberger Zeitung* weder begrüßt noch bedauert: „Freiheit, Gleichheit und Brüderlichkeit, die Symbole der Demokratie, werden zu einem Narrenspiel, wenn sich hinter Freiheit Herrschaft des

38 Ebenda, 2.2.1933.

39 Ebenda, 27.2.1933.

40 Ebenda, 28.2.1933.

41 Ebenda, 29.3.1933, 21.4.1933, 22.5.1933, 1.6.1933, 4.6.1933, 6.6.1933, 9.6.1933, 16.8.1933.

42 Ebenda, 25.4.1934.

43 Ebenda, 23.2.1933, 29.11.1933.

Mächtigen, hinter Gleichheit Herrschaft des Siegers und hinter Brüderlichkeit Herrschaft des Stärkeren verbergen."[44] Zu eigen machte man sich die Ideale der neuen Machthaber jedoch nicht. Adalbert Worliczek mahnte folglich noch am 7. März, die „neue Mehrheit" decke sich „nicht mit unserer eigenen Weltanschauung".

Derweil schilderte das Blatt die Gleichschaltung in der Nachbarschaft. Am Donnerstag, 9. März folgte eine auffällig distanzierte Beschreibung der Zittauer Ereignisse: „Bereits in der Nacht zum Dienstag zogen SA.-Trupps vor das Rathaus und versuchten schon damals die Hakenkreuzfahne aufzuziehen, doch wurde dies verhindert. Dagegen gelang es, die Hitler-Fahnen an den höheren Schulen, am Postamte, am Bahnhof, am Amtsgerichte und am Gebäude der Amtshauptmannschaft anzubringen. Am zeitigen Morgen wurde jedoch von den Amtsvorständen veranlaßt, daß die Fahnen wieder entfernt wurden. Darauf zog die SA. heute gegen Mittag vor das Rathaus, wo mit der Verwaltung über das Aufziehen der Fahne verhandelt wurde. Das Ergebnis war, daß auf dem Turm des Rathauses gegen Mittag die Hakenkreuzfahne zusammen mit dem Stadtwimpel hochging und vom Balkon des Rathauses herab in den Farben schwarz-weiß-rot und weiß-grün [die sächsischen Farben] geflaggt wurde. Der Vorfall verlief ohne Zwischenfall in Gegenwart einer großen Menschenmenge. Bedauerliche Vorgänge, bei denen es zu schweren Beleidigungen der Amtsvorstände kam, ereigneten sich aber vor dem Amtsgerichte und vor der Amtshauptmannschaft, wo die Hissung der Fahnen mit Gewalt durchgeführt wurde, da die leitenden Beamten auf Grund ihrer Anweisungen dem Hissen der Fahnen zunächst Widerstand entgegensetzten. Ferner wurde heute gegen das hiesige Gewerkschaftshaus und gegen die Volksbuchhandlung vorgegangen. Beide Gebäude wurden zunächst von der regulären Polizei auf das Vorhandensein von Waffen und verbotener Druckschriften untersucht, dann aber von den SA.-Mannschaften besetzt und mit der Hitler-Fahne beflaggt. Die im Gewerkschaftshause vorgefundenen roten Fahnen und die sozialdemokratischen Flugschriften wurden im Hofe auf einen Haufen geworfen und verbrannt. Zu Zwischenfällen mit den von diesen Vorgängen betroffenen Kreisen ist es nicht gekommen."[45]

Von ähnlichen Vorgängen las man auch von andernorts. In Wurzen stürmte SA mit Waffengewalt das Gewerkschaftshaus, wobei Gewalt angeblich allein von den Verteidigern des Gebäudes ausgegangen sei.[46] In Bautzen wurde der parteilose Oberbürgermeister Hermann Niedner nach 15 Jahren „aus seinem

44 Ebenda, 5.3.1933.
45 Ebenda, 9.3.1933.
46 Ebenda, 9.3.1933.

Amte entfernt".[47] Kein weiterer Kommentar dazu. Aus dem Ruhrgebiet las man am gleichen 9. März von Schließungen von Warenhäusern und, im nationalsozialistischen Jargon, „jüdischen Geschäften". Der „Diszipliniertheit" der SA sei zu danken, dass die Schließung „in aller Ruhe vor sich gegangen ist". Etwaige „Übertretungen" der SA würden hingegen sofort geahndet. So seien in Köln drei Übeltätern „die braunen Hemden auf der Stelle ausgezogen" worden.[48] Daneben fügte die *Reichenberger Zeitung* auch noch Meldungen von antijüdischen Ausschreitungen im polnischen Czernowitz an. Folgte man dem Bericht, schienen diese massivere, vor allem aber im Unterschied zu Deutschland unkontrollierte Aktionen zu kennzeichnen.[49] Weiterhin verniedlichten solche Meldungen die Ereignisse in Deutschland zum Teil einer umfassenden internationalen Welle.

Gewalt und Verfolgung wurden andererseits nicht verschwiegen. Zum Tod von Georg Landgraf, Geschäftsführer der sozialdemokratischen Chemnitzer *Volksstimme*, hieß es am 10. März: „Er wurde von den Führern der SA.-Abteilung aufgefordert, der Durchsuchung des Gebäudes keinen Widerstand entgegenzusetzen. Landgraf drohte darauf dem Führer der SA.-Abteilung, ihn die Treppe hinunterzuwerfen, und machte eine Handbewegung, aus der der Führer der SA. anscheinend schloß, daß Landgraf zur Waffe greifen wollte. Der Führer der SA. griff daher ebenfalls zur Waffe und gab auf Landgraf zwei Schüsse ab, wodurch dieser tödlich verletzt wurde." Diese Passage, wortwörtlich auch in anderen Zeitungen abgedruckt,[50] meldete immerhin vorsichtig Zweifel an der Beschreibung des Tathergangs an, denn der Schütze „schloss" aus der Bewegung Landgrafs eine akute Gefahrenlage. Insgesamt aber setzte sich die Redaktion bei der Wiedergabe solcher Nachrichten nur oberflächlich mit dem Geschehen auseinander.

Am 21. März erfuhr man von ersten Konzentrationslagern in Sachsen. Die beigefügte Begründung: Bei den inhaftierten kommunistischen Funktionären „könne man nicht an eine Freilassung denken, weil sich in einzelnen Fällen ergeben habe, daß sie sofort wieder hetzten, sobald sie in Freiheit gesetzt seien."[51]

47 Ebenda, 9.3.1933.

48 Ebenda, 14.3.1933.

49 Ebenda, 19.4.1933.

50 U.a. im Salzburger Volksblatt, 10.3.1933. Dort fiel die Meldung jedoch in die Rubrik „Gewalttaten", in der auch kritisch über nationalsozialistische Gewalt in Magdeburg und Dessau berichtet wurde. Vgl. Markus Fischer, Neue Perspektiven auf die sächsische NS-Presse. Eine Aufarbeitung des NSDAP-Organs „Der Freiheitskampf", in: Neues Archiv für sächsische Geschichte 84 (2013), S. 287.

51 Reichenberger Zeitung, 21.3.1933.

Die bisherige Meinungsfreiheit war offenbar Vergangenheit, Prüfung individueller Verantwortlichkeit überflüssig. Nicht wenige Leser dürften weiterhin den Eindruck gewonnen haben, dass der seit Wochen kursierende Vorwurf der akuten kommunistischen Putschgefahr in Deutschland doch zumindest einen wahren Kern enthalten müsse. Hierzu passt auch eine Meldung vom 22. März unter der Überschrift „Kommunist auf der Flucht erschossen". Aus dem grenznahen Löbau erfuhr der Leser, dort sei der „als gewalttätig bekannte Ebersbacher Kommunist Erich Peike" erschossen worden. Mit anderen Genossen war Peike im inzwischen „Braunen Haus", der früheren Zentrale der *Volkszeitung für die Oberlausitz*, inhaftiert worden. Sein Fluchtversuch scheiterte. „Er wurde von seinen Verfolgern auf dem Dach gestellt. Da er sich nicht ergeben wollte und weiter zu flüchten versuchte, gaben die SA.-Leute mehrere Revolverschüsse ab, von denen einer Peike tödlich am Kopf verletzte."

Anschließend berichtete die *Reichenberger Zeitung* erneut distanzlos aus nationalsozialistischer Sicht über den von einer Verhaftungswelle flankierten Terror gegen jüdische Geschäftsbesitzer vom 1. April 1933. Aus Görlitz hieß es: „Um 11 Uhr zogen vor den jüdischen Geschäften die Boykott-Posten auf. Wie Samstag durchfuhren Lastwagen mit Sprechchören die Geschäftsstraßen der Stadt und forderten zum Boykott auf. Um 5 Uhr nachmittags fand die Aktion ihr Ende und die Posten wurden zurückgezogen."[52] Täuschende Formulierungen mussten falsche Eindrücke bei den Lesern befördern. Hierzu gehörten Meldungen wie „friedlicher Verlauf der Boykottbewegung" oder „Verlauf in ruhigen und würdigen Formen".[53] Dürfte es sich hier um die Übernahme reichsdeutscher Nachrichten gehandelt haben, erreichte die Ausgrenzung wenige Wochen später eine neue Ebene. Nun begann die *Reichenberger Zeitung* zumindest in Ansätzen Juden aus der Gruppe der Deutschen in der Tschechoslowakei herauszurechnen. So las man am 9. Mai, je nach Studiengang seien zwischen einem Drittel und einem Viertel aller Studierenden deutscher Hochschulen Juden. Am 20. Juli beklagte man einen „geheimen jüdischen Boykott" in Nordböhmen gegen die Deutschen. Die Juden würden sich in ihren Geschäftsbeziehungen zu den Tschechen hin umorientieren.

Am 25. Juli 1933 las man dann aus Deutschland bereits von Sippenhaft. Frau und Tochter des 1933 geflohenen Bürgermeisters Hermann Worch aus Langewiesen bei Ilmenau in Thüringen, ein bekannter Gegner der Nationalsozialisten, wurden inhaftiert. Als Begründung der „Repressalie" dienten „die von Worch im Ausland verbreiteten unwahren Gerüchte über seine Behandlung in

52 Ebenda, 3.4.1933.
53 Ebenda, 1.4.1933.

Deutschland."[54] Selbst wenn hier erneut die offizielle Meldung aus dem Reich wiederholt wurde, musste die Botschaft dem Leser das Bild eines Unrechtsregimes eröffnen, das nicht nur seine Feinde, sondern auch unbeteiligte Angehörige angriff. Auch an anderer Stelle blieben Falschmeldungen aus Deutschland im Raum stehen. Als Seifhennersdorfs früherer Bürgermeister Emil Georg Fichtner, auch er engagierter Gegner der Nationalsozialisten, aus dem sächsischen Grenzdorf in das Konzentrationslager Hohnstein[55] eingeliefert wurde, verbreitete man unkritisch die offizielle Begründung finanzieller Unregelmäßigkeiten und nicht näher ausgeführter Umtriebe im Ausland.[56] Fichtner starb 1937 an den Haftfolgen.[57]

Für eine Zeitung nahe der Grenze waren Fluchtversuche in beide Richtungen erwartungsgemäß wiederholt Teil der Berichterstattung. Ein Beispiel war der Bezirksleiter des Kampfbund gegen den Faschismus[58] in Niederzwönitz im Erzgebirge, Lampert, der sich über die Grenze zu retten versuchte. Nun erfuhr man aber, er sei an die Polizei verraten worden. Anschließend wurde sein Wagen von Beamten und SA umstellt und Lampert nach „mehreren Schreckschüssen" verhaftet.[59]

Blieb diese Aktion auf die reichsdeutsche Seite beschränkt, wusste man andernorts aber auch von Schießereien auf tschechoslowakischem Boden zu berichten. Zu solch einem Zwischenfall, ausgelöst durch reichsdeutsche Nationalsozialisten, kam es in St. Katharinaberg, wie die Zeitungsleser am 18. März erfuhren. Über einen weiteren Grenzzwischenfall hieß es am 26. April: Drei tschechoslowakische Staatsbürger seien nahe Philippsdorf widerrechtlich von reichsdeutschen Posten auf tschechoslowakischem Boden festgehalten worden. „Nach einem Handgemenge konnten die Tschechoslowaken die Flucht ergreifen." Gegen die drei Angehörigen der reichsdeutschen „Hilfspolizei" – gemeint war wohl die SA – würde ein Strafverfahren eröffnet.

An anderer Stelle attackierten SA-Leute auch Sudetendeutsche, wie einem Zeitungsbericht vom 17. Mai zu entnehmen war: Zwei Tage zuvor war am Grenz-

54 Ebenda, 25.7.1933; vgl. zu Hermann Worch: Udo Wohlfeldt, Der Fall Worch – eine Familie wird vernichtet. Mutter und Tochter als Geiseln im KZ Bad Sulza, in: ders./Peter Franz (Hrsg.), gefangen im netz. Die Konzentrationslager in Thüringen 1933–1945, Weimar 2000.

55 Vgl. zum frühen KZ Hohnstein: Übersicht zu den Wilden und Frühen Konzentrationslagern beziehungsweise Schutzhaftlagern in Sachsen, in: Hans Brenner u.a. (Hrsg.), NS-Terror und Verfolgung in Sachsen. Von den Frühen Konzentrationslagern bis zu den Todesmärschen, Dresden 2018, S. 458.

56 Reichenberger Zeitung, 6.12.1933.

57 Vgl. Paul Kirsch, Das tragische Schicksal Emil Georg Fichtners, 2 Teile, in: Seifhennersdorfer Heimathefte 1 und 2, Seifhennersdorf 2005.

58 Vgl. zum „Kampfbund": Friedbert Mühldorfer, Kampfbund gegen den Faschismus, 1930–1933, in: Historisches Lexikon Bayerns [17.3.2024].

59 Reichenberger Zeitung, 16.3.1933.

übergang bei der „Herrenschenke" der Sozialdemokrat und angebliche Kurier Emil Mitheis aus St. Katharinaberg wegen der Beschimpfung Hitlers als „Lump" verhaftet worden.

Illegal übertrat Anfang Mai 1933 auch Friedrich Leonhardt, Führer einer Markneukirchener SS-Abteilung, die Grenze. Mit Revolver und Munition bewaffnet, wurde er 200 Schritt auf tschechoslowakischem Boden unter Schmuggelverdacht verhaftet. Leonhardt gab am 11. Mai zu, gemeinsam mit fünf Kameraden habe er den aus dem Markneukirchener Konzentrationslager[60] geflohenen Kommunisten Lippert zurück ins Reich entführen wollen.[61] In der Berichterstattung über den Gerichtsprozess hieß es dann: „Nach dem eigenen Geständnis des Leonhardt hätte der Kommunist erschossen werden sollen, wenn er sich geweigert hätte, Folge zu leisten."[62] Am 4. November folgte schließlich die Ergänzung: „Die Pilsner Polizei erhielt auf vertraulichem Wege Kenntnis, daß reichsdeutsche Elemente in die Tschechoslowakei gekommen sind, um Leonhardt vor der Verhandlung aus dem Gefängnis zu befreien." Nimmt man diese verschiedenen Nachrichten zusammen, konnte keinem aufmerksamen Leser sowohl die Brutalität der Nationalsozialisten des Reichs als auch die Gefahrenlage für die aus dem Reich Geflohenen entgangen sein.

Stets vermittelten die Redakteure allerdings in solchen Berichten den Eindruck durchaus bedauerlicher Einzelfälle. Besonders deutlich wird dies bei einer Meldung vom 1. August, die aber als „abenteuerliches Gerücht" sofort abgelegt wurde, da man „nicht besonders betonen muß, daß selbstverständlich ein solcher Plan nicht existiert". In diesem Fall ging es um ein angebliches Vorhaben in Weipert: Sächsische Nationalsozialisten hätten eine Liste der dortigen Kommunisten und Sozialdemokraten erstellt, die man über die nahe Grenze zu entführen plane. Hierfür habe man Kontakt zu den Weiperter Nationalsozialisten aufgenommen. Diese sollten auf dem Hauptplatz eine Demonstration organisieren, in deren Schatten dann die Bärensteiner SA „in die Stadt einmarschieren" und die Deportation durchführen würde.

Selbst die Ermordung des Kommunisten Franz Stenzer stellte man in offizieller reichsdeutscher Lesart als finalen Schuss bei einem angeblichen Fluchtversuch aus dem Konzentrationslager Dachau dar.[63] Verantwortlichkeit lag für den Tod somit eher beim Opfer als bei den Tätern.

60 Vgl. zum frühen Markneukirchener KZ (Amtsgerichtsgefängnis): Übersicht, in: Brenner, NS-Terror, S. 459.

61 Reichenberger Zeitung, 11. 5. 1933.

62 Ebenda, 5. 8. 1933.

63 Ebenda, 24. 8. 1933.

Die erzgebirgischen Zwillingsstädte Bärenstein in Deutschland und Weipert in der Tschechoslowakei, hier um 1930.
Privatbesitz

All die Gewaltmeldungen färbten offensichtlich nicht negativ ab auf die schon 1932 wachsende Zustimmung für die sudetendeutschen Nationalsozialisten. Im Gegenteil schienen die Ereignisse in der Nachbarschaft anzuziehen. Die Partei segelte in dessen Wind mit. Am 11. Juni las man dann von ihrem ungeheuren Aufschwung. Jetzt war die Mitgliederzahl auf über 100 000 gewachsen.

Die Alltagsverhältnisse entlang der Grenze waren inzwischen trostlos. Anfang April wurde die Visumspflicht für die Deutschen des Reichs wieder eingeführt.[64] Wenige Tage später druckte die *Reichenberger Zeitung* eine Begründung dieser „vorübergehenden“ Regelung ab. Bereits der Sprachduktus zeigte die Wiedergabe der entsprechenden Berliner Erklärung. Das Visum sollte jeder Person verwehrt werden, die „sich staatsfeindlich gegen das Reich oder ein deutsches Land betätigen wird“, die die verschiedenen Staatsorgane „beschimpfen oder absichtlich verächtlich machen wird“, „im Ausland unrichtige Nachrichten

64 Ebenda, 1. 4. 1933.

verbreiten", „gegen die Devisenvorschriften verstoßen" oder sich „durch die Reise ins Ausland steuerlichen Pflichten entziehen wird".[65] Die Formulierungen machten sich gar nicht die Mühe zu verschleiern, dass selbst potentielle zukünftige Tatbestände bereits im Vorfeld sanktioniert werden sollten. Willkür wurde auf diesem Weg Tür und Tor geöffnet. Wichtiger, weil hiervon die Zeitungsleser als tschechoslowakische Staatsbürger direkt betroffen waren, erschien für die Redaktion aber die elf Tage später verbreitete Nachricht der Industrie- und Handelskammer Zittau, Ausländer könnten bei Besuchen in Deutschland mit regulären Papieren einreisen, da die verhängten „Reisebestimmungen nur für Angehörige des Deutschen Reiches gelten".[66]

Bald keimte gar das Gerücht einer gänzlichen Grenzschließung auf. Aus Weipert kam eine Klage über die verlorene Gemeinschaft der Grenzlandbewohner. „Seit undenkbaren Zeiten sind die Bewohner der in diesen Gebieten gelegenen Ortschaften in wirtschaftlicher Beziehung aufeinander angewiesen, waren auf Gedeih und Verderb so eng miteinander verbunden, daß ihnen der Begriff ‚Grenze' nahezu völlig verschwamm, umso mehr als diese Menschen gleiche Sprache, gleiche Kultur und Ziele haben, daß sie ausnahmslos Deutsche sind." Jetzt aber drohten „Bajonette und Gewehrläufe". Jede Schokoladentafel werde mit Zoll belegt, während „sich der Grenzler am ganzen Körper abtasten lassen muß, ob er nicht vielleicht eine Apfelsine, eine Banane für sein Kind ‚drüben' eingekauft hätte". „Die tote Grenze" bringe, so zusammengefasst, „auf der einen Seite leere Geschäftsläden, auf der anderen verödete Gaststätten."[67] Ausgedünnt wurde auch das Angebot der bisher emsig genutzten Verkehrsverbindungen. Am 15. Mai stellte man die Busverbindung zwischen Warnsdorf und Seifhennersdorf ein.[68]

Kontrollen wurden Alltag. Zwischen Reichenberg und Warnsdorf kam es regelmäßig zu erheblichen Bahnverspätungen, da umfassende Kontrollen den Transitverkehr durch Sachsen behinderten.[69] Während die *Reichenberger Zeitung* unter Hinweis auf drohende „rücksichtslose Verhaftungen" die Schuld zunächst eher der deutschen Seite zuschrieb,[70] änderte sich das im Sommer 1933 zulasten der Tschechoslowakei. Am 9. Juli war die Grenze der böhmischen Bezirke Rumburg, Schluckenau und Warnsdorf komplett abgeriegelt worden, um eine Beteiligung Sudetendeutscher an der Grenzlandtagung von Deutscher Arbeitsfront und SA im sächsischen Neugersdorf zu verhindern. Für die Zeitung eine

65 Ebenda, 4.4.1933.
66 Ebenda, 15.4.1933.
67 Ebenda, 24.5.1933.
68 Ebenda, 13.5.1933
69 Ebenda, 27.6.1933.
70 Ebenda, 8.7.1933.

Überreaktion, da, so die bemerkenswerte Begründung, „die sudetendeutsche Bevölkerung diese Tagungen, seit deren Besuch mit strengen Strafen bedroht ist, absolut meidet".[71] Gleiches galt bei den Grenzsperren in Isergebirge und Riesengebirge während eines SA-Treffens in Breslau und einer Sperre bei Eger während einer nationalsozialistischen Veranstaltung in Tirschenreuth,[72] beide Anfang Oktober. Deutlich auch die Kritik an der zwischenzeitlichen Reisebeschränkung zur Zittauer Jahrtausendfeier, obwohl „keines der amtlichen Programme auch nur ein Hakenkreuz trug".[73]

Zugleich beklagte die *Reichenberger Zeitung* unlautere reichsdeutsche „Falschmeldungen über Repressalien durch tschechische Grenzer",[74] was den wichtigen Tourismus aus Deutschland weiter schmälere. Das Misstrauen gegen die reichsdeutschen Nachbarn schimmerte auch durch, als die *Reichenberger Zeitung* einen Bericht der Bad Schandauer *Sächsischen Elbzeitung* über die Not in Nordböhmen dokumentierte. Darin hatte die sächsische Seite die Gründung eines Hilfswerks für die Landsleute in der Tschechoslowakei angeregt. Gleichzeitig aber, so kritisierte die *Reichenberger Zeitung*, würde Sachsen den Grenzverkehr behindern „durch Erschwerungen sogar des Ausflugsverkehrs des kleinen Mannes, der nur mit einigen Mark in der Tasche eine Wanderung nach hier unternehmen will, dem an der Grenze von reichsdeutschen Zollbeamten alle möglichen Schwierigkeiten gemacht werden unter der Devise ‚Schutz der einheimischen Gastgewerbetreibenden' unter Verkennung der Tatsache, daß an der Grenze entlang auch Deutsche wohnen". Weiterhin werde „an den Paßstellen der Polizeidirektionen Dresden, Chemnitz, Leipzig jeder gewarnt, die Grenze zu überschreiten".[75]

Menschliche Schicksale wogen aber weit schwerer. Hierfür stand ein gebürtiger Warnsdorfer, der nach Deutschland gezogen und dort in die SA eingetreten sei. Nun konnte er nicht einmal mehr zurück in die Heimat, um am Begräbnis seines Vaters teilzunehmen. Über derlei persönliches Leid gehe aber das Leben „kalt hinweg".[76] Gemeint war mit diesem Vorwurf wohl aber eher die Politik, welche ihre Auseinandersetzung auf dem Rücken der Menschen vor Ort austrage.

Im Dezember stand dann doch die lang erwartete Rückkehr zum freien deutsch-tschechischen Verkehr bevor. Offiziell erst zum 1. Januar 1934 ein-

71 Ebenda, 10.7.1933.

72 Ebenda, 9.10.1933, 10.10.1933.

73 Ebenda, 29.8.1933, 31.8.1933.

74 Ebenda, 8.6.1933. So fügte die *Reichenberger Zeitung* an, die behaupteten verstärkten Kontrollen der tschechoslowakischen Grenzbeamten seien lediglich „in der Zeit der nationalen Revolution" durchgeführt worden.

75 Reichenberger Zeitung, 21.6.1933.

76 Ebenda, 27.9.1933.

geführt, war in den Wintersportorten bereits an den Weihnachtstagen der Grenzübertritt aus Sachsen möglich. „Meist waren es alte, liebe Bekannte, die in ihre altgewohnten Gaststätten und Unterbringungshäuser, freudig begrüßt, wiederkehrten." Lobende Erwähnung fand diesmal auch die Freundlichkeit der tschechischen Grenzbeamten, die „wesentlich zur Beseitigung der vielfach in reichsdeutschen Kreisen bestehenden Angstpsychose vor dem Betreten tschechoslowakischen Bodens beitragen wird".[77]

Während der legale Austausch über die Grenze 1933 stark gelitten hatte, florierte dagegen in dieser Notzeit der Schmuggel mit verschiedensten Gütern, wobei im Unterschied zum Vorjahr jetzt politisch begründete Transporte die Berichte bestimmten. Es handelte sich dabei längst nicht nur um Schriftgut. Verbunden waren solche Nachrichten auch mit der Andeutung einer kommunistischen Verschwörung, wie das folgende Beispiel aufzeigt: „Zu den am 12. März im oberen Erzgebirge und vorwiegend im benachbarten Amtsbezirk Annaberg von Terrorgruppen der KPD. geplanten Sprengstoffattentaten auf öffentliche Gebäude, auf Gas- und Elektrizitätswerke waren von kommunistischer Seite umfangreiche Vorbereitungen getroffen worden." Nur das Eingreifen von SA und SS habe, so die weitere Meldung, den Einsatz zahlreicher Schusswaffen verhindert, welche eine Gruppe um den aus Annaberg geflohenen Franz Lanzenberger und seinen Nachrichtendienst eingeschmuggelt habe. Unterstützung hätten die Täter von tschechoslowakischen Kommunisten erhalten.[78] Es fällt auf, die Meldung über die angeblichen Attentate erfolgte erst Mitte April, also mit mehreren Wochen Verzögerung. Stichhaltige Belege für die veröffentlichten Beschuldigungen, wohl wieder aus reichsdeutscher Quelle, blieben jedoch aus. Am 25. April vermeldete die *Reichenberger Zeitung* dann weitere, „seit länger bekannte" Waffenschiebereien nach Sachsen, die von den tschechoslowakischen Kommunisten geleugnet worden seien. Der Bericht stützte sich diesmal auf das Urteil des Bezirksgerichts Rumburg, das im April einen Waffenhändler – offenbar einen Kommunisten – wegen Waffenschmuggels verurteilt hatte.

Öfter als über Waffenschmuggel war jedoch über Transporte in Deutschland verbotener politischer Schriften zu lesen. So seien mehrere Ausgaben des *Neuen Vorwärts* der Exil-SPD bei Warnsdorf zwischen Holzstämmen versteckt[79] oder Flugblätter in einem Auto über die Grenze gebracht worden.[80] Gleich einem ganzen grenzüberschreitenden kommunistischen Kurierdienst seien die sächsischen

77 Ebenda, 30.12.1933.
78 Ebenda, 16.4.1933.
79 Ebenda, 8.7.1933.
80 Ebenda, 14.10.1933.

Behörden im Juli 1933 in der Amtshauptmannschaft Schwarzenberg und in Aue auf die Spur gekommen. 40 Personen kamen dabei in Haft.[81]

An anderer Stelle berichtete die *Reichenberger Zeitung* von einem Schriftenschmuggel in die entgegengesetzte Richtung. Im Fahrradgestell der sudetendeutschen Nationalsozialisten Richard Wagner und Stephan Lorenz wurden verbotene Flugblätter entdeckt. Für das Blatt in diesem Fall aber lediglich ein Dumme-Jungen-Streich: Obwohl „sicherlich eine Anzeige und die Einleitung des gerichtlichen Verfahrens genügt hätten, wurden die beiden Joachimsthaler verhaftet und dem Kreisgerichte in Eger überstellt".[82]

Ein letzter, besonders tragischer Schmuggelfall soll noch erwähnt werden. Eigentlich handelte es sich um einen Schmuggel aus wirtschaftlichem Interesse, doch die Nachricht kommentierte das Geschehen aus politischer Sicht. Am 22. Dezember hatte der Arbeitslose Adolf Dörfler aus Lauterbach versucht, vor der Finanzwache mit seinem „kleinen Paket" zu fliehen, woraufhin ein Beamter ihn zum Stehenbleiben aufrief und zugleich einen Schuss abfeuerte. „Das Projektil traf den Dörfler in den Rücken und trat an der Brust wieder aus. Der Mann war sofort tot." Die *Reichenberger Zeitung* fügte am 27. Dezember diesmal die sonst stets unerwähnten familiären Verhältnisse des Mannes an: „Er ist Vater von drei unversorgten Kindern und seine Frau ist vor kurzem gestorben. Wahrscheinlich wollte er von dem Erlös der Schmuggelware seinen Kindern eine kleine Weihnachtsfreude bereiten." Das Verhalten des Schützen musste an die Morde in Deutschland erinnern. Im Unterschied zu diesen als gefährlich beschriebenen Personen galt Dörfler hier allerdings als harmloses Opfer, wurde aber ebenso auf der Flucht in den Rücken erschossen.

Die 1933 weiterwachsende wirtschaftliche Trennung beider Länder lastete auf den Schultern der Sudetendeutschen schwer. Gleichzeitig schienen die Reichsdeutschen von der Entschlossenheit des neuen Regimes wirtschaftlich zu profitieren. Erst wenige Monate an der Macht, erfuhr man bereits von ganzen Landkreisen ohne Erwerbslose, so in Westfalen und Ostpreußen.[83] Aus Bayern konnte man vom „Generalangriff auf die Arbeitslosigkeit"[84] lesen, während andernorts „Kameradschaftslager" Arbeit verschafften.[85] Welche Gefühle mögen in der allgegenwärtigen Not die Erfolgsmeldungen aus Deutschland ausgelöst haben?

81 Ebenda, 23.7.1933.

82 Ebenda, 19.8.1933.

83 Ebenda, 27.7.1933, 28.7.1933.

84 Ebenda, 5.8.1933.

85 Ebenda, 16.8.1933.

In Deutschland hatte sich die Lage im Lauf des Jahres im Bild der *Reichenberger Zeitung* beruhigt. Die Nationalsozialisten schienen auf breite Zustimmung bauen zu können. Bei der Volksabstimmung im November wurden die hohen Werte für die NSDAP betont, selbst aus den Konzentrationslagern wurde von einer klaren Mehrheit geschrieben. Hoch war auch die Zustimmung unter den in der Republik lebenden Reichsdeutschen.[86] Aus Eger reisten 1351 Wahlberechtigte zur Abstimmung nach Waldsassen in Bayern. 1328 von ihnen stimmten dort für die Reichswahlliste. Andererseits verschwieg man keineswegs „Zwangsgang" und „Propagandaterror".[87] Wie frei solch eine Abstimmung in Deutschland noch sein durfte, konnte sich jeder Leser leicht ausrechnen.

„Vollstes Verständnis für unser nationales Sein" – Die Sorben in der Lausitz 1933

In der Nachbarschaft Böhmens, in der Lausitz, lebt die slawische Minderheit der Sorben. Mit der Demokratie der Weimarer Republik hatte sich für die Volksgruppe die Hoffnung auf kulturelle Autonomie verbunden. Sie hatte sogar zuvor versucht, ihre Interessen mit einer kleinen Vertretung innerhalb der tschechoslowakischen Delegation am Rande der Friedensverhandlungen 1919 zu vertreten. Die Motivation der Tschechen und Slowaken zur Darstellung einer sorbischen Frage ist bis heute strittig. Edvard Beneš zeigte jedenfalls keinen Ehrgeiz für eine Angliederung der Lausitz an die junge Tschechoslowakei.[88] Ebenfalls fraglich ist, welchen Rückhalt die kleine separatistische Bewegung innerhalb der sorbischen Volksgruppe überhaupt genoss. Dabei herrschte auf offizieller deutscher Seite ein breiter Konsens, jegliche Erscheinungsformen sorbischer Identität zu beobachten und nötigenfalls zu beeinflussen.[89]

Die Tschechen berichteten spätestens 1933 mit Sorge über die Situation der Volksgruppe. Die Entmündigung der Domowina, traditionelle Vertretung der

86 Ebenda, 14.11.1933.

87 Ebenda, 13.11.1933.

88 Vgl. Friedrich W. Remes, Die Sorbenfrage 1918/19. Untersuchung einer gescheiterten Autonomiebewegung, Bautzen 1993; einen Überblick bietet Petr Kaleta, Tschechisch-sorbische Beziehungen im 19. und 20. Jahrhundert, in: Frank-Lothar Kroll/Miloš Reznik/Martin Munke (Hrsg.), Sachsen und Böhmen. Perspektiven ihrer historischen Verflechtung, Berlin 2014, S. 181–198.

89 Vgl. u.a. Reetta Toivanen, Minderheitenrechte als Identitätsressource? Die Sorben in Deutschland und die Saamen in Finnland, Hamburg 2001, S. 53–60.

Sorben, führte zu deren Verbot 1937.[90] Zunächst aber versuchte die nationalsozialistische Führung, die Organisationen der Sorben für ihre Zwecke zu vereinnahmen.

Mit Blick auf die *Reichenberger Zeitung* interessiert die Berichterstattung aber auch deshalb, weil sie die eigene Minderheitensituation spiegelte. Während die Deutschen in der Tschechoslowakei eine Minderheit bildeten, waren die in der *Reichenberger Zeitung* stets Wenden oder Serben genannten Sorben unter den Deutschen im Reich eine Minderheit.

Angriffe auf die sorbische Gemeinschaft in Deutschland fanden in der *Reichenberger Zeitung* nur am Rande Erwähnung. Das tatsächliche Schicksal vieler Sorben fand nicht den Weg in das Blatt. Nichts erfuhr man so vom Verbot der Wendischen Volkspartei 1933. Ihr Vorsitzender Jakub Lorenc-Zalěski wurde gar zwischenzeitlich inhaftiert. Überhaupt erhielt das Thema erst am 22. Juni größere Aufmerksamkeit, und das bezeichnenderweise in einer kritischen Replik auf die tschechische *Národní listy*, worin die Bautzener Jahrtausendfeier als „Sieg der Deutschen über die Wenden“ beschrieben wurde. Als Kronzeugen für die eigene Kritik führte die *Reichenberger Zeitung* eine sorbische Zeitschrift *Macica Serbska* an, tatsächlich ist das eine wissenschaftliche Gesellschaft. Gemeint war sicherlich deren Zeitschrift *Časopis Maćicy Serbskeje*. Diese hatte davon geschrieben, dass auch eine Sorbin eine Schleife mit einem Hakenkreuz an die sorbische Fahne geheftet habe, „und zwar unter starkem Beifalle aller Festbesucher, die sich zumeist aus Wenden zusammensetzten“.[91] Der übernommene Ausschnitt jedenfalls vermittelte den Eindruck eines breiten Einvernehmens der Sorben mit den neuen Machthabern.

Auch eine weitere Situationsbeschreibung vermischte das eigene Bild harmonischen Zusammenlebens mit Misstrauen gegenüber der tschechischen Berichterstattung. Zitiert wurde hier der Widerspruch der *Serbske Nowiny* aus Bautzen. Bemerkenswert aber war hier vor allem die zitierte sorbische Begründung, welche zum nachdenklichen Lesen zwischen den Zeilen aufrief: „Wir weisen solche Kundgebungen für uns zurück, weil sie uns nur schaden. Zur Zeit können wir uns um nichts beklagen. Was geschehen ist, ist geschehen.“ Danach aber folgte die Wiedergabe einer finalen Ergebenheitsadresse der Sorben an Hitler: „In guter Zuversicht folgen wir unserem Führer, der vollstes Verständnis für unser nationales Sein hat.“[92] Es erscheint doch fraglich, ob die Redaktion der *Reichenberger*

90 Vgl. Clemens Heitmann, „Wendenbewegung“ und „Tschechengefahr“, in: Hermann u. a., Der gespaltene Freistaat, S. 332–342, 349 f.

91 Reichenberger Zeitung, 22. 6. 1933.

92 Ebenda, 2. 8. 1933.

Zeitung gerade bei der erwähnten Stoßrichtung dieses Artikels die Mehrdeutigkeit des gewählten Textausschnitts verstanden hatte. Immerhin konnte sich so jeder Leser selbst seine eigenen Gedanken machen. Dass das wichtige sorbische Blatt selbst 1933 von einem zwischenzeitlichen Verbot betroffen war,[93] fand übrigens keinen Nachrichtenraum.

Bis zum 21. September 1933 sollte es dauern, bevor das Schicksal der Sorben nochmals auf das Tapet der *Reichenberger Zeitung* kam. Diesmal druckte man eine Stellungnahme des Bautzener Amtshauptmanns Johannes Sievert ab. Der zwischen 1928 und 1938 amtierende Landrat betonte darin einführend, die Sorben hätten „in guten wie in schlechten Zeiten ihre staatsbürgerliche Pflicht treu erfüllt und dafür auch die gleichen Rechte erhalten wie jeder andere Deutsche". Keine Spur von einer Diskriminierung in diesen Worten. Allerdings mahnte Sievert, 1918/19 hätten „einzelne Wenden" versucht, Deutschlands Schwäche zu missbrauchen, um „mit ausländischer Hilfe die Losreißung der Lausitz von Deutschland" zu forcieren. Derlei „Heißsporne" mit Verbindung zu „gewissen ausländischen deutschfeindlichen Organisationen" fänden sich wiederholt unter den Sorben. In seiner Anklage nannte der Landrat weder Namen noch benannte er die anonym bleibenden Gruppierungen. Sieverts abgedrucktem Redeausschnitt war weiterhin zu entnehmen, das wieder erstarkte Deutsche Reich werde entschlossen gegen Separatismus vorgehen. Sievert beschloss seine Ansprache aber mit dem nochmaligen Versprechen, „jeder Wende" werde auch in Zukunft „auf allen Gebieten des politischen und kulturellen Lebens die gleichen Rechte wie der andere deutsche Staatsbürger genießen". Allgemeine Befriedigung der Sorben formulierte darüber ein Justizrat Herrmann. In seiner ebenfalls wiedergegebenen Treueadresse nannte er Deutschland „für alle Zeiten unser großes Vaterland, an dem wir in Treue, Liebe und Dankbarkeit hängen und mit dem unser Schicksal unlöslich verknüpft ist".[94]

Nach diesem Eindruck erschien alles in bester Ordnung. Bestätigung fand man nochmals am 2. Oktober mit dem Versprechen von Joseph Goebbels, eine gewaltsame Assimilierung der Sorben sei kein Anliegen der Nationalsozialisten. Auch hierfür übernahm man wieder eine tschechische Zeitungsquelle, diesmal ein Interview mit dem *Venkov*. Dabei beließ es die Redaktion aber nicht. Angefügt wurde noch am gleichen Tag ein zustimmender Kommentar aus der *Polední list*, einem gemeinhin hart kritisierten Boulevardblatt: „Falls die deutsche Regierung die Worte ihres Ministers in die Tat umsetzen sollte, würde die

93 Vgl. Informieren und ein Forum der Meinungsbildung sein, in: Serbske Nowiny Online https://www.serbske-nowiny.de/index.php/de/component/content/article?id=3 [17. 3. 2024].

94 Reichenberger Zeitung, 21. 9. 1933.

Wendenfrage von den deutschen Nationalsozialisten gelöst, während die deutschen Sozialdemokraten, als sie an der Macht waren, nichts zur Lösung dieser Frage unternommen hätten."[95] Auch hier vermittelte man den Eindruck einer zukunftsfrohen Harmonie zwischen den neuen Machthabern und den Sorben. In der *Reichenberger Zeitung* blieb es damit bei solcher Oberflächlichkeit, die reale Lage interessierte kaum. Da wunderte dann auch nicht der im Prinzip das gesamte Themenfeld abschließende Kommentar zur Volksabstimmung im November 1933: „Lausitzer Serben bekennen sich zu Hitler".[96]

„Die Bevölkerung hört mit dem Zeitungslesen auf" – Der Blick nach drüben 1934

Wie schon im Vorjahr beschäftigte die *Reichenberger Zeitung* die trostlose Lage an der „toten Grenze". Im April wusste man immerhin von „Gelderleichterungen im Grenzverkehr" zu berichten. Die schier undurchdringlich wirkende Devisengrenze öffnete sich im Frühjahr 1934 wenigstens einen Spalt.[97]

Über die katastrophale Situation im grenznahen Raum vermochte dies aber nicht hinwegzutäuschen. Am 27. April las man von den Gastwirten aus Friedland, die über ihre „niederschmetternde" Situation klagten. Neben die beschriebenen Schwierigkeiten träten noch Verbote des Vertriebs ausländischer, sprich reichsdeutscher Zeitungen und des Tragens „gewisser Hoheitszeichen", sprich des Hakenkreuzes. So werde „Ausländern der Aufenthalt wenig angenehm gemacht". Die Verantwortung für den drohenden Niedergang schrieben die Gastwirte den tschechoslowakischen Behörden zu – weil dort sehenden Auges provoziert. Sie würden die deutschen Grenzbewohner als „zweitrangiges und der Vernichtung anheim gestelltes Volk" benachteiligen. Im Sommer beklagte dann auch der Landesverband der Gastwirte, einst seien Schulklassen, Kegelklubs, und verschiedene Vereine aus Deutschland gekommen. Nun blieben sie „auf Grund einer gut wirkenden Propaganda", sowie den Devisenschwierigkeiten, „hochnotpeinlichen Visitationen" hier und „Ermahnungen" der SS-Leute da aus.[98]

Die wachsende Distanz im Alltag kontrastierte das über viele Jahre als ganz selbstverständlich empfundene Zusammenleben, vom dem noch immer lebendige Strukturen zeugten. Noch lebten in Eger nicht zuletzt dank der örtlichen

95 Ebenda, 2. 10. 1933.
96 Ebenda, 11. 11. 1933.
97 Ebenda, 27. 4. 1934, 14. 11. 1934.
98 Ebenda, 7. 7. 1934.

Präsenz der Reichsbahn 1700 Reichsdeutsche. Für die heimische Wirtschaft waren sie geschätzte Kunden. Jetzt aber musste man lesen, dass den Ruheständlern aus Deutschland eine weitere Aufenthaltserlaubnis nur noch mit „wirklich triftigen Gründen" gestattet bleibe und ein Teil ihrer Renten auf Sperrkonten in Deutschland eingezahlt würde.[99]

Aber nicht nur aus wirtschaftlichen, sondern auch aus politischen Gründen drohte „Stille in den Grenzgebieten".[100] Betroffen waren die Schüler aus dem böhmischen Hinterdaubitz. Stets hatten sie die nahe Schule im sächsischen Hinterhermsdorf bei Sebnitz besucht, doch nun war ihnen dies verboten. Folglich mussten sie eine Schule in der Republik besuchen – anderthalb Stunden Wegs entfernt. Immerhin bestand im Herbst 1934 Hoffnung auf Besserung. Die beschlossene Schulgründung sollte dann bereits im Folgejahr realisiert werden, die Misere fand ein Ende – den Hinterdaubitzern blieb nationalsozialistische Indoktrination erspart und der Schulweg verkürzte sich wieder. Schule als Ort sächsisch-böhmischer Begegnung von Kindesbeinen an war aber Vergangenheit.

1934 setzte sich die Serie von Grenzverletzungen unvermindert fort. Erfolgreich waren reichsdeutsche Entführer dabei am Ostersonntag 1934. Das Ziel war diesmal mit Kapitän Desider Kirinovič ein Offizier des Geheimdienstes. Fünfzig Meter auf tschechoslowakischem Territorium überwältigten SA-Männer ihr Opfer. Über die Grenze gezerrt, stand dort der Ortsbürgermeister parat und verhaftete Kirinovič offiziell.[101] Die nur knappe Randnotiz der *Reichenberger Zeitung* beschrieb eine Tragödie. Erst im Oktober 1935 sollte der Tscheche ausgetauscht werden, von seiner Haft erholte er sich sein weiteres Leben nicht mehr.

Von Verfolgung bedroht waren auch Journalistenkollegen. Informiert wurde über die Inhaftierung der Berlin-Korrespondenten von *Prager Tagblatt* und *Prager Presse*.[102] Keinen Zweifel ließ die *Reichenberger Zeitung* so vom Ende der Pressefreiheit in Deutschland. Ihr Fazit vom 12. April: „Die Bevölkerung hört mit dem Zeitungslesen auf." Anderseits folgte man der Meldung des gleichgeschalteten *Deutschen Nachrichtenbüros*, das in seiner Nachricht von der Schließung

99 Ebenda, 14. 11. 1934.

100 Ebenda, 29. 10. 1934.

101 Ebenda, 8. 4. 1934. Eine genauere Ortsangabe des Geschehens erfolgte nicht. Nach u. a. den *Innsbrucker Nachrichten* vom 9. April 1934 wurde Desider Kirinovič nach Buchau im schlesischen Landkreis Glatz verschleppt. Vgl. den Bericht von Hana Soukupová, Příběh kapitána Kirinoviče [Die Geschichte von Kapitän Kirinovič], http://www.radioservis-as.cz/archiv15/40_15/40_tema.htm [17. 3. 2024].

102 Reichenberger Zeitung, 16. 3. 1934, 1. 8. 1934.

aller sächsischen Konzentrationslager mit Ausnahme des Konzentrationslagers Sachsenburg den herrschenden Terror unerwähnt ließ.[103]

Andernorts las man durchaus von schlimmen Verhältnissen in Konzentrationslagern, aber aus Polen. Dort war im Parlament die schlechte Ernährung von Insassen, fehlende Hygiene und Rücksichtslosigkeit gegenüber Kranken vorgeworfen worden.[104] In Deutschland war derlei öffentliche Betrachtung der Realität undenkbar – damit blieb sie dann auch in der *Reichenberger Zeitung* aus.

Ebenso gleichgültig fasste man die Verhaftung eines Leipaer Kommunisten am Rand des traditionellen Neugersdorfer Schießens in Sachsen zusammen. Zwar habe man ihn bei dem Volksfest auf einer Fahndungsliste erkannt und verhaftet, aber schon am Folgetag entlassen. Nach seiner Rückkehr habe er ausgesagt, man habe ihn „anständig behandelt".[105] Dabei war es kein Geheimnis, dass ein Fehltritt in Deutschland fatale Folgen haben konnte, selbst wenn man kein Kommunist war. Die Leser erfuhren am 10. Dezember von einem Ladeninhaber jenseits der Grenze, der auf den „Deutschen Gruß" mit „Ich bin nicht Herr Hitler, ich bin der Schröder, bei mir heißt es ‚Guten Morgen!'" geantwortet habe. Er sei anschließend zum eigenen Schutz vor einer aufgebrachten Menge in „Schutzhaft" genommen worden. Auch wenn die Nachricht unkommentiert blieb, zeigte sie doch ungeschminkt den Charakter des Regimes.

Zwei Ereignisse im Dritten Reich sollten im Laufe des Jahres in der Berichterstattung der *Reichenberger Zeitung* breiteren Raum einnehmen. Rasch verschwanden sie zwar beide dann auch wieder von der Bühne, doch sorgten sie zwischenzeitlich für kritische Schlagzeilen. Das Jahr 1934 begann mit Berichten zur „Pfarrer-Revolte" gegen die Gleichschaltung der Kirchen. Dabei fiel eine Charakterisierung Martin Niemöllers auf. Das Blatt beschrieb den Bekenntnistheologen „keineswegs als ‚Gegenrevolutionär'". Er stehe stattdessen idealtypisch für die Deutschen, welche einst dem „nationalsozialistischen Umsturz die geistigen und seelischen Wege bereiten" konnten, nun jedoch „selbst unter die Räder der Zeit" gerieten. Das Bild Niemöllers bestimmte dabei durchaus Sympathie für den „unerschrockensten Sprecher". Immerhin sei er kein Eiferer, „kein Savonarola, kein lodernder Mönch, kein Engel mit dem Flammenschwert, sondern ein preußischer Bekenner."[106] Die Ursache des Konflikts beschäftigte allerdings nicht. Niemand fragte, wie ein engagiertes Mitglied der „Volksgemeinschaft" nun unbarmherzig „unter die Räder der Zeit" geraten konnte.

103 Ebenda, 18.8.1934.
104 Ebenda, 20.11.1934.
105 Ebenda, 4.8.1934.
106 Ebenda, 10.4.1934.

Mitarbeiter an den Monotype-Tastern (Setzmaschinen) des Zeitungsverlags.
75 Jahre Reichenberger Zeitung

Über ein zweites Ereignis in Deutschland titelte die Zeitung am 1. Juli: „Zweite Revolution in Deutschland niedergeschlagen". Die Nachricht klang sensationell, jedoch blieben die Informationen in den Folgetagen rar gesät. Am 2. und 3. Juli war eine vorsichtige Distanzierung der *Reichenberger Zeitung* von der Aktion sichtbar. „Jede Kritik" sei „verboten" und in Berlin herrsche „fatalistische Ruhe". Die Unsicherheit führte am 3. Juli zur Warnung „vor scheinbar noch so harmlosen Verbindungen mündlicher oder schriftlicher Art mit reichsdeutschen Stellen oder Personen". Hintergrund war der schon mehrfach nachlesbare, nun aber noch einmal wiederholte Vorwurf Richtung Deutschland, der gleichzeitig die eigene Jugend entlastete: „Die Methode ist folgende: Die SA. irgendeines Grenzorts gewinnt einen sudetendeutschen Jugendlichen, beauftragt ihn, Listen von jungen Leuten aufzustellen, die als Vertrauensperson fungieren sollen. Die Liste fällt der Gendarmerie in die Hände, die bedauernswerten Leute, die oft gar nicht wissen, daß sie auf einer solchen Liste stehen, werden verhaftet, und werden gegen ihren Willen und in Unkenntnis des ganzen Vorganges lediglich Opfer einer Revolutionsspielerei. Unsere Jugend darf nicht Freiwild für reichsdeutsche Phantasten oder politische Spekulanten werden!"[107] Mit der Wiedergabe der Erklärung Hitlers, „die Niederschlagung der Roehm-Revolte" sei mit den Erschießungen aus „Staatsnotwehr" abgeschlossen, beendete auch die *Reichenberger Zeitung* bald ihre Berichterstattung.[108] Ob sich mit der Schwächung der SA vielleicht auch für die Redaktion die Hoffnung auf weniger Schikanen an der Grenze verband, darüber lassen die Berichte kein Urteil zu.

Mehr Raum bot die *Reichenberger Zeitung* offiziellen Meldungen. Ausführlich dokumentierte man Hitlers Rede zum ersten Jahrestag der „Machtergreifung". Darin wies der „Führer" offiziell eine „Geringschätzung oder Minderbewertung anderer Völker" zurück. Ihm ginge es allein um die „zweckmäßige Lebensbewahrung und Lebensforterhaltung des eigenen Volkes". Deutschland sein nun gereift für die Übernahme internationaler Verantwortung.[109] Blatttypisch beließ es die Redaktion bei der Wiedergabe dieser Erklärung. Den in der Tschechoslowakei zugleich anziehenden Verkauf von Gasmasken reduzierte man sodann zur „Kriegspsychose", müsse man doch schon aus ökonomischen Gründen an einem Einvernehmen mit dem Reich interessiert sein.[110] Zumindest stellte man am 12. April fest, dass das deutsche Militärbudget beinahe verdoppelt worden sei. Wen das beunruhigte, der las aber im gleichen Artikel, jetzt sei Gleichstand mit Frankreich erreicht.[111] Deutschlands Benachteiligung fand offensichtlich nur ihr verdientes Ende.

Alles in allem schienen die Deutschen mit ihrer Regierung zufrieden zu sein. Die mochte mit harter Hand regieren, dabei aber ihr Land voranbringen, während in Frankreich eine „permanente Regierungskrise"[112] das Land erschüttere. Selbst über einen Bürgerkrieg links des Rheins wurde da 1934 bereits spekuliert.[113] Ganz anders dagegen die Entwicklung in Deutschland. Vor allem der Kampf gegen die Arbeitslosigkeit mit Landgewinnungsarbeiten, Autobahnbau und Ausbesserungsarbeiten sollten, und die folgende Formulierung zeigte den reichsdeutsche Ursprung der Meldung, „die Arbeitsschlacht zum Sieg führen".[114] Kurz darauf saß man in der *Reichenberger Zeitung* der Ente der angeblichen Bekehrung des früheren sozialdemokratischen Reichsinnenministers Carl

107 Ebenda, 3.7.1934.
108 Ebenda, 4.7.1934.
109 Ebenda, 31.1.1934.
110 Ebenda, 30.1.1934, 31.1.1934.
111 Ebenda, 12.4.1934.
112 Ebenda, 13.7.1934.
113 Ebenda, 19.4.1934.
114 Ebenda, 21.3.1934.

Severing zum Nationalsozialismus auf.[115] Solche Nachrichten, noch dazu wie hier auf der ersten Seite abgedruckt, dürften bei nicht wenigen Lesern das Verständnis für das Regime gesteigert haben. Am 20. August las man dann auch von der Volksabstimmung in Deutschland als einem „überwältigenden Vertrauensbekenntnis", selbst wenn die Zahl der Ja-Stimmen im Vergleich zur Abstimmung vom Herbst 1933 um 2,5 Millionen zurückgegangen sei – einem von der *Reichenberger Zeitung* durchaus erwähnten Umstand.[116]

Wie sehr dennoch die Augen vor der Realität verschlossen blieben, dokumentiert ein Artikel vom 22. August. Überlegungen der New Yorker Tagung des jüdischen Weltkongresses überschrieb das Blatt mit „Wie Deutschland boykottiert wird." Später berichtete man dann auch vom „Boykott deutscher Waren in Amerika".[117]

Derweil blieben die Strafen für den Schmuggel politischer Schriften hart. So schrieb man am 25. Januar von einer dreijährigen Haft für den Zittauer Gerhard Stoy. Der Weber hatte den geflohenen einstigen Reichsbannerführer seiner Stadt besucht und Flugblätter der Sozialistischen Aktion illegal über die Grenze gebracht.[118] Ein ähnliches Schicksal dürfte Rudolf Herbig aus Berlin ereilt haben. Aus Bodenbach mitgebrachte sozialdemokratische Zeitungsexemplare hatte die Grenzwache in seinen Ledergamaschen entdeckt.[119]

Andersherum taxierte man die Zahl in der Tschechoslowakischen Republik verbotener reichsdeutscher Zeitungen und Zeitschriften auf 210.[120] Dennoch fanden auch nationalsozialistische Schriften immer wieder den Weg über die Grenze. Solches Material tauchte beispielsweise auf verschiedenen Bauden im Riesengebirge auf.[121] Damit nicht genug: Kurz darauf stellte man sogar die Frage, ob verbotene Zeitungen nicht wenigstens in den Kurorten in abgeschlossenen Räumen von den Gästen eingesehen werden könnten.[122] Wirtschaftliche Interessen dominierten bei derlei Betrachtungen ganz offensichtlich über die Auseinandersetzung politischer Fragen.

115 Ebenda, 26. 3. 1934; Dabei fußte die Meldung auf Falschinformationen die selbst in verschiedenen Emigrantenzeitungen, insbesondere dem *Pariser Tageblatt* verbreitet worden. Dort war von einem solchen Buch bereits am 4. März 1934 unter dem Titel „Hitlermann Severing" zu lesen.

116 Reichenberger Zeitung, 20. 8. 1934.

117 Ebenda, 18. 5. 1934.

118 Ebenda, 25. 1. 1934.

119 Ebenda, 2. 5. 1934.

120 Ebenda, 13. 1. 1934.

121 Ebenda, 4. 2. 1934.

122 Ebenda, 3. 3. 1934.

Es fällt aber auf, dass die wirtschaftlichen Folgen des fehlenden Austauschs der einzige Bereich waren, in dem 1934 noch eine umfangreichere Berichterstattung links und rechts der Grenze existierte – darüber hinaus rückte Deutschland in die Ferne. Artikel fußten auf amtlichen Bekanntmachungen aus Berlin oder übernahmen Meldungen anderer Blätter, wie sie von einer Redaktion an jedem Ort hätten verfasst werden können. Als Informationsquelle mit eigenen Angaben über die Verhältnisse jenseits der Grenze fiel die *Reichenberger Zeitung* jedenfalls nun weitgehend aus.

„Gäste in politischen Fragen absolut schweigsam" – Der Blick nach drüben 1935

Im Januar 1935 überstrahlte der „deutsche Sieg an der Saar" den Blick über die Grenze. Die *Reichenberger Zeitung* ließ es nicht an Genugtuung und Freude über das Ergebnis der Volksabstimmung im Saargebiet mangeln. Mit diesem erstarkten Deutschland war international wieder zu rechnen.

Aber auch in den nachbarschaftlichen Beziehungen herrschte eine neue Normalität. Von propagandistischen Auseinandersetzungen war kaum noch etwas zu lesen und selbst die tschechoslowakische Post verweigerte nach einem Artikel vom 23. Januar die Beförderung von Sendungen mit der Aufschrift „Boykottiert Hitler-Waren". Die Ermordung des Rundfunktechnikers Rudolf Formis durch SD-Agenten sollte diese Entwicklung nicht nachhaltig stören. Bezeichnenderweise beschrieb die *Reichenberger Zeitung* den Flüchtling wenig freundlich als einen „politischen Fanatiker".[123] Nach den Meldungen der vergangenen Jahre musste man aber auch aus journalistischer Sicht fragen, welchen Neuigkeitswert die Verfolgungsmaßnahmen der Nationalsozialisten für die eigenen Leser noch hätten haben sollen. Der Unterschied zwischen Demokratie und Diktatur war kein großes Thema. So hieß es dann auch am 21. März: „Man kann die Musik, die im Deutschen Reiche heute gemacht wird, ablehnen oder begrüßen", allein sei dies „Geschmackssache". Folglich durfte dann am 4. April Karl Anton Prinz Rohan auf der Titelseite die Rückkehr zur Wehrpflicht gar als Schritt zur „Gleichberechtigung" präsentieren. Deutschland sei „im Recht".[124] Als er am 2. Juni Hitler sogar als Stifter eines „künftigen europäischen Gesprächs" lobte, war aber ein Teil des Artikels der Zensur zum Opfer gefallen.

123 Ebenda, 26. 1. 1935.
124 Ebenda, 4. 4. 1935.

In dieser Entwicklung wirkte der Beitrag vom 16. Februar über einen neuen Touristenzug der Reichsbahn als eine Art Krönung der ganz langsamen Normalisierung deutsch-tschechoslowakischer Beziehungen. Gäste aus Bautzen, Cottbus und Görlitz sollten die „Winterpracht des böhmischen Iser- und Jeschkengebirges" besuchen, um jenseits aller Devisenknappheit den Gästeverkehr anzukurbeln. Die Redaktion vergaß nicht den Hinweis, auch die eigenen Behörden wünschten die „Wiederherstellung des früheren gutnachbarlichen regen Grenzverkehrs und versichern, daß Reichsdeutschen keine Unannehmlichkeiten entstehen werden."[125] Dieser Hoffnungsschimmer war aber bitter nötig – noch immer war der einst rege Austausch nur eine wehmütige Erinnerung. Diesmal durften selbst die Faschingsbälle kaum sächsische Besucher begrüßen, vor allem die Männer seien ausgeblieben.[126] Gleiches galt für Kinos und Theater. Über Gründe spekulierte das Blatt durchaus, „da die Gäste sich in politischen Fragen absolut schweigsam verhalten". Offensichtlich herrschte auch beim Besuch der Republik die Sorge vor politischer Denunziation. So habe man „nur aus Andeutungen" entnehmen können, dass man in Deutschland „namentlich bei Beamten und Ruheständlern den Besuch der deutschen Grenzstädte in Böhmen nicht gern sieht."[127]

Die übernommenen Berichte aus Deutschland wurden derweil von der „großen Politik" bestimmt. An den offiziellen Ereignissen in Deutschland nahm man so doch mehr Anteil, als es die vorhandene, noch dazu inzwischen recht abgeschlossene Grenze vermuten ließ. Das galt auch für eigentlich unpolitische Themen. Ausführlich dokumentierte die Zeitung den Münchener Faschingszug. Der Besuch von Joseph Goebbels und Reichsstatthalter Franz Ritter von Epp sei „mit nicht enden wollendem Jubel" begrüßt worden.[128] Wenige Wochen später hieß es von Görings Hochzeitsfeier – hier allerdings mit dem zweideutigen Hinweis auf die Quelle für die „begeisterten Berichte", das *Deutsche Nachrichtenbüro*, – in spaltenlangen Berichten von den „brausenden Heilrufen der Tausende und Abertausende".[129] Unabhängig vom Inhalt zeugte aber bereits der ausufernde Textumfang, dass es sich hier nicht einfach um eine Angelegenheit eines ausländischen Politikers handelte – so viel Privates fand sich in der *Reichenberger Zeitung* zumindest in den Jahren 1932 bis 1935 von keinem tschechoslowakischen Politiker, egal ob deutscher oder tschechischer Nationalität.

125 Ebenda, 16.2.1935.
126 Ebenda, 2.3.1935.
127 Ebenda, 2.3.1935.
128 Ebenda, 5.3.1935.
129 Ebenda, 10.4.1935, 11.4.1935.

Bei Meldungen über Repressionen gegen Redakteure aus Berlin, Köln und Wilhelmshaven beließ es die *Reichenberger Zeitung* hingegen bei ihrer Chronistenpflicht.[130] Von einer kollegialen Solidarität war nichts zu spüren. Im Blatt fanden sich gar Werbeanzeigen für die „schnell und zuverlässig über alle Ereignisse im Reichsgebiet" berichtenden *Zittauer Nachrichten* – ausgerechnet am in Deutschland propagandistisch ausgeschlachteten 1. Mai.[131]

Immerhin schien die Informationsfreiheit auch in der Republik begrenzt zu sein. Regelmäßige Meldungen über Verbote reichsdeutscher Publikationen fanden so ihre Fortsetzung in der Beschreibung einer teilweisen Grenzsperre zwischen dem 24. und 27. Mai bei Warnsdorf. Anlass sollte sein, den „Menschenstrom" aufzuhalten, der sich in die nahegelegenen sächsischen Kinos für die Aufführung des Propagandafilms „Triumph des Willens" ergossen habe. Wenigstens sollen im Kino von Neugersdorf „hunderte Zuschauer aus Nordböhmen" bei der Vorführung gezählt worden sein.[132]

Verwunderlich musste eine solche Grenzsperre gerade an diesem Wochenende aber auch deshalb gewirkt haben, weil zeitgleich im nahen Dresden ein Fußballländerspiel zwischen Deutschland und der Tschechoslowakei stattfand – immerhin das erste Wiedertreffen seit der deutschen Niederlage im WM-Halbfinale im Jahr zuvor – und das mit von der *Reichenberger Zeitung* geschätzten 12 000 Zuschauern aus Nordböhmen. Der Artikelschreiber stellte aus Dresden aber ein ganz anderes, letztlich die Leser im Unterschied zum Fußballspiel überhaupt nicht betreffendes Thema in den Mittelpunkt seiner Beschreibung. Er beschäftigte sich ausführlich mit einem sachsenweiten Gautreffen, wo „ein Meer von Fahnen" dem Autor offensichtlich imponierte. Gastfreundschaft wurde derweil nicht besonders großgeschrieben, wovon er aber nur am Rand Notiz nahm. Vor dem Hotel der Gäste sei „ein Doppelposten mit aufgepflanztem Bajonett als Ehrenwache" aufgestellt worden, allerdings „nicht wegen der Fußballer, sondern wegen des Ministers Dr. Frick". Selbst über die gänzlich undiplomatische Unfreundlichkeit des Dresdener Oberbürgermeisters Ernst Zörner sah man hinweg. Das Stadtoberhaupt hatte kurzfristig einen Empfang der tschechoslowakischen Mannschaft abgesagt, da er „an der Parade anläßlich des Sachsentreffens teilnehmen mußte". Im Bericht über das von Deutschland 2:1 gewonnene Fußballspiel selbst erschien die *Reichenberger Zeitung* als neutraler Berichterstatter.[133]

130 Ebenda, 20. 3. 1935, 6. 6. 1935.
131 Ebenda, 1. 5. 1935.
132 Ebenda, 25. 5. 1935.
133 Ebenda, 27. 5. 1935.

Widerspruch zu den Herrschenden im Reich war 1935 nur noch bei kirchlichem Hintergrund meldenswert. Am 30. April las man so von 19 Pfarrern im sächsischen Konzentrationslager Sachsenburg. Mitglieder der Bekennenden Kirche seien über die „dauernde Gleichgültigkeit der sächsischen Regierung gegenüber allen ihren Beschwerden“ sehr „erregt“. Auch von katholischem Widerspruch war zu lesen. Unter den zahlreichen gläubigen Lesern der *Reichenberger Zeitung* dürften die „immer schärfer werdende Maßregelung und Beeinträchtigung“ der Erziehungsarbeit, verstärkt durch ein in die Familien eindringendes „Totalitätsstreben des Staates“,[134] kaum Zustimmung gefunden haben. Vertieft wurde über solches Geschehen aber nicht berichtet. Die Berichterstattung blieb selten und oberflächlich. Gleiches galt auch für die bereits am 19. Mai auf der Titelseite publizierte Feststellung, in Deutschland seien „Juden nicht mehr Staatsbürger“, übernommen aus der NSDAP-Zeitung *Hamburger Tageblatt*, welches die Zwangsauflösung des Bürgervereins für Harvestehude und Rotherbaum kommentiert hatte.[135]

134 Ebenda, 10. 5. 1935.
135 Vgl. den Gesamtartikel, dokumentiert in: Ina Lorenz/Jörg Berkemann (Hrsg.), Die Hamburger Juden im NS-Staat 1933 bis 1938/39, Band VI, Dokumente, Göttingen 2016, S. 432 f.

5. Im Schatten des Deutschen Reichs

„Mit dem Rundfunk fängt es an" – Einschränkung der Meinungsfreiheit?

Das junge Medium Rundfunk war neben den Zeitungen die wichtigste Informationsquelle. Zusätzlich nahm das Radio natürlich auch für die Unterhaltung eine große Rolle ein. Die Grenzen der Länder problemlos überschreitende Rundfunkwellen eröffneten geradezu neue Welten. Im April 1935 gab es weltweit sage und schreibe 1448 Rundfunksender.[1] Radio – ein Massenmedium. Entsprechend groß war seine Popularität. Auch die *Reichenberger Zeitung* öffnete sich diesem Trend. Neben der *Europa-Stunde*, der im gleichen Verlag erscheinenden Programmzeitschrift, veröffentlichte sie jeden Samstag eine umfassende Wochenübersicht der tschechoslowakischen, aber vor allem auch der reichsdeutschen und österreichischen Stationen. Im Verbreitungsgebiet der *Reichenberger Zeitung* waren zumindest erstere recht gut zu empfangen. Daneben lieferte das Blatt auch weitere Nachrichten über die Entwicklungen im Rundfunk. Man verbreitete das Versprechen des Philips-Ingenieurs Schmoll, getätigt bei einem Vortrag in Reichenberg: „Im Rundfunk liegt ein Kapital verborgen, daß man voll ausnutzen muß!"[2]

Bei all dieser Begeisterung fiel es aber negativ auf, dass die deutschsprachigen Sendungen im tschechoslowakischen Rundfunksender nur wenige Stunden in der Woche umfassten. Aber, so die Klage der Redaktion 1932, selbst diese knappen Programmanteile würden von den Tschechen bekämpft. Deren Händlerverband habe eine Protestresolution an den Prager Rundfunk gesendet, weil dort über eine Ausweitung der einen täglichen deutschen Sendestunde nachgedacht worden sei. Die deutschen Rundfunkhändler wendeten sich gegen diesen Einwand mit der gleichen Entschiedenheit.[3] Der Umfang der einzelnen Sendezeiten in der gemeinsamen Station war eine nationale Prestigefrage.

1 Reichenberger Zeitung, 6.4.1935. Gemeint waren wohl Sendestationen. Die Zahl der Programme dürfte deutlich niedriger gelegen haben.

2 Reichenberger Zeitung, 26.10.1934.

3 Ebenda, 9.9.1932.

Als die Nationalsozialisten den reichsdeutschen Rundfunk in ihre Hände bekamen, gewann die Rundfunkfrage endgültig fundamentale Bedeutung. Ungefiltert erreichte die Sudetendeutschen nun die Propaganda der Diktatur – und das in einer attraktiveren Verpackung als sie die knappen, sachlich gehaltenen Prager Sendungen boten.[4] Die *České slovo* zitierend, erfuhr man so auch bereits am 13. April 1933 von Überlegungen, wie man die „bösen" und „schädlichen" – so die Übersetzung aus der *České slovo*, wovon man sich aber durch Anführungszeichen offensichtlich distanzierte – Einstrahlungen verhindern könnte. Die öffentliche Verbreitung nationalsozialistischer Sendungen wurde untersagt, im privaten Bereich galt dies nicht. Der Charakter des reichsdeutschen Rundfunks wurde aber an anderer Stelle doch beklagt. So lege „Bayerns Kampfrundfunk" neben Österreich „sein Augenmerk auf die sudetendeutschen und die tschechoslowakischen Verhältnisse".[5]

Tatsächlich las man dann auch bereits am 15. April 1933 von angehenden Strafverfahren gegen Betreiber von Gastwirtschaften in Komotau, Saaz, Kaden und weiteren Ortschaften, weil bei ihnen Propagandasendungen aus Deutschland verbreitet worden waren. Für die Redaktion der *Reichenberger Zeitung* war das eine bedenkliche Entwicklung. Derlei sei „mit den traditionellen Grundsätzen der wohlverstandenen Demokratie kaum in Einklang zu bringen". Ihre Mahnung fand sich bereits in der Überschrift: „Mit dem Rundfunk fängt es an!"[6] Hinzu kamen noch das Verbreitungsverbot für zahlreiche reichsdeutsche Presseerzeugnisse ab 1933 und das „kleine Pressegesetz", welches sich vor allem gegen die Gefährdung der öffentlichen Ruhe und Ordnung wendete.[7]

Der Kampf gegen die Ausstrahlung demokratiefeindlicher Sendungen zählte somit als tendenziell demokratiefeindliche Handlung. Diese Verbote trafen jedoch die Sudetendeutschen tatsächlich hart. Der deutschsprachige

4 Vgl. grundlegend: Eckhard Jirgens, Der Deutsche Rundfunk der Ersten Tschechoslowakischen Republik. Eine Bestandsaufnahme, 2 Teile, Frankfurt a. M. u. a. 2005; weiterhin: Miroslav Krumpika, Die deutsche Sprache auf den Wellen des Tschechoslowakischen Rundfunks 1923–1945 und die Entstehung der Sendungen im Ausland, in: Peter Becher/Anna Knechtel (Hrsg.), Hörfunk und Hörfunkpolitik in der Tschechoslowakei und im Protektorat Böhmen und Mähren, Berlin 2017, S. 11–18; Eckhard Jirgens, „... eine Arbeit an den wahren Interessen des Sudetendeutschtums." Der deutsche Rundfunk der Tschechoslowakei zwischen aktivistischen Idealen und Realität, in: Becher/Knechtel, Hörfunk und Hörfunkpolitik, S. 19–31.

5 Reichenberger Zeitung, 15. 7. 1933.

6 Ebenda, 21. 4. 1933.

7 Vgl. Helmut Slapnicka, Die Grundrechte des geistigen Lebens und die Zensur, in: Bosl/Seibt, Kultur und Gesellschaft, S. 155, 158.

Zeitschriftenmarkt war international eng miteinander verwoben,[8] wodurch man von Importen aus dem Deutschen Reich in einigen Bereichen durchaus angewiesen war. Da wundert es wenig, dass für die Nationalsozialisten in Gablonz das Verbot der öffentlichen Weiterverbreitung als geeignet galt, „das kulturelle Leben des deutschen Volkes zu untergraben".[9]

Offenkundig war die reichsdeutsche Propaganda erfolgreich. Ein auf der Titelseite vom 28. Februar 1934 abgedruckter Leserbrief gab der Verführung per Radiowellen die Schuld für die Radikalisierung der sudetendeutschen Nationalsozialisten, was letztlich deren Ende bedeutet habe. Die Verführungs- und Überzeugungskraft des Rundfunks war nicht zu übersehen. An anderer Stelle lernte man, dass zumindest nach Wahrnehmung der Staatsbehörden die Sudetendeutschen ohnehin „ausschließlich den reichsdeutschen Rundfunk hören"[10] würden.

In diesem Moment musste die Tschechoslowakei ihren deutschen Staatsbürgern mehr bieten, als nur Einschränkungen im Empfang aus Deutschland. Als Gegenmittel wurde im Mai 1933 der deutschsprachige Sendeumfang im Prager Rundfunk erweitert.[11] Jedoch enttäuschte Postminister Emil Franke Hoffnungen auf einen eigenen deutschsprachigen Sender, da kein Sender den gesamten Siedlungsraum abdecken könne.[12] So beklagte auch der Abgeordnete Ludvík Marek im Parlament, es seien „bereits viele passende Möglichkeiten versäumt worden. Unser Rundfunk sollte auch nicht nur die Deutschen des Staates, sondern auch die Deutschen des Auslandes informieren. Aus diesem Grunde sollte im Rundfunk in deutscher Sprache über die wichtigsten Ereignisse des Landes berichtet werden."[13] Der Rundfunk erscheint da als eine Geschichte verpasster Chancen. Die *Reichenberger Zeitung* hatte da aber auch schon geschimpft, „auf einen deutschen Sender mit der Tendenz der ‚Prager Presse' können die Sudetendeutschen wohl verzichten."[14]

Stattdessen schien 1934 sogar eine weitere Einschränkung der Informationsfreiheit zu drohen. Sollte die öffentliche Wiedergabe ausländischer Stationen gänzlich verboten werden, wie am 6. Oktober zu lesen war? Zu denken war hier aber nicht allein an die einstrahlenden reichsdeutschen Sender. So beklagte der tschechische Abgeordnete Igor Hrušovský am 6. Dezember 1934 die Beein-

8 Vgl. Arnold Suppan, Hitler–Beneš–Tito. Konflikt, Krieg und Völkermord in Ostmittel- und Südosteuropa, Wien 2014, S. 436.

9 Reichenberger Zeitung, 26. 4. 1933.

10 Ebenda, 15. 6. 1933.

11 Ebenda, 20. 5. 1933.

12 Ebenda, 14. 12. 1933.

13 Ebenda, 16. 11. 1934.

14 Ebenda, 1. 6. 1933.

Verschiedene Architekturstile treffen am belebten Reichenberger Tuchplatz aufeinander.
Privatbesitz

flussung der ungarischen Minderheit in der Slowakei durch die „tendenziösen Lügenmeldungen" aus Budapest.

Im Wahljahr 1935 schien die Diskussion über eine eigene deutschsprachige Station erneut Fahrt aufzunehmen. Am 20. Februar 1935 konnte man lesen, Aussig unterstütze den Bau, sollte er dort errichtet werden und auch Reichenberg erwärmte sich kurz darauf für einen Sender auf dem Jeschken.[15] Für die *Reichenberger Zeitung* blieben die Ankündigungen der Regierung trotz dieses Optimismus vor Ort aber Trugbilder.[16] Wenige Wochen vor dem Wahlgang erfuhr man so von der Absicht, „den Rundfunk in den Dienst der Wahlagitation zu stellen. Wenn also die Regierung jetzt erst einen deutschen Sender errichtet, so tut sie

15 Ebenda, 25.6.1935.

16 Vgl. ebenso Petr Karlíček, Der Melniker Sender in Presse, Satire und Karikaturen seiner Zeit, in: Becher/Knechtel, Hörfunk und Hörfunkpolitik, S. 59.

dies nicht, um eine Forderung der Deutschen zu erfüllen, sondern nur, um die deutschen Wähler in ihrem Sinne bearbeiten zu können."[17] Während man bei den reichsdeutschen Sendern Propaganda letztlich als gegeben tolerierte und Einschränkungen in der Weiterverbreitung verurteilte, betrachtete man damit hier die ohnehin „ferne Zukunftsmusik"[18] eines deutschen Senders der Tschechoslowakei voller Misstrauen.

Über Jahre blieb dieser deutschsprachige Sender aber weiterhin nur eine unerfüllte Forderung. Der Sender Melnik, vorgesehen für die Sudetendeutschen, sollte erst im Oktober 1938 zu hören sein. Das Münchner Abkommen hatte ihn überholt.

„Die Reihen dicht geschlossen, falle wer fallen mag" – Über die nationalsozialistische Partei 1932/33

Zahlreiche Zeitungsberichte vermittelten 1932 und 1933 den Eindruck einer dynamisch wachsenden Deutschen Nationalsozialistischen Arbeiterpartei, gestützt auf engagierte, ja opferbereite Mitglieder. Nachdem ein „Braunes Haus" in Aussig durch eine parteiinterne Sammlung realisiert worden sei, plane man auch in Troppau ein solches.[19] Auch nahm die Zahl der Parteigenossen beständig zu. Anfang 1933 zählte man bereits 80 000, bald gar 100 000 Mitglieder, sodass Hauptgeschäftsführer Endler mit Recht von einem „ungeheuren Aufschwung" sprechen durfte.[20] Die erfolgreich verlaufenden lokalen Wahlen 1932 und 1933 bestätigten das. Zweifellos war die Partei zu einer Massenbewegung herangewachsen, die unter den Deutschen eine wichtige Stellung einnahm. Eitel Sonnenschein herrschte dennoch nicht. Der aufmerksame Leser fand immer wieder Appelle, Drohungen und Warnungen der Parteiführung, sich an Recht und Gesetz zu halten und keine Kontakte zur NSDAP in Deutschland zu pflegen. Am 9. Januar 1932 erfuhr man einerseits, es gäbe keinerlei „Rechtsschutz für lokale Prozeßführungen", andererseits müsse die Führung der Ortsgruppe Teplitz-Schönau „wegen verschiedener Disziplinwidrigkeiten" entfernt werden. Wirklich im Griff schien die Parteiführung ihre Basis nicht zu haben, jedenfalls bekam das nach außen vermittelte Bild einer strikten Abgrenzung immer wieder sichtbare Risse. Aber selbst vom langjährigen Hauptgeschäftsführer Hans Krebs

17 Reichenberger Zeitung, 18.4.1935.
18 Ebenda, 19.4.1935.
19 Ebenda, 7.1.1932.
20 Ebenda, 29.1.1933, 12.6.1933.

hatte jeder Zeitungsleser Mitte Januar 1933 erfahren müssen, er habe „mit Hitler politische Aussprachen" geführt.[21] Die Abgrenzung wurde nicht einmal auf der obersten Ebene lückenlos durchgehalten.

Den Schlingerkurs akzentuierter Sympathie für die NSDAP-Politik bei gleichzeitig angeblicher strikter organisatorischer Trennung zeigte ein Vorstandsaufruf, abgedruckt am 10. April 1933. Nochmals musste allen Mitgliedern das Verbot aller Beziehungen zur NSDAP von 1930 „nachdrücklich ins Gedächtnis" gerufen werden.[22] Am 25. Mai hob dann E. Gebauer auch über die *Reichenberger Zeitung* für die Parteiführung noch einmal die eigene, geradezu staatstragende Aufgabe hervor, bei der herrschenden „tiefgreifenden Verbitterung" werde es „nicht leicht, diese Stimmung in legale Bahnen zu lenken".[23]

Nach dem Machtantritt Hitlers in Deutschland erschwerte sich die Lage der Partei. Zwar profitierte sie zweifellos von der Faszination für das Regime und dessen scheinbare Erfolge bei der Bekämpfung der Arbeitslosigkeit, aber gleichzeitig schärften die Ereignisse in Deutschland den Blick der Tschechen, aber auch vieler Sudetendeutscher auf Inhalte, Ziele und Organisation der Partei. Gerade nach den Enthüllungen im Volkssportprozess 1932 ging der Staat mit sichtlich nervöser Härte vor, wobei dies aber auch damit erklärlich wurde, dass nicht nur die Kontakte nicht abrissen, sondern sogar die grundsätzliche ideologische Nähe beider nationalsozialistischer Parteien zumindest vor der „Machtergreifung" durchaus nicht abgestritten worden war. Noch in einem Abdruck vom 2. Februar 1933 vernahm man die direkt zuvor getätigte nationalsozialistische Parlamentserklärung, die Hitler als „Führer unserer Bruderpartei" bezeichnet hatte. Mit ihm werde Deutschland „aus Elend und Unfreiheit aufsteigen". Derweil es im Reich nun offensichtlich aufwärtsgehen würde, erhoben sich die Nationalsozialisten in der Tschechoslowakei zu opferbereiten Kämpfern im „Kampf um das Recht unseres Volkes". Man werde „bis zum Ende durchhalten, mag auch der Weg durch die Kerker der Republik führen", wie es weiter in dieser Erklärung hieß.

Zahlreiche, wenn auch meist knappe Beiträge schienen derweil eine konzertierte Aktion des Staats gegen die Nationalsozialisten zu dokumentieren: In Hohenelbe versuchten Kommunisten johlend eine Parteiversammlung zu sprengen, aber ein einzelner „Heil Hitler"-Ruf ließ die Behörden das Treffen auflösten. Der Hinweis auf den darauf anschließenden Auszug der Parteigenossen mit dem Horst-Wessel-Lied auf den Lippen „unter strengster Disziplin",[24]

21 Ebenda, 17. 1. 1933.
22 Ebenda, 10. 4. 1933.
23 Ebenda, 25. 5. 1933.
24 Ebenda, 17. 3. 1933.

lässt eine Urheberschaft des Artikels aus dem Umfeld der Partei wahrscheinlich scheinen. Brutaler Gewalt „mit Messern, Schlagringen, Stöcken, Steinen usw." seien die Nationalsozialisten gar „nach einer maßlosen Hetze der sozialdemokratischen Presse" in Trautenau ausgeliefert gewesen,[25] in Dotterwies im südwestlichen Erzgebirge hätten Kommunisten eine „wahre Menschenjagd" veranstaltet.[26] Selbst einen Fall unverhohlener Bedrohung gewählter Volksvertreter schilderte die *Reichenberger Zeitung* unkommentiert. In Egers Stadtversammlung kam es im März 1933 zum „Tumult", als auf die scharfe Kritik der Sozialdemokraten am nationalsozialistischen Bürgermeister Johann Schneider dieser konterte, die Genossen sollten „lieber an den Bürgermeister von Berlin denken".[27] In Asch kamen Parteigenossen kurzzeitig in Haft, nur wegen eines „Heil!"-Rufs. Daraus erwuchs der Vorwurf, den Beamten fehle offenbar jedes Verständnis für diesen „Gruß unter Deutschen",[28] dessen germanische Wurzeln und damit Überlieferungslinie jenseits des Nationalsozialismus die Zeitung an anderer Stelle ausgedrückt hatte.[29] Die Aufzählung kleinlicher und auf Unwissenheit fußender angeblicher Repressionen umfasste so auch die Verhaftung eines Buchhändlers aus Znaim, weil er mit erhobener Hand gegrüßt habe. Die *Reichenberger Zeitung* bissig kommentierend: „Die Deutschen werden sich also von nun an, um ja nicht Anstoß zu erregen, wahrscheinlich nur noch mit ‚Habe die Ehre' begrüßen dürfen."[30]

Zur „Verfolgungswelle" zählten auch die Anzeige gegen elf Personen in Groß-Lesnow, die die Republik beschimpft und „Heil Hitler!" gegrüßt hatten[31] oder Ermittlungen gegen einen Studenten aus Marienbad, der beim örtlichen 1. Mai-Umzug der Sozialdemokraten mit Kameraden das Horst-Wessel-Lied angestimmt haben sollte.[32] In St. Joachimsthal gerieten vier junge Nationalsozialisten für ihre Teilnahme an der örtlichen Oberwiesenthaler Feier „anläßlich des Sturzes des Marxismus" vom 30. Januar 1933 ins Visier, obwohl sich dort, so der Zeitungshinweis, „kein einziger Redner gegen die Tschechoslowakei wendete".[33] Mitten in der Wirtschaftskrise verloren ebenfalls in St. Joachimsthal dreißig

25 Ebenda, 3.4.1933.

26 Ebenda, 12.4.1933.

27 Ebenda, 17.3.1933. In dem Vorwurf spielte er wahrscheinlich auf 1933 beginnende und schließlich zur Inhaftierung führende Ermittlungen gegen den bereits 1929 über eine Affäre gestolperten früheren Berliner Oberbürgermeister Gustav Böß an.

28 Reichenberger Zeitung, 12.4.1933.

29 Ebenda, 14.3.1933.

30 Ebenda, 17.5.1933.

31 Ebenda, 15.4.1933.

32 Ebenda, 6.5.1933.

33 Ebenda, 6.6.1933.

Familien ihren Lebenserwerb, da ein Unternehmer als Parteifunktionär verhaftet worden sei.[34] Geradezu grotesk musste der festgehaltene Vorwurf gegen einen Musiker erscheinen. Betrunken habe er, so jedenfalls die Zeitung, „Jetzt trink ma noch a paar Liter!" gebrüllt, ein Polizist habe aber fälschlich „Heil Hitler!" verstanden.[35] Egal, auf welcher Seite nun die Wahrheit lag, bei zahlreichen Lesern dürfte sich ein Eindruck eingestellt haben, Unkenntnis, nicht zuletzt aufgrund mangelnder Sprachkenntnisse, mache die Deutschen zu Freiwild.

In den veröffentlichten Gewaltakten erschienen zumeist die Nationalsozialisten auf der Opfer-, die Anhänger linker Parteien auf der Täterseite. Dieser Eindruck erfuhr aber an einer Stelle eine Korrektur, als es aus dem kleinen Hradzen bei Staab von einem Überfall der Nationalsozialisten auf heimkehrende Sozialdemokraten hieß. Aber immerhin war dieser Angriff provoziert, hätten die Sozialdemokraten doch zunächst eine nationalsozialistische Versammlung gesprengt.[36]

In wieder anderen Fällen dokumentierte die *Reichenberger Zeitung* die Rechtsstaatlichkeit der Republik. Zum Beispiel berichtete sie von der Freilassung eines Falkenauer Parteisekretärs, obwohl bei ihm reichsdeutsche Materialien gefunden worden waren. Glaubhaft habe er aber erklärt, diese allein für den eigenen Gebrauch besessen zu haben.[37]

Derweil grenzten sich die übrigen bürgerlichen deutschen Parteien kaum von den Nationalsozialisten ab. Das harsche Urteil der Führung des Bundes der Landwirte, welche von „volksschädlicher Agitation" sprach, die „an Volksbetrug grenzt",[38] blieb in den meisten Fällen auf Erklärungen beschränkt und dann auch noch ohne tiefergreifende inhaltliche Unterfütterung dieser Missbilligung. Dem standen zahlreiche dokumentierte Veranstaltungen gegenüber, in denen die Nationalsozialisten ganz selbstverständlich als Mitorganisatoren auftraten. Ein Beispiel hierfür war die „eindrucksvolle Kundgebung" in Zwickau gegen die Wirtschaftspolitik vom 25. Februar 1932. Die Hauptrede hielt der Vorsitzende der dortigen überparteilichen sozialpolitischen Kommission, der nationalsozialistische Stadtrat Karl Runge.[39] Auch mit der „Machtergreifung" im Reich änderte sich daran nichts. Der Abgeordnete Franz Windirsch vom Bund der Landwirte hob zum Zeitpunkt bereits eingesetzter Verfolgungen in Deutschland „die Freude und Genugtuung aller volksbewußten Kreise diesseits der Grenzpfähle" über das

34 Ebenda, 12. 6. 1933.
35 Ebenda, 8. 6. 1933.
36 Ebenda, 7. 5. 1933.
37 Ebenda, 2. 7. 1933.
38 Ebenda, 29. 6. 1932.
39 Ebenda, 29. 2. 1932.

Resultat der Märzwahl 1933 hervor. Die sudetendeutschen Nationalsozialisten seien aber laut Windirsch in der Republik nur eine Partei unter mehreren, eine solche „völkische Wiedergeburt" sei hier nicht zu erwarten.[40]

1933 warb die *Reichenberger Zeitung* selbst für eine engere Kooperation aller Nichtmarxisten. Ausführlich wiederholte sie die Klage von Schriftleiter Max Karg aus dem nationalsozialistischen *Der Tag*, die Sudetendeutschen sollten „trachten, parteipolitische Distanz zu den Ereignissen im Reiche zu gewinnen, statt sich ihretwegen zu zerfleischen. Der lachende Dritte in diesem Kampfe, wenn er so wie bisher weitergeht, wird ja sowieso nur der Tscheche sein". Im Anschluss an diese Parteirede fügte die Redaktion an, die Ausführungen müssten „in allen einsichtigen Kreisen unseres Volkes zustimmenden Widerhall finden".[41]

Bereits im April 1933 tauchten erste Meldungen über ein drohendes Parteiverbot auf, zunächst als Übernahmen anderer Zeitungen. So habe die regierungsnahe *Prager Presse* einen solchen Schritt als „unerläßliche Selbstwehr" begründet.[42] Das nationalsozialistische Hauptorgan *Der Tag* wurde dann auch bald für vier Wochen verboten – eine Begründung brachte die *Reichenberger Zeitung* nicht.[43] Aus dem *Venkov* übernahm man am 4. Mai gar die Spekulation über eine bevorstehende „große ‚Reinigung' der Ämter". Einer Gesinnungskontrolle in der Republik würden die Nationalsozialisten wohl besonders ausgesetzt sein, so durfte man jedenfalls erwarten. Dort forderte man denn auch „eiserne Disziplin und Ruhe",[44] wie die *Reichenberger Zeitung* wiedergab.

Von der Ansprache des Parteiführers Rudolf Jung bei einer Sitzung der Parteileitung im Mai 1933 erfuhren die Leser dann nicht allein nochmals Ziele (Zusammenarbeit, Gleichberechtigung, Erziehung zur Nation), welche man auf „streng legalem" Weg erreichen wolle, sondern auch, dass man im Unterschied zur NSDAP „keinen Staat zu erobern" habe.[45] Wie weit es damit her war, offenbarte aber die Parteitagsrede Jungs vom 11. Juni 1933. Daraus zitierte die *Reichenberger Zeitung* am Folgetag auch seinen Hinweis, Hitlers Regierung sei „im weitesten Ausmaße vom Volkswillen getragen, also im wahrsten Sinne des Wortes ‚demokratisch'". In einer Entschließung prangerten die Nationalsozialisten dagegen ein „verschärftes politisches Verfolgungssystem" in der Republik an.[46]

40 Ebenda, 9.3.1933.
41 Ebenda, 10.4.1933.
42 Ebenda, 19.4.1933.
43 Ebenda, 22.4.1933.
44 Ebenda, 25.4.1933.
45 Ebenda, 9.5.1933.
46 Ebenda, 12.6.1933.

In diesen Tagen wiederholte sich nochmals die Behauptung einer strikten Trennung zwischen sudetendeutscher und reichsdeutscher Partei. Im Unterschied zu früheren Erklärungen stammte diese aber von jenseits der Grenze, wurde aber einmal mehr von der *Reichenberger Zeitung* aufgegriffen. Sie publizierte am 5. Mai großflächig einen Beitrag des Münchener *Völkischen Beobachters*. Darin wurde eingestanden, aus Berlin gebe es zwar „keine Weisungen und politische Richtlinien", doch sei die Lage in den Grenzregionen durch „unüberlegte Handlungen untergeordneter Persönlichkeiten im Reich" verschärft worden.[47] Ob eine solche Entlastung unangreifbaren reichsdeutschen Ursprungs nicht letztlich im Interesse beider Parteien sein könnte, fragte die Reichenberger Redaktion nicht.

Die erweiterten Schutzgesetze führten schließlich im Sommer 1933 zu Amtsentfernungen von nationalsozialistischen und deutschnationalen Bürgermeistern. Das Unverständnis darüber war in den Zeitungsberichten nicht zu überlesen. Für die *Reichenberger Zeitung* war nun das „Werk vollendet".[48] Man erinnerte dann auch bei einem der ersten Fälle, Egers bisherigem Bürgermeister Johann Schneider, er habe sich um Stadtumbau und Sozialarbeit einen „von allen Parteien anerkannten" Namen gemacht. Schneider schimpfte in einer „gewaltigen Treue- und Dankeskundgebung" denn auch, das „Gesetz wird nicht so sehr von den Tschechen selbst, als vielmehr von gewissen deutschen Kreisen (Stürmische Pfuirufe)" forciert. Eine Verwaltungsbeschwerde gegen die Nichtbestätigung sei Angelegenheit „der gesamten einsichtsvollen Bevölkerung."[49] Als sich tschechische Zeitungen mit dem Protest auseinandersetzten, trotzte die *Reichenberger Zeitung* mit der Überschrift „Die Stadt Eger läßt sich nicht verleumden".[50] Isoliert waren die Nationalsozialisten selbst in dieser Situation nicht, sondern vertieften selbst vorhandene Gräben.

So hohe Wellen wie in Eger schlugen die Amtsverluste anderswo nicht, aber auch in Dux musste Adolf Hartig abtreten,[51] in Braunau wurde Hugo Römeth nicht bestätigt, obwohl er sich „des Vertrauens der gesamten Bevölkerung" erfreute.[52] Ihres Bürgermeisterpostens verlustig gingen u. a. auch Hans Turba in Marienbad[53] und Tetschens deutschnationaler Bürgermeister Friedrich Leinweber.[54] Weniger

47 Ebenda, 5. 5. 1933.
48 Ebenda, 25. 5. 1933.
49 Ebenda, 15. 8. 1933.
50 Ebenda, 3. 8. 1933, 15. 8. 1933, 16. 8. 1933, 18. 8. 1933, 1. 9. 1933.
51 Ebenda, 3. 8. 1933.
52 Ebenda, 3. 8. 1933.
53 Ebenda, 17. 8. 1933.
54 Ebenda, 17. 8. 1933.

zentral erschienen dagegen solche Berichte zu gegenteiligen Entscheidungen. Dabei zeigte die Bestätigung des deutschnationalen Roland Bloch in Hohenelbe an,[55] dass Urteile nicht einfach nach Parteizugehörigkeit fielen.

Das politische Klima erhitzte sich weiter. Gleich für drei Monate ereilte die beiden nationalsozialistischen Blätter *Der Tag* und *Deutsche Volkszeitung*, aber auch das ungarische *Prágai Magyar Hírlap* das teils nun bereits wiederholte Verbotsschicksal.[56] Derlei staatlichen Maßnahmen stand nachlesbar gegenüber, dass sich aber auch Händler antifaschistischer Schriften nicht sicher fühlen durften. So berichtete die *Reichenberger Zeitung* am 18. September 1933 über das Eindringen von Nationalsozialisten in den Aussiger Laden von Gottlieb Tichy. Unter der Drohung, sein Geschäft zu verwüsten, hätten sie verlangt, einen Aufruf aus der Auslage zu entfernen. Einen Tag darauf las man vom Verbot von Hitlers *Mein Kampf* in der Tschechoslowakei, diesmal aber mit dem Hinweis auf „eine Kampagne eines Teiles der tschechischen Presse".

In dieser gespannten Situation präsentierte die *Reichenberger Zeitung* prominent auf der Titelseite die Ansichten des deutschnationalen Abgeordneten Fritz Hassold. Für ihn stand jetzt im September 1933 eine Einheitsfront aller deutschen Antimarxisten auf der Agenda. Wie ernst er die Lage betrachtete, zeigt sein finaler Ruf: „Die Reihen dicht geschlossen, falle wer fallen mag".[57] Dieweil der erste Satzteil dem Horst-Wessel-Lied entlehnt war, sicherlich für jeden aufmerksamen Leser ersichtlich, entstammte der zweite Teil dem Weltkriegslied „Lasst die Fahnen wehen". Der kriegerische Appell suchte Anschluss an nationalistisches und nationalsozialistisches Gedankengut.

Am 3. Oktober 1933 las man vom Paukenschlag. Die Abgeordneten Richard Köhler, Hugo Simm und Rudolf Kasper hätten die Nationalsozialisten verlassen, da Konrad Henleins Sammlungsaufruf für die Sudetendeutsche Heimatfront eine neue Lage geschaffen habe. Von Kasper hieß es noch ausdrücklich, er wolle in den nächsten Tagen über einen „Anschluß an die Gruppe Henlein" nachdenken. Die nationalsozialistische Partei befand sich parallel zur Formierung der Heimatfront im Auflösungsprozess. Noch am 3. Oktober erfuhr man vom Ende der Reichenberger Ortsgruppe, am nächsten Tag folgten ihr eine ganze Reihe weiterer lokaler Organisationen, u. a. in Karlsbad und im Kreis Brünn. Dort präsentierte man diesen Schritt nach „jahrelanger mühsamer Arbeit" als Opfer für das „Volksinteresse". Die Auflösung der Egerer Gruppe, bereits am 30. September erfolgt, aber erst am 4. Oktober publiziert, erfolgte laut Artikel, um Mitgliedern

55 Ebenda, 17. 8. 1933.
56 Ebenda, 16. 9. 1933.
57 Ebenda, 20. 9. 1933.

einen Beitritt zur Heimatfront zu ermöglichen. Dort seien auch direkt zahlreiche Anmeldungen eingegangen, „darunter solche von namhaften Persönlichkeiten".

In seinem letzten Aufruf an Partei und Mitgliedschaft, von der *Reichenberger Zeitung* am 4. Oktober eingehend wiedergegeben, hob Jung nochmals den „beispiellos stolzen Aufschwung" hervor. Ihr Gewissen sei „rein", doch die politischen Verhältnisse hätten sie „zerstört". Den bisherigen Parteigenossen rief er zu: „Zieht euch nicht verbittert aus dem nationalen Leben zurück, sondern arbeitet weiter für Volkstum und Heimat!"

Eine Überschrift vom 5. Oktober teilte dann das Verbot nationalsozialistischer wie deutschnationaler Partei mit, wobei es sich rechtlich zunächst einmal um eine Einstellung handelte. Die Auflösung wurde erst am 12. November 1933 im Amtsblatt verkündet, da, so zitierte die *Reichenberger Zeitung*, die Nationalsozialisten „die Losreißung eines Teiles der Tschechoslowakei und dessen Angliederung an das Nachbarreich auf dem Programm hatten".[58] Nun ging es lediglich noch um die Folgen dieses Beschlusses. Beispielsweise teilte das Blatt am 17. Oktober die Auflösung der von beiden Gruppierungen getragenen „Volkshilfe" in Rumburg mit. Wie künftig die Bedürftigen unterstützt werden würden, wird sich mancher Leser gefragt haben. Erst am 17. Dezember war von der Eintrittsmöglichkeit in andere Gewerkschaften unter Wahrung vorhandener Ansprüche zu lesen.

Aber auch deutsche Turnvereine fanden im Oktober 1933 ihr Ende, selbst wenn, wie aus Bernsdorf zu erfahren, nur zehn der 140 Mitglieder Nationalsozialisten gewesen seien.[59] Verbittert schrieb man aus Leitmeritz von der Versiegelung einer auch für den Schulsport nötigen Turnhalle, obwohl der Verein „unpolitisch geleitet und auch die Vorstandsmitglieder sich seit Jahren nicht mehr politisch hervorgetan" hätten.[60] Einmal mehr verfestigte sich der Eindruck einer kalt über berechtigte Bedürfnisse hinweggehenden tschechischen Bürokratie, galten die deutschen Turnvereine doch stattdessen als „bekanntlich streng unpolitische Vereine".[61] Besonders tragisch soll sich das Schicksal für einen Druckereibesitzer in Karlsbad gestaltet haben. Das Verbot von Parteien und Vereinen habe ihn um seine wirtschaftliche Existenz gebracht und in den Selbstmord getrieben.[62]

Ob es bei diesem Verbotsschritt wirklich um den Selbstschutz der Republik gegangen war, dürften nicht wenige Leser bezweifelt haben. Immerhin zeigten

58 Ebenda, 12.11.1933.
59 Ebenda, 21.10.1933.
60 Ebenda, 22.10.1933.
61 Ebenda, 2.5.1933.
62 Ebenda, 3.11.1933.

sich hier auch parteipolitische Interessen. Bitter muss aufgestoßen sein, dass die *Reichenberger Zeitung* am 21. Oktober vermeldete, die Annahme des Gesetzes zu Parteiauflösungen im Parlament sei von den Kommunisten mit dem Absingen der „Internationale" während des Abrollens einer Roten Fahne gefeiert worden. Den Eindruck kleinlicher Rachegelüste beförderte auch der abgedruckte offene Brief von Karl Viererbl, einem Mitarbeiter des verbotenen *Der Tag*. Nachdem er „um Brot und Existenz gebracht" wurde, habe er sich zur Arbeitssuche nach Deutschland begeben, zuvor aber seinen Umzug angemeldet. Nun werde er dennoch mit internationalem Haftbefehl wegen „unbekanntem Aufenthalt" gesucht.[63]

Die Streitigkeiten um die Neuvergabe der von den Nationalsozialisten in Wahlen errungenen, nun aber aberkannten Mandate bestimmten die Meldungen der folgenden Wochen. Bei dem wachsenden Anschein eines Schacherns um jede einzelne Stimme erschienen die Sozialdemokraten am gierigsten zu sein. Aus Böhmisch Leipa hieß es jedoch auch von den bürgerlichen Parteien, sie beanspruchten alle Mandate, da „die Agitation der DNSAP sich in allererster Linie bei den letzten Gemeindewahlen auf die Kreise des gewerblichen Mittelstandes konzentriert habe". Ergänzend spekulierte ein Christlichsozialer, „daß wahrscheinlich auch die kommunistischen Mandate zur Aufteilung bzw. zur Zuteilung an die Sozialdemokraten kommen werden und daß die durch die Zuteilung erreichten sozialdemokratischen Mehrheiten auch die Verantwortung zu übernehmen hätten". Die Sozialdemokraten hätten darauf geantwortet, ein Verhandeln mache keinen Sinn. „Sie müßten auf alle jene Mandate, die Arbeiterstimmen entspringen, Anspruch erheben, denn gerade ihnen seien durch die Agitation der DNSAP in vielen Gemeinden Anhänger aus Arbeiter- und Angestelltenkreisen abspenstig gemacht worden."[64]

Die Neubesetzungen veränderten dabei die Kräfteverhältnisse in den kommunalen Gremien. In Reichenberg fielen die acht deutschnationalen Stadtratsmandate an die Arbeits- und Wirtschaftsgemeinschaft sowie die Christlichsozialen, die vier nationalsozialistischen Mandate an Gewerbepartei und Sozialdemokratie.[65] Von einer Bevorzugung letzterer konnte hier somit keine Rede sein. Stärkste Fraktion war nun mit großem Abstand die Arbeits- und Wirtschaftsgemeinschaft von Bürgermeister Kostka. Aus Franzensbad und Eger las man dagegen, dass dort nun die Sozialdemokraten die meisten Stimmen erhielten.[66] Eine besondere

63 Ebenda, 23.11.1933.
64 Ebenda, 24.11.1933.
65 Ebenda, 20.1.1934.
66 Ebenda, 9.2.1934, 28.2.1934.

Meldung dazu am 27. Dezember 1933. Da las man von der Ablösung des gesamten Gemeinderats in Mautzendorf bei Sternberg in Mähren. Das kleine Dorf weit außerhalb des Verbreitungsgebiets der *Reichenberger Zeitung* ließ aufmerken, habe sich der zwölfköpfige Gemeinderat doch bisher nur aus Nationalsozialisten zusammengesetzt.[67]

Verbitterung über diesen Austausch von Personen dürfte sich im Bericht über die Antrittsrede des neuen, auf seinen abgesetzten Vorgänger folgenden Bürgermeister von Leitmeritz manifestiert haben. Das Blatt betonte nämlich einleitend Franz Krzepeks „bekannt guten Beziehungen zur Prager Regierung". Dies schien der neue Weg in Ämter zu sein, nicht mehr der Wille der Wähler. Anschließend wiederholte man aber Krzepeks klare Worte, der etwa „Volksverführer" kritisierte, die „auch den Hochverrat als politisches Kampfmittel nicht verschmähten". Krzepek sah die grundsätzliche Aufgabe in der Überwindung eines „beiderseitigen Nationalhasses" zwischen Tschechen und Deutschen und betonte die Notwendigkeit der traditionellen Parteien. Die Heimatfront erwähnte er zumindest dem Artikel nach nicht.[68] Neben dieser Rede dokumentierte man den Lesern auch die Ansprache des ebenfalls ernannten Bürgermeisters Gustav Petrovsky in Gablonz. Unverhohlen offenbarte der selbst die fragwürdige Basis dieser Entscheidung. Übernommen habe er „dieses Amt aus den Händen der Regierung".[69]

Am 3. Juni 1934 bilanzierte die *Reichenberger Zeitung* insgesamt 4000 Aberkennungen von in demokratisch geführten Wahlen errungenen Mandaten. Dabei zeichne die Deutschen Langmut und Loyalität aus, so das Blatt voller Lob. „Die öffentlichen Leute gaben sich in ihrer Arbeit aufrichtig aus und sie gingen, als ihnen das ein Gesetz gebot."[70] Konflikte durch Neubesetzungen wurden selten dokumentiert. Eine Ausnahme bot Asch. Dort lagen nach einem Artikel dank der Mandatsaberkennungen die Amtsgeschäfte in den Händen des Bürgermeisterstellvertreters Karl Wettengel, ausgerechnet einem Kommunisten. Die Unmöglichkeit einer Kooperation mit den bürgerlichen Stadträten habe die Gemeindeversammlung „völlig lahmgelegt".[71]

Auf jeden Fall stand die Umverteilung im Sinne der Demokratie auf fragwürdiger Basis. Da überzeugte der redaktionelle Hinweis durchaus, eigentlich müsse man zumindest dort, „wo ein Drittel, die Hälfte oder noch mehr Mandate

67 Ebenda, 27. 12. 1933.

68 Ebenda, 5. 1. 1934.

69 Ebenda, 13. 2. 1934.

70 Ebenda, 3. 6. 1934.

71 Ebenda, 16. 1. 1934. Übrigens sollte Wettengel selbst im August wegen eines Schutzgesetzverfahrens sein Amt in Asch verlieren. Vgl. Reichenberger Zeitung, 6. 8. 1934.

in Wegfall kommen, Neuwahlen ausschreiben".[72] Immerhin bezeichnete man die möglichen Verschiebungen (zwölf von 42 Mandaten waren umzuverteilen) in Teplitz-Schönau Richtung links als „umstürzend"[73] – und das zu Lasten bisheriger Volksvertreter, die, so Reichenbergs deutschdemokratischer Bürgermeister Kostka, „aufopfernd und unermüdlich, in den meisten Fällen durch viele Jahre hindurch im Interesse der Stadt gearbeitet haben".[74] Mancher Leser mag sich beim Lesen solcher Zeilen gefragt haben, ob das nicht ein zu großes, vor allem aber unnötig erzwungenes Opfer der Nationalsozialisten gewesen war, und ob diesem Opfer weitere folgen müssten.

„Das Los der Emigranten ist schwierig" – Das Schicksal der Flüchtlinge

„Aus Prag wird gemeldet: Zahlreiche reichsdeutsche Intellektuelle, die im Gegensatz zu dem neuen Regime in Deutschland stehen, haben Zuflucht in der Tschechoslowakei genommen. In Prag halten sich einige bekannte Schriftsteller und Politiker auf, u. a. [Alexander] Roda Roda und der Pazifist [Kurt] Münzer. Die von der tschechischen Presse gebrachte Meldung, daß der Chefredakteur des ‚Berliner Tagebl.', Theodor Wolff, nach Prag geflüchtet sei, entspricht nicht den Tatsachen." Unter der Überschrift „Zuflucht in der Tschechoslowakei" war diese frühe Bestandsaufnahme am 14. März 1933 zu lesen.

Über erfolgreiche Fluchten, aber auch gescheiterte Fluchtversuche aus Deutschland in das freie Nachbarland wurde vor allem im ersten Halbjahr 1933 regelmäßig berichtet. Nach der bereits erwähnten verratenen Flucht des bisherigen Niederzwönitzer Bezirksleiters Lampert vom Kampfbund gegen den Faschismus war am 27. März eine Nachricht von der ebenfalls gescheiterten Flucht eines nicht namentlich genannten jüdischen Chemnitzers zu lesen. Da in dessen Fahrzeug angeblich insgesamt 33 000 US-Dollar in Scheinen und Münzen gefunden wurden, titelte die *Reichenberger Zeitung* mit der wohl aus Deutschland übernommenen Schlagzeile: „Dollar-Flüchtling gefaßt".

Gleichzeitig überschritten Operationen reichsdeutscher SA-Männer mehrfach die Grenze der Republik. Am 18. März hieß es von einer „Schießerei an der sächsischen Grenze" im Bereich St. Katharinaberg. Von dort berichtete ein Zeuge, er habe „gegen ½ 11 Uhr abends auf der Grenzbrücke mit einigen dort

72 Reichenberger Zeitung, 24. 11. 1933.

73 Ebenda, 29. 11. 1933.

74 Ebenda, 12. 12. 1933.

stehenden SA-Leuten gesprochen. Einer von ihnen soll sich, als die Schüsse fielen, geäußert haben: ‚Unsere Leute sind über die Grenze. Die werden beim ‚Adler' geschossen haben.'" Fragwürdig war dann aber im gleichen Artikel die gegenteilige Behauptung zweier Arbeiter, es habe sich um eine „Einbrecherbande" gehandelt. Bei dieser Geschichte fällt nicht allein die Unklarheit über die Ereignisse auf, mindestens ebenso irritierend erscheint, dass der illegale Grenzübertritt mit Schusswaffen(-gebrauch) der SA weder näher beleuchtet noch hinterfragt wurde. Die Zeitung fügte jedenfalls an, zum Zeitpunkt des Zwischenfalls hätten sich im Gasthaus „Adler" keine politischen Flüchtlinge aus Deutschland befunden. Der Freiberger SPD-Sekretär und Journalist Kurt Pittig und der Tischler Paul Hönig aus dem sächsischen Grenzort Neuhausen seien bereits abgereist gewesen.[75]

Hilfsmöglichkeiten für die Flüchtlinge waren rasch ein Thema. Bereits am 1. März 1933 las man von einem Aufruf der Liga für Menschenrechte in der Tschechoslowakei. Diese sollte wohl vor allem zur Ausreise gezwungene tschechoslowakische Staatsbürger unterstützen. Am 29. April folgte der Bericht über das Tschechische Hilfskomitee für reichsdeutsche Flüchtlinge, welches gleichzeitig seine „unpolitische Grundlage" betonte.

Unterstützung war dringend vonnöten. Ein erstes Situationsbild über den „starken Zustrom von Emigranten aus Deutschland" bot die *Reichenberger Zeitung* am 23. März, dabei einer Meldung der *Národní listy* folgend: „Die meisten Emigranten beherbergt Nordböhmen: Industrielle, Kaufleute und vor allem Frauen und Kinder, die in Hotels, Pensionen und Privatwohnungen Aufenthalt genommen haben. Die Kurstädte haben eine politische Saison. In Karlsbad weilen viele gesunde Menschen aus dem Reiche, in Marienbad sind 15 Familien eingetroffen, unter ihnen befindet sich der Publizist Prof. Lessing aus Hannover. Prag haben ungefähr 20 Schriftsteller und Journalisten passiert. Viele reichsdeutsche Familien wohnen in slowakischen Bädern. Bezeichnend für die Emigranten ist, daß jeder nicht nur für sich, sondern auch für seine Freunde Wohnung sucht. In Prag sind auch mehrere französische Journalisten eingetroffen, die von hier aus die Entwicklung in Deutschland verfolgen wollen, wo ihnen Schwierigkeiten gemacht worden sind. In Gräfenberg sind mehrere jüdische Ärzte eingetroffen, die aus Berliner Krankenhäusern von SA-Leuten gewaltsam entfernt worden sind." Nur wenige Tage später bezeugte der Hinweis, in den westböhmischen Bädern und in den sudetendeutschen Städten „habe man einen Massenbesuch aus Deutschland erwartet und dafür Vorbereitungen getroffen, aber

75 Der Anschlag soll dabei Pittig gegolten haben. Vgl. Kateřina Čapková/Michal Frankl, Unsichere Zuflucht. Die Tschechoslowakei und ihre Flüchtlinge aus NS-Deutschland und Österreich 1933–1938, Wien 2012, S. 26.

die Hoffnungen der Hotelbesitzer seien enttäuscht worden",[76] dass man durchaus wirtschaftliches Potential in den Emigranten[77] sah.

Auch weitere Zahlen zeugen von einer alles in allem geringen Zahl gemeldeter Flüchtlinge. So hieß es am 13. Mai aus Prag, dort seien „nur 140 deutsche Emigranten zu längerem Aufenthalt angemeldet." Daneben befänden sich in Nordböhmen einige tausend Geflüchtete. Zwanzig Anträge auf einen Reisepass zur Auswanderung nach Palästina seien eingegangen.

Die Frage, wie mit diesen neuen Mitbürgern umgegangen werden sollte, stellte die *Reichenberger Zeitung* nicht. Außerdem beschränkte sie sich auf eine Wiedergabe zugesendeter Meldungen und den Abdruck von Meinungsäußerungen aus der tschechischsprachigen Presse. Für das Erstere steht ein Bericht vom 3. April aus Komotau. 1700 deutsche und tschechische Sozialdemokraten sowie Kommunisten (wobei aber 15 000 angemeldet gewesen seien) riefen dort auf zum Kampf gegen Faschismus und Lohnabbau, aber auch für die „Einheitsfront" sowie ein solidarisches Miteinander mit den Flüchtlingen: „Helft den Flüchtlingen aus Deutschland!" Jedoch sei die Veranstaltung „von der deutschbewußten Bevölkerung mit sehr gemischten Gefühlen aufgenommen" worden und eine folgende Demonstration der „nationalen Parteien" habe betont, „das Komotau deutsch war, deutsch ist und deutsch bleiben wird". Die nationale Frage überlagerte in der Berichterstattung die in eine andere Richtung gehenden Forderungen der Demonstranten, überlagerte auch die Forderung nach Solidarität mit deutschen Flüchtlingen.[78]

Positionen gegenüber den Zuwanderern unterschieden sich sichtlich. Während Außenminister Beneš einen „weitgehenden Schutz und Unterstützung" der politisch und rassisch Verfolgten forderte,[79] schimpfte eine Zeitung der immerhin größten Regierungspartei, der agrarische *Večer*, gegen die politische Tätigkeit geflohener SPD-Mitglieder. Den „unwillkommenen Gästen" müsse gesagt werden, so zitierte dann die *Reichenberger Zeitung* daraus: „Was ihr Euch dort eingebrockt habt, das löffelt gütig selbst aus. Wir wollen Ruhe und ordentliche Beziehungen".[80]

76 Reichenberger Zeitung, 31. 3. 1933.

77 Vgl. grundlegend: Detlef Brandes/Edita Ivaničková/Jiří Pešek (Hrsg.), Flüchtlinge und Asyl im Nachbarland. Die Tschechoslowakei und Deutschland 1933 bis 1989, Essen 2018; Kateřina Čapková/Michal Frankl, Unsichere Zuflucht, Wien 2012.

78 Vgl. auch etwa Jana Mikota, Das Verhältnis von Deutschen und Tschechen im Grenzgebiet der 1930er Jahre, in: Renate Hennecke/Cornelia Fiedler (Hrsg.), Vom Münchner Diktat zur Nachkriegsordnung. Geschichte und ihre Instrumentalisierung in der aktuellen deutschen Politik, Hamburg 2004, S. 60.

79 Reichenberger Zeitung, 19. 5. 1933.

80 Ebenda, 16. 6. 1933.

Am Folgetag griff die *Reichenberger Zeitung* nochmals die Position des *Večer* auf, der den Emigranten auch noch „marxistisch-jüdischen Haß" vorgeworfen hätte.[81] Auch die konservative *Národní politika* sprach eine „höfliche, aber grundsätzliche Ablehnung" aus, dabei auch auf die Entlassungen von Tschechoslowaken aus ihren Arbeitsverhältnissen in reichsdeutschen Betrieben hinweisend. Die Betroffenen bräuchten nun zunächst einmal selbst einen Arbeitsplatz.[82] Solche Äußerungen, die auch einen Zusammenhang zwischen Flucht und Kriminalität herstellten, waren in der konservativen und nationalistischen Presse der Republik verbreitet.[83]

Am 18. Juli folgte ein weiterer großer Situationsbericht. Dem war die Zahl von 350 Flüchtlingen in Prag zu entnehmen. „Es sind dies größtenteils Intellektuelle, besonders Schriftsteller, Zeitungsleute, Professoren, jüdische Industrielle und Kaufleute mit ihren Familien. Für die mittellosen Flüchtlinge sorgen mehrere Komitees, darunter zwei jüdische. Die Gesamtzahl der reichsdeutschen Flüchtlinge in der Tschechoslowakei ist nicht bekannt. Man nimmt an, daß die meisten Flüchtlinge in Nordböhmen leben." Zahlen und weitere Überlegungen lieferte der Abdruck aus der Zeitschrift *Přítomnost* am 22. August: „Nach Frankreich wanderten bis jetzt 30 000 Flüchtlinge aus, Holland mußte 15 000 aufnehmen, in der kleinen Tschechoslowakei befinden sich 4000. [...] Von den in Prag weilenden Flüchtlingen sind ihrem Berufe nach: Kaufleute und Handelsangestellte 40 Prozent, Handwerker und Arbeiter 34 Prozent, Schriftsteller und Zeitungsleute 11 Prozent, Angehörige freier Berufe 10 Prozent und Angehörige sonstiger Berufe 5 Prozent." Die Gründe der Flucht wurden kritisch beleuchtet, lägen diese doch oft eher in der bedrohten oder gar vernichteten wirtschaftlichen Existenzgrundlage, aber, „so bedauernswert diese Menschen auch sein mögen, so sind sie doch keine eigentlichen Flüchtlinge". Sie sollte man daher „aus der Fürsorgeaktion ausschließen", da bei einer weiteren Zunahme nicht alle mehr versorgt werden könnten. Stattdessen gelte es „Gemeinschaften der Flüchtlinge zu gründen [...] um Tausende dieser Menschen vor dem Untergange zu bewahren."

Wendet man nochmals den Blick zurück in den direkten Grenzraum, finden sich auch noch im zweiten Halbjahr 1933 Berichte zu Übergriffen. So wurde ein Philippsdorfer Anfang September verhaftet, weil er im Auftrag der SA kommunistische Flüchtlinge in Grenznähe locken sollte, wo die Nationalsozialisten sie

81 Ebenda, 17. 6. 1933.

82 Ebenda, 25. 7. 1933.

83 Wolfgang Schellenbacher, „Gewalttäter und Devisenschieber". Die Wahrnehmung erzwungener Illegalität an der österreichisch-tschechoslowakischen Grenze vor und nach dem „Anschluss" Österreichs, in: Bohemia 62 (2022), S. 64.

in ihre Gewalt hätten bringen können.[84] Aus Komotau las man am 25. September von einem vermeintlichen Flüchtling aus dem sächsischen Großrückerswalde, der Kontakte für einen Menschenraub knüpfte. Schließlich folgte die Verhaftung zweier Personen wegen ihrer Beteiligung an der Entführung des kommunistischen Emigranten Richard Martin aus Schönlinde über die Grenze. Dessen Gastgeber seien „mit vorgehaltenen Pistolen" durch sechs SA-Leute „zum Schweigen gebracht" worden. Anschließend zwangen die Reichsdeutschen ihr Opfer, in das wartende Auto einzusteigen. Martin sei danach in ein Konzentrationslager eingeliefert worden. Daneben erfuhr man vom Zeitungsschmuggel nach Zittau von vier geflohenen Kommunisten,[85] von einem Spion für die SA in Reichenberg[86] oder allgemein von „Gaunern" und „Schwindlern"[87] unter den Flüchtlingen.

Der Eindruck drängte sich auf, die ohnehin aufgewühlte politische Situation der Tschechoslowakei werde durch die Flüchtlinge noch verschärft. Verwundern konnte dies bei der grassierenden Not nicht. Folgend dem sich weiterhin flüchtlingskritisch äußernden *Večer* hatten im November erst 700 Flüchtlinge eine Arbeit gefunden.[88] Derweil konstatierte man in Olmütz einen weiteren „großen Zustrom", vor allem von Juden.[89] Die Frage des Umgangs mit dem Migrationsstrom war damit spätestens jetzt in der tschechoslowakischen Innenpolitik angekommen.

Am 1. September war rund um die Berichterstattung über den Mord an Theodor Lessing dann eine erste Positionierung der *Reichenberger Zeitung* zu vernehmen. Zwar erkannte Autor Wachsmann einerseits den Terror im Deutschen Reich, lehnte die Zuwanderung aber im Grundsatz ab: „Das Los der Emigration ist schwierig, nicht nur für die Emigranten, sondern auch für die Region, in die sich die Emigration vollzogen hat. [...] Aus dem Einfluß, den sie bewußt oder unbewußt ausüben, ergibt sich ein Gegensatz zu einem großen Teile der sudetendeutschen Bevölkerung, der nicht als günstig erachtet werden kann. [...] Der Terror, der sich in dem verabscheuungswürdigen feigen Morde Professor Lessings bekundet, ist auf das schärfste zu bekämpfen, aber ebenso muß jede Einstellung bekämpft werden, die von der unverantwortlichen Tat eines Einzelnen ausgehend, sich gegen große Teile des sudetendeutschen Volkes wendet und sich bekundet in einer Verschärfung der seit längerem so verhängnisvoll in Nord- und Nordwestböhmen geübten politischen Praxis." Zusammengefasst

84 Reichenberger Zeitung, 9.9.1933.
85 Ebenda, 15.10.1933.
86 Ebenda, 25.10.1933.
87 Ebenda, 15.8.1933, 19.10.1933.
88 Ebenda, 16.11.1933.
89 Ebenda, 20.11.1933.

könnte man schreiben, die Flüchtlinge waren ob ihrer politischen Einstellung in der Bevölkerung nicht willkommen und ihre fortgesetzte politische Tätigkeit bringe, so der Vorwurf, zusätzlich auch alle hier lebenden Deutschen in Verruf.

Andererseits widersprach die *Reichenberger Zeitung* mit dem Titel „Hetze gegen die Flüchtlinge" einer von der *Národní politika* verbreiteten „Einwanderung deutscher Kolonisten [wie] zur Zeit der letzten Przemysliden".[90] Allerdings arbeitete sich die *Reichenberger Zeitung* in ihrer Antwort eher am Bild einer von den Tschechen befürchteten Vergrößerung des deutschen Einflusses in der Republik ab, als sich mit Flüchtlingen selbst solidarisch zu erklären.

Die Auseinandersetzung über den Zuzug sollte im November 1933 im Parlament mit „Lärmszenen und Handgemenge" eskalieren. Zuvor hatte der deutschnationale Fraktionsvorsitzende Ernst Schollich „den Abgeordneten [Anton] Dietl einen ‚Judenknecht', der sich des Emigrantenpacks annehme, aus dem jüdischer Geist spreche" beschimpft, worauf der jüdische Abgeordnete Angelo Goldstein erwidert hatte: „Wenn sie von Geist reden, dann müssen sie die Juden heranziehen."[91]

Anfang 1934 mehrten sich Zeitungsmeldungen, die die Emigranten in ein zwielichtiges Bild stellten. Als in Teplitz-Schönau ein Berliner wegen des Sammelns von Emigrantenadressen verhaftet wurde, fügte die *Reichenberger Zeitung* den Hinweis an, er habe in Berlin den Nachtclub „Eldorado" geführt, „in dem sich Homosexuelle trafen". Kurz darauf war der Beschuldigte entlastet. Es hatte sich herausgestellt, dass er nur Listen für eine neue Unterstützungsorganisation sammelte.[92] Derweil erfuhr man aus Brünn von der Anklage gegen den Sudetendeutschen Franz Jäger, der erst in Görlitz Kontakte zur SA geknüpft und dann im schlesischen Seidenberg auch in deren Uniform aufgetreten sei. Im Verfahren diene nun „wie in anderen Fällen" der sozialdemokratische Flüchtling Franz Spier als Belastungszeuge.[93] Diese Formulierung verlieh dem Emigranten Spier den Ruch des Denunzianten, der nach seiner Aufnahme im Sudetenland nun Einheimische bespitzele. Am 27. Juni 1934 folgte schließlich noch ein Bericht über einen namentlich ungenannten reichsdeutschen Kommunisten in Eger, der „wahrscheinlich besondere kommunistische Aktionen einzuleiten und durchzuführen hatte".

Hinzu traten auch zwei weitere Berichte über versuchten Menschenraub. Aus dem *Prager Mittag*, einer Flüchtlingszeitung, übernahm man, am 15. März 1934

90 Ebenda, 6.9.1933.
91 Ebenda, 30.11.1933.
92 Ebenda, 27.1.1934, 31.1.1934.
93 Ebenda, 4.1.1934.

sei der Arbeiter R., der an der Grenze bei Friedland wohne, von Insassen eines vorüberfahrenden Autos in ein kurzes Gespräch verwickelt worden. Plötzlich „hieben sie mit Stahlruten auf ihn ein und versuchten ihn in den Wagen zu zerren. R. schrie laut um Hilfe und wehrte sich so gut er konnte. Als auf seine Hilferufe Leute herbeiliefen, ließen die Banditen von ihm ab und fuhren der Grenze zu. R. blieb blutüberströmt mit ernsten Hiebwunden liegen. An der Überfallstelle fand sich folgendes vor und wurde der Ortspolizei übergeben: Ein Mitgliedsbuch der NSDAP auf den Namen Göricke lautend und Betäubungsmittel. R. gab bei der Polizei an, der sogenannte Göricke sei vor wenigen Tagen bei ihm erschienen, habe sich als Emigrant ausgegeben und versucht, Namen und Adressen von geflohenen Arbeitern zu erfahren."[94] Sicher durfte sich im Exil auch nicht ein nach St. Katharinaberg gekommener Sozialdemokrat fühlen. Zwei Arbeitslose planten seine Auslieferung nach Sachsen, wovon sie sich eine „gute Belohnung" versprochen hätten. Ihre Verhaftung ließ die Pläne zerplatzen.[95]

Auffällig ist, dass die *Reichenberger Zeitung* alle diese Verbrechen mit reichsdeutscher Beteiligung nicht weiter nachverfolgte. Überhaupt zeugen die Nachrichten von flüchtiger Berichterstattung. Ein erhöhtes Interesse schien man nicht zu sehen, obwohl die Übergriffe wiederholt die territoriale Integrität der Tschechoslowakei infrage stellten – mehrfach unter aktiver Unterstützung durch Einheimische. Allerdings dürfte die Redaktion in Reichenberg, auf Zusendungen vom Ort des Geschehens angewiesen, auch nicht über ausreichendes Material für weitere Berichte verfügt haben. Es fällt bei all diesen Berichten ebenfalls auf, dass die beschriebenen Flüchtlinge aus dem linken politischen Lager stammten, Juden waren oder ihre wirtschaftliche Existenz verloren hatten. Betroffen vom Fluchtschicksal waren offensichtlich lediglich frühere Profiteure des demokratischen Regimes, wie mancher Leser geurteilt haben dürfte.

Der Wind hatte sich 1934 endgültig zu einem kritischen Blick auf die in der krisengeschüttelten Republik lebenden, meist mittellosen Reichsdeutschen gedreht. Die sechzig mit einem „Hoch die Tschechoslowakei" nach Palästina ausreisenden reichsdeutschen Juden waren offenbar eine Ausnahme,[96] da sonst kaum von der Weiterreise der Flüchtlinge zu lesen war. Beiträge wie „Auswandern aussichtslos! Internationales Wettrüsten gegen die Einwanderung von Ausländern"[97] zeugten zusätzlich davon, dass mit einer Abreise der Zuwanderer kaum gerechnet werden durfte. Das durch die Krise ohnehin lecke Schiff

94 Ebenda, 17.3.1934.

95 Ebenda, 31.7.1934.

96 Insgesamt hätten bis dahin 270 „deutsch-jüdische Emigranten" aus der Tschechoslowakei Palästina erreicht. Vgl. Reichenberger Zeitung, 9.6.1934.

97 Ebenda, 18.8.1934.

Tschechoslowakei schien immer weiter vollzulaufen, die Exilanten die Republik zu überfordern, ja deren Gastfreundschaft zu missbrauchen. Am 29. Mai 1934 vermeldete das Blatt die Zahl von 1533 Emigranten im Land. Der Wert mochte nicht besonders hoch sein, selbst unter den insgesamt mehr als 40 000 Reichsdeutschen in der Tschechoslowakei[98] nahmen sie nur einen geringen Anteil ein, doch wurde in der Not offensichtlich jeder Einzelne als Belastung empfunden. Einerseits bedurften sie Unterstützung, andererseits sah mancher Leser den eigenen Arbeitsplatz durch billigere Konkurrenz bedroht. Von praktischer Hilfe erfuhr man im Oktober 1934 nur von der Sozialdemokratie. Bis dahin hatte sie zwei Millionen Kronen ausgegeben, wobei die „Zahl der unterstützten Emigranten von 1200 im März auf 470 gesunken sei".[99]

Am 26. Oktober 1934 zitierte man dann die sonst oft kritisierte *Národní politika*, als diese über eine zukünftige „Erschwerung der Erlangung des Heimatrechtes und der Staatsbürgerschaft" schrieb. Hintergrund waren dafür wohl auch Ereignisse wie in Leipnik bei Mährisch-Weißkirchen, wo angeblich Gemeinden das Heimatrecht gegen Gebühren erteilten.[100] Die hier getätigte Mischung aus hohen gezahlten Summen und der Hinweis auf eine jüdische Abkunft der dafür einzubürgernden Ausländer bediente dabei auch noch antisemitische Vorstellungen. Schließlich wurde man informiert, dass zukünftig alle Klöster und kirchlichen Verwaltungen für die verschärfte Aufenthaltskontrolle Personenausweise über die Angehörigen ihrer Gemeinschaften vorlegen müssten.[101]

Blickt man auf das Wahljahr 1935, fällt der hohe Anteil einer Berichterstattung über die angebliche Unterwanderung durch illegale kommunistische Strukturen auf.[102] Teils wären Kommunisten sogar als Münzfälscher auffällig geworden.[103] Die Lebensverhältnisse für die Flüchtlinge waren rau geworden. Nur an einer Stelle war Mitgefühl noch mit ihrem Schicksal spürbar – und diese Verfolgten hatten nicht in der Republik, sondern in Großbritannien gelebt. Da musste man am 6. Mai 1935 vom Selbstmord zweier Frauen lesen, deren Angst vor der Abschiebung ihren Lebenswillen gebrochen hatte.

Dagegen ist aus den Berichten über den Wahlkampf der deutschen Parteien nur eine einzige Äußerung zur Flüchtlingsproblematik nachweisbar. Sie

98 Ebenda, 11. 8. 1934.

99 Ebenda, 7. 10. 1934. Bei dieser Angabe blieb unklar, ob es sich nur um Unterstützungsleistungen der tschechischen Sozialdemokratie handelte oder ob Leistungen der deutschen Partei bereits eingerechnet waren.

100 Reichenberger Zeitung, 27. 10. 1934.

101 Ebenda, 22. 5. 1935.

102 Ebenda 20. 2. 1935, 21. 2. 1935, 27. 2. 1935, 6. 5. 1935, 7. 5. 1935, 10. 5. 1935.

103 Ebenda, 1. 3. 1935.

stammte von dem christlichsozialen Abgeordneten Hans Krumpe, nachzulesen am 15. Mai 1935. Scharf nahm er in Warnsdorf die Flüchtlinge aufs Korn, welche die Republik zu einem „Kehrichthaufen für zusammengebrochene politische Existenzen zu machen" versuchten.

Theodor Lessing

„Selbst in einer Zeit wie der jetzigen, die die Ehrfurcht vor dem Menschenleben zum großen Teil verloren hat, muß man schaudern vor der Überlegung, der Kaltblütigkeit, dem Haß, die aus dem Marienbader Mord sprechen." Autor Wachsmann schrieb diese Worte voller Empörung am 1. September 1933 über die Ermordung Theodor Lessings.[104] Das Opfer dieses Terrors war in der Tschechoslowakei bekannt. Lessing hatte in der Vergangenheit regelmäßig im liberalen *Prager Tagblatt* publiziert. Am 31. August 1933 war er nach seiner Flucht aus Deutschland im Exil umgebracht worden. Die Grenze versprach keine Sicherheit vor Gewalt, wie das Verbrechen weit über die Tschechoslowakei hinaus dokumentierte.

Bereits am Todestag benannte die *Reichenberger Zeitung* einen Verantwortlichen: „Der Tat dringend verdächtig ist der in Deutschland geborene und nach dem Dorfe Schanz zuständige Arbeiter Max Eckert. Es wird befürchtet, daß der Mörder bereits über die Grenze entkommen ist." Der Hinweis auf das bei Marienbad liegende Schanz zeigte einerseits auf, dass er aus der direkten Umgebung kam, doch trennte man ihn mit dem Hinweis auf seine Geburt als Reichsdeutscher aus der sudetendeutschen Gemeinschaft ab. Bereits hier wusste man, die Tat sei „von langer Hand vorbereitet" worden. Verbunden mit der Information, der *Völkische Beobachter* habe vor kurzem auch Lessing angegriffen, vermittelten Herkunft und Fluchtziel des Täters sowie Vorgeschichte des Anschlags die reichsdeutsche Verantwortung für den Mord. Schließlich unterstützte auch noch der Einschub, Lessings Frau „ist Arierin", der Text selbst bediente sich damit in großer Selbstverständlichkeit nationalsozialistischer Sprache, die Glaubwürdigkeit dieses Vorwurfs.

Eine Reaktion erfolgte schnell. Neben „verstärktem Gendarmerieschutz" führte der Mord zu „einigen Verhören" im Umfeld der nationalsozialistischen Partei (Eckert hatte ihre Veranstaltungen besucht), die jedoch „ergebnislos" verliefen. Diese reagierte voller Zynismus: „In Marienbader nationalsozialistischen

104 Vgl. grundlegend zur Person Theodor Lessing u. a. Julius H. Schoeps, Der ungeliebte Außenseiter. Zum Leben und Werk des Philosophen Theodor Lessing, in: Walter Grab/Julius H. Schoeps (Hrsg.), Juden in der Weimarer Republik, Darmstadt 1998, S. 286–303.

Kreisen vertritt man die Ansicht, daß die Stadt Professor Lessing hätte darauf aufmerksam machen sollen, daß er seinen Aufenthalt besser in einer tschechischen Stadt" hätte nehmen sollen.[105] Kein Bedauern über die Tat, sondern ganz offen die Botschaft, innerhalb der deutschen Bevölkerung seien Personen wie Lessing nicht nur nicht willkommen, sondern selbstverständlich auch nicht ihres Lebens sicher. Parteiführer Rudolf Jung bedauerte zwar öffentlich die Tat eines „übel beleumundeten, verantwortungslosen" Einzeltäters, dies aber nur deshalb, „da sie geeignet ist, die bereits durch zahlreiche andere Taten gespannten Verhältnisse neuerlich zu verschärfen."[106]

Da die Behörden der Republik aber kaum des geflohenen Täters habhaft zu werden hoffen durften, verlagerte sich der Fokus der Aufklärung. Sie selbst gerieten unter Druck. Meldungen von Verhaftungen und anschließenden Entlassungen vermittelten das Bild einer Polizei, die keine wirkliche Spur hatte. Die *Reichenberger Zeitung* gab die Frage der *České slovo* wieder, „ob die tschechoslowakischen Grenzen, die bisher einen festen und sicheren Damm gegen die Sittenverderbnis des Hitlertums bildeten, zu existieren aufgehört haben". Im gleichen Bericht erwähnte man zusätzliche tschechische Verbotsforderungen Richtung nationalsozialistischer Partei.[107] Dieser Zusammenhang ließ einmal mehr insbesondere die sudetendeutschen Nationalsozialisten und mit ihnen alle Deutsche als Opfer tschechischer Verfolgungen erscheinen. Hierzu passte auch die Verhaftung eines Schiffers in Aussig, der den Mord „gutgeheißen" hatte.[108]

In den *Reichenberger Zeitung* nachlesbar zeigten sich zu diesem Zeitpunkt lediglich die Deutschdemokraten öffentlich solidarisch mit den gefährdeten Emigranten. Jungbunzlaus Kreisleitung kritisierte „die herrschende Knebelung deutscher Geistesfreiheit, die brutale Unterdrückung jedweder Kritik trotz sachlichster Einstellung und den blutigen Terror, der auch an den Reichsgrenzen nicht Halt macht, der entschiedensten Protest aller freiheitlich denkenden Menschen fordert".[109]

In der weiteren Berichterstattung des Herbstes 1933 las man von den vermeintlichen Tätern, die sich in Deutschland in Sicherheit befanden. Andererseits inhaftierten die tschechoslowakischen Behörden weiter Verdächtige, deren tatsächliche Verantwortung für die Tat aber kaum ersichtlich war. So wurde der Möbelfabrikant Ernst Hohler aus Auschowitz bei Marienbad nach einer

105 Reichenberger Zeitung, 1.9.1933.
106 Ebenda, 2.9.1933.
107 Ebenda, 1.9.1933.
108 Ebenda, 6.9.1933.
109 Ebenda, 3.9.1933.

„unbedachten Äußerung" erst nach drei Monaten Untersuchungshaft entlassen – ohne dass man ihm eine strafbare Handlung hätte nachweisen können.[110]

Die Berichterstattung im Fall Lessing zeichnete einen für die Leser nachspürbaren Zwiespalt einer sichtlichen Verantwortung und anschließenden schützenden Deckung durch das „Dritte Reich", vor allem aber andererseits eine undifferenzierte Verfolgung von Sudetendeutschen für scheinbare Nichtigkeiten aus. 1934 war dann der Fall Theodor Lessing weitgehend aus der *Reichenberger Zeitung* verschwunden.

Rudolf Formis

Für „großes Aufsehen" sorgte auch der „zweite politische Mord" „von reichsdeutschen Staatsangehörigen an einem deutschen Emigranten" auf dem Boden der Republik. Am 25. Januar 1935 war wie für alle anderen Blätter der Tod des Stuttgarter Rundfunktechnikers Rudolf Formis[111] in Slap das große Thema. Ebenso wie im Fall Lessing erfuhr man aber auch diesmal von der erfolgreichen Flucht der Täter nach Deutschland.[112]

Im Unterschied zum Fall Lessing bestimmte die weitere Berichterstattung aber nicht das Bild sudetendeutscher Verfolgungen. Das „Hauptinteresse" bildete die Frage, wie die Behörden derlei Schwarzfunksendungen überhaupt tolerieren konnten. Immerhin sei die Prager Regierung sogar von reichsdeutscher Seite auf die Sendungen hingewiesen worden und auch die *Reichenberger Zeitung* hatte bereits am 9. Januar 1935 von seinen Übertragungen berichtet: „Der Inhalt seiner Sendungen beschränkt sich auf äußerst heftige Angriffe gegen das Dritte Reich und insbesondere gegen Adolf Hitler selbst."

So lautete ein verbreiteter Vorwurf, die Tschechoslowakei habe mit ihrer Passivität den Deutschen eine Vorlage geliefert, die eigene Souveränität zu brechen. Dieses Bild schien sich gerade in den tschechischsprachigen Medien festzusetzen und wurde von der *Reichenberger Zeitung* übernommen. Folglich las man die Frage der *Lidové listy*, „wer über Dr. Strasser [der Auftraggeber von Rudolf Formis lebte in Prag] und seinen Kreis die schützende Hand hält und ihm gestattet, auf dem Gebiete der Tschechoslowakei eine Propaganda zu betreiben, die für den Staat von unangenehmen Folgen begleitet sei"?[113]

110 Ebenda, 28.11.1933.

111 Vgl. grundlegend zur Person Rudolf Formis u.a. Andreas Morgenstern, Der Stuttgarter Rundfunkpionier Rudolf Formis und der Sender der Schwarzen Front in der Tschechoslowakei 1934/35, in: Becher/Knechtel, Hörfunk und Hörfunkpolitik, S. 43–58.

112 Reichenberger Zeitung, 25.1.1935.

113 Ebenda, 28.1.1935.

Das geheime Sendegerät von Rudolf Formis in einer Aufnahme
der tschechoslowakischen Ermittlungsbehörden nach dem Anschlag 1935.
Poštovní muzeum, Praha

Zusätzlich unterzog man die Ausstattung der Polizei „strengster Kritik".[114] Die Grenzstationen in Wurzelsdorf und Oberpolaun, selbst die Grenzzollstelle in Grünthal verfügten ebenso wie viele andere nicht einmal über Telefone – wie sollte da die Grenze gesichert werden?[115] Kurz nach der „Bluttat von Zahorí" wurde der Grenzdienst mit 480 Finanzwachleuten verstärkt,[116] gegen Strasser und den Pächter des Formis beherbergenden Hotels Johann Graf wurde Strafanzeige wegen Unterstützung dessen illegaler Sendungen gestellt.[117] Graf selbst verlor bald auch noch sein Gasthaus.[118]

Deutschland stand dagegen kaum am medialen Pranger, schließlich wies auch die *Reichenberger Zeitung* darauf hin, zu einer Auslieferung der Täter sei

114 Ebenda, 29. 1. 1935.
115 Ebenda, 13. 2. 1935.
116 Ebenda, 8. 2. 1935. Am 17. Februar 1935 wurde hingegen die Zahl von 466 neuen Stellen in der Finanzwache genannt.
117 Ebenda, 5. 2. 1935.
118 Ebenda, 23. 3. 1935.

ein anderer Staat bei seinen eigenen Staatsangehörigen nicht verpflichtet. Eine Auseinandersetzung mit der Verantwortung des Deutschen Reichs blieb aus.

Josef Lampersberger

Am 27. April 1935 wurde ein weiterer Emigrant angegriffen. Josef Lampersberger wurde aber nicht ermordet, sondern gewaltsam verschleppt, nachdem er mit einer List auf den bayerisch-böhmischen Grenzbahnhof von Eisenstein gelockt worden war. Zwei Tage später war in der *Reichenberger Zeitung* der Tatverlauf am Bahnhof aus der Perspektive des tschechoslowakischen Grenzers Manoch detailliert nachzulesen. Als der die Angreifer auffordert habe, den Mann freizulassen, hätten diese behauptet, sich bereits auf Reichsgebiet zu befinden. Zur Hilfe sei ihnen auch noch ein bayerischer Gendarm gekommen. „Die unbekannten Männer, wahrscheinlich Mitglieder der Geheimen deutschen Staatspolizei, ergriffen den jungen Mann an Händen und Füßen, und versetzten ihm heftige Schläge gegen das Kinn, so daß er blutete. Manoch vermochte infolge der Menschenansammlung von der Schußwaffe keinen Gebrauch zu machen und so wurde der junge Mann auf bayerisches Gebiet verschleppt.“[119]

Während man bei den Fällen Lessing und Formis eine Verantwortung offizieller reichsdeutscher Stellen nur vermuten konnte, hatten sich die Täter diesmal in aller Öffentlichkeit gezeigt. Von deutscher Seite wurde die Verhaftung nicht einmal bestritten. Allerdings behauptet man, Lampersberger hätte bereits den quer durch das Bahnhofsareal verlaufenden Grenzstreifen überschritten gehabt. Obwohl Berlin entgegengesetzte Meldungen als „deutschfeindliche Propaganda“ verurteilte, schenkte dieser Behauptung auch die *Reichenberger Zeitung* keinen Glauben.[120] Diesmal kam es zum Protest der tschechoslowakischen Regierung Richtung Berlin. Gefordert wurde zwar nicht die Überstellung der auf böhmischen Boden eingedrungenen Täter, aber zumindest die des entführten Opfers. „Nach längeren Verhandlungen“ erfolgte diese schließlich am 3. Juni. Allerdings interessierte sich die *Reichenberger Zeitung* dafür nur noch am Rande. Die diplomatische Niederlage Deutschlands erschien nur als Kurzmeldung auf Seite 5, beschränkt auf den knappe Erwähnung des Akts der Rücküberstellung.[121]

119 Ebenda, 29.4.1935.
120 Ebenda, 4.5.1935.
121 Ebenda, 4.6.1935.

6. Der Aufstieg der Sudetendeutschen Heimatfront

„Willensbekenntnis einer innerlich geschlossenen, gesammelten Masse" – Das erste Jahr der Sudetendeutschen Heimatfront

Am 1. Oktober 1933 verbreitete die *Reichenberger Zeitung* ebenso wie auch andere Blätter auf großer Fläche Konrad Henleins Aufruf „An alle Sudetendeutschen" zur Mitarbeit in der von ihm neu gegründeten Sudetendeutschen Heimatfront. Der Moment war kein Zufall. Das Ereignis fiel zusammen mit dem Ende von Deutscher Nationalpartei und Deutscher Nationalsozialistischer Arbeiterpartei. Henlein stellte sich selbst an die „Spitze dieser Bewegung". Die Heimatfront beanspruchte die „Sicherung des Arbeiters". Andere Bevölkerungsgruppen wurden nicht gesondert angesprochen. Henlein forderte die „restlose Erfassung aller Volksgenossen" auf dem „Boden der Volksgemeinschaft und der christlichen Weltanschauung". Die Mitgliedschaft von Juden blieb somit zunächst ungeklärt und wurde erst kurz darauf wenigstens formal zugunsten ihrer Akzeptanz entschieden.[1] Weiterhin verstand man sich als Organisation über den Parteien. Das Volk habe diese „satt". Als selbstauferlegte Aufgabe charakterisierte die Heimatfront eine Art Verteidigungsgemeinschaft in der Not: „Sicherung und Ausbau unseres Volksbesitzstandes: unseres Heimatbodens, unserer kulturellen Einrichtungen, unserer Wirtschaft und unseres Arbeitsplatzes". Das Versprechen entsprach damit auffallend der prägnant formulierten Forderung einer anonym bleibenden „Stimme aus dem Volke" für eine „Partei der Parteilosen", die am 16. August abgedruckt worden war. Darin ging es um Geschlossenheit aber auch Mut zur Auseinandersetzung nach innen. Nach außen jedoch müsse die Organisation „eine Mauer" bilden.

Obwohl der Heimatfront von ihrem ersten Tag an zentrale Aufmerksamkeit zukam, begleitete die *Reichenberger Zeitung* diesen „Versuch" mit einem kritischen Kommentar vom 4. Oktober. Darin sprach man Henlein durchaus zu, die „Unentschlossenheit und Unbeweglichkeit der alten Parteiführungen" zu überwinden. Auch zeige die Bereitschaft zur deutsch-tschechischen Verständigung Willen zu Aussöhnung nach außen, die Forderung nach der „Überwindung des

1 Am 10. Oktober zitierte dann aber die *Reichenberger Zeitung* aus einer Presseerklärung Henleins: „Der Jude, der sich zum Deutschtum bekennt, ist uns willkommen."

Klassenhasses und der Standesgegensätze" aber auch Willen zum Ausgleich nach innen. Die „junge Generation" als Träger der „sogenannten Volksfront" vereine „Liebe zur eigenen Nation, welche niemals ausschließen darf" mit der Bereitschaft, „fremde Nationen anzuerkennen und zu achten." Jenseits dieser idealistischen Ansätze müsse sich aber erst noch zeigen, ob die Heimatfront nicht „nur wieder eine neue Zersplitterung" bewirke. Einen wichtigen Punkt habe Henlein aber gefunden: den rechten Moment in diesem „sudetendeutschen Schicksalsmonat" für eine Aussöhnung zwischen allen Deutschen.[2] Außerdem schien für die *Reichenberger Zeitung* gerade jetzt ein guter Zeitpunkt für einen Neustart zwischen Deutschen und Tschechen, trotz der „gegenwärtig 277 deutschen politischen Untersuchungshäftlinge" allein in Pankratz.[3] Die bald dokumentierte reiche Beteiligung vieler Deutscher am Republikfeiertag 1933 sollte das belegen. Der allumfassende Wunsch nach Aussöhnung und Gemeinschaft aller Deutscher überblendete die Unterschiede – eine Steilvorlage für die neue Organisation.

In den nächsten Wochen las man dann auch vielfach über die große Anziehungskraft der Heimatfront. Allein Graslitz soll Anfang November 1933 bereits 3000 Beitritte verzeichnet haben, wobei es sich hier wahrscheinlich um den gesamten Bezirk gehandelt haben dürfte,[4] und auch an anderen Orten verzeichnete die Organisation viele Zugänge. Eine abgedruckte Pressemitteilung kündete kurz vor Weihnachten 1933 von 150 neuen Ortsgruppen, die bloß seit Mitte November entstanden seien.[5] Solche Gruppen konnten durchaus bereits direkt ab Start zahlenstark sein. Zur Gründung der Warnsdorfer Ortsorganisation seien 250 Personen erschienen.[6] Die frisch Eingetretenen zeigten angeblich „beispiellose Opferfreude": Die Weihnachtsspende der Reichenberger Heimatfront habe etwa 6000 Kronen zusammengebracht.[7]

Vor allem das erste Halbjahr 1934 sollte dann noch durch wiederholte Meldungen über neue Ortsgruppen geprägt sein. Allein in Reichenberg musste dank des sprunghaften Wachstums der Ortsverband in neun Sprengel aufgeteilt werden.[8] Mit dieser Wucht der Nachrichten verfestigte sich der Eindruck einer attraktiven, dynamisch wachsenden „Bewegung".[9] Dass derweil viele

2 Reichenberger Zeitung, 7.10.1933.
3 Ebenda, 11.10.1933.
4 Ebenda, 4.11.1933.
5 Ebenda, 21.12.1933.
6 Ebenda, 5.1.1934.
7 Ebenda, 24.12.1933.
8 Ebenda, 3.9.1934.
9 Vgl. zur Sudetendeutschen Heimatfront als heterogener Sammlungsbewegung: Ralf Gebel, Zwischen Volkstumskampf und Nationalsozialismus, in: Bohemia 58 (1997), S. 376–385,

Unterstützer der Heimatfront aus dem nationalsozialistischen Lager stammten, vermutete eine Wahlprognose am 2. März 1934. Immerhin versprach Henlein, bedeutende Politiker der bisherigen Rechtsaußenparteien kämen nicht in wichtige Positionen. Weiterhin fänden Verurteilte sowie derzeitig Angeklagte keinen Raum in der Heimatfront.[10] Ob dies bei den selbstgewählten Auflösungen von nationalsozialsozialistischen Ortsgruppen ausdrücklich zugunsten der neuen „Bewegung" tatsächlich nicht eine gern wiederholte Illusion war, blieb in der Zeitung ungefragt. So forderte ein namentlich nicht genau zuzuordnender, aber wohl vom jungen Reichenberger Ortsverband stammender Aufruf bereits am 8. Oktober 1933, ausnahmslos „alle, die Volk und Heimat lieben", müssten hinein in die Heimatfront. Hier war keine Rede davon, dass frühere Nationalsozialisten nicht willkommen seien.

In den Monaten nach der Gründung erschien Henlein in der publizierten Öffentlichkeit als der Dreh-und-Angelpunkt der Heimatfront. Harte Forderungen oder aggressive Rhetorik, wie einst von den Nationalsozialisten geäußert, fanden sich bei ihm nicht. So las man aus einer Presseerklärung nochmals ein Bekenntnis zur Republik und zur Aussöhnung von Arbeitgebern und Arbeitnehmern. Seine Erklärungen vermittelten vor allem das Versprechen „ehrlicher" Politik[11] – in dieser Betonung von Beginn an ein Alleinstellungsmerkmal. Der Bericht zu seiner Reichenberger Rede im November 1933 griff dies nochmals auf. Darin beschwor er die Tugenden „Verantwortung", „Geist" sowie für die Arbeiterschaft „Befreiung".[12] 1934 folgten dann als weitere Ideale „Verständigung", „Vertrauen" und „Gefolgschaft"[13] oder auch „einheitliche Volksgemeinschaft" und „Realpolitik",[14] um mit derlei positiv belegten Zielen ein Gemeinschaftsgefühl zu befördern. Begleitet wurden diese Meldungen zum steilen Aufstieg der Heimatfront dabei von Nachrichten über Behördenmaßnahmen gegen frühere Mitglieder der nationalsozialistischen und der deutschnationalen Partei, die ihre in Wahlen errungenen Mandate verloren.

Henleins Stimme fand Unterstützung. Mit einer „Einsendung" Fritz Köllners, aus der völkischen Jugendbewegung stammend war er mit dem organisatorischen Aufbau beauftragt worden, beanspruchte die „Bewegung" den Beweis, „daß wir als Volk noch jung und wandlungsfähig sind, daß unser

hier S. 376, 378; einen Überblick bietet auch Ronald M. Smelser, Die SHF/SdP – 1933–1938, in: Hahn, Hundert Jahre, S. 145–156.

10 Reichenberger Zeitung, 7. 10. 1933.

11 Ebenda, 10. 10. 1933.

12 Ebenda, 13. 11. 1933.

13 Ebenda, 22. 1. 1934.

14 Ebenda, 29. 1. 1934.

Volksbewußtsein kein Lippenbekenntnis, sondern echtes und starkes Fühlen ist, und daß wir noch über jene Grundlagen der Selbstlosigkeit und des Opfermuts des einzelnen verfügen, ohne den der Aufstieg eines Volkes undenkbar ist." Vollmundig erklärte Köllner damit die Heimatfront bereits nach wenigen Wochen im November 1933 zum Sieger im Kampf um die Herzen der Deutschen: „Die ‚Sudetendeutsche Heimatfront' Konrad Henleins hat sich durchgesetzt. Ihrem Aufbau werden keine Schwierigkeiten entgegengestellt werden, denn der ehrliche und lautere Willen, dem sudetendeutschen Volk unter Anwendung ständischer Gedanken eine gesunde und starke Grundlage für seinen Aufstieg im Rahmen des Staates zu schaffen, hat die ihm zukommende Anerkennung gefunden. Trotz aller Verleumdungen, trotz aller Anfeindungen und trotz alles offenen und heimlichen Widerstandes wird das Aufbauwerk einer sudetendeutschen Volksgemeinschaft in Angriff genommen werden."[15] Die Heimatfront vereinnahmte diese und titulierte ihre Gegner als Gestrige. Selbst eine angeblich verleumderische „gewisse Presse",[16] die sie aber jenseits dieser Andeutung nicht beim Namen nannte – und so ihr den Geschmack eines anonym hinter den Kulissen fremd gelenkten, aus dem Untergrund agierenden Verschwörers verlieh – könne die Entwicklung nicht aufhalten. Natürlich würde diese mit ihrer „Voreingenommenheit" und „unmännlichem Vorbehalten" scheitern, denn „es gibt im Prinzip kein Argument, daß einen unserer Volksgenossen berechtigen würde, sich außerhalb der Einigungsbewegung zu stellen."[17] Ein Recht auf individuelle Entscheidung wurde bereits an dieser frühen Stelle verneint.

Einen noch schärferen Ton schlug die am 14. Februar 1934 dokumentierte Rede Henleins in Deutsch-Gabel an. Einmal mehr forderte er Vertrauen und Gefolgschaft, diesmal aber, und das unterschied den Artikel von früher dokumentierten Henlein-Reden, gewürzt mit dem Wunsch, er wolle „endlich einmal Ordnung machen, damit dieser korrupte Geist zumindestens aus dem sudetendeutsche Gebiete ausgeschaltet" werde. Andernfalls werde man als „Helotenvolk" enden. Eine offene Kampfansage in der Art der früheren nationalsozialistischen Rhetorik, gerichtet mehr noch an die deutsche politische Konkurrenz als an die Tschechen.

Für sich selbst betonte Henlein in einer weiteren großflächig abgedruckten Rede inhaltliche wie organisatorische Reinheit. In „Diskussionen, Wahlabkommen und dergleichen" lasse man sich nicht hineinmanövrieren. Dafür verzichtete

15 Ebenda, 2.11.1933.

16 Ebenda, 5.3.1933.

17 Ebenda, 2.11.1933.

er jenseits der wieder einmal beanspruchten Werte „anständig, sauber und stark" darauf, ein Programm zu präsentieren.[18] Selbst die *Reichenberger Zeitung* fragte dann am 20. Mai 1934, worauf sich denn nun alle Deutschen einigen sollten. So blieb das grundsätzlich attraktiv klingende Einheitsversprechen für den Redakteur ein leeres Versprechen. Alles in allem aber ein verschmerzbarer Vorwurf. Selbst die ebenso umfassend rezipierte Grundsatzrede von Carl Kostka auf der deutschdemokratischen Kreistagung in Morchenstern im Juli 1934 lieferte jenseits der Bejahung der Demokratie nur die allgemeine Forderung nach einem „verbindlichen nationalen Programm".[19] Der vagen Vision einer wie auch immer gearteten „Volksgemeinschaft" der Heimatfront stand im bürgerlichen Lager keine Alternative gegenüber.

Die Zeitung war aber nicht einseitig auf die Heimatfront fokussiert. Ihre Leser informierte sie auch über aufkommenden, teils heftigen Widerspruch. Am 14. und 15. November 1933 zeichnete man die Ansprachen von Carl Kostka und Franz Bacher nach. Vor allem Kostka warnte, in der Heimatfront seien „Kinder am politischen Werk". Wer zu viel von „Führertum und autoritärem Gehaben" spreche, denke „wieder einmal nicht bis zum bitterbösen Ende". Derlei „faschistische Grundsätze" versperrten nämlich den Weg zum geforderten Mitbestimmungsrecht der „Gleichen unter Gleichen".[20] Zumindest konnte der Leser bei Kostkas Kinder-Vorwurf auf einen Reifeprozess der Heimatfront hoffen. Bacher betonte vor allem die Verlässlichkeit der deutschen Juden. Ansonsten klangen seine Worte auffallend unentschlossen. Zwar verteidigte er das Parteiwesen an sich, verzichtete aber auf einen direkten Angriff auf die „Anti-Parteien-Bewegung".[21] Wenigstens indirekt geriet Henlein an anderer Stelle dann auch bei ihm in den Fokus. Franz Bacher monierte in Prag, ein „autoritärer Führer" müsste schon ein „Übermensch" sein.[22]

Der Ton zwischen den Parteien wurde 1934 schärfer. Selbst Alfred Rosche sprach, übrigens unter Berufung ausgerechnet auf die Reichenberger sozialdemokratische Zeitung *Der Freigeist*, von „Drill" bei Veranstaltungsstörungen durch Mitglieder der Heimatfront nach einer vorher festgelegten Choreographie. Mit derlei „Gewalt und Terror, mit Herabsetzung und Beschimpfung" werde die Volkseinheit kaum gelingen können.[23] Egers Gewerbepartei musste sich dann auch gegen den „heftigen Widerspruch der SHF-Leute" sogar auf das Hausrecht

18 Ebenda, 14. 5. 1934.
19 Ebenda, 5. 6. 1934.
20 Ebenda, 14. 11. 1933.
21 Ebenda, 15. 11. 1933.
22 Ebenda, 11. 4. 1934.
23 Ebenda, 26. 3. 1934.

berufen.[24] Solch ein Artikel verbreitete aber noch eine weitere Botschaft: Anhänger der Heimatfront waren omnipräsent und engagiert für Ihre Sache – ähnliches schien es nur auf der Linken zu geben, in der Zeitung jedoch meist als „Radau-Brüder" abqualifiziert. Selbstbewusstsein war unübersehbar. Auch Rosches sechs Wochen später versprochene Bereitschaft zur Mitarbeit in einem umfassenden politischen deutschen Zusammenschluss rief „starken Beifall" hervor.[25] Eine hier manifestierte Sehnsucht nach nationaler Einheit war ebenso unübersehbar wie die Sorge der traditionellen politischen Kräfte vor einem tiefen Einbruch der Heimatfront in ihre Wählerschichten.

Auf Kritik reagierte die Pressestelle der Heimatfront, zumindest wenn man die Berichte der *Reichenberger Zeitung* nachverfolgt, nicht direkt, sondern nutzte sie eher zu Hinweisen auf die Legitimierung der Führung durch „Wahl und Vertrauen" und zur Betonung einer gepflegten realpolitischen Einstellung. Vor allem aber stellte sie heraus, sie sei „in entscheidender Stunde in Aktion getreten",[26] ohne aber diesen Moment näher zu bestimmen oder zu begründen. Bestärkt wurde diese Eigendarstellung durch gleichzeitig von der Zeitung begleitete Kooperationsverhandlungen vom Bund der Landwirte, immerhin Regierungspartei, und dem in der *Reichenberger Zeitung* hochgeschätzten Abgeordneten Alfred Rosche mit der Heimatfront.

Während Widerspruch von bürgerlicher Seite gegen die Heimatfront in der Zeitung durchaus auf Verständnis stieß, verurteilte das Blatt den Widerstand der Linken. Regelmäßig berichtete man da über einen Mob, der Veranstaltungen gestört habe oder platzen ließ. Wiederholt schilderten die Redakteure aber auch die Ablehnung solcher Aktionen in der Bevölkerung. Folgend kennzeichnete die Berichterstattung ein einseitiges Schema. Auf einen Text über Auseinandersetzungen, meist schon kritisch gegenüber den Sozialdemokraten formuliert, folgte der Abdruck einer Erklärung von Seiten der Heimatfront. Darstellungen aus entgegengesetzter Sicht fanden hingegen keinen Weg in die *Reichenberger Zeitung*. Ein Beispiel hierfür liefern die Meldungen zu einer Veranstaltung in Graslitz. Sozialdemokraten und Kommunisten hätten sich unter Führung des Abgeordneten Eugen de Witte dort Redezeit erkämpfen wollen. Offensichtlich brach dabei solch ein Chaos aus, dass das Treffen nicht durchgeführt werden konnte.[27] Am nächsten Tag legte die Pressestelle der Heimatfront gegen diesen „Gewaltstreich" nach. Die Graslitzer Bevölkerung habe anschließend Henlein gefeiert,

24 Ebenda, 7.5.1934.

25 Ebenda, 6.5.1934, 7.5.1934.

26 Ebenda, 22.11.1933.

27 Ebenda, 9.1.1934.

Bericht aus Nordwestböhmen, abgedruckt in der *Reichenberger Zeitung* vom 9. Januar 1934.

Sozialdemokraten verhindern eine Henlein-Versammlung.

Tumult auf dem Graslitzer Marktplatze.

Eger, 8. Jänner.

Die Ortsgruppe Graslitz der „Sudetendeutschen Heimatfront“ hatte für Sonntag 10 Uhr vormittags in den Saal des Hotels „Weißer Schwan“ in Graslitz eine öffentliche Versammlung einberufen, in der Konrad Henlein sprechen sollte. Die Sozialdemokraten hatten eine rege Propaganda entfaltet, ihre Anhänger zum Besuche dieser Versammlung aufgefordert und gleichzeitig eine Versammlung auf den Marktplatz einberufen, die sie auch bewilligt erhielten. Schon lange vor Beginn der Henlein-Versammlung war der Saal von Anhängern verschiedener Parteirichtungen voll besetzt. Ein großes Aufgebot von Gendarmerie sorgte für Ruhe. Als die Versammlung beginnen sollte, forderten die Sozialdemokraten, die unter der Führung des Abg. de Witte standen, sowie die Kommunisten die Zusicherung einer Redezeit. Es kam zu heftigen Auseinandersetzungen, worauf die Versammlung vom Vorsitzenden Dr. Riedl eröffnet und sogleich wieder geschlossen wurde. Der Saal mußte geräumt werden.

Als der sozialdemokratische Redner auf dem Marktplatze eine Ansprache halten wollte, wurde er ausgezischt und laute Pfui-Rufe machten seine Rede unverständlich. Es entstand ein Tumult und die Gendarmerie räumte den Marktplatz. Erst dann konnte de Witte, um den sich seine Anhänger in nicht allzu großer Zahl geschart hatten, seine Rede halten. Henlein sprach Sonntag nachmittags um 8 Uhr in einer §-2-Versammlung im „Weißen Schwan“.

Die für Dienstag den 9. Jänner in Falkenau ins Hotel „Theierl“ einberufene Henlein-Versammlung der „Sudetendeutschen Heimatfront“ wurde behördlich untersagt.

während der linke Versuch einer Rede mit einem „Orkan von Pfui-Rufen und ohrenbetäubendem Pfeifkonzert“ abgestraft worden sei.[28]

In Aich bei Karlsbad soll es gar zu einem Messerstich mit schweren Verletzungen sowie einem Bierglaswurf gekommen sein – die *Reichenberger Zeitung* schrieb von einem „blutigen Ende“.[29] Auch hier folgte eine Presseerklärung der Heimatfront. Darin hieß es von „Stahlruten, Schlagringen, Eisenwerkzeugen, Biergläsern und Stühlen als Argumente“. Der sozialdemokratische Parteisekretär Hopf habe in „wüster Hetze“ offen zur Gewalt aufgerufen.[30] Es wundert da nicht, dass die Leser aus Henleins Rede von einer Reichstagung in Aussig am 28. Januar 1934 erfuhren, der härteste Widerstand erführe er nicht bei den Tschechen, sondern in „bestimmten“ sudetendeutschen Kreisen.[31]

Sozialdemokratische Überfälle schienen übrigens nicht allein die Heimatfront zu treffen. So beschrieb ein Artikel den gewaltsamen Einbruch in eine Versammlung der Christlichsozialen in Landskron. Der Schreiber der *Reichenberger Zeitung* schloss seinen Bericht mit der Drohung: „Sollten die Sozialdemokraten die Absicht haben, nun alle nichtmarxistischen Versammlungen stören und sprengen zu müssen, weil sie sich mit ihren Taten in der Regierung nicht rühmen können, so werden die deutschen Parteien Mittel finden müssen und Vorsorge zu treffen haben, dies den ‚Genossen‘ unmöglich zu machen.“[32] Dem Staat traute der Autor eine Sicherung des Alltags offensichtlich nicht mehr zu und malte zugleich das Bild drohender linker Gewaltherrschaft an die Wand. Jedenfalls ging bei dieser Darstellung eine Radikalisierung der politischen Auseinandersetzung von der Linken aus, nicht von der Heimatfront. Hierzu passte dann auch, wenn der Bund der Landwirte sich ebenfalls solidarisch erklärte gegen die „fortgesetzten, auf Denunziation aufgebauten Angriffe“ der Linken auf die Heimatfront.[33] Immerhin vermeldete man im Mai 1934 aus Znaim weitere sozialdemokratische Übergriffe gegen die Heimatfront. Diesmal hätten aber Parteifunktionäre mäßigend auf den Mob eingewirkt.[34] Wahrscheinlich mussten es sich da die Sozialdemokraten selbst zuschreiben, wenn Reichenbergs Ortsleiter Weller dann auch den sozialdemokratischen und kommunistischen Teil der Arbeiterschaft aus der „Volksgemeinschaft“ ausgrenzte.[35]

28 Ebenda, 10.1.1934.
29 Ebenda, 5.3.1934.
30 Ebenda, 6.3.1934.
31 Ebenda, 29.1.1934.
32 Ebenda, 21.3.1934.
33 Ebenda, 10.6.1934.
34 Ebenda, 29.5.1934.
35 Ebenda, 21.2.1934.

Gegen solche Angriffe erschien eigene Abhilfe zur Abwehr als notwendig. Von der Gablonzer Rede Henleins vom 16. März 1934 liest man da von etwa 200 Ordnern der Heimatfront, die einen „ungestörten und glänzenden“ Verlauf der Veranstaltung sicherten. Inhaltlich soll sich der umjubelte Parteiführer vor allem gegen den „Terror“ der Sozialdemokraten gewendet haben.[36] Unverändert beklagte die Heimatfront auch via *Reichenberger Zeitung* eine behördliche Diskriminierung. Am gleichen Tag des Gablonzer Berichts erfuhr der Leser aus Hohenelbe von einem Veranstaltungsverbot. Eine „ungemein starke agitatorische Tätigkeit“ habe so lange die Versammlung denunziert, bis sie verboten wurde.[37] Bereits zwei Tage zuvor war unter fragwürdiger Begründung eine Veranstaltung in Trautenau verboten worden.[38] Gängelei der Deutschen im allgemeinen und der Anhänger der Heimatfront im Besonderen schien sich somit nach den Mandatsaberkennungen kurz zuvor nahtlos fortzusetzen.

Im Herbst 1934 sollte sich die Heimatfront nach den seit 1933 ausgesetzten Kommunalwahlen erstmals einem Wählervotum stellen. In Böhmisch Leipa sprach man sich für eine „gemeinsame Liste der deutschen Volksgemeinschaft“ unter Ausschluss der Sozialdemokraten aus.[39] Letztlich fiel die Wahl doch wieder aus. So wurde die Abstimmung in der kleinen Gemeinde Haselbach im Falkenauer Braunkohlegebiet die erste Stimmungsprobe für die Henlein-Partei. Zwar erreichte man dort mit 164 Stimmen aus dem Stand den zweiten Platz knapp hinter der Sozialdemokratie, doch relativierte der Vergleich mit dem diesmal weggefallenen nationalsozialistischen Ergebnis bei der Vorwahl (136 Stimmen) den Achtungserfolg.[40] Die Sozialdemokraten behaupteten sich in ihrer Hochburg. Bürgerliche Konkurrenz trat in dem Dorf übrigens nicht an. Anfang Dezember folgten mehrere lokale Abstimmungen mit wechselndem Ergebnis. Im kleinen Arnsdorf bei Friedland konnte man mit der „Liste der Arbeiter, Häusler, Kleinlandwirte, Kleingewerbetreibenden“ nicht mithalten, dagegen erzielte man in Labau gleich 472 der 629 gezählten Stimmen. Ebenfalls gelang der Heimatfront in Engelsberg bei Kratzau mit 214 von 419 abgegebenen Stimmen ein „überlegener Erfolg“, errungen zulasten der Kommunisten und der Bürgerlichen Wahlgemeinschaft. In Hermsdorf schließlich erreichte man in einer gemeinsamen Liste mit dem Bund der Landwirte und der Gewerbepartei eine Zweidrittelmehrheit. Alles in allem konstatierte die *Reichenberger Zeitung* aber nur geringe Verschiebungen.

36 Ebenda, 17. 3. 1934.
37 Ebenda, 17. 3. 1934.
38 Ebenda, 16. 3. 1934.
39 Ebenda, 7. 9. 1934, 19. 9. 1934.
40 Ebenda, 9. 10. 1934.

Die Stimmengewinne der Heimatfront entstammten weitgehend den Reihen der früheren Anhänger von Nationalsozialisten und Deutschnationalen.[41]

Gleichzeitig blieb die innere Gestalt der Heimatfront nicht unbeobachtet – der Aufstieg erzeugte 1934 ganz offensichtlich Wachstumsschmerzen. Kurzzeitig war das schlagzeilenträchtig. Am 8. Juni war von einer Aufnahmesperre, vor allem aber ganz ungeschminkt von einer Disziplinierungsaktion zu lesen. Jetzt sollten die Ortsgruppen ihre Mitglieder prüfen und „alle diejenigen ausschließen, die sich nicht eindeutig nach den Grundsätzen und Weisungen der Bewegung verhalten". Als man dann am 3. September über die Aufhebung der Aufnahmesperre informierte, war nichts zu erfahren vom Ergebnis der Überprüfungen. Die *Reichenberger Zeitung* hatte sich auf die Wiedergabe offizieller Meldungen der Heimatfront beschränkt. Überstanden war die „Krise" aber durchaus nicht, sodass sich Henlein schneidend zu Wort meldete. „Widerspenstigen Ortsgruppen" drohte er mit „schimpflicher Auflösung" und wer Gerüchte über seine Mitstreiter verbreite, müsse mit „rücksichtslosem Durchgreifen" rechnen. Der Vorsitzende abschließend: „Wer glaubt, ich sei von irgendwelchen Hintermännern geschoben, kennt mich noch sehr schlecht."[42] Bei allen möglichen Auseinandersetzungen, von denen die Leser jenseits dieser Andeutungen keine Details erfuhren, ließ Henlein an seinem Anspruch auf umfassende Führung keinen Zweifel aufkommen. Seine zentrale Rolle war auch durch die einheitliche Gestaltung der sechs 1. Mai-Veranstaltungen 1934 unübersehbar. Überall stand ein per Schallplatte abgespielter Vortrag des Vorsitzenden im Mittelpunkt.

Weithin sichtbar hob sich die Veranstaltungschoreographie von allem bisher bei den Deutschen in der Republik Gewohnten ab. Typisch hierfür die am 31. Juli 1934 nachlesbare Gestaltung des Tannwalder Bezirkstags. Politik, Religion, Unterhaltung gingen nahtlos ineinander über. Das niedrigschwellige, jeden Einzelnen ansprechende Programm mit Heldengedenkfeier, Festgottesdienst in der Prichowitzer Pfarrkirche mit Pfarrer Rudolf Schwalke, Platzmusik, Konzert eines Heimatfront-Orchesters, Volksbelustigung, einer Freilichtaufführung und erst zuletzt Ansprache von Parteiführern gaben dem Tag mehr den Charakter eines Volksfestes als eines politischen Treffens. Attraktive Unterhaltung sollte die Massen anziehen. Die Heimatfront verließ die Säle und betrat die Straßen. Sie nahm den öffentlichen Raum in Beschlag und verharrte nicht in geschlossenen Räumen.

In ihrem Versuch einer Überwältigung durch Symbolik machte auf die Leser nichts Geringeres als „die neue sudetendeutsche Fahne" Eindruck, auch wenn

41 Ebenda, 3.12.1934, 10.12.1934.
42 Ebenda, 14.9.1934.

der Entwurf in der *Reichenberger Zeitung* nicht abgebildet wurde. Ihre Präsentation wurde für eine Heimatfront-Versammlung am 22. Juli 1934 in Schluckenau angekündigt.[43] Der folgende lange Bericht fokussierte sich dann auch auf den Rahmen der Veranstaltung, obwohl man mit der Forderung nach einem „großzügigen wirtschaftlichen und sozialpolitischen Programm", Bejahung des Staates und der Selbstverwaltung als „wahrer Demokratie" wenigstens ein seltenes, zartes Pflänzchen inhaltlicher Festlegungen erleben konnte. Überstrahlt wurde dies aber von erstmals und dann gleich „hundertfach" flatternden Fahnen und einem Marschzug, den der Autor distanzlos vor seinen Lesern als den einer „innerlich geschlossenen, gesammelten Masse" anerkannte, als „Willensbekenntnis", „dessen Ernst auch dem Fernstehenden nicht verborgen bleiben konnte". Henlein lobte dann die „zehntausenden namenlosen Mitkämpfer". Jenseits des „satten Behagens bürgerlichen Denkens" seien sie, die „Männer des Schützengrabens", die „jugendlichen Kräfte" und die Arbeiterschaft, die machtvollste Stütze der Heimatfront. Henleins herausgestelltes Männertum erhob seine ihn mit „stürmischen Heilrufen" feiernden Anhänger zum besten Teil unter den Sudetendeutschen, die in Treue ihrem Führer folgen würden.[44]

Im Herbst 1934 plante die Heimatfront Massenveranstaltungen in Karlsbad, Gablonz und Böhmisch Leipa, deren Größe die bisherigen Veranstaltungen weit übertraf. Für die beiden ersten erhielt man jedoch keine Zulassung der Behörden, mit dem Treffen in Leipa machte man aber nachhaltig Eindruck, vielleicht auch gerade deshalb, weil der Ablauf bereits im Vorfeld für Diskussion gesorgt hatte. So lehnte die *Reichenberger Zeitung* entschieden die kritischen Zeilen der *Prager Presse* zum aus Deutschland übernommenen „Eintopfgericht" für die Teilnehmer ab, wobei aus dem Beitrag nicht klar wurde, ob die Replik aus der Feder eines Zeitungsredakteurs oder direkt von der Heimatfront stammte. Der Leser lernte jedenfalls, so ein Essen sei kein „wesentlicher Bestandteil des politischen Gedankenguts der nationalsozialistischen Bewegung", bringe aber dafür „erhebliche praktische Ergebnisse".[45]

Wenn die *Reichenberger Zeitung* dann bereits im Vorfeld dem Leipaer Treffen eine zentrale Bedeutung für die Zukunft der Deutschen insgesamt zuschrieb, entsprach das nur ihrem bisherigen eigenen Verhalten als Medium mit geringer Distanz zur Heimatfront. Einmal mehr verbreitete die Tageszeitung ungefiltert die Aufforderung zur Teilnahme als „Erfüllung staatsbürgerlicher Pflichten" ebenso wie zur „Hochhaltung völkischer Ehre und Würde". Der Pflichtbegriff

43 Ebenda, 9.7.1934.
44 Ebenda, 23.7.1934.
45 Ebenda, 18.10.1934.

sollte sich noch mehrfach wiederholen. Beanspruchte die Heimatfront eine Sonderrolle als Vertreterin der Sudetendeutschen insgesamt – jeder „volksbewusste“ Deutsche in der Republik hätte mit für einen Erfolg der Veranstaltung zu sorgen[46] – erreichte sie mit der *Reichenberger Zeitung* auch zahlreiche bürgerliche Haushalte, die den traditionellen Parteien nahestanden.

„Eine Wende in der sudetendeutschen Politik“ – 21. Oktober 1934, der „Tag der Heimatfront“ in Böhmisch Leipa

Der „Tag der Heimatfront“ am 21. Oktober 1934 in Böhmisch Leipa war ein weithin sichtbares Symbol für die gewonnene Stärke der Sudetendeutschen Heimatfront. Nur elf Monate nach der Gründung einer Ortsgruppe[47] fand hier eine Massenveranstaltung mit tausenden Teilnehmern statt. Mediale Berichterstattung vor und vor allem nach dem Ereignis war dennoch von besonderer Bedeutung. Erst dank der Zeitungen konnten sich viele Deutsche von der Veranstaltung und ihrer Botschaft ein Bild machen.

Tatsächlich nahmen in der *Reichenberger Zeitung* sowohl Vor- als auch Nachberichterstattung breiten Raum ein. Auf der Titelseite prangte am 22. Oktober die ungewöhnlich groß gedruckte Schlagzeile: „Die Schicksalsfrage an das tschechische Volk und den tschechoslowakischen Staat“. Weiter war dann zu lesen, Henleins Forderungen seien dabei „im Wesentlichen Gemeingut aller aktivistischen Parteien“ gewesen. „Daß aber diese Proklamation unter stürmischer Zustimmung von Zehntausenden erfolgen konnte, gibt dem Tag von Leipa die Bedeutung und Durchschlagskraft.“ Als zentrale Inhalte Henleins seien eine „klare Absage“ an den Nationalsozialismus sowie „sein eindeutiges Bekenntnis zu Demokratie und zum tschechoslowakischen Staate“ geblieben. Schließlich biete „das Sudetendeutschtum offen und ehrlich die Hand zum Frieden“, während ihr eine „papierne Wand des Nichtkennens“, der Vorurteile und ein „Geist der Verhetzung“ entgegenschlage.

Alles in allem sollten die friedvollen Worte Bereitschaft zum Ausgleich darstellen, verbunden aber mit Worten der Anklage. Henlein nach solch einer Rede einen Hetzer zu nennen, dürfte für den Leser kaum glaubwürdig erschienen sein. Verstand man die Ansprache aber als „Schicksalsfrage“, wie hier in großen Lettern geschehen, setzte man verbal das tschechische Gegenüber schwer unter Druck. Nur wenn die Tschechen insgesamt nach mehr als anderthalb Jahr-

46 Ebenda, 19.10.1934.
47 Ebenda, 24.11.1933.

zehnten der Republik auf die Frage „richtige“ Antworten lieferten, ermögliche das Schicksal eine positive Entwicklung des Zusammenlebens.

Über die Inhalte der auch in der *Reichenberger Zeitung* seitenlang wiedergegebenen Rede Henleins ist umfassend geschrieben worden.[48] Dabei ist zugleich fraglich, wie viele Leser sich die Mühe machten, seine Worte Zeile für Zeile nachzulesen. Von besonderem Interesse ist da der Eindruck, der über eine Atmosphäre voller Kraft und Aufbruch in Böhmisch Leipa vermittelt wurde. Darin aber überschlug sich das Blatt in Begeisterung: „Die Deutschen in Böhmen haben wohl seit Jahrzehnten eine Versammlung von diesem Ausmaß und dieser inneren Geschlossenheit nicht mehr erlebt. [...] Fünf Viertelstunden lang marschierten die Kolonnen der Versammlungsteilnehmer auf dem Festplatz, der Bogenschützenwiese, ein, ohne Gesang, Musik und Zurufe, die nicht erlaubt worden waren. Mit einer imposanten, geradezu unheimlichen Ruhe und Ordnung füllte sich der riesige Platz, während aus den Lautsprechern ununterbrochen Märsche, darunter immer wieder der Marsch der SHF. ertönten. 18 000 Menschen marschierten in geschlossenen Zügen ein; die Gesamtzahl der Teilnehmer kann auf 25 000 bis 30 000 geschätzt werden [...] über allem wehte von der Spitze der Vogelstange die Staatsfahne [...] In Sechser- und Achterreihen zogen die Versammelten an [Konrad Henlein] vorüber [...] und grüßten ihn mit lauten Heil- und Jubelrufen. Ununterbrochen fluteten die Reihen an der Tribüne vorbei, die Musik spielte alte Märsche und die Begeisterung kannte keine Grenzen mehr.“[49]

Am nächsten Tag schlug ein namentlich nicht genannter Redakteur nochmals in die gleiche Kerbe. Er habe die Versammlung „unvoreingenommen“ beobachten wollen, habe dann aber „eine Wende in der sudetendeutschen Politik erlebt”. Folgendes Erlebnis löste sein persönliches Erweckungserlebnis aus: Disziplin im Aufmarsch, „ohne irgendeine Aufmachung, ohne Pose, Phrase und Klimbim“. „Die Sudetendeutschen“, keineswegs beschränkte er sich auf die Anwesenden, hätten ausgedrückt: „Wir sind da, man kann uns bekämpfen, man kann gegen uns anrennen auf tausend Arten, aber man kann uns nicht vernichten. Wir leben und werden weiterleben – und es gibt eine Grenze des erträglichen.“ Das allseits empfundene Gefühl der Bedrohung des Deutschtums habe bei den Sprechern einfache, kurze und klare Sätze hervorgebracht, „ohne eine Spur von Demagogie, mit einer nüchternen Offenheit, die man von politischen Versammlungen

48 Vgl. u. a. Joerg K. Hoensch, Der Kameradschaftsbund, Konrad Henlein und die Anfänge der Sudetendeutschen Heimatfront, in: Eduard Mühle (Hrsg.), Mentalitäten – Nationen – Spannungsfelder. Studien zu Mittel- und Osteuropa im 19. und 20. Jahrhundert, Marburg 2001, insb. S. 104 und Vierling, Kommunikation als Mittel, S. 51–53.

49 Reichenberger Zeitung, 22. 10. 1934.

nicht gewohnt war". Parteiliche Kleinlichkeit erschien überwunden. Endlich dokumentierte sich für den Autor in Leipa „der Wille, der hinter ihnen steht, und neu ist vor allem die geschlossene Gefolgschaft, die sie nunmehr gefunden haben."[50] Worin sich diese „geschlossene Gefolgschaft" auszeichnen würde, wohin der gemeinsame „Wille" sie führen würde, vermochte der Schreiber jedoch nicht für seine Leser fassen. Offensichtlich sah er darin eine Form einer „Volksgemeinschaft" weit über die Anhängerschaft der Heimatfront hinaus und voller geradezu heiligem Ernst nicht nur zur Verständigung, sondern zur festen Einheit nach innen und außen, aber auch geprägt durch Gesprächsbereitschaft gegenüber den Tschechen. Teilnahme galt als Bekenntnis.

Den Lesern wurde mit solch einem Beitrag genau die Vorstellung vermittelt, die sich die Heimatfront von Leipa versprochen hatte. Sie erschien als eine entschlossene, aber gemäßigte, zur Staatsbejahung bereite „Bewegung", die die Händel der Parteien hinter sich gelassen habe. Die Veranstaltung wurde erst durch diese Berichterstattung zu einem öffentlichkeitswirksamen Meilenstein. Ihr Bild sollte die Heimatfront durch die weiteren Monate bis zu ihrem Wahlerfolg im Mai 1935 tragen. Wie wichtig ihr dieses Erscheinungsbild war, dokumentiert, wie lang sie mit den Behörden über einzelne Gestaltungsfragen rang. Allein der Aufbau sollte dann acht Tage brauchen.[51]

Die zentrale Bedeutung, die das Leipaer Treffen im Wachsen der Heimatfront einnimmt, war jedoch keineswegs von Beginn an so vorgesehen. Dabei war Böhmisch Leipa für deutsche Protestveranstaltungen kein unbeschriebenes Blatt, wie bereits die große Protestveranstaltung gegen vermeintliche deutschfeindliche Agitation nach der illegalen Fällung der Leipaer Freiheitslinde 1932 gezeigt hatte,[52] aber auch der Kampf um den Erhalt der deutschen Mittelschulen noch beweisen sollte. Dennoch war Leipa in den Planungen der Heimatfront nur als eine von mehreren Großveranstaltungen geplant, und zwar durchaus nicht an prominenter erster Stelle. Im besonderen Blick war zunächst ein „Tag der Volks-

50 Ebenda, 23.10.1934.

51 Vgl. Vierling, Kommunikation als Mittel, S. 254.

52 Am 4. Juli 1932 hatte Leipa die größte deutsche Protestkundgebung mit 5000 Teilnehmern seit 1920 erlebt. Zuvor hatte ein deutscher Arbeiter die 1922 zum tschechoslowakischen Staatsfeiertag gepflanzte Freiheitslinde angesägt, um zur Maiparade 1932 aus Tschechenhass Menschen zu treffen. Die tschechische Minderheit vor Ort hatte daraufhin eine öffentliche Distanzierung der Stadtverwaltung gefordert, tschechische Lehrer führten ihre Schüler an den Tatort. Die deutsche Mehrheit reagierte gegen diese „sittliche Herabwürdigung des ganzen deutschen Volkes" mit dieser „Kundgebung deutschen Willens", getragen von allen bürgerlichen Parteien. Schließlich musste die Veranstaltung aber von der Polizei während einer Ansprache von Franz Heller, Abgeordneter des Bundes der Landwirte, aufgelöst werden. Vgl. Reichenberger Zeitung, 1.6.1932, 7.7.1932, 7.9.1933.

Der Titel der Karte aus den 1920er-Jahren, „Ueberfahrt Schönes Herrnskretschen“, wurde mit dem tschechischen Ortsnamen überschrieben. In dem beliebten Ausflugsziel bildet die Elbe die Grenze zwischen Böhmen und Sachsen.
Stadtarchiv Schiltach

gemeinschaft“ für den 7. Oktober in Karlsbad mit 40 000 Teilnehmern. Dieser wurde aber ebenso zur „Aufrechterhaltung der öffentlichen Ruhe und Ordnung“ verboten wie die nächste große Heimatfront-Veranstaltung am 14. Oktober in Gablonz.[53] Nun erst nahm der Termin in Böhmisch Leipa besondere Bedeutung ein, denn, so zitierte die *Reichenberger Zeitung* eine Verlautbarung der Heimatfront, diese lasse sich „nicht zurückdrängen“. Die Veranstaltung solle „allem

53 Vgl. zu den Verboten: Sator, Anpassung ohne Erfolg, S. 304.

Terror zum Trotze durchgeführt werden."[54] Verschwiegen wurde aber an dieser Stelle von der Zeitung nicht, dass sowohl in Karlsbad als auch in Gablonz zeitgleiche Veranstaltungen einerseits der Sozialdemokraten sowie tschechischen Nationalsozialisten und weiterhin von den Kommunisten mit der gleichen Begründung ebenfalls nicht zugelassen worden waren.[55] Nun richtete sich die Aufmerksamkeit auf Böhmisch Leipa. Auch hier wurden Gegenveranstaltungen verboten.[56] Leipa stand allein im Licht der Heimatfront.

Die Anmaßung der Heimatfront, sich zum Wortführer eines ganzen Volkes zu machen, fiel in der Berichterstattung ebenso nicht ins Gewicht wie die daraus folgende Ausgrenzung Andersdenkender. Selbst wenn Henlein das „Individuum als konkreten Träger jeder aufwärtsführenden gesellschaftlichen Entwicklung"[57] in seine Rede aufnahm, diesen liberalen Gedanken danach allerdings gleich wieder widerrief, stieß sich die Zeitung daran nicht. Immerhin hatte Henlein nach seiner Betonung des Individuums kritisiert, „eine Demokratie, die nicht imstande ist, wirklich dem Willen des Volkes Rechnung zu tragen, die sich zu allerlei Mitteln flüchtet, um nicht den klaren und eindeutigen Willen des Volkes zur Geltung zu bringen, ist in Wirklichkeit keine Demokratie."[58] In der Tschechoslowakei herrschte nach dieser Darstellung eine abgehobene politische Klasse, die den Volkswillen weder repräsentiere noch umsetze. Das Demokratieversprechen der Verfassung werde gebrochen. Wie dieser von Henlein betonte „eindeutige Willen des Volkes" aber bestimmt würde, blieb ungesagt. Unklar blieb ebenso, wie sich der Einzelne darin einzuordnen hatte.

Da diese Widersprüche aber nicht angesprochen wurden, konnte Leipa im Wahlkampf 1935 als Feigenblatt einer demokratischen, aktivistischen Gesinnung dienen. So verbreitete die *Reichenberger Zeitung* am 28. März 1935 eine scharfe Replik der Heimatfront, mit der diese sich gegen eine empfundene Diffamierung wehrte: „Kann es einen besseren tschechoslowakischen Staatsbürger geben, als jenen, der sich vollinhaltlich zu dem Leipaer Programme Konrad Henleins bekennt?" Auch Alfred Rosche begründete seinen Übertritt zur Heimatfront mit Leipa. Der angebliche „Antidemokrat" Henlein habe dort „das wahre, demokratische Ideal" einer „echten Volksherrschaft" betont.[59] Das Wort von der Demokratie, inzwischen meist als „wahre Demokratie"[60] bezeichnet, war

54 Reichenberger Zeitung, 21.9.1934, 10.10.1934, 15.10.1934.
55 Ebenda, 10.10.1934.
56 Ebenda, 20.10.1934.
57 Ebenda, 22.10.1934.
58 Ebenda, 22.10.1934.
59 Ebenda, 1.4.1935.
60 Vgl. ebenda, u.a. 16.1.1934, 16.10.1934, 11.11.1934, 1.12.1934, 5.4.1935.

da schon zu einem Schlagwort zur Durchsetzung vorgeblicher Volksinteressen anstelle persönlicher, vermeintlich egoistischer Interessen verkommen.

Immerhin dokumentierte das Blatt die bald einsetzenden Gegenveranstaltungen der Sozialdemokraten, wenn auch in geringerem Umfang. Die größte fand laut einem Artikel mit 25 000 Teilnehmern in Karlsbad statt. Auch hier fielen die Fahnenstandarten auf, diesmal in den Staatsfarben und im Rot der Arbeiterbewegung. Auch seien Schriften gegen den Faschismus und für die Demokratie hochgehalten worden. Die Abgeordneten Franz Katz und Eugen de Witte kritisierten die Heimatfront sodann als „maskierten Faschismus, der sich hinter Loyalitätsbekundungen verbirgt, innerlich aber mit dem Nationalsozialismus in Deutschland einig ist". Daneben traten soziale Forderungen nach Arbeitszeitverkürzungen, Mindestlöhnen, einer Erhöhung der Arbeitslosenfürsorge, „vor allem aber die Rettung arbeitsloser Jugendlicher vor dem physischen und moralischen Untergang".[61] Allerdings fällt auf, dass der Beitrag mit dem Hinweis auf einen „ruhigen und würdigen Verlauf" auf den ersten Blick positiv abschloss, dabei aber distanziert blieb und somit an keiner Stelle die emotionalisierende Berichtsform der Leipaer Veranstaltung erreichte.

„Sein klarer Blick verrät einen stillen Willen" – Konrad Henlein. Der Vorsitzende der Heimatfront

Bis zur Gründung der Sudetendeutschen Heimatfront nahm Konrad Henlein für die *Reichenberger Zeitung* keine bedeutsame Rolle ein. Das überrascht durchaus, denn als Führer des wichtigen sudetendeutschen Turnverbands nahm er bereits zuvor eine einflussreiche Funktion ein.[62] Mit dem bevorstehenden Ende von nationalsozialistischer Partei und Deutscher Nationalpartei rückte Henlein ins Blickfeld. Hier hieß es am 20. September 1933, Henlein sei als Führer einer „Einheitspartei" der Sudetendeutschen im Gespräch. Als Qualifikation dienten in der Berichterstattung aber erst einmal nicht seine auf Verbandsebene erworbenen Kompetenzen, durchaus aber seine Erfahrung als Volkserzieher. So erfuhr man über ihn, „das große Kriegserlebnis trat an den blutjungen Offizier im jahrelangen Frontleben bestimmend heran". Henleins Gefangenschaft fand derweil jedoch keine Erwähnung. Doch nicht allein die Stählung im Krieg, sondern auch ein „Wunder" hätten Henlein geprägt. Weihnachten 1932 hätten ihn „die Ärzte des Egerer Krankenhauses aufgegeben", aber seine „zähe Natur überwand

61 Ebenda, 5. 11. 1934.
62 Vgl. Luh, Der Deutsche Turnverband.

den Tod". Danach trat er „jubelnd begrüßt" wieder vor seine Turnergemeinde. Die Geschichte eines Erweckungserlebnisses, nachzulesen in der *Reichenberger Zeitung*. Sein persönliches Schicksal schien ihn auf die Führung der Deutschen vorbereitet zu haben. Henleins zentrale Rolle bei der Gründung der Sudetendeutschen Heimatfront offenbart die Betonung seiner „lauteren Persönlichkeit" in der Gründungserklärung, im Blatt abgedruckt am 6. Oktober 1933.

Widerspruch gegen diesen Aufstieg wurde nicht verschwiegen. Die *Národní politika* beurteilte Henlein gleich als den „sudetendeutschen Hitler",[63] die *Národní listy* betrachtete die Heimatfront als „Nachfolgerin" der Nationalsozialisten.[64] So konnte er bei tschechischen Beobachtern nicht auf Akzeptanz hoffen, jedenfalls wenn man der *Reichenberger Zeitung* Glauben schenkte. Selbst wenn er sich diesen Vorwürfen stellte und im Juni 1934 der einflussreichen *Lidové noviny* ein Interview gab – was er im Übrigen der *Reichenberger Zeitung* zumindest über die Wahl 1935 hinaus nie gewährte, die hier nur aus zweiter Hand berichten konnte – dabei „Ehrlichkeit", „Zusammenarbeit" und „Aufrichtigkeit" betonte,[65] überzeugte das nicht nachhaltig. Der tschechische Nationalsozialist Jaroslav Stránský offenbarte jedenfalls tiefes Misstrauen gegenüber derlei Versprechen. Henlein leiste der Tschechoslowakei letztlich doch nur dann „getreue Gefolgschaft", solange sich die Republik „nicht gegen Hitler-Deutschland kehrt". Das öffentliche Bekenntnis zum Aktivismus könne er sich aber leisten, da er bei „unseren Deutschen" hohes Vertrauen genieße.[66] Sowohl in den Äußerungen Henleins als auch zumindest in der Äußerung Stránskýs über Henlein fällt auf, dass politische Inhalte praktisch keine Rolle spielten, sondern moralische Fragen im Zentrum standen. Die Differenzen im anschließenden Urteil konnten dabei kaum größer sein.

Währenddessen stellten die etablierten sudetendeutschen Parteien die Ursprünge der Ideen Henleins in ihren jeweiligen Parteien heraus. Entsprechend schrieb die Gruppe Rosche in der liberalen Deutschen Arbeits- und Wirtschaftsgemeinschaft von einer „glänzenden Rechtfertigung" ihrer politischen Richtung,[67] der Vorsitzende der Christlichsozialen Karl Hilgenreiner sprach sogar von „altem christlichsozialen Parteigut".[68] Die Betonung dieses Standpunkts war durchaus nötig, da die Anziehungskraft der Heimatfront und ihrer

63 Reichenberger Zeitung, 2.10.1933.
64 Ebenda, 14.5.1934.
65 Ebenda, 18.6.1934.
66 Ebenda, 10.11.1934.
67 Ebenda, 27.10.1933.
68 Ebenda, 7.10.1933, 27.10.1933.

Führungsperson unübersehbar war. Ein anonym bleibender „junger Redner“ erklärte nach einem bereits am 3. Oktober 1933 nachzulesenden Artikel in einer Parteiveranstaltung, die Christlichsozialen hätten ihre Mission erfüllt, jetzt aber „lebt in uns ein ernster und vollkommen unerschütterlicher Glaube an unseren Führer Konrad Henlein. Wir stehen hinter diesem Manne, wir werden neben diesem Manne stehen, wir werden mit diesem Manne leben oder sterben.“ Eine bemerkenswerte Formulierung, gerade wenn man an den katholisch-christlichen Hintergrund dieser Partei denkt. Selbst wenn der Sprecher nicht der Partei angehört haben sollte, brandete doch angeblich Beifall auf. Henlein jedenfalls wirkte trotz seiner wertvollen Kontakte aus der Zeit im Turnerbund wie ein aus dem Nichts aufgetauchter Hoffnungsträger. So fiel bei einem Pressetermin des frischgebackenen Parteiführers, über den am 10. Oktober 1933 berichtet wurde, neben der wiederholten Forderung nach Ehrlichkeit das Ziel einer „straffen Organisation des Sudetendeutschtums“ – über die Grenzen einer einzelnen Partei hinweggreifend – auf.

Henlein schritt jedoch nicht einfach von Erfolg zu Erfolg. Gustav Peters, zu diesem Zeitpunkt noch in der Gruppe Rosche, sah den Versuch einer Einheitspartei schon zu Beginn als gescheitert an, da Henlein eben nicht integriert, sondern attackiert habe: „Henlein lebt, umgeben von einigen jungen Leuten, das typische sudetendeutsche Einsiedlerleben, spricht mit niemanden als seinen Versammlungshörern, bindet nicht, sondern schiebt sich mit seiner Partei zwischen die anderen ein, um gewissermaßen den Beelzebub durch den Teufel auszutreiben.“ Hinzu träten dann noch eine „zu weit gehende Programmlosigkeit“. Welch verheerendes Urteil. Allein ein „die bestehenden Parteien vernichtend treffender Wahlerfolg“ könne Henlein so noch die Aufgabe des Sprechers der Sudetendeutschen verleihen. Kennzeichnend für die harten Auseinandersetzungen allerdings, dass Peters Rede durch „Henlein marschiert“-Rufe wiederholt unterbrochen wurde.[69]

Bereits im Herbst 1933 zeigte sich Henlein bei großen öffentlichen Auftritten, über die die *Reichenberger Zeitung* großflächig berichtete. Für seine Rede in Reichenberg erschienen mehrere große Anzeigen für die Veranstaltung, auch das ungewöhnlich. Das Blatt dürfte so auch noch Einnahmen erzielt haben. Der Beitrag vom 12. November stellte dann die Person unter dem Titel „Worum geht es Konrad Henlein?“ in den Fokus, nicht die Inhalte der Ansprache. Die *Reichenberger Zeitung* umschrieb ihn als „sympathischen, elastischen Mann, dessen klarer Blick einen stillen Willen verrät“. So menschelte es sonst nie, jedenfalls erschien die Persönlichkeit von Politikern in anderen Fällen nicht als wert zu

69 Ebenda, 25. 3. 1934, 26. 3. 1934.

berichten. Aber von welchem anderen Politiker konnte man auch schreiben, er würde auf ein Mandat verzichten und nichts anderes sein wollen als „ein Sprecher des sudetendeutschen Volkes"?[70] Von Rudolf Sandner, einem der wichtigsten Ideologen der Heimatfront, übernahm man anschließend die Ausführungen über den „entschlossenen Schritt dieses bisher vollkommen unpolitischen Mannes". Henlein gehe es um die „Überwindung eines unerträglich gewordenen Spannungsverhältnisses zwischen Volksseele und Zeitgeist".[71] Diese Mission der Einigung aller Sudetendeutschen hätten die noch immer aktiven Vertreter anderer Parteien jedoch nicht verstanden.

Mit seiner selbstbetonten Selbstlosigkeit eignete sich Henlein als Projektionsfläche für die verschiedensten Hoffnungen, der dann regelmäßig „begeisterte Zustimmung" und „brausender Jubel" folgten, wie am 21. November 1933 aus Warnsdorf zu lesen. Zum Maifeiertag 1934 wurden bei sechs Veranstaltungen der Heimatfront Ansprachen Henleins auf Schallplatte vorgetragen[72] – er war das Sprachrohr der neuen Organisation. Henlein vermochte den Eindruck zu wecken, die Brüche zwischen den Sudetendeutschen zu überwinden, wie es Sandner beschrieben hatte.

Dieses Erscheinungsbild schlug durch. Selbst der Deutschdemokrat Franz Bacher betonte in der bereits erwähnten, am 15. November 1933 nachzulesenden Rede: Wenn er auch Henleins Inhalte nicht teile, sei der doch „ein idealer Mann, der für das Sudetendeutschtum das beste wolle". Toni Köhler vom Bund der Landwirte fügte an, mögliche Konflikte zwischen seiner Partei und der Heimatfront seien dem Aktivisten Henlein nur in den Weg gelegt worden.[73] An anderer Stelle erntete Gustav Hacker, der populäre Jugendführer des Bundes der Landwirte, bei einer Parteiversammlung allein für das Versprechen, Henlein gut zu kennen, „stürmischen Beifall".[74]

Der Wahlkampf 1935 begann mit einem Lob eines nicht näher benannten „U.S.", prominent abgedruckt am 9. März auf Seite 1. Er stellte Henlein als „ehrlichen und reinen Charakter" in eine Reihe mit Alfred Rosche, Karl Hilgenreiner und Gustav Hacker. Aber auch hier sprachen für Henlein Charaktereigenschaften, während wenigstens Rosche („ein aufrechter Verfechter unserer Interessen") und Hilgenreiner („ein strammer Sohn unseres Volkes") schon praktische politische Erfahrung mitbrachten. Eine Woche später, am 16. März, las man gar von

70 Ebenda, 13.11.1933.
71 Ebenda, 12.11.1933.
72 Ebenda, 2.5.1934.
73 Ebenda, 26.1.1934.
74 Ebenda, 12.11.1934.

der Hoffnung des christlichsozialen Landesjugendführers Heinrich Schubert auf ein zukünftiges Führungsteam. Henlein und Hilgenreiner, sowie Franz Spina, Carl Kostka und Ludwig Czech sollten die Sudetendeutschen gemeinsam führen. Solch eine Einbindung durfte aber nicht in Henleins Interesse sein, obwohl man zumindest für den ersten Leserbrief davon ausgehen darf, dass der Autor seine Zeilen ohne Hintergedanken verfasste, sondern tatsächlich Henleins Ansehen betonen wollte. Jedoch sahen ihn die Vorschläge zwar in der ersten Reihe der sudetendeutschen Politiker – für den Führer der zukünftig wohl stärksten Kraft wenig überraschend – aber eingebunden in eine Gruppe mit erfahrenen Politikern etablierter Parteien. Beim zweiten Vorschlag rückten sogar aktivistische Regierungsmitglieder bis hin zum Sozialdemokraten Ludwig Czech in die Reihe hinein. Henlein wäre nur eine Stimme unter mehreren, nicht aber die Stimme der Sudetendeutschen gewesen.

Für die *Reichenberger Zeitung* waren diese Vorschläge nicht überraschend. Bei aller wohlwollenden Berichterstattung wurde selbst der Beitritt der Gruppe Rosche zur Heimatfront genaugenommen als Fusion beschrieben, mit der Erstnennung Alfred Rosches vor Henlein in der Zeitungsüberschrift. Henlein war für die Redaktion der Führer der Heimatfront, aber noch nicht die uneingeschränkte (zukünftige) sudetendeutsche Führerperson, und das obwohl man diese intendierte Botschaft aus den Veranstaltungsmeldungen der Heimatfront wiederholt übernahm. Aber immerhin zeigte er sich in den Berichten als der nicht infrage gestellte Führer der offensichtlich stärksten sudetendeutschen Partei. Das „Symbol von Glaube und Hoffnung“[75] profitierte dabei von einer zunehmenden Personalisierung der Politik. Standen beim Bund der Landwirte Franz Spina und Gustav Hacker, bei den Christlichsozialen Karl Hilgenreiner, bei der Gewerbepartei Alois Stenzl und bei der Arbeits- und Wirtschaftsgemeinschaft Alfred Rosche und Carl Kostka im Mittelpunkt, so dominierte Henlein die Berichterstattung über die Heimatfront. Die Strategie seiner Partei, ihn ins Zentrum zu rücken sowie das dynamische Wachstum der Heimatfront taten dann ein Übriges, um ihm eine herausgehobene Position zu geben, obwohl, oder sogar weil er selbst wiederholte, nur „der einfache Mann des Volkes“ bleiben zu wollen.[76] Er personifizierte die Sehnsucht nach einer Überwindung des auch in der *Reichenberger Zeitung* kritisierten Parteienwesens. Mit dieser Distanzierung vom Parteiwesen insgesamt erntete er einmal mehr „brausende Heilrufe“, die „kein Ende nehmen wollten“, wie aus Trautenau am 5. Mai 1935 zu lesen.

75 Ebenda, 15. 5. 1935.
76 Ebenda, 5. 5. 1935.

Obwohl er selbst gar nicht um ein Abgeordnetenmandat kandidierte, startete Henlein im Frühjahr 1935 eine Flugveranstaltungsreise durch die deutsch besiedelten Teile der Tschechoslowakei. Die *Reichenberger Zeitung* berichtete ausführlich. Immer wieder war von „Riesenversammlungen" mit begeisterten Zuhörern zu lesen. Verfasst waren die Artikel offensichtlich von überzeugten Anhängern. Der Bericht aus Brünn schrieb dann auch gleich von dem „sudetendeutschen Wunder, als Henlein zum Kampf um das Recht der Sudetendeutschen rief". Wieder ein Bild eines Erweckungserlebnisses, wieder ein „Wunder", wie schon bei seiner Heilung 1932, initialisiert vom Führer der Heimatfront. Nur scheinbar Ewiggestrige kämpften aber dagegen an. Sein Auto wurde auf der Fahrt „offenbar von Marxisten überfallen und mit Steinen überschüttet", selbst Einschüsse von Revolverkugeln wurden gefunden. Der Hoffnungsträger Henlein überstand den Angriff unbeschadet, so der abgedruckte Artikel.[77]

Die Plakate mit dem Kopf Henleins in vielen Fenstern am Wahltag waren dann das sichtbare Zeichen für die Erwartungen in seine Person. Ihnen folgten „Heilrufe aus einer 10 000köpfigen Menschenmenge" vor Henleins Wohnung in Asch nach dem Wahlsieg.[78] Henleins öffentlich vertretenes Ziel blieb, um eine Übernahme aus einem Porträt in der *Neuen Zürcher Zeitung* zu zitieren, die Sudetendeutschen „zur politischen Mündigkeit und Handlungsfähigkeit zu erziehen".[79] Zur Sicherstellung einer einheitlichen Linie, die Henlein auch ohne Mandat die Entscheidungsmacht sicherte, folgte schließlich eine Weihestunde aller Abgeordneten und Senatoren der Sudetendeutschen Partei auf das Parteiprogramm.[80]

Dass Henlein diese herausgehobene Position über die eigene Partei hinaus auch selbst beanspruchte, zeigt nicht nur die harsche Kritik an der Weiterexistenz der übrigen Parteien nach dem Wahlsieg, sondern auch sein Telegramm an Präsident Masaryk. Der in der Zeitung abgedruckte Text schrieb von nichts weniger als der „historischen Verantwortung", die Henlein und seinen Mitarbeitern vom „Schicksal" auferlegt worden sei.[81]

77 Ebenda, 29.4.1935.
78 Ebenda, 22.5.1935.
79 Ebenda, 25.6.1935.
80 Ebenda, 3.6.1935.
81 Ebenda, 21.5.1935.

„Eine auf rigorose Pflichterfüllung eingestellte politische Tätigkeit" – Alfred Rosches Weg zur Heimatfront

Eine hier zu dokumentierende Berichterstattung in der *Reichenberger Zeitung* über Alfred Rosche in ähnlichem Umfang wie zu Konrad Henlein und Edvard Beneš, zwei Schlüsselpersonen des deutsch-tschechischen Verhältnisses in der ersten Hälfte des 20. Jahrhunderts, mag überraschen. Der Nixdorfer Unternehmer, Anwalt und Abgeordnete Rosche war nach seinem Austritt 1928 aus der Deutschen Nationalpartei lediglich das Gesicht der nach ihm benannten Gruppe Rosche, mit den liberalen Deutschdemokraten ein Bestandteil der Deutschen Arbeits- und Wirtschaftsgemeinschaft. Die Stimmenergebnisse jenseits Reichenbergs lassen auch nicht zu, von mehr als einer Splittergruppierung zu sprechen, die allerdings gerade in Wirtschaftskreisen gut vernetzt war. Zumindest nahm die Arbeits- und Wirtschaftsgemeinschaft in der Reichenberger Gemeindepolitik ab 1929 eine führende Rolle ein. Sie stellte mit Carl Kostka dort auch den Oberbürgermeister. Das Ziel, das deutsche städtische Bürgertum zu sammeln, gelang trotzdem zu keiner Zeit. Schließlich übernahm Rosche nach seinem Übertritt zur Sudetendeutschen Heimatfront unter Henlein auch keine herausragende Position. Dennoch war dann dort sein Engagement als bürgerliches Aushängeschild, da als rhetorisch begabt von der *Reichenberger Zeitung* gern zitiert und durchaus auch unter den tschechischen Politikern geachtet, für die Reputation der „Henlein-Bewegung" ein beträchtlicher Gewinn.

Rosche nahm den Gedanken eines Ausgleichs zwischen den Nationen der Tschechoslowakei ernst, auch wenn er dafür Anfeindung erfuhr. So berichtete die *Reichenberger Zeitung* am 3. April 1932 von einer „stürmischen Wähler-Versammlung" gemeinsam mit der Gewerbepartei in Haida, in der seine Rede von der deutschnationalen Grenzlandjugend gestört wurde. Selbst sein Schlusswort hätten wilde Gesänge verhindert.

Der anerkannte Wirtschaftspolitiker mahnte immer wieder Realitätssinn und Pragmatismus in der politischen Arbeit an. Typisch dafür war seine Rede am 9. Januar 1932 in Rumburg bei einer Sitzung der Arbeits- und Wirtschaftsgemeinschaft. Seinem Einwurf, „nichts ist leichter und demagogischer, als Forderung auf Forderung zu erheben, dabei aber zu wissen, daß sich dieselben nicht durchsetzen lassen", schob er die Warnung nach: „Wenn nicht bald etwas geschieht, dann kommt das Chaos!"[82] Rosche beschrieb weiterhin die Gefahr eines wachsenden sozialistischen Drucks, da „Nationalismus und Sozialismus

82 Ebenda, 12.1.1932.

Alfred Rosche (1884–1947) war 1926–1928 und wieder 1929–1938 Abgeordneter im Parlament der Tschechoslowakei. Zunächst vertritt er die Deutsche Nationalpartei, später die Deutsche Arbeits- und Wirtschaftsgemeinschaft und schließlich die Sudetendeutsche Partei. Bis 1945 war er dann NSDAP-Reichstagsabgeordneter.
75 Jahre Reichenberger Zeitung

in der Not des Volkes gemeinsamen Nährboden"[83] fänden. Das liberale Bürgertum drohe politisch an Einfluss zu verlieren. Es müsse selbst Ansätze zur Lösung der Not finden, wie er forderte.[84] Hierfür stehe neben einem Ausgleich zwischen Deutschen und Tschechen aber eben vor allem der internationale Handel. Die „einseitige Freundschaft zu Frankreich" müsse von der Regierung dabei aber über den Haufen geworfen werden, nötige sie doch die „schwersten wirtschaftspolitischen Opfer" ab, bevor man schließlich von Frankreich „kalt lächelnd im Stich gelassen" werde.[85]

Aus den Äußerungen Rosches des folgenden Jahres 1933 musste dem aufmerksamen Leser eine wachsende Entfremdung vom politischen System auffallen. Erntete er laut einem Bericht vom 16. März 1933 „lebhafte Zustimmung" für die populistische wie griffig erscheinende Parole, „Wir sind 25 Prozent der Bevölkerung, zahlen 50 Prozent aller Steuern und haben nichts zu sagen!", kritisierte er einige Wochen später scharf das Republikschutzgesetz 1933. Dort würden „zum Schutz der Demokratie – lies Sozialdemokratie" Gesetze erlassen, welche „die Verhältnisse über die bestehenden Tatsachen hinaus aufbauschen", um somit „chauvinistischen Kreisen Stoff für ungerechtfertigte Hetzereien zu

83 Ebenda, 12.1.1932.
84 Ebenda, 12.1.1932.
85 Ebenda, 19.2.1932.

geben." Das Gesetz glaube weiterhin, so Rosches Botschaft, die „reichsdeutschen Verhältnisse an uns Sudetendeutschen rächen zu müssen".[86]

Rosches Demokratieverständnis fußte auf Kalkül und Überzeugung. So betonte er im Abgeordnetenhaus: „Uns Faschismus anzudichten und Diktaturgelüste zu unterschieben ist falsch, weil uns schon die Vernunft zwangsläufig zum Bekenntnis zur Demokratie führt, da die Diktatur nur tschechisch sein könnte [...] Laßt uns gleichberechtigte Bürger des Staates sein und Ihr werdet an uns Sudetendeutschen Bürger haben, auf die Ihr Euch verlassen könnt."[87]

Mit dem Antritt der Heimatfront 1933 stellte Rosche die Notwendigkeit eines sudetendeutschen Zusammenkommens zwischen den bürgerlichen Parteien deutlich heraus. Die eigene Rolle bei der Realisierung dieses seit 1928 von ihm proklamierten Ziels vertrat er dabei durchaus selbstbewusst. So war von einer Veranstaltung der Arbeits- und Wirtschaftsgemeinschaft am 27. Oktober 1933 zu lesen, die wirtschaftspolitischen Ideen der Heimatfront seien die „glänzende Rechtfertigung der vielverlästerten politischen Richtlinien". Gleichzeitig war mit seiner scharfen Kritik an Veranstaltungsstörungen von Heimatfront-Mitgliedern – „Gewalt und Terror, mit Herabsetzung und Beschimpfung"[88] – bald Schluss.

Wie eine Einheit der Sudetendeutschen aber aussehen könnte, vermochte er nicht zu vermitteln. Ideen eines Ständestaates als Alternative zu parlamentarischer Demokratie und Diktatur verflogen 1934 nach dem Putsch in Österreich. Einer sudetendeutschen Einheitspartei stand er skeptisch gegenüber. Stattdessen forderte Rosche, neben die bereits existierenden sozialistischen und landwirtschaftlichen Parteien müsse eine „Zusammenfassung des städtischen Bürgertums treten".[89] Ein solches, ja schon in den zwanziger Jahren angestrebtes Sammelbecken müsse „von unten herauf" entstehen, was eine zusammenführende Rolle einer der bereits existierenden Parteien und „Bewegungen" ausschloss.

Obmann Walter Hergl knüpfte auf der Hauptversammlung der Gruppe Rosche am 3. Mai 1934 in Reichenberg hieran an. Seine Ansprache, zusammengefasst am 6. Mai nachzulesen, beinhaltete zwei Grundintentionen: 1933 sei der Negativismus gescheitert und man selbst sei immer bereit, „sich jedem höheren Zusammenschluß einzufügen". Hierfür habe es „starken Beifall" gegeben. Als Rudolf Sandner für die Heimatfront einer Kooperation auf Augenhöhe mit den „alten verbrauchten Parteien" aber widersprach, blieb Rosches Antwort

86 Ebenda, 1.6.1933.
87 Ebenda, 1.12.1933, 16.4.1934.
88 Ebenda, 26.3.1934.
89 Ebenda, 16.4.1934, 3.5.1934.

auffallend kraftlos: „Er hege keinen innigeren Wunsch, als daß der ideale Glaube der SHF im Interesse des sudetendeutschen Volkes in Erfüllung gehe. Daß er in Erfüllung gehe, wolle er mit aller Kraft mithelfen. Er wünsche nur eines, daß Konrad Henlein die Enttäuschungen erspart bleiben, an denen die sudetendeutsche Politik bisher so überreich war. Wir haben ein Ziel und einen Glauben, wir wollen unser Bestes tun für unser Volk."[90]

Tatsächlich erfuhr der Zeitungsleser bereits wenige Tage später, Rosche sei die „Übernahme eines Referates in der Leitung der Sudetendeutschen Heimatfront" angetragen worden.[91] Die Pressestelle der Gruppe Rosche verzichtete auf eine Antwort auf diesen Übernahmeversuch. Lediglich die wiederholte Forderung nach „Erreichung der größtmöglichen sudetendeutschen politischen Plattform"[92] zeigte an, dass man grundsätzlich gesprächsbereit, ja bereit zur Eingliederung in eine umfassendere Organisation war.

Im Juli 1934 beging Rosche seinen 50. Geburtstag. Für die *Reichenberger Zeitung* Anlass für einen Glückwunschartikel. Zu lesen war da von der „faszinierenden Kraft seiner Logik, seines Witzes und Gemütes", die ihn in „freier und hinreißender Rede" bei „tiefschürfender und voller Sachkenntnis" auszeichne. Dass so ein Politiker in der Zukunft eine bedeutende Rolle spielen müsste, dürfte da klargewesen sein. Das Lob mündete in das Versprechen, „seine Politik hat nie den Radikalismus des Wortes geliebt, ihn vielmehr, wie sein Ausscheiden aus der Deutschen Nationalpartei beweist, immer schonungslos verurteilt, denn der Vorzug seiner auf rigorose Pflichterfüllung eingestellten politischen Tätigkeit ist der Radikalismus streng betonter positiver Einstellung zum Staate, ernsten Schaffens und Aufbauarbeit, also konstruktive Arbeit in allem und jedem. [...] Auch auf tschechischer Seite sind ihm viele führende Persönlichkeiten der Politik und Wirtschaft wohlgesinnt und in Verehrung verbunden."[93]

Rosche radikalisierte sich in den folgenden Monaten: Im November 1934 schimpfte er im Parlament, die Demokratie sei vielfach zum reinen „Schlagwort" verkommen. In Wirklichkeit werde sie aber „abgebaut" und viele, die über die Demokratie sprächen und diskutierten, „meinen in Wirklichkeit etwas ganz anderes", nämlich „Parteiinteressen und Parteistellungen". Rosches Vorwurf zielte allein auf die Tschechen, denn „loyaler kann die sudetendeutsche Bevölkerung nicht mehr sein, als sie es ist", wie der Abgeordnete festhielt. Vergolten werde ihr dies nicht einmal mit „Gerechtigkeit und Erfüllung unserer einfachsten

90 Ebenda, 7. 5. 1934.
91 Ebenda, 13. 5. 1934.
92 Ebenda, 3. 5. 1934.
93 Ebenda, 29. 7. 1934.

Lebensrechte".[94] Der deutsch-tschechische Antagonismus in seiner Argumentation war nicht mehr zu überhören. Einher gehe die laufende Entwicklung auch noch mit einer faktischen Abschaffung des Parlaments als Gesetzgeber und Kontrollorgan, womit „ein großer Teil der Volksvertreter entbehrlich ist".[95] Seine mit Verve vorgetragenen Worte zielten dabei vor allem auf das Scheitern internationaler Wirtschaftsabkommen, für die die Tschechoslowakei kaum Einsatz zeige.[96] Die wirtschaftliche Not verstand er als hausgemacht, deren hauptsächliche Opfer dann jedoch die Deutschen seien. Dies sei ausgesprochen ungerecht, würden doch ausgerechnet sie das Vertrauen in die Staatswährung wahren, während, so war eine weitere Woche später von ihm zu lesen, „auf tschechischer Seite Leute davongelaufen sind, die sonst den größten Anspruch auf Patriotismus erheben".[97] Vertrauensfragen verstand Rosche inzwischen als Charakterfrage eines ganzen Volkes.

Rosches Vertrauen wiederum in eine Zusammenarbeit mit den Tschechen, für die er wiederholt geworben hatte, war spätestens an dieser Stelle, Ende 1934, zerbrochen. Am 1. Dezember 1934 rechnete er im Abgeordnetenhaus mit der „Budgetdiktatur", aber darüber hinaus auch mit der gesamten Politik der Tschechoslowakei ab: „Auf unsere Loyalität wurde von tschechischer Seite mit Schlägen verletzendster Art geantwortet: Universitätskonflikt – Gesetz vor 14 Jahren, Durchführung nicht während der Allkoalition, nein, jetzt, in dem an und für sich psychologisch überhitzten Momente – Sprachenerlaß Fridrich, Eger, mit einer Beleidigung gegen das deutsche Richtertum, wie sie allen Sitten des Standes Hohn spricht; in wirtschaftlicher und sozialer Beziehung Benachteiligung über Benachteiligung." Deutsche und Tschechen kämen nicht zusammen, da „wir Sudetendeutschen auf tschechischer Seite vielleicht persönliche Freunde, aber keinen einzigen aufrichtigen Freund [haben], der bis zum heutigen Tage die Notwendigkeit der Lösung des nationalen Problems mit ritterlichem Mute und selbst auf die Gefahr der Unpopularität hin propagiert und mit Leib und Seele sich dafür eingesetzt hätte".[98]

Rosche prangerte in seinem Weihnachtsartikel am 23. Dezember 1934, die *Reichenberger Zeitung* bot keinem anderen Politiker solch hervorgehobenen Raum, die „Niederlage des tschechoslowakischen Staatsgedankens vom Gesichtspunkte der nationalpolitischen Praxis" an. Die Republik sei in ihren eigenen Ansprüchen gescheitert; der Grund hierfür läge in der Diskriminierung der

94 Ebenda, 11. 11. 1934, 1. 12. 1934.
95 Ebenda, 18. 11. 1934.
96 Ebenda, 18. 11. 1934.
97 Ebenda, 25. 11. 1934.
98 Ebenda, 1. 12. 1934.

Deutschen. Hieran seien die Sudetendeutschen jedoch vor allem selbst schuld. Ohne Einigung werde man von den Tschechen „als politischer Faktor nicht ernst genommen". Mangelnder politischer Charakter der Tschechen sei das Resultat deutscher Schwäche. Endlich brauche man 1935 „die einheitliche sudetendeutsche Politik".

1935 war aber zunächst lange nichts mehr von oder über Rosche zu lesen, auch weil er sich einer Operation unterziehen musste. Doch am 1. April, lediglich acht Wochen vor der Parlamentswahl, machte er neue Schlagzeilen. Unter dem umfassenden wie folglich irritierenden Titel „Sudetendeutscher Zusammenschluß. Rosche-Gruppe und Heimatfront", immerhin scheiterten gerade die Gespräche der Heimatfront mit dem weit größeren Bund der Landwirte, ging Rosches Kleingruppe in der Heimatfront auf. Zahlenmäßig versprach dieser Zugewinn keinen großen Gewinn für die Henlein-Gruppierung, aber Rosches Ansehen im gemäßigten Lager, verbunden mit seiner öffentlichen „Ablehnung von Faschismus, Diktatur und Totalitätsansprüchen", versprach den Einbruch in die städtischen bürgerlichen Schichten.[99] Nachdem Wochen zuvor ja Gastautor „U.S." das Zusammengehen der führenden Politiker Henlein, Rosche, Hilgenreiner und Hacker gefordert hatte,[100] war nun zumindest Rosche für die Heimatfront gewonnen. Für diesen selbst verbesserten sich die Chancen auf einen Wiedereinzug ins Abgeordnetenhaus schlagartig.[101] Bereits am 5. April dankte Rosche dies mit auf der Titelseite abgedruckten Lobreden auf Henlein als der „letzten Hoffnung" des sudetendeutschen Volkes. Bei einer Wahlkampfrede vor 1500 Personen in Prag – für den damaligen Zuspruch der inzwischen in Sudetendeutsche Partei umbenannte Heimatfront eine auffallend geringe Zahl, dafür aber in Prag, außerhalb des mehrheitlich deutsch besiedelten Raums und im Herzen der Republik – steigerte er die Lobhudelei auf Henlein dann sogar zum Personenkult. Die *Reichenberger Zeitung* zitierte ihn folgend: „Konrad Henlein ist die Inkarnation des Aufbauwillens und der Volksgemeinschaft. Er ist für das Volk das Symbol von Glaube und Hoffnung."[102]

Von den zum Abschied von der Arbeits- und Wirtschaftsgemeinschaft nochmals betonten humanistischen Idealen jenseits von „Rassen-, Klassen- und Religionshaß", wie vom Deutschdemokraten Franz Bacher über die Auflösungsbesprechung am 6. April und dann nochmals am 17. Mai zu lesen, war

99 Ebenda, 1.4.1935; vgl. auch Vierling, Kommunikation als Mittel, S. 68.

100 Reichenberger Zeitung, 9.3.1935.

101 Vgl. Mikuláš Zvánovec, Karrieren von Parlamentariern der Sudetendeutschen Partei. Eine gruppenbiographische Untersuchung, in: Bohemia 57 (2007), S. 402 f.

102 Reichenberger Zeitung, 15.5.1935.

bei Rosche nichts mehr zu vernehmen. Schweigen auch zum vergifteten Angebot der Heimatfront an die Deutschdemokraten mit ihrem relativ hohen jüdischen Zuspruch, diese könnten „ein oder zwei arische Vertreter" auf ihre Liste entsenden.[103] Derweil kandidierte Rosche, der als Altliberaler unter den „Kameraden" der Heimatfront umstritten war,[104] jedoch nicht in seiner nordböhmischen Heimat, sondern in einem Prager Wahlkreis. Aus seiner gewohnten Umgebung mit seinen über Jahre gewachsenen Unterstützerstrukturen wurde er herausgerissen. Dafür diente er in der Hauptstadt mit seiner Prominenz als Versprechen für einen gemäßigten Kurs.

Während die Deutschdemokraten bei den Wahlen eine schwere Schlappe erlitten, gewann Rosche erneut ein Abgeordnetenmandat. Nun ließ er sich in die Strukturen der Henlein-Partei fest einbinden. Am 4. Juni 1935 las man von einer „Verpflichtung" der Abgeordneten in Eger auf Henlein und die Parteigrundsätze. Die *Reichenberger Zeitung* schrieb, offensichtlich eine Parteimeldung direkt übernehmend, von einer „Weihestunde", getragen „von tiefem Ernst" und eingerahmt vom Niederländischen Dankgebet. Zu den verpflichtenden Leitsätzen gehörte das Bild der Überwindung von Marxismus und Liberalismus. Rosche schwor wie alle anderen Abgeordneten der Partei, vor allem aber ihrem Führer Henlein Treue. Immerhin überließ man ihm das Schlusswort.

Diese repräsentative Rolle für den starken Rhetoriker sollte sich kurz darauf bestätigen. Rosche gehörte zu den drei Abgeordneten, die zum Eintritt ins Parlament im Gespräch bei Ministerpräsident Malypetr die neue Partei vorstellten.[105] Darüber hinaus war seine Kompetenz als langjähriger Abgeordneter ein Gewinn für die Sudetendeutsche Partei. Sie entsendete ihn daher in den wichtigen Budgetausschuss.[106] Andererseits trug auch gleich eine krawallige Denkschrift über mehrere Fälle „wirtschaftlichen Terrors" seine Handschrift.[107]

Aus dem Pragmatiker Rosche, der als Führer einer eigenen, wenn auch kleinen Gruppierung großen politischen Freiraum besaß und diesen, wie wiederholt von der *Reichenberger Zeitung* aufgezeigt, auch mit Verve einzusetzen verstand, war ein Gefolgsmann Henleins geworden. Rosches Weg der Wandlung war im

103 Ebenda, 8.4.1935.

104 Mads Ole Balling, Von Reval bis Bukarest. Statistisch-Biographisches Handbuch der Parlamentarier der deutschen Minderheiten in Ostmittel- und Südosteuropa 1919–1945, 2 Bände, Kopenhagen 1991, Band 1, Nr. 051121; vgl. auch René Küpper, Karl-Hermann Frank (1898–1946). Politische Biographie eines sudetendeutschen Nationalsozialisten, München 2010, S. 71.

105 Reichenberger Zeitung, 8.6.1935.

106 Ebenda, 20.6.1935.

107 Ebenda, 15.6.1935.

Blatt nachzuverfolgen. Die auffallend hohe Präsenz in der Zeitung zeugt dabei von Sympathie mit dem Politiker und seinen Zielen. Vor allem bei seinem finalen Schritt des Übertritts konnte er sein Handeln den Lesern ausführlich begründen.

Rosches Eintritt in die Heimatfront war nicht zwingend als opportunistischer Versuch zum Erhalt des Abgeordnetenmandats zu verstehen. Immerhin hatte er den politischen Zusammenschluss der Sudetendeutschen immer wieder selbst vertreten und die Heimatfront stellte sich als die mit weitem Abstand stärkste und organisatorisch modernste Kraft heraus. Rosches weiteres Auftreten, seine Lobreden auf Henlein und die aktive Rolle an der Vereidigungsveranstaltung zeigten in der Zeitung aber, ein ehemals führender Liberaler hatte sich in die „Volksgemeinschaft“ nach Vorstellung der Henlein-Partei eingegliedert. In ihr diente er bis zum Münchner Abkommen 1938 als Gesicht eines gemäßigten, in den bisherigen Bahnen sudetendeutscher Politik zu bleiben versprechenden Kurses.

7. Abgeordnetenhauswahl 1935

„Der deutsche Sieg an der Saar" – Die Völkerbundabstimmung 1935

„Der deutsche Sieg an der Saar": Am 15. Januar 1935, zwei Tage nach der Saar-Abstimmung, begrüßte den Leser diese euphorische Schlagzeile. Der Berichterstatter, namentlich nicht genannt, aber offensichtlich nicht von der *Reichenberger Zeitung* selbst stammend, machte aus seinem Triumphgefühl kein Hehl: „In ein Nichts aufgelöst hat sich die Lüge von den 150 000 Franzosen. [...] Niemals ist eine Lüge grausamer demaskiert worden, nie hat ein Stimmenwerber eine demütigendere Niederlage erlitten". Den Erfolg der breiten Massen habe die Zustimmung zur deutschen Heimat, letztlich zum „Dritten Reich" errungen. Somit sei der „13. Jänner nicht nur ein Grund zur Freude für Deutschland und das deutsche Volk, sondern auch zu einem Tage der Hoffnung für Europa geworden", da „nach der Rückkehr der Saar das Deutsche Reich keine territorialen Forderungen an Frankreich mehr stellen werde".

Die Deutschen des Saargebietes hatten in freier Selbstbestimmung über ihre staatliche Zuordnung entscheiden können und sich dabei für das Deutsche Reich entschieden, den Verlierer des Ersten Weltkriegs. Hitler, so wurde er am 15. Januar auf Seite 1 zitiert, war stolz, „von der Vorsehung zum Repräsentanten einer Nation" ernannt zu sein. Der aus diesen Meldungen erwachsende Eindruck: Die Kriegsniederlage wurde ein Stück revidiert – und der Frieden dabei gestärkt.

Der Sieg war durchaus nicht selbstverständlich gewesen. Lang hatte die näher rückende Volksabstimmung in der Presse lediglich eine Randrolle gespielt. Sorgen schien man sich dabei aber noch am ehesten darüber machen zu müssen, dass die Franzosen einen freien, gleichberechtigten Wahlkampf nicht zulassen und die Abstimmung lenken würden. Am 14. März 1934 wurde gewarnt: „Trotz Völkerbund und Abstimmung soll das Saargebiet nicht geräumt werden! Hier kann ein Zündfunke im Pulverfasse seine Schuldigkeit tun!" Später, am 16. August, folgte passend die Meldung von Verhaftungen im Saargebiet wegen „Beziehungen zu einem fremden Staate", eben zum Deutschen Reich. Das Bild über die Situation im Saargebiet bestimmte das Deutsche Reich mit seinem *Deutschen Nachrichtenbüro*. Von dem übernahm man am 2. März 1934 die Begeisterung für die Bildung einer Deutschen Front „in einzigartiger Geschlossenheit“: „Saarbrücken und alle Ortschaften des Saargebietes sind ein Flaggenmeer. Fast jedes Haus hat geflaggt.“ Und keine zwei Wochen darauf wurde bereits der bevorstehende Triumph verkündet. Er sei, so nochmals der Artikel vom 14. März 1934, „heute bereits über allen Zweifel erhaben“. Der Grund hierfür war schlicht: „kein Volk, kein großes, gesundes und starkes Volk kann auf die Dauer mit Gewalt niedergehalten werden“.

Den Tag der Entscheidung für das „Dritte Reich“ bekamen die Leser in reichen Farben beschrieben. Nach der Verbreitung des Ergebnisses waren „in wenigen Minuten die Straßen mit Fahnen übersät. Man sieht im werdenden Tag nur noch ein rotes leuchtendes Fahnenmeer. Alle Müdigkeit ist fortgewischt, alle Bangigkeit beendet. Menschen, die sich gar nicht kennen, fallen sich gegenseitig um den Hals und schütteln sich die Hände. Auf der Straße lachen sich die Menschen an, werfen ihre Hüte empor, und Frauen fallen ungeachtet des Straßenschmutzes dankend in die Knie.“[1] Diese Beschreibung eines „nationalen Freudenrauschs“ weckte Begeisterung und sicherlich auch Sehnsucht, den tristen Alltag in der Krise durch ein ebensolches Erlebnis überwinden zu können. Verstärkt wurde dies durch den angedeuteten Eindruck, die Tschechen wollten das Ergebnis kleinreden, zeigten doch deren Zeitungen „keine Eile, die ursprünglich gemeldeten Tatsachen [eines] nicht entsprechenden Abstimmungsergebnisses richtigzustellen“. Statt 80 Prozent, wie zunächst veröffentlicht, hatten sich sogar 90 Prozent der Saarbewohner für Deutschland ausgesprochen.[2] Die „nationale Idee“ habe sich als vorherrschend im politischen Geschehen durchgesetzt[3] – offensichtlich auch für die Tschechen mit Blick auf die Minderheiten eine beunruhigende Erkenntnis. Beunruhigend übrigens auch für deutsche Gegner Hitlers, zitierte die *Reichenberger Zeitung* doch auch, allerdings an nicht prominenter Stelle, am 16. Januar 1935 die führenden Befürworter eines Status Quo an der Saar, Max Braun und Friedrich Pfordt, man könne „gegen den Faschismus nicht mit demokratischen Mitteln ankämpfen“. Sie, vorgebliche Demokraten, schienen sich da selbst zu demaskieren. Direkt daneben wurde so auch über Verhaftungen von Kommunisten geschrieben, bei denen „Schlagringe und andere Waffen“ gefunden worden seien. Warum sie ebenso wenig wie ihre Genossen 1933 im Moment der (drohenden) Niederlage losgeschlagen hatten, blieb ungefragt.

Dagegen fällt auf, dass eine Reaktion der sudetendeutschen Politik zunächst ausblieb. Am 20. Januar 1935 änderte sich das in einem umfangreichen Beitrag.

1 Reichenberger Zeitung, 15. 1. 1935.
2 Ebenda, 15. 1. 1935.
3 Ebenda, 16. 1. 1935.

Dokumentiert wurde eine Ansprache Karl Hilgenreiners unter dem Titel „So darf es nicht weitergehen!“ Der christlichsoziale Vorsitzende zog direkte Parallelen: „Auch wir Sudetendeutschen haben Saar-Abstimmungen hinter uns, die Volkszählungen von 1920 und 1930 haben vor aller Welt bewiesen, daß die Sudetendeutschen geschlossenen zu ihrem Volke stehen“. Das Ergebnis sei aber von den Siegermächten missachtet worden. Zwar habe der Vertrag von St. Germain Gleichberechtigung versprochen, aber eingehalten worden sei dieses Versprechen nie: „Sind wir Deutschen in diesem Staate wirklich gleichberechtigt? Nein! Aus unserer Schuld? Haben wir vielleicht unsere Pflichten als Staatsbürger nicht erfüllt? Nein! Und selbst die politischen Schwankungen mancher Kreise sind heute überwunden. [...] Und wenn die Alten zu müde geworden, müssen die Jungen den Kampf in geschlossener deutscher Front aufnehmen.“ Der Kampf war noch zu führen, das Ziel „Gleichberechtigung“ nur schwammig formuliert. Begeisterung unter den Sudetendeutschen für den Nationalsozialismus und ihre inzwischen verbotene Partei galten als „Schwankungen“. Daraus schloss Hilgenreiner, die kommenden Wahlen würden der Saarabstimmung gleichen: „Zum Teufel mit dem Statusquo, mit dem jetzigen Jammerzustande! Dann wird hoffentlich eine einheitliche deutsche Front die Folgerung aus der bitteren Erkenntnis ziehen: So kann, so darf es nicht weitergehen! Unser Kampf richtet sich nicht gegen Personen, sondern gegen ein schädliches Vertuschungssystem, richtet sich auch nicht gegen das tschechische Volk, sondern will Versöhnung der Völker im Staate, aber auf Grund der politischen Gleichberechtigung“, weil „der Deutsche in der eigenen Heimat beargwöhnt und bespitzelt wird und jedes tschechische Postfräulein im deutschen Gebiete sich mehr zuhause fühlen kann, als der Bürger, dessen Vorfahren die Geschicke einer Stadt bestimmt haben. Gebt uns unsere deutsche Heimat wieder“. Laut Bericht wurde diese Polemik „oft von brausendem Beifall unterbrochen und fand allgemeine Zustimmung.“

So verwundert es nicht, als am 31. Januar, einen Artikel von J. Dolezal in der *Národní listy* zitierend, die bei nicht wenigen Tschechen vorherrschende Frage zu lesen war: „Jetzt kann sich jeder deutlich vorstellen, wie eine geheime Abstimmung der in anderen Staaten wohnenden Deutschen ausfallen würde.“[4] Die Auslandsdeutschen schienen hinter Hitler zu stehen. Selbst Minister Franz Spina hatte zuvor lavieren müssen. Er nahm die Sudetendeutschen in Schutz, sie hätten in „gewaltiger Mehrheit die Souveränität des tschechoslowakischen Staates freiwillig anerkannt“.[5] Spina betonte die Anerkennung von Tatsachen, aber

4 Ebenda, 31. 1. 1935.
5 Ebenda, 28. 1. 1935.

von einer Zustimmung war in dieser Verteidigung nicht die Rede. Gegen das von Hilgenreiner gezeichnete Bild der Deutschen als Opfer der tschechischen Mehrheit in deren Staat blieb diese Entgegnung kraftlos.

Dagegen die kraftvollen, zukunftsfrohen Berichte voller Begeisterung von der Übergabe des Saargebietes mit „großen Befreiungs-Kundgebungen“ an das „Dritte Reich“ am 1. März: „Reichsminister Dr. Goebbels wies darauf hin, wie hoch Treue und Beständigkeit eines Volkes einzuschätzen seien, das sich unter schwersten seelischen Belastungen zum angestammten Mutterlande bekannte und vor aller Welt bekannte, daß die Heimkehr zum Reich nicht eine materielle, sondern eine seelische Angelegenheit war.“ „Die Nacht der Märsche und Lieder“ zeigte sich in der Berichterstattung als ein Moment des (auslands-)deutschen Triumphs in schwerer Zeit. Eine schwere Zeit nicht nur für die Sudetendeutschen, sondern für viele deutsche Minderheiten. Die Beiträge in der *Reichenberger Zeitung* vermittelten vor allem durch unkritische Übernahmen letztlich die Botschaft, dass sich für die Saarbewohner ihre nationale Treue gelohnt habe. Welch ein Signal für alle Deutschen jenseits der Reichsgrenzen, wo doch der Leser am gleichen 2. März 1935 auch von einem „neuen Schlag gegen das Südtiroler Deutschtum“ lesen musste.

„Leidenschaftliches Gegeneinander der Parteien“ – Die Wahlkampfberichterstattung

1935 sollten in der Tschechoslowakei Abgeordnetenhaus und Senat neu gewählt werden. Ein giftiger Wahlkampf ging den Abstimmungen voraus. Versprechungen besonderer nationaler Zuverlässigkeit verdrängten sachpolitische Auseinandersetzungen im Werben um die Wähler und auch in den Meldungen der *Reichenberger Zeitung.* Hierfür lieferte der Vorsitzende der Christlichsozialen Volkspartei Karl Hilgenreiner bei der bereits erwähnten, am 20. Januar 1935 dokumentierten Versammlung ein frühes Beispiel: „Bei den nächsten Wahlen muß es heißen: Statusquo oder Gleichberechtigung der Deutschen!“

Die Berichterstattung zum Wahlkampf der *Reichenberger Zeitung* beschränkte sich mit wenigen Ausnahmen auf die als „deutschbewusst“ bezeichneten Parteien: Sudetendeutsche Heimatfront/Sudetendeutsche Partei, Bund der Landwirte, Christlichsoziale Volkspartei, Gewerbepartei und Deutsche Arbeits- und Wirtschaftsgemeinschaft. Berichterstattung über die „Marxisten“, Sozialdemokratie und Kommunisten, fehlte im Blatt beinahe völlig, obwohl die Sozialdemokraten zu diesem Zeitpunkt die meisten deutschen Abgeordneten im Prager

Noch in den 1930er-Jahren existierte ein regelmäßiger Floßverkehr auf der Elbe, wie hier bei Aussig zu sehen. Die Elbe ist für die tschechoslowakische Wirtschaft eine wichtige Transportstrecke, auch weil sie seit 1919 ein Areal im Hamburger Hafen gepachtet hat.
Stadtarchiv Schiltach

Parlament stellten und eine unbedingt staatsbejahende, regierende Kraft waren.[6] Immerhin las man von der Rede von Ludwig Czech in Teplitz-Schönau, in dem der Sozialdemokrat nicht nur die Erfolge der Regierung betonte, sondern wachsenden Nationalismus bei Tschechen wie Deutschen beklagte.[7] Eine Seltenheit blieben gleichfalls Informationen über die tschechischen sowie die Parteien der weiteren Nationalitäten.

Sudetendeutsche Heimatfront/Sudetendeutsche Partei

Im Mittelpunkt der Parteienberichterstattung der *Reichenberger Zeitung* stand die Sudetendeutsche Heimatfront.[8] Während aber in Januar und Februar, selbst noch im März 1935 vor allem über eine mögliche Allianz mit dem Bund der Landwirte (und der Gewerbepartei) berichtet wurde, dabei aber bereits eine scharfe Rhetorik des drohenden „Grauens" dank eines seit Republikgründung grassierenden „Kreuzwegs" des „ununterbrochenen Zurückweichens auf den Kampfplätzen der Kultur und der Arbeit"[9] auffiel, rückte in der heißen Phase des Wahlkampfs die Agitation der Heimatfront in das Zentrum. Dieser Wandel vollzog sich, nachdem die *Reichenberger Zeitung* erstmals offen den Wahlkampf kommentiert hatte. Am 28. Februar 1935 mahnte sie: „Wir haben es bisher geflissentlich unterlassen, zu den verschiedenen meist unerfreulichen Erscheinungen des anhebenden Wahlkampfes der deutschen Parteien untereinander Stellung zu nehmen [...] Was sich aber in den letzten Tagen aus dem leidenschaftlichen Gegeneinander der Parteien als für die kommenden Wahlen scheinbar richtunggebend hervorhebt, läßt ein offenes Wort gebotene Pflicht erscheinen. [...] Noch ist es Zeit. Zwar sind die Verhandlungen zwischen den zwei größten Lagern, zwischen BdL und SHF ins Stocken gekommen [...] Vielleicht zieht mit der Ruhe auch die Vernunft ein, die sich über Prestige- und Kanapee-Fragen hinwegsetzt. Dann aber müssen die Verhandlungen aufs neue aufgenommen und weitergeführt werden."

Ingenieur E. Gebauer, wohl der einstige Nationalsozialist, welcher im Mai 1933 für seine frühere Partei noch eine staatstragende Bedeutung behauptet hatte, forderte dann am 7. April 1935 die Einheit aller deutschen Parteien. Wenn diese

6 Vgl. Oellermann, Mehr als.

7 Reichenberger Zeitung, 26. 3. 1935.

8 Vgl. Marco Zimmermann, Die Wahlkampagne der Sudetendeutschen Partei 1935, in: Střed. Časopis pro mezioborová studia Střední Evropy 19. a 20. století / Centre. Journal for Interdisciplinary Studies of Central Europe in the 19th and 20th Centuries 6 (2014), S. 94–126.

9 Reichenberger Zeitung, 9. 1. 1935.

auch nach dem Urnengang ausbleibe, bedeute das „die größte sudetendeutsche Katastrophe seit Kriegsende". Zwar sollten die Verhandlungen mit dem Bund der Landwirte und der Gewerbepartei letztlich scheitern, doch konnte die Heimatfront immerhin am 1. April ihren einzigen Erfolg zur Zusammenfassung der „deutschbewussten" Gruppierungen erwirken. Den Beitritt der kleinen Gruppe Rosche der Arbeits- und Wirtschaftsgemeinschaft überhöhte die *Reichenberger Zeitung* dabei aber gleich als großen Schritt zur Einheit.

Ein Bericht am 2. April 1935 über die „kurze, eindrucksvolle Ansprache" Henleins in Asch mit der Forderung nach „Gleichberechtigung und ehrlicher Mitarbeit" bei Ablehnung der ihm vorgeworfenen Irredenta läutete die finale Wahlkampfphase ein. Ihre schlichten, griffigen und dabei einprägsamen, auch in der Zeitung zu lesenden Slogans hoben die Heimatfront von ihren Mitbewerbern ab: „Die Idee über uns, Der Kamerad neben uns, Der Gegner vor uns!" Um aber allen Zweiflern entgegenzuwirken und weil man sich als demokratische „Bewegung" verstand, forderte die Heimatfront einen „anständigen Wahlkampf", wobei sie sich als von Gegnern umgeben darstellte. Sie bescheinigte dem deutschen Volk, als dessen Sprecher sie zu dienen versprach,[10] es „war in seiner ganzen Geschichte immer nur staatsaufbauend und staatstragend, niemals war es staatssprengend und auch wir haben nicht die Absicht, diese Eigenart aufzugeben."[11] Zugleich betonte die Heimatfront via Zeitung eigenen Idealismus gegenüber einem als verkommen verurteilten Parteienstaat. So betonte der angeschlossene Aufruf, „wir werden nie und nimmer zugeben, daß sich ein Klüngel von Berufspolitikern breit macht, denn Politik zu treiben, heißt für uns die Ehrenpflicht, Verantwortung zu tragen für Heimat, Volk und Staat."[12] Mit ihrer Rhetorik, und dank deren ausführlicher medialer Verbreitung, war die Heimatfront erfolgreich. Bereits die am 8. April abgedruckte Wahlprognose sah sie als die „größte deutsche Partei", die selbst „nach Schätzungen einsichtiger Gegner" „mehr als die Hälfte von den siebzig deutschen Mandaten" gewinnen werde. Als Beweis für diesen Aufstieg standen die parteieigenen Maifeiern. Bestimmt gewesen seien sie von „starker Beteiligung und einwandfreier Disziplin", während gleichzeitige Aufmärsche der Linken unter „äußerst stark zurückgegangenen" Teilnehmerzahlen gelitten hätten.[13]

10 Von einem „Alleinvertretungsanspruch" der Heimatfront schreibt daher auch Jens-Hagen Eschenbächer, Zwischen Schutzbedürftigkeit und Alleinvertretungsanspruch. Die Beziehungen der Sudetendeutschen Heimatfront zu den traditionellen bürgerlichen deutschen Parteien in der Tschechoslowakei 1933-1935, in: Bohemia 39 (1998), S. 343.

11 Reichenberger Zeitung, 8. 4. 1935.

12 Ebenda, 8. 4. 1935.

13 Ebenda, 2. 5. 1935.

Die letzten Wahlkampfwochen nutzte Henlein für eine Vortragstour per Flugzeug übers Land. Die Anleihe bei Hitlers Wahlkampfreise 1932 war unübersehbar. Sie führte ihn „über den Böhmerwald nach Südmähren, von da über Brünn nach Nordmähren und Schlesien und von hier über Ost- und Nordmähren wieder zurück ins Egerland". Etwa siebzig Versammlungen waren vorgesehen.[14] Die Faszination für derlei moderne Werbeformen war zu spüren. Dabei glichen sich auffallend die folgenden Versammlungsberichte. Gespart wurde nicht mit Superlativen. In Brünn fand eine „Riesenversammlung"[15] statt, aus Reichenberg las man von einer so „machtvollen Kundgebung", wie sie schon lang nicht mehr zu sehen gewesen sei.[16] Die angegebenen Teilnehmerzahlen schwollen immer weiter an. In Morchenstern waren es 6000 und in Gablonz mehr als 10000, in Trautenau gar 12000.[17] In Deutsch-Gabel kamen 7000 Menschen zur „gewaltigsten politischen Manifestation, die die tausendjährige Stadt Gabel je erlebt hat".[18] In Warnsdorf wollten 11000 bis 12000 Menschen Henlein hören („größte politische Veranstaltung, die man jemals in Warnsdorf erlebte"), in Nixdorf habe wohl ein Viertel der Einwohnerschaft in „einer dichtgedrängten Menschenmenge Kopf an Kopf" gestanden.[19]

Je näher der Wahltermin rückte, desto anziehender präsentierte sich die Heimatfront. Henleins Einzug in Trautenau sei ein „wahrer Triumph" gewesen und „die brausenden Heilrufe [...] wollten kein Ende nehmen". Die Rede erzeugte dann angeblich einen „Sturm der Begeisterung", auch als er versprach: „Ich werde weder Abgeordneter sein, noch Minister. Ich will der einfache Mann des Volkes bleiben."[20] Beschreibungen anderer Veranstaltungen Henleins zeichneten ein ebensolches Bild. Aus Niemes las man von „brausenden Heilrufen", die kein Ende nehmen wollten.[21] Jedenfalls in der medialen Darstellung, gegenüber den Lesern der *Reichenberger Zeitung*, erschien Henlein als uneingeschränkte Führerfigur seiner Partei.[22] Dieser Anspruch mündete dann in dem neuen Namen nach der erzwungenen Umbenennung der Heimatfront. Kandidieren sollte sie nun unter dem allumfassenden Namen Sudetendeutsche Partei, ausdrücklich

14 Ebenda, 26.4.1935.
15 Ebenda, 29.4.1935.
16 Ebenda, 6.5.1935.
17 Ebenda, 5.5.1935.
18 Ebenda, 7.5.1935.
19 Ebenda, 10.5.1935.
20 Ebenda, 5.5.1935.
21 Ebenda, 7.5.1935.
22 Dagegen spricht u.a. Joerg K. Hoensch von tatsächlicher Führungsschwäche. Vgl. ders., Der Kameradschaftsbund, in: Mühle, Mentalitäten, 2001, S. 128.

mit der Ergänzung „Vorsitzender Konrad Henlein".[23] Sie war die Henlein-Partei. Entgegen früherer Betonung der Staatsloyalität durch die Hissung der tschechoslowakischen Fahne, wie noch in Böhmisch Leipa 1934 zu erleben, las man nun: „unter lebhaftem Beifall der Besucher ging die Fahne der Partei am höchsten Maste der Tribüne empor".[24] Die Partei beanspruchte die Führung der Sudetendeutschen und ihre Fahne rückte daher auch unübersehbar ins Zentrum.

Inhalte waren in der Berichterstattung dagegen Nebensache. Von den vier Versammlungen in Grottau, Deutsch-Gabel, Friedland und Braunau hieß es zusammenfassend in Kürze: „Der Grundgedanke aller Reden war: Einigkeit!"[25] Dafür erfuhr man aus Warnsdorf, das Lied „Der gute Kamerad", welches den Opfertod im Krieg idealisiert, habe das Treffen abgeschlossen. Daneben wurde immer wieder „zur Treue und Gefolgschaft zu Konrad Henlein"[26] gemahnt. Kameradschaft und Gemeinschaft sollten eine enge Bindung zwischen Partei und Volk dokumentieren.[27]

Henleins Reichenberger Rede wurde im Blatt detailliert wiedergegeben. Es dokumentierte so das Versprechen, entschlossen und ungebeugt in den harten und entbehrungsreichen Kampf gegen alle Feinde zu treten: „Wenn man glaubt, unsere Idee in den Kerker sperren zu können oder mit Pistolenkugeln aus der Welt schaffen zu wollen, so irrt man. Denn unsere Idee ist lebendig, solange noch ein Kamerad in der Heimat lebt. Auf unserem Marsche, der durch Haß, Niedertracht und Verleumdung gehen mußte, begleitet uns eines, was stärker ist als alle Gegner. Das ist die Treue des Volkes. [...] Was wir vertreten, ist das Höchste, was es gibt, die Rechte unseres Volkes, den Lebensraum in unserer Heimat, der Arbeitsplatz für uns und unsere Kinder. [...] Kein Opfer ist uns groß genug, daß wir nicht zu leisten bereit sind, weil unser Kampf nicht uns gilt, sondern unseren Kindern und ihrer Zukunft. [...] Ich will nichts anderes sein als ein Anwalt Eurer Not, als der Garant dafür, daß wir nichts anderes tun, als den Willen des Volkes zum Ausdruck bringen. [...] Der Sieg muß so gewaltig werden, daß endlich eine neue Zeit anbrechen kann. Aus meiner engeren Heimat will ich nicht anders scheiden, als mit dem Wunsche: Gott möge unseren Weg und Sieg heiligen."[28] Dem Bekenntnis folgte einmal mehr „begeisterter Jubel", so der Zeitungsbericht. Im Zentrum stand die Pflege des Selbstbildes der Deutschen als Benachteiligte

23 Reichenberger Zeitung, 30.4.1935.
24 Ebenda, 15.5.1935.
25 Ebenda, 7.5.1935.
26 Ebenda, 30.4.1935.
27 Vgl. dazu grundsätzlich: Thomas Nier/Jana Reissen-Kosch, Volkes Stimme? Zur Sprache des Rechtspopulismus, Bonn 2019, S. 88, 90.
28 Reichenberger Zeitung, 6.5.1935.

in einem aufgezwungenen Existenzkampf, aber auch die Betonung der unüberwindbaren Kraft zur Änderung der herrschenden Verhältnisse. Zu finden seien die Feinde nicht allein unter den Tschechen, sondern vielfach unter jenen noch immer gegen die Sudetendeutsche Partei agitierenden Deutschen. Verbunden war dies wie schon in Böhmisch Leipa mit dem Gelöbnis, „den Willen des Volkes“ zum Ausdruck zu bringen. Das Heilsversprechen einer „neuen Zeit“ aber blieb unklar. Konkrete politische Ziele lieferten Rede und Artikel an keiner Stelle. Sie verbreiteten allein das Versprechen, die Sudetendeutschen aus dem Jammertal ihrer Gegenwart in eine leuchtendere Zukunft herauszuholen.

In Reichenberg sollten sich die weiteren Veranstaltungsredner noch radikaler als Henlein gebärden.[29] Der Ortsgruppenvorsitzende Weller mahnte: „Am 19. Mai wird sich entscheiden, ob weiterhin der Gedanke des Klassenhasses, des Ständedünkels und des Parteihaders unser Schicksal bestimmen oder ob von nun an unter der Führung Konrad Henleins der Gedanke einer sudetendeutschen Volksgemeinschaft unser Schicksal leiten soll. Wir werden den 19. Mai zu einem Tage des Volksentscheides machen.“ Der Gablonzer Kreisleiter Gustav Obrlik sprach gar vom Wahltag als „Volksgericht“.[30] Zugleich beschrieb der Artikel eine durchaus abwechslungsreich gestaltete Veranstaltung. Nach den Reden folgten Sprechchöre mit den Slogans der Partei. Zum Abschluss predigte Walter Brand gegen „das Gesindel, das weder Vaterland, noch Heimat, noch Volk kennt, [aber] den berufenen Mittler zwischen beiden Völkern spielen will. Die Tschechen sollen sich einmal überlegen, ob diese Menschen, die heute ihr eigenes Volk verraten, nächstens nicht auch den Staat verraten.“[31] Dieser Angriff dürfte einmal mehr den Parteien der Linken gegolten haben. Wer dagegen die Heimat schützen wolle, der müsse die Sudetendeutsche Partei unterstützen. Ob man nach solchen Tiraden von einer politischen Doppelgleisigkeit[32] zwischen vorsichtigen Äußerungen der Parteispitze und einer radikalen Basis in der Provinz sprechen kann, muss mit einem Fragezeichen versehen werden. Ihre aktive und gezielte Pressearbeit[33] trug auf jeden Fall bei solch einer unkritischen Pressebegleitung Früchte.

Außerhalb ihres deutsch besiedelten Kerngebiets präsentierte sich die Partei jedoch tatsächlich gemäßigter. Schon die Personalauswahl dokumentierte das. In

29 Auch Birgit Vierling sieht in den Ortsverbänden eine radikalere Positionierung als an der Spitze. Vgl. dies., Kommunikation als Mittel, S. 53.

30 Reichenberger Zeitung, 6. 5. 1935.

31 Ebenda, 6. 5. 1935.

32 Vgl. Ronald M. Smelser, Die Henleinpartei. Eine Deutung, in: Karl Bosl (Hrsg.), Die erste Tschechoslowakische Republik als multinationaler Parteienstaat, München u. a. 1979, S. 194f.

33 Vierling, Kommunikation als Mittel, S. 132.

Das Reichenberger Stadttheater wurde 1883 eingeweiht.
Wie sein abgebrannter Vorgängerbau etablierte es sich rasch als kulturelles Zentrum und beförderte den Ruf der Stadt als „Hauptstadt Nordböhmens".
Privatbesitz

Prag kandidierten die beiden bisherigen Politiker der Arbeits- und Wirtschaftsgemeinschaft Alfred Rosche und Gustav Peters. Ihre Vergangenheit versprach einen Vertrauensvorschuss. Jenseits des Kerngebiets waren die Versammlungen aber auch kleiner.

Während die *Reichenberger Zeitung* den Wahlkampf der Heimatfront wohlwollend begleitete, sich dabei jedoch auf die Dokumentation des auf Überwältigung abzielenden inszenierten Geschehens beschränkte und kaum einmal selbst kommentierend wirkte, ging das Blatt hart ins Gericht mit den Gegnern Henleins. So beklagte es am 19. April „Denunzierung, Verhöhnung, Beschimpfung einer gewissen Parteipresse". Auch als die Wiederzulassung der Deutschen Nationalpartei anstand, kritisierte am 20. April 1935 ein nicht weiter vorgestellter Franz Frankel „gewisse in der Regierung einflußreiche Faktoren, die vielleicht gar nicht tschechischer Volkszugehörigkeit sind". Ihr Ziel sei es, einen Keil ins nationale Lager zu schlagen, um die bereits „weit fortgeschrittene Einigung der völkisch eingestellten Sudetendeutschen zu stören".

Während hier der Verantwortliche für Aggressionen gegen die Heimatfront nicht namentlich benannt worden war, sollte sich das in den letzten Wochen vor dem Urnengang bei der Beschreibung von Gewaltszenen rund um Veranstaltungen der Sudetendeutschen Partei ändern. Weiterhin schienen die Täter stets aus dem linken Spektrum zu kommen. Dabei griff die *Reichenberger Zeitung* in ihren Meldungen ungeschminkt auf die Pressestelle der Henlein-Partei zurück. Ein typisches Beispiel hierfür erschien am 26. April unter dem Hinweis „Über den Verlauf der blutigen Schlägereien in Neusattl": „Fensterscheiben, Glastüren und Spiegelscheiben wurden durch Steinwürfe zertrümmert. Die Angreifer begannen mit Stöcken, Eisenstangen und in Tücher eingebundenen Steinen auf die SHF-Ordner einzuschlagen. Unter den Verletzten befindet sich der SHF-Mann Winter, der eine schwere Milzverletzung davontrug und sofort einer Operation unterzogen werden mußte." Schon am 29. April las man von einem massiven, Leben gefährdenden Anschlag, „offenbar von Marxisten", auf das Fahrzeug Konrad Henleins. Am 4. Mai war zu erfahren, johlende und pfeifende Sozialdemokraten hätten in Tuschkau bei Mies Autos attackiert. In Brüx wäre es nach antifaschistischen Rufen zu einer „kleineren Schlägerei" gekommen,[34] in Krummau hätten Kommunisten in einen Saal Steine geworfen und so Verletzungen herbeigeführt.[35] Von Ausschreitungen las man ebenfalls aus Oberleutensdorf.[36] In Haslau wollten „Marxisten" den Veranstaltungssaal des Brauhauses stürmen und mit Steinen und Schlagringen das Treffen auflösen. Nachdem ein Opfer „bewußtlos vom Platze getragen" werden musste, „begleiteten Ordner die nach Hause zurückkehrenden Versammlungsteilnehmer vielfach bis in die nächsten Ortschaften."[37] Ein Bürgerkrieg schien zu drohen, und als Angreifer erschienen stets Kommunisten und Sozialdemokraten.

Aber nicht nur Angriffe der politischen Gegner, sondern auch Nachteile durch die Behörden schienen den Wahlkampf zu behindern. So habe man im Unterschied zur Linken unter Verboten von Maiveranstaltungen gelitten. Damit sei von der Staatsgewalt gegen den Gleichheitsgrundsatz der Verfassung und gegen die Prinzipien der Sicherheitspolizei verstoßen worden, habe man doch, so nochmals Franz Frankel, nur „sein gutes Recht" ausüben wollen.[38] Auch einen Rundfunkauftritt zur Ausräumung von „Mißverständnissen zwischen deutscher

34 Reichenberger Zeitung, 14.5.1935.
35 Ebenda, 14.5.1935
36 Ebenda, 14.5.1935.
37 Ebenda, 16.5.1935.
38 Ebenda, 3.5.1935.

und nichtdeutscher Seite" bekam Henlein nicht gestattet.[39] Schließlich hätten Mitglieder der zentralen Wahlkommission, letztlich erfolglos, „die verschiedensten Argumente" vorgebracht, um der Partei im letzten Moment vor der Wahl „neue Schwierigkeiten" zu bereiten.[40] Das Scheitern dieses Verbotsversuchs wurde als Niederlage der politischen Linken empfunden.[41]

Am 17. Mai folgte ein finaler Bericht, der den Eindruck des Schikanierens der Partei vermittelte. Als „Neuerung der Zensurpraxis" seien der Redaktion der parteieigenen *Rundschau* nach einem Verbot selbst auf mehrfache Nachfrage nicht die beanstandeten Textstellen angegeben worden. Stattdessen habe man die gesamte Ausgabe, „also vom Kopf bis zum letzten Inserat" eingezogen. „Die Redaktion der ‚Rundschau' machte hierauf eine zweite Auflage fertig, die auf ihrer ersten Seite die Nachricht von der Beschlagnahme brachte. Die übrigen sieben Seiten waren mit Inseraten gefüllt. Auch diese zweite Auflage wurde beschlagnahmt. [...] Hierauf versuchte es die Redaktion mit einer einseitigen, von der Normalausgabe völlig unabhängigen Sonderausgabe. Auch auf ihr war lediglich mitgeteilt, daß die ‚Rundschau' beschlagnahmt worden sei. Diese Sonderausgabe wurde neuerlich beschlagnahmt." Übrigens vermerkte die *Reichenberger Zeitung* eine gleichzeitige Einziehung der *Národní listy* nur als kleine Randbemerkung.[42]

Den Reichenberger Wahlkampfabschluss betitelte die Zeitung als Rudolf Sandners „letzten Appell". Darin warnte dieser vor der Suche der Tschechen und Slowaken nach „immer neuem Arbeitsraum [...] immer dort, wo der Widerstand am kleinsten ist, bei den Sudetendeutschen".[43] Noch einmal hatte die *Reichenberger Zeitung* das Opfernarrativ der Heimatfront kritiklos dokumentiert.

Bund der Landwirte

Der Bund der Landwirte[44] stellte traditionell die stimmenstärkste bürgerliche sudetendeutsche Partei. Zugleich war er seit 1926 und somit länger als jede andere politische Gruppierung einer nationalen Minderheit Teil der Prager Regierungskoalition. Diese herausgehobene Position galt es 1935 zu verteidigen. Prägend

39 Ebenda, 7.5.1935.
40 Ebenda, 7.5.1935.
41 Vgl. Suppan, Hitler, S. 467.
42 Reichenberger Zeitung, 17.5.1935.
43 Ebenda, 17.5.1935.
44 Vgl. einführend: Norbert Linz, Der Bund der Landwirte in der Ersten Tschechoslowakischen Republik. Struktur und Politik einer deutschen Partei in der Aufbauphase, München/Wien 1982; Graf, Geschichte des Bundes.

in ihrer Wahlkampfberichterstattung war aber die Frage einer engen Zusammenarbeit mit der Heimatfront. Ein Befürworter war Gustav Hacker, Führer des Jugendverbands. Zu lesen war das beispielsweise am 11. Februar 1935. In der „furchtbaren Lage" der Sudetendeutschen forderte er in Aussig einen „starken Block der Mitte". Möglich sei der, da „inzwischen das gesamte sudetendeutsche Volk zum Aktivismus gefunden" habe. Eine Einheitspartei, nach Hacker eine „Totalitätspartei", lehnte er zwar ab,[45] zugleich erwüchsen von einem Bruch jedoch niemandem Vorteile.[46]

In den Verhandlungen zwischen Landwirtepartei und Heimatfront fehlte jedoch offensichtlich gegenseitiges Vertrauen.[47] In den Zeitungsartikeln über das ständige Hin und Her zwischen beiden Seiten standen mehr die Unterschiede als die Gemeinsamkeiten im Mittelpunkt. Darüber hinaus drohten die etablierten Agrarier in die Juniorrolle abgedrängt zu werden. Für die Leser dürfte kaum der Eindruck gewachsen sein, es erstehe ein tragfähiges Fundament für eine Zusammenarbeit im Interesse der Wähler. So erfuhr man denn auch am 22. Februar 1935 von einer „entschiedenen Zurückweisung" der am Tag zuvor vorgestellten Heimatfront-Pläne einer „dauernden Zusammenfassung aller aufbauwilligen Kräfte". Es ging so weiter. Am 24. Februar veröffentlichte die *Reichenberger Zeitung* eine Polemik der Pressestelle der Heimatfront gegen die *Deutsche Landpost* des Bundes der Landwirte: Es sei „aktenmäßig festgehalten, daß Totalität als politische Organisationsgrundlage nicht von der SHF, sondern vom Bund der Landwirte in Anspruch genommen wurde, und zwar durch den immer wieder wiederholten Grundsatz, daß das Dorf dem Bund der Landwirte gehöre, und daß alle Angehörigen des Landstandes, dementsprechend alle, die auf dem Lande und vom Lande leben, aus der SHF auszuschließen und in den BdL zu überführen seien."

Im März folgten Berichte über Initiativen der Parteibasis zum Zusammenschluss mit der Heimatfront. Beispielsweise las man am 12. März von einer Kreistagung in Tuschkau bei Pilsen. Darin erhielt der Antrag Anton Pfrogners, seine Heimatfront-Mitgliedschaft blieb ungenannt, nach Zusammenarbeit „unter gemeinsamer Führung" auf regionaler Ebene eine Mehrheit, „wobei beide Organisationen zwar einstweilen ihre politische Selbständigkeit behalten, dafür aber nach den Wahlen zu einem von beiden Parteileitungen zu bestimmenden Zeitpunkte die Verschmelzung der beiden Gruppen auf Grund eines gemeinsamen Programmes und eines einheitlichen Organisationsstatutes bei vollkommen

45 Reichenberger Zeitung, 11.2.1935.

46 Ebenda, 18.3.1935.

47 Vgl. Eschenbächer, Zwischen Schutzbedürftigkeit, S. 328–343.

autonomer Gliederung des Sudetendeutschen Landstandes zu erfolgen hätte". Es wirkte so, als sei die Parteispitze von diesem Schritt unerwartet getroffen worden und verliere die Kontrolle über ihre Mitglieder. Jedenfalls zitierte die *Reichenberger Zeitung* die *Deutsche Landpost*, ihr sei noch kein amtlicher Bericht darüber zugekommen. Dagegen lobte die Pressestelle der Heimatfront den „mutigen Schritt".[48]

Bei der Zeitungslektüre drängte sich so auch der Eindruck einer tiefgreifenden internen Kontroverse über die zukünftige Rolle des Bunds der Landwirte auf. Forderte der Kreis Böhmerwald-Süd eine „dauernde Zusammenarbeit mit der SHF",[49] las man nur einen Tag später vom Kreisverband Reichenberg von der Forderung nach „Neubelebung" und „Wiedergeburt" der Partei.[50] Eine offensichtlich verbreitete Meinung formulierte die Ortsgruppe Langugest: „Nicht ‚Spina oder Henlein', sondern ‚Spina und Henlein'" sei das Ziel.[51] Dem stand das Selbstbewusstsein der Heimatfront gegenüber. So zitierte die *Reichenberger Zeitung* am 14. März aus deren *Pressebriefen*: „Was zur Diskussion steht, ist die Frage, wer – um bäuerlich zu sprechen – den Erbhof des Bundes der Landwirte bewirtschaften soll: Der alte oder der junge Hofbesitzer. Innerhalb des Bundes der Landwirte spielt sich heute derselbe schmerzliche Vorgang ab, den jeder einzelne Bauerngrund schon hundertmal erlebt und hundertmal überstanden hat: Das Ringen der Alten mit den Jungen." Selbst wenn Gustav Hacker vielbeklatscht von den „beiden Säulen des Volkstums" sprach, die zueinander zu finden hätten, sah er den „Großteil der sudetendeutschen Jugend" bereits bei der Konkurrenz.[52] Der Abgeordnete Toni Köhler hob dann auch bei einem Bezirkstreffen in Brüx hervor, der Bund der Landwirte habe in der Regierung die Weiterexistenz der Heimatfront gestützt, immerhin könne „nicht gleichgültig sein, ob man hier 300 000 bis 500 000 Menschen ohne politische Führung läßt". Köhler wandte sich jedoch zugleich gegen eine Fusion.[53] Als man dann am 18. März im Abdruck einer Meldung der *Lidové noviny* las, die tschechischen Agrarier drängten ihre deutschen Partner auf die Kooperation und man habe auch schon die zukünftigen Mandate verteilt (13 wie bisher für die Landwirte, zwei für die Gewerbepartei, 15 für die Heimatfront; mögliche weitere Mandate müssten nachverhandelt werden), wirkte das wie eben die Schiebereien, die die Heimatfront zu beenden versprach.

48 Reichenberger Zeitung, 12. 3. 1935.
49 Ebenda, 19. 3. 1935.
50 Ebenda, 20. 3. 1935.
51 Ebenda, 10. 4. 1935.
52 Ebenda, 21. 3. 1935.
53 Ebenda, 1. 4. 1935.

Jenseits dieser Strategiediskussionen drangen inhaltliche Fragen kaum durch. Dies galt selbst für die Reden von Minister Franz Spina. In früheren Jahren hatte man ihm Raum geboten, die Erhaltung der Demokratie als „absolute Notwendigkeit" und „Unerläßlichkeit"[54] zu begründen, doch von der Strategie der aktiven Gestaltung in der Regierungsverantwortung – „Wir haben den Weg der Besserung durch Mitarbeit betreten"[55] – war kaum noch die Rede. Am 24. März druckte die *Reichenberger Zeitung* immerhin noch Spinas mahnende Worte aus der *Landpost* ab: „Wenn wir den Wahlkampf unter der Parole ‚Anhänger oder Gegner der Volksgemeinschaft' führen, dann teilen wir die Volksgenossen in bessere und schlechtere Deutsche." Selbst wenn da die Heimatfront ungenannt blieb, musste dem Leser die Stoßrichtung dieser aber letztlich kraftlosen Worte klar sein.

Direkt mischte sich die *Reichenberger Zeitung* in den Zwist mit dem Abdruck der „Gedanken über die sudetendeutsche Politik" von Walter Hergl am 27. März ein. Mit diesen wurde weitgehend die Position der Heimatfront verbreitet, wobei das Blatt den bisherigen Rosche-Anhänger Hergl nicht vorstellte, wohl aber ob dessen Bekanntheit in Reichenberg auch nicht musste. Als „Realdenkender" betonte dieser, viele Sudetendeutsche seien „von einem fast elementaren Glauben erfüllt, daß auch bei uns eine Sammlung mindestens eben aller national eingestellten Kräfte" gelingen müsste. Auch wenn dieser „nur ein freiwilliger sein" könne, habe immerhin die „SHF ihre Aufgabe sehr gut verstanden, so daß sie sehr wohl als erfolgreiche Trägerin einer nationalen Einheitsfront in Betracht kommt." Aus diesem Befund schloss Hergl auf den Anspruch einer Vertretung der Sudetendeutschen durch die Heimatfront. „Alle anderen grundsätzlich national eingestellten Gruppen und Grüppchen" verlören damit die Berechtigung für ein „Sonderdasein" und hätten die „Verpflichtung zur Ein- bzw. Angliederung". Dieser weiterverbreitete Aufruf gipfelte in einem sowohl revolutionären Wandel ausdrückenden, als auch militärsprachlich formulierten Gebot: „Wir Sudetendeutschen stehen also in heutiger Zeit vor einer Art Durchbruchsschlacht."

In der Wahlprognose vom 8. April wurden dem Bund der Landwirte Verluste vorhergesagt. Die „Absplitterungen" könnten nicht kompensiert werden. Die Basis bröckelte jedenfalls unübersehbar. Am 4. April erfuhr man von der Gründung einer Sudetendeutschen Bauernschaft der Heimatfront. Angesprochen würde auch eine „BdL-Opposition".[56] Am 18. April folgte ein Bericht vom kompletten Übertritt der Ortsgruppe Stirbitz bei Bilin, bereits einen Tag zuvor

54 Ebenda, 21.6.1932, 31.10.1933.

55 Ebenda, 20.12.1932.

56 Ebenda, 4.4.1935.

von der Selbstauflösung der Ortsgruppe in Prichowitz, wo den Mitgliedern ein Eintritt in die Heimatfront empfohlen wurde. Am 30. April beschrieb ein Artikel den geschlossenen Übertritt der bereits angesprochenen Ortsgruppe Langugest, der, so die Zeitung ergänzend, zahlenstärksten im Biliner Bezirk. Bereits am 7. April war der Bericht über den Übertritt des Abgeordneten Franz Hodina zur Heimatfront hinzugekommen. Mochte es sich beim Blick auf das gesamte Land nur um Einzelbeispiele handeln, so zeugten die wiederholten Meldungen doch von einer zunehmend prekären Lage der Partei. Die Ortsgruppe Landskron hingegen „verurteilte das Vorgehen einiger ehrgeiziger und selbstsüchtiger Beamter", die „in entscheidender und schwerer Stunde" dem Bund und Franz Spina in den Rücken fielen.[57]

Laut Berichterstattung schienen die Initiativen zu einer Zusammenarbeit stets von der Heimatfront zu kommen, während sich die Führung der Landwirtepartei mit ihrer ablehnenden oder zumindest abwartenden Haltung von der eigenen Basis entfernte. Nach dem finalen Scheitern der Verhandlungen drang die ja immerhin Regierungspartei ab etwa Mitte April immer seltener in der Berichterstattung durch. Auch ihre Veranstaltungen wurden nur knapp annotiert. Immerhin vermochte Spina per Rundfunk am 3. Mai, die „im Laufe der letzten Jahre zugunsten der Landwirtschaft durchgeführten gesetzlichen Maßnahmen" darzulegen.[58]

Deutsche Christlichsoziale Volkspartei

Eine weitere traditionelle Partei, die katholische Christlichsoziale Volkspartei,[59] präsentierte sich in der Wahlkampagne auffallend nationalistisch. Hatten dies bereits die in das Kapitel einführenden Worte Hilgenreiners angedeutet, so rechtfertigte er seine bisherige Politik nach einem Artikel vom 15. März 1935, im Parlament hätten sie „während der abgelaufenen Wahlzeit in jeder, besonders in nationaler Hinsicht, ihre Pflicht gegenüber ihrem Volke und seiner Ehre voll und ganz ausgefüllt". Zwar wollte die Partei allein in den Urnengang gehen, warb aber für die Zeit danach für eine „Einheitsfront der Deutschen". Nur diese sei „zur Durchsetzung ihrer verfassungsmäßigen Gleichberechtigung im Staat" in der Lage. Gleichzeitig warf jedoch der frühere Minister Robert Mayr-Harting

57 Ebenda, 9.4.1935.

58 Ebenda, 4.5.1935.

59 Vgl. einführend: Jaroslav Šebek, Zwischen Kreuz und Nation. Das politische Umfeld des sudetendeutschen Katholizismus in der zwischenkriegszeitlichen Tschechoslowakei, Berlin u.a. 2010.

der Heimatfront „voreiligen Totalitarismusanspruch“[60] vor. Gegenüber deren Entwicklung versprachen die Christlichsozialen die Rolle des „zurückhaltenden Beobachters“. Man stünde aber bei einem Scheitern der Henlein-Partei als Sammlungspartei bereit. Entsprechend verlangte Hilgenreiner nach einem Bericht vom 30. März, dieses „gute Recht“ der Gleichberechtigung, „das man uns schon mehr als fünfzehn Jahre vorenthält“, werde man „mit allen gesetzlichen Mitteln erzwingen“. In nationaler Zuverlässigkeit sollte in der öffentlichen Wahrnehmung niemand die Christlichsozialen übertrumpfen.[61] Als Hilgenreiner allerdings hinzufügte, „nie mehr bedingungslos in eine Regierungsmehrheit“ einzutreten, erinnerte der Berichterstatter, dass die Christlichsozialen genau dies 1926 gemacht hatten. Einer der seltenen Kommentare der *Reichenberger Zeitung* stellte die Glaubwürdigkeit der Partei infrage.

Für Hilgenreiner zeigte sich das Land aber seit der eigenen Regierungszeit tatsächlich in einem verschlechterten Zustand. So legte er zwei Wochen vor der Wahl nach, es sei „geradezu grotesk, daß wir Deutschen die Verfassung verfechten müssen, die von Tschechen beschlossen wurde, und damit dem Staate seine Grundlage sichern“.[62] Gemeint war offenbar, der Artikel selbst beschäftigte sich nicht näher mit diesem Vorwurf, ein möglicher Sieg der tschechischen Nationalen Front. Doch trotz solcher Bedrohungsszenarien und trotz der Hinweise, Hilgenreiners Ausführungen seien „oftmals von tosendem Beifall unterbrochen“ worden,[63] vermochten die Christlichsozialen nicht aus dem Schatten der Heimatfront herauszutreten. So erfuhren die Zeitungsleser aus dem Wahlaufruf lediglich von der Forderung nach der „politischen Gleichberechtigung, die uns im Friedensvertrage und in der Verfassung zugesichert wurde“ sowie vom Vorwurf an die deutschen Regierungsparteien, ihnen seien „die Standesgenossen eines anderen Volkes näher gestanden, als ihre deutschen Volksgenossen, ihre Klassenforderungen höher als unsere nationalen Lebensinteressen“.[64]

Deutsche Gewerbepartei

Die Deutsche Gewerbepartei gehörte neben der Arbeits-und Wirtschaftsgemeinschaft zu den kleineren deutschen Parteien, die gerade bei der Anziehungskraft der Heimatfront auf ihre Wählerschaft um die eigene Existenz fürchten mussten. Ihren Kampf erschwerte die Fokussierung der Medien auf die größeren

60 Reichenberger Zeitung, 20.2.1935.

61 Vgl. Vierling, Kommunikation als Mittel, S. 121 f.

62 Reichenberger Zeitung, 4.5.1935.

63 Ebenda, 6.5.1935.

64 Ebenda, 28.4.1935.

Konkurrenten. Programmatische Forderungen und Zeichen eines Parteilebens finden sich so kaum in der *Reichenberger Zeitung*. Im Fokus stand nahezu allein das drohende Aufgehen in der Heimatfront. Typisch hierfür war eine bereits im September 1934 erlebte „lebhafte Auseinandersetzung" bei einer Rede Alois Stenzls. Der Vorsitzende hatte über die stockenden Verhandlungen geklagt, „mündliche Abmachungen wurden nachher als ‚Mißverständnisse' erklärt und Angebote gemacht, die nicht diskutabel waren". Darauf hätte ihm ein Franz May aus Niedergrund das Recht abgesprochen, überhaupt für die Gewerbetreibenden zu sprechen, da diese bereits zu achtzig Prozent bei der Heimatfront zu finden seien. Darauf habe ein „Krawall" gefolgt.[65]

Passend las man schon am 11. April 1935 vom Zerfall der Partei. Am Folgetag erfuhr man von Verhandlungen Alfred Rosches über die Aufnahme ausgewählter Kaufleute, bevorzugte Zielgruppe der Gewerbepartei, auf die Liste der Heimatfront. Hierzu passte eine angebliche Mitteilung auf einer Versammlung im Wahlkreis Laun. Darin hieß es, nach Gesprächen mit der Heimatfront solle die Gewerbepartei nur zum Erhalt der Kommunalmandate über den Wahltermin hinaus erhalten bleiben, bevor dann gemeinsam mit lokalen Urnengängen „die restliche Verschmelzung" folgen würde.[66] Dieses Bild einer künstlich beatmeten Parteileiche zerplatzte aber schon bald. Der 20. April brachte die Meldung vom Scheitern der Verhandlungen. Gestaltungskraft bewies die Gewerbepartei aber zumindest für die aufmerksamen Zeitungsleser nicht mehr. So erfuhren diese am 26. April, die Ortsgruppe Morchenstern habe sich selbst aufgelöst, um die „Einigungsbestrebungen im deutschen Volke nicht zu beeinträchtigen".[67] Die Kandidatur letztlich auf einer Liste des Sudetendeutschen Wahlblocks mit ungarischen Parteien blieb erfolglos.

Deutsche Arbeits- und Wirtschaftsgemeinschaft

Die Arbeits- und Wirtschaftsgemeinschaft mit dem Reichenberger Bürgermeister Carl Kostka war eine Allianz der liberalen Deutschdemokratischen Freiheitspartei mit der Gruppe Rosche. Letztere ging Anfang April 1935 in der Sudetendeutschen Heimatfront auf. Das war ein harter Schlag, sollte aber nicht der einzige bleiben. Zugleich bedrohte die gegen Kleinparteien gerichtete Einführung eines Mindeststimmenquorums den Parlamentseinzug.[68] Erschwerend wirkte im

65 Ebenda, 4. 9. 1934.
66 Ebenda, 16. 4. 1935.
67 Ebenda, 28. 4. 1935.
68 Ebenda, 21. 2. 1935.

Wahlkampf schließlich noch ihr für die traditionellen Parteien typisch unattraktives Erscheinungsbild, weit entfernt von modernen Werbeformen. Über eine Sitzung der Reichenberger Ortsgruppe hieß es am 26. Februar 1935: „Ein Schreiben der Hauptleitung bezüglich der Vorbereitungen für die Wahlen verlas der Schriftführer Dr. Peres, der auch die Verhandlungsschrift der letzten Hauptversammlung zur Kenntnis brachte, die genehmigt wurde. Die Vorsitzende Frau Biener erinnerte sodann an die verstorbenen Mitglieder." Danach referierte Bürgermeister Carl Kostka über die „Verwirklichung der Volksgemeinschaft", welche er mit den Forderungen nach „Sicherung des deutschen Arbeitsplatzes", „quotenmäßigem Anspruch" auf Stellen im Staatsdienst, Berücksichtigung bei Staatsaufträgen und „Kulturautonomie" zusammenfasste. Schließlich diskutierte man in dieser offensichtlich wenig anregenden Veranstaltung auch noch über den „bargeldlosen Geldverkehr".[69] Immerhin hatte Kostka inhaltliche Vorstellungen formuliert.

Erst am 15. März sollte man wieder von der Partei lesen, immerhin ja die größte in der Reichenberger Stadtverordnetenversammlung. Die abgedruckte Pressemitteilung schloss sich mit der Begründung, der „unpolitische Sudetendeutsche möchte am liebsten eine deutsche Einheitsliste sehen, die ihm die Möglichkeit gibt, sich vor allem als Deutscher zu bekennen", dem Gedanken einer gemeinsamen Kandidatur aller deutschen Parteien an. Nachdem aber die Sozialdemokraten dieses Ziel von Anfang an bekämpft hätten, bliebe nur ein Bürgerblock als „gegebene Notwendigkeit". Während darin die Heimatfront „ihre jungen, begeisterten Kräfte, zahlenmäßig stark" beisteuern könnten, brächten die „drei alterfahrenen Parteien" Bund der Landwirte, Arbeits- und Wirtschaftsgemeinschaft und Gewerbepartei zwar „weniger Stimmen", dafür aber ein bei den Tschechen „mühsam erworbenes Vertrauen", Erfahrung und „parlamentarische Kenntnisse" in eine solche Allianz ein. Es fiel auf, dass die Christlichsozialen trotz der Forderung nach einem Bürgerblock keine Erwähnung fanden.

Nach dem Übertritt der Gruppe Rosche zur Heimatfront dementierte für die Deutschdemokraten ihr Abgeordneter Franz Bacher aufkommende Gerüchte über eine Auflösung. „Das Wirken einer freiheitlich gesinnten deutschbürgerlichen Partei" sei gerade jetzt von „Lebensinteresse". Bacher bekannte sich auch weiterhin zum Kampf gegen „Rassen-, Klassen- und Religionshaß".[70] Neben dieser Hervorhebung der eigenen Werte klang die Erklärung aber dann doch eher nach einem Abgesang: „Wir haben uns bemüht, eine aufrichtige, ehrliche, gradlinige Politik zu machen und an der Einigkeit des sudetendeutschen Volkes

69 Ebenda, 26.2.1935.
70 Ebenda, 5.4.1935.

zu arbeiten. [...] Unsere Sendung gebietet uns, treu bei unseren Fahnen auszuhalten, komme was kommen mag!“[71] Diese Erklärung blieb für den gesamten Wahlkampf die umfassendste Berichterstattung über die Liberalen. Tatsächlich prognostizierte die *Reichenberger Zeitung* nur zwei Tage später, die verbliebene Arbeits- und Wirtschaftsgemeinschaft werde bei den Wahlen „gänzlich verschwinden“, sich höchstens mit Kandidaten auf der Liste der Heimatfront ins nächste Abgeordnetenhaus retten.[72] Anfang Mai sollte sich die Partei zur Überwindung des Stimmenquorums am Sudetendeutschen Wahlblock beteiligen, der aber, so las man, „die einzelnen Parteien in keiner Weise bindet“.[73]

Im Wahlkampf blieb ihr Versprechen, „Demokratie und freiheitliche Gesinnung“ mit der „Ausgleichung der Gegensätze“ zu vereinen, die „Befreiung der Wirtschaft von allen staatlichen Beschränkungen“ und die „Grundrechte der freien wirtschaftlichen Betätigung“[74] zu sichern. Vorgestellt wurden diese von Carl Kostka „im Schmeykal-Saale des ‚Deutschen Hauses‘“ in Prag. Mit dieser stark auf wirtschaftliche Interessen beschränkten, wenig mitreißenden Sprache erreichte man jedoch höchstens die zahlenmäßig winzige eigene Klientel. Dazu verhallten die Worte in einem geschlossenen Raum. Immerhin bedeutete der Artikel in einem auflagestarken Blatt wie der *Reichenberger Zeitung* eine gewisse öffentliche Wahrnehmung.

In der Woche vor der Wahl sprach dann nochmals Carl Kostka in verschiedenen deutschen Gemeinden. Optimismus konnte er aber zumindest nach dem abgedruckten Redeausschnitt nicht verbreiten: „Wir wissen genau, wieviel Unwissenheit, Undankbarkeit und immer von neuem entfachter Haß und Unfriede sich hinter dem Rasse- und Nationaldünkel verbergen“. Da dürfe „Demokratie nicht zum nichtssagenden Schlagwort“ verkommen.[75] Es klang nach einem Schlussakkord auf seine Parlamentspartei.

Allgemeines zum Urnengang

Neben der Berichterstattung zum Wahlkampf informierten die Artikel der *Reichenberger Zeitung* auch über Rahmenbedingungen und Formales der Wahl. Zunächst interessierte der lange strittige Wahltermin. Schien sich bis in den Februar hinein ein Urnengang im Herbst herauszukristallisieren,[76] spekulierte

71 Ebenda, 6.4.1935.
72 Ebenda, 8.4.1935.
73 Ebenda, 3.5.1935.
74 Ebenda, 11.5.1935.
75 Ebenda, 17.5.1935.
76 Ebenda, 7.2.1935, 11.2.1935.

man am 18. Februar bereits über Wahlen im Frühjahr. Vom Wahltermin 19. Mai, festgehalten um den Wahlkampf kurz zu halten, las man dann erst am 30. März.

Von großer Bedeutung bei der Vielzahl der deutschen Parteien war die Frage eines Zugangsquorums ins Abgeordnetenhaus, welches einer Parteienzersplitterung vorbeugen sollte. Am 21. Februar schien eine Schwelle von „mindestens 120 000 Stimmen" zu gelten. Am 29. März präzisierte die *Reichenberger Zeitung* diese Ziffer auf 125 000 (sowie 200 000 in den Senat), wobei das Quorum für polnische und jüdische Kandidaturen bei 60 000 Stimmen liegen solle. Überlegungen einer Schwelle von 80 000 bei deutschen Listen wären dagegen verworfen worden. Am 16. April stand die Zahl dann fest: 120 000 Stimmen insgesamt und davon mindestens 20 000 Voten in einem Wahlkreis waren gefordert. Da für eine jüdische Liste nun auch keine Ausnahme gemacht wurde, und sie 1929 auf 104 539 Stimmen gekommen war, kandidierte der Abgeordnete Angelo Goldstein auf der Liste der tschechoslowakischen Sozialdemokratie.[77] Ohne Erfolg blieb dagegen eine Petition „im Namen vieler Tausender von Frauen", welche die stärkere Berücksichtigung von Frauen auf den Listen forderte. Bisher stellten sie elf der 300 Abgeordneten sowie sieben von 150 Senatoren.[78]

Über eine interessante Neuerung wurde am 26. März berichtet: Die Reihenfolge der Listen auf den Wahlzetteln werde nicht mehr ausgelost, sondern folge dem Ergebnis der Wahl von 1929. Für die erstmals antretende Heimatfront bedeutete das automatisch einen hinteren Platz auf den Wahlzetteln.

Am 13. Mai, zu Auftakt der finalen Wahlkampfwoche, folgte eine Zusammenstellung über das bevorstehende Ereignis, entnommen der *Právo lidu*: „Die Wahlkundmachungen, die die Gemeinden zu veröffentlichen haben, werden in 400 000 Exemplaren gedruckt. Da ein Wahllokal für höchstens 1000 Wähler bestimmt ist, sind in der ganzen Republik mindestens 50 000 Wahllokale mit ebenso vielen Wahlkommissionen notwendig. Die Wähler erhalten insgesamt rund sechs Millionen Wahllegitimationen. [...] In den 22 Wahlkreisen, in denen die 300 Abgeordneten gewählt werden, haben 16 Parteien Kandidatenlisten mit 3600 Kandidaten eingebracht, in den 12 Senats-Wahlkreisen kandidieren 15 Parteien mit 2500 Kandidaten, von denen 150 gewählt werden. [...] Die Bezirksvertretungswahlen finden in 296 Wahlbezirken statt, die Landeswahlen in 4 Wahlbezirken [...] Die Kosten der Kandidatenlisten, für die etwa 150 Waggons Papier gebraucht werden, betragen ungefähr 10 Millionen K[ronen]."

77 Ebenda, 16. 4. 1935.
78 Ebenda, 10. 4. 1935.

Allein in Reichenberg lebten etwa 27 000 Wahlberechtigte für das Abgeordnetenhaus. Für die 15 677 Frauen und 11 778 Männer[79] galt wie für alle Wahlberechtigten Wahlpflicht. Das Ergebnis der Abstimmung sollte im Rundfunk verbreitet werden. Eine Ankündigung vom 16. Mai für den Wahlabend: „Um 19.00 Uhr erfolgt die erste tschechische, um 19.10 Uhr die erste deutsche Nachricht vom Wahlergebnis. [...] Um 22.20 Uhr erfolgt ein deutscher Wahlbericht. Ab dieser Zeit werden bis 2 Uhr früh Wahlergebnisse in kurzen Relationen von je fünf Minuten gegeben."

Wahltag

„Wahltag" – knapp überschrieb die *Reichenberger Zeitung* am Wahlsonntag ihr Resümee des Wahlkampfs. Dieses Fazit fiel dunkel aus: „was uns die letzten Wochen an beschämenden Episoden brachte, an unsachlichen, leidenschaftlichen, persönlichen Verunglimpfungen und Beschimpfungen auch im deutschen Lager, hat doch wohl mit dem ‚Kampf der Meinungen', um den es angeblich ging, herzlich wenig zu tun. [...] Wir Deutschen sind in diesem Staate eine machtlose Minderheit, machtlos, weil wir zerrissen sind in zahlreiche sich bis auf das Messer bekämpfende Parteien. [...] Der Wahlkampf im deutschen Lager war geradezu ein Hohn auf die Sehnsucht weitester Kreise unseres Volkes, und es geht heute wie ein Aufatmen durch Stadt und Land, daß dieser unschöne Hexensabbat mit dem heutigen Tage einen Abschluß findet. [...] Auf jede Stimme kommt es an, wenn sie für eine der deutschbewußten Parteien abgegeben wurde, von denen wir hoffen, daß sie ihre gewählten Vertreter nach der Wahl zu jener Einheitsfront zusammenschließen, die vor der Wahl zu erzielen leider nicht möglich war."[80]

Ein weiterer Bericht belegte die gespannte, einen Sieg der Henlein-Partei erwartende Atmosphäre: „Auch in Reichenberg erreichte die Wahlwerbung Samstag nachmittags ihren Höhepunkt. Wenn auch besonders die marxistischen Parteien hie und da Zettel ausgestreut und Plakate übermalt hatten, so wog doch die Wahlwerbung der ‚Sudetendeutschen Partei' bei weitem vor. Die SHF hatte seit einiger Zeit Abzeichen in roter Farbe mit einer weißen 12 verkauft und durch ‚Heil!-Rufe' grüßten die vielen Träger dieser Abzeichen einander. An vielen Fenstern sah man Wahlaufrufe, am meisten jedoch die Plakate mit dem Kopfe Henleins und das blaue mit der roten 12. [...] Einer von Mund zu Mund durchgegebenen Weisung der Ortsleitung Reichenberg folgend, beleuchteten um ½ 9 Uhr abends die Anhänger der Sudetendeutschen Partei die Fenster ihrer

79 Ebenda, 17. 5. 1935.
80 Ebenda, 19. 5. 1935.

Wohnung mit Kerzen, durch welche die in verschiedenen Farben gehaltenen, an die Scheiben geklebten Zettel mit der Ziffer 12 oder die Bildnisse Konrad Henleins erleuchtet wurden. Auf dem Masaryk-Platze erregte ein Sprechchor, der die Worte ‚Heil 12' rief, Aufmerksamkeit; auf diesem Platze war auch in einem besonders festlich geschmückten Fenster ein Bild Henleins, eingerahmt von Kränzen und Blumen, ausgestellt und erleuchtet."[81]

Begleitet wurde diese Zeilen von einer Meldung über einen „deutschfeindlichen Zwischenfall" vom Vorwahltag aus Tannwald, der die gespannte Stimmung greifbar machte: „Das Auto der ‚Reichenberger Zeitung', welches das Abendblatt zu den Verschleißern des Isergebirges bringt, wurde auf Tannwalder Grunde in seiner Fahrt nach Tiefenbach von zahlreichen Tschechen, welche mit Musik aus Swarow in Tannwald einmarschiert waren, umringt und aufgehalten. Auf den Stoßstangen des Lieferwagens standen bald tschechische Männer, die gegenüber dem Wagenlenker eine äußerst bedrohliche Haltung einnahmen. Der Leserwagen der ‚Reichenberger Zeitung' konnte sich schließlich langsam wieder in Gang setzen; er war mit zahlreichen tschechischen Wahlzetteln beklebt worden."

„Ein überwältigendes Bekenntnis zur Volksgemeinschaft" – Das Wahlergebnis

Das Wahlresultat war eindeutig: 25 067 Stimmen abgegeben in der Stadt Reichenberg, davon 17 497 für die Sudetendeutsche Partei, 1254 für die deutschen Sozialdemokraten, 1110 für die Christlichsozialen, 354 für den Sudetendeutschen Wahlblock und 93 für den Bund der Landwirte. Anschaulich war die Schilderung des Jubels am Wahlabend: „Als sich vor der Schriftleitung der ‚Reichenberger Zeitung' schon viele Hunderte versammelt hatten, genügten die Kästen nicht mehr und die Ergebnisse mußten verlesen werden. Jedesmal, wenn die in die Tausende gehenden Wahlstimmen für Konrad Henlein verlesen wurden, brausten Heilrufe auf, die zu besonderer Stärke anschwollen, als das Ergebnis von Asch bekannt wurde. Leider ließen die Reichenberger Zahlen, die natürlich ganz besonderes Interesse erregten, recht lange auf sich warten. Der Jubel konnte kaum enden, als von der hell erleuchteten Schriftleitung der ‚RZ' die Reichenberger Zahlen und der Prozentsatz von 82 Prozent aller deutschen Parteien verlautbart wurden. [...] Die Sudetendeutsche Partei hatte für 8 Uhr abends die Verkündung der Ergebnisse in der Reichenberger Turnhalle angesetzt [...] Durchgabe der Reichenberger Ergebnisse: die Menge erhob sich spontan

81 Ebenda, 19. 5. 1935.

und sang ergriffen das Niederländische Dankgebet".[82] Gleiche Bilder gab es auch anderswo zu sehen. So wusste man von „Begeisterung in Asch", wo vor Henleins Wohnung „aus der 10 000köpfigen Menschenmenge Heilrufe empor brausten".[83]

Ein Paukenschlag,[84] am 21. Mai ausführlich kommentiert: „Der Regierung gebührt in einem Punkte kurz vor ihrem Rücktritt restlose Anerkennung. Sie hat jedem die Freiheit der Wahl gewährleistet und ihre Tätigkeit folglich darauf beschränkt, dort einzugreifen, wo, was insbesondere bei der nationalen Vereinigung [tschechische Rechtspartei] der Fall war, die Kritik, die hierzulande ja reichlich weitgesteckten Angriffsgrenzen überstieg. [...] Das deutsche Lager ist die Sensation. [...] überwältigendes Bekenntnis zur Volksgemeinschaft [...] Es ist ein Entscheid gegen die deutschen Parteien, nicht gegen den tschechoslowakischen Staat. [...] Die Zeiten der politischen Ideale in der Tschechoslowakei, die mit der Gegenwart und ihren Geschehnissen so wenig im Einklang waren, sind vorüber. [...] Besteht eine Staatskrise im eigentlichen Sinne? Diese Frage ist zu verneinen. [...] Es war in gewissem Sinne ein Kunststück, die Fiktion des geordneten nationalen Staates solange vor dem Auslande ungestört aufrecht zu erhalten, wie dies geschah. Damit ist es nun vorbei." Die Wahl der Henlein-Partei setzte der Kommentator mit dem Bekenntnis zur „Volksgemeinschaft", zum Deutschsein insgesamt gleich, ebenso wie es die Sudetendeutsche Partei im Wahlkampf vermittelt hatte. Wie im Vorfeld bereits von Carl Kostka befürchtet, hatten die Deutschen in dieser Wahl ein Bekenntnis zu ihrer Nationalität abgegeben, sich dagegen kaum anhand politischer Inhalte entschieden.

Für die traditionellen deutschen Parteien standen dramatische Verluste. Der Bund der Landwirte war im Senat überhaupt nicht mehr vertreten. Die Niederlage der Christlichsozialen sei für die tschechischen Beobachter die größte Überraschung, hätte sie sich doch als schärfste Opposition generiert, so die *Reichenberger Zeitung* am 21. Mai bilanzierend. In einem Nachdruck des sozialdemokratischen *Právo lidu* war am gleichen Tag zu lesen, ihre deutschen Genossen hätten „als einzige den schweren Kampf gegen Henlein geführt, einen ungleichen, aber ehrenvollen Kampf."

82 Ebenda, 21. 5. 1935.

83 Ebenda, 22. 5. 1935.

84 Für Reinhard Schmutzer stellte sich das Wahlergebnis hingegen als „Teil eines übernationalen Protestes krisengeschüttelter Regionen Böhmens gegen den bisherigen Regierungskurs" dar. Auch wenn diese These vom Rechtsruck beider Nationen nicht völlig von der Hand zu weisen ist, unterschätzte er doch den deutlichen qualitativen Unterschied zwischen den deutschen und den tschechischen Ergebnissen. Vgl. ders., Der Wahlsieg der Sudetendeutschen Partei. Die Legende von der faschistischen Bekenntniswahl, in: Zeitschrift für Ostforschung 41 (1992), S. 371, 381.

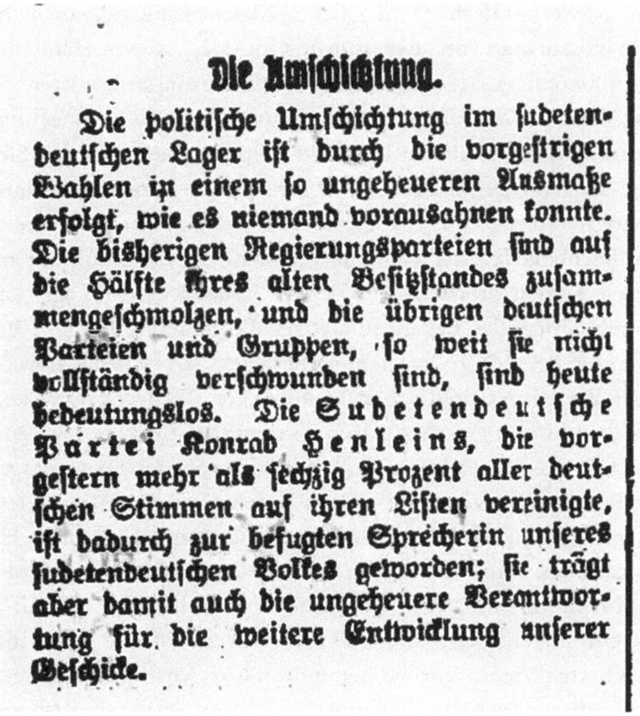

Die Umschichtung.

Die politische Umschichtung im sudetendeutschen Lager ist durch die vorgestrigen Wahlen in einem so ungeheueren Ausmaße erfolgt, wie es niemand vorausahnen konnte. Die bisherigen Regierungsparteien sind auf die Hälfte ihres alten Besitzstandes zusammengeschmolzen, und die übrigen deutschen Parteien und Gruppen, so weit sie nicht vollständig verschwunden sind, sind heute bedeutungslos. Die S u d e t e n d e u t s c h e P a r t e i Konrad H e n l e i n s, die vorgestern mehr als sechzig Prozent aller deutschen Stimmen auf ihren Listen vereinigte, ist dadurch zur befugten Sprecherin unseres sudetendeutschen Volkes geworden; sie trägt aber damit auch die ungeheuere Verantwortung für die weitere Entwicklung unserer Geschicke.

Kommentar auf der Titelseite der *Reichenberger Zeitung* vom 21. Mai 1935 zum Wahlerfolg der Sudetendeutschen Partei.

Die noch an diesem 21. Mai veröffentlichten Reaktionen der Parteien selbst ließen wenigstens in den abgedruckten Zitaten auf eine Verweigerung der Bedeutung der Niederlage schließen. Während der Bund der Landwirte Durchhalteparolen lieferte – „die Vernichtung des Bundes der Landwirte ist nicht gelungen“ –, suchten die Christlichsozialen die Schuld bei den Regierungsparteien. Deren „erschreckende Erfolglosigkeit“ habe das Ergebnis ebenso verschuldet wie „die mangelnde staatsmännische Erkenntnis verantwortlicher tschechischer Kreise“. Der *Sozialdemokrat* wiederum sah Henlein vor einer „phrasenhaften Agitationspolitik“ des Faschismus mit seiner „bunt zusammengewürfelten Anhängerschaft“. Nach diesen „Illusionswahlen“ müsse man aber auch eigene Fehler eingestehen. „Weitblick hätte verhindern müssen, daß im deutschen Gebiet, wo der Hunger ganz anders grassiert als es irgendwo in den tschechischen Landesteilen der Fall ist, um jede Brotkarte ein erbitterter Kampf geführt werden mußte.“

Anders klangen erwartungsgemäß die Töne der Sudetendeutschen Partei. Die Größe der bevorstehenden Aufgabe, aber auch die Größe der Unterstützung durch die Sudetendeutschen standen da im Zentrum. Ausführlich berichtete die *Reichenberger Zeitung* über ihre weiteren Aktionen. Noch am 21. Mai erfuhr man vom Telegramm Henleins an Präsident Masaryk, in dem er von neuer „historischer Verantwortung“ schrieb, „vom Schicksal“ auferlegt. „Freiwillig“ habe er, so hieß es am 24. Mai die *Rundschau* zitierend, nochmals die Rede von Böhmisch Leipa als „Grundlage seiner Politik“ bestätigt. Mit dem Wahlergebnis sei, so Henlein weiter, „die Voraussetzung zu einer neuen Regelung der Nationalitätenverhältnisse im Staate“ geschaffen. Was die traditionellen Parteien nicht vollbracht hätten, müsse nun nach dieser Bekenntniswahl zugestanden werden.

Den Parteienhader glaubte Henlein überwunden. Seinen Anhängern versprach er, die Mehrheit der Sudetendeutschen habe sich „in die Kampffront für Volk und Heimat, für Recht und Ordnung eingeordnet“. Schon diese Negierung individueller Einstellungen betonte den Abstand von den traditionellen Parteien. Für die sah er keinen Platz mehr. Bereits am 21. Mai verbreitete die *Reichenberger Zeitung* daher eine Erklärung der Pressestelle der Sudetendeutschen Partei, in der diese für sich die „politische Berechtigung, als die Partei des Sudetendeutschtums zu sprechen“ beanspruchte.[85] Sie werde dies tun, „gleichgültig, ob die anderen sudetendeutschen Gruppen dazu ihre Zustimmung erteilen oder nicht“. Andere Parteien galten damit lediglich noch als „Gruppen“ zweiten Ranges. Allerdings erreichte die Henlein-Partei unter den Selbstständigen nur einen Wähleranteil unter fünfzig Prozent. Begründen lässt sich das mit einer noch immer verbreiteten Stützung des Bundes der Landwirte durch die sudetendeutschen Bauern.[86] Am 24. Mai legte die Sudetendeutsche Partei nach: „Die Frage der Regierungsbeteiligung deutscher Parteien müsse von nun an Sache des gesamten Sudetendeutschtums werden“, als dessen Stimme verstand sie sich aber selbst. Aus der Berichterstattung erfuhr der Leser weiterhin, was die „größte deutsche Partei“[87] (die Sozialdemokratie als bis dahin größte Partei war hingegen nie so genannt worden) erreichen wolle, nämlich die „Beseitigung jeglichen Gefühls der Zurücksetzung“. Empfindungen standen vor Fakten.

Auch räumlich schien die Sudetendeutsche Partei die Nachfolge der traditionellen deutschen Parteien anzutreten. Nach einer Zeitungsmeldung übernahm sie zuvor von Bund der Landwirte, Arbeits- und Wirtschaftsgemeinschaft, Gewerbepartei und deutschen Nationalsozialisten genutzte Arbeitsräume des Parlaments.[88]

85 Mit Konstituierung und Wahlsieg der SdP 1935 sehen Andrej Tóth/Lukáš Novotný/Michal Stehlík die „Entwicklungsendphase der deutschen Parteien“ in der Tschechoslowakei gekommen. Vgl. dies., Deutsche, Ungarn, S. 157.

86 Vgl. Jiří Slama/Karel Kaplan, Die Parlamentswahlen in der Tschechoslowakei 1935–1946–1948. Eine statistische Analyse, München 1986, S. 25.

87 Reichenberger Zeitung, 29. 5. 1935.

88 Ebenda, 4. 6. 1935, 12. 6. 1935.

Die *Reichenberger Zeitung* wandte sich an einigen Stellen gegen eine Verurteilung der bisherigen aktivistischen Parteien. Einer der selten gewordenen Kommentare von R. Wachsmann erinnerte an deren Leistungen, doch habe es leider an Resultaten gemangelt: „Neun Jahren bedingungslosen Zuwartens haben die deutschen Aktivisten beinahe mit ihrer Vernichtung bezahlt.“[89] Teile dieses Artikels waren der Zensur anheimgefallen – die verbreitete Neuauflage erschien mit einer Leerstelle.

Rasch folgten auf unteren Verwaltungsebenen Forderungen nach einem Neubeginn. Aus Eger und Reichenberg war zu lesen, die Stadtvertretungen sprächen sich für Neuwahlen aus und im Bezirk Leitmeritz, in Braunau und Großdorf habe sich die Gewerbepartei aufgelöst. Die Ortsgruppe Weißbach des Bundes der Landwirte rief ihre Mitglieder zum Übertritt in die Sudentendeutsche Partei auf. Christlichsoziale und Arbeits- und Wirtschaftsgemeinschaft zogen sich für die anstehenden Bezirkswahlen in Teschen von der gemeinsamen Liste mit der Henlein-Partei zurück. Die Liste solcher Meldungen war lang. Troppaus Vertretung beschloss die Selbstauflösung, Warnsdorfs Bürgermeister Knöting sprach sich für Neuwahlen auf, forderte aber, zumindest bis dahin weiterzuarbeiten.[90]

Andererseits wies der Bund der Landwirte „jegliche Bevormundung zurück“. Die von Henlein versprochene Politik der Vernunft werde durch eine weitere Regierungsteilnahme „zweifellos nur erleichtert“.[91] Nervös reagierte aber auch die staatliche Verwaltung. So war am 24. Mai aus Stefanau bei Olmütz zu erfahren, am Montag nach der Wahl sei dort von der Gendarmerie „eine deutsche Fahne in den Farben schwarz-rot-gold“, 1935 wahrlich kein Bekenntnis zur Heinlein-Partei, am Schulgebäude eingezogen worden.

Die sich eine Woche nach der Abgeordnetenhauswahl anschließende Wahl zur böhmischen Landesvertretung wiederholte nochmals den Sieg der Sudetendeutschen Partei. Mit 891 232 Stimmen wurden sie nicht nur stärkste Partei. In Reichenberg selbst erreichte sie mit 16 810 von 21 631 gültigen Wahlzetteln einen Stimmenanteil von 71 Prozent. Gewonnen wurden weiterhin beispielsweise auch die Bezirkswahlen in Gablonz und Reichenberg. In den Brünner Gemeindewahlen stieg die Sudetendeutsche Partei hinter den tschechischen Nationalsozialisten zur zweitstärksten Kraft auf. Welche tiefgreifende Veränderung diese Wahlen bei den Deutschen aber tatsächlich bedeuteten, erschloss sich auch am 28. Mai von Karel Čapek, aus der *Lidové noviny* übernehmend: „Wir können von großem Glück sprechen, daß das politische Gegengewicht des Erfolges Henleins

89 Ebenda, 26. 5. 1935.

90 Diverse Meldungen; die hier ausgewählten erschienen zwischen 21. Mai und 5. Juni 1935 in der *Reichenberger Zeitung*.

91 Reichenberger Zeitung, 26. 5. 1935.

der Wahlerfolg der Koalition ist. Man stelle sich nur vor, was wäre, wenn dieser Platz der Koalition vom tschechischen Nazismus erobert worden wäre, der jetzt ‚nationale Vereinigung' genannt wird".

Erneut war dieser zweite Wahlgang begleitet von schweren Auseinandersetzungen: „Eine Abteilung der ‚Roten Wehr' überfiel eine Klebekolonne der SHF[92] und schlug sie in die Flucht. Die SHF-Leute holten daraufhin Verstärkung und drängten die Rote Wehr in das sozialdemokratische Vereinshaus ab, das dann durch die immer stärker anwachsenden SHF-Leute gewissermaßen blockiert wurde. Die Sozialdemokraten verständigten die Gendarmerie", welche die Zusammenstöße auflöste.[93] Auch bei einem zweiten Fall aus Warnsdorf erschienen die Henlein-Anhänger einmal mehr als die Opfer. Der Kommunist Josef Leuba habe da einen Helmuth Würfel nach einem Streit mit dem Taschenmesser niedergestochen.[94] Weiterhin wusste man von einer Verhaftungswelle. Betroffen war darunter der Ortsleiter von Graupen, Karl Riha. Der Vorwurf lautete, er habe eine Sitzung mit einem Hitler-Gruß beendet. Jedoch würde die Richtigkeit der Anklagen in allen Fällen bestritten.[95] Schließlich verbreitete die *Reichenberger Zeitung* die Unterstellung der Sudetendeutschen Partei, „direkter und versteckter Terrormaßnahmen der marxistischen Gewerkschaften und sonstiger Organisationen gegen Arbeiter, die sich zur Sudetendeutschen Partei bekannt haben".[96]

Die Mehrheit stand hinter der Henlein-Partei, die Wahl war klar gewonnen worden, doch das Bild als Opfer verbreitete man unvermindert fort.[97] Der gewohnte Anschein wiederholte sich: Während Gewalt gegen die Sudetendeutsche Partei angewendet wurde, litt diese unter Verfolgungen der Behörden nach aufgebauschten Vorwürfen.

Erste parlamentarische Tätigkeit

Die Sudetendeutsche Partei stellte 67 Abgeordnete und Senatoren. Laut Bericht waren dies 19 Arbeiter und Angestellte, 17 Bauern, 13 Handwerker, 16 Angehörige freier Berufe und öffentliche Angestellte. Hinzu traten zwei Industrielle.[98] Das hob sich von der Zusammensetzung der Neugewählten insgesamt ab: „Die

92 Die Umbenennung von SHF in Sudetendeutsche Partei schien dem Autor der Zeilen nicht aufgefallen zu sein.
93 Reichenberger Zeitung, 27. 5. 1935.
94 Ebenda, 28. 5. 1935.
95 Ebenda, 1. 6. 1935.
96 Ebenda, 25. 6. 1935.
97 Ebenda, 25. 6. 1935.
98 Ebenda, 28. 5. 1935.

Gruppe der Angestellten ist gegenüber der Gruppe der selbständig Erwerbenden in der überwiegenden Mehrheit [...] Nach Berufen ist unter den 300 Abgeordneten am stärksten das Privatangestelltenelement mit 66 Stimmen vertreten. Davon entfallen 45 Mandate an Partei- und Gewerkschaftssekretäre. Die zweitnächste Gruppe stellt die Landwirtschaft vom Großgrundbesitz bis zum kleinen landwirtschaftlichen Besitz mit 64 Abgeordneten [...] Interessant ist die Tatsache, daß 45 unter den Abgeordneten, die aus einem Privatangestelltenberuf kommen, Angestellte der politischen Parteien und Gewerkschaften sind. Zu dieser Gruppe sind auch die meisten der 32 Mandate zu rechnen, die Journalisten zugefallen sind".[99] Gerade für die linken Parteien stand da der Verdacht einer Versorgung ihrer Funktionäre mit Mandaten und Diäten im Raum – von einer dem Bevölkerungsschnitt entsprechenden Vertretung konnte bei ihnen dagegen kaum die Rede sein, während die Sudetendeutsche Partei das zu erfüllen versprach.

Die beginnende Parlamentsarbeit der Sudetendeutschen Partei erhielt breiteren Raum im Vergleich zu früheren Sitzungsberichten. Während man sich in der Vergangenheit auf knappe Redenauszüge beschränkt hatte, druckte man ausführlich die erste Rede von Karl Hermann Frank ab, für die aufgrund ihrer allgemein angenommenen Bedeutung extra das Verbot des Ablesens aufgehoben worden war. Daraus war zu entnehmen: „Indem die Sudetendeutsche Partei alle Pflichten gegen Staatsform und politische Moral auf sich zu nehmen gewillt ist, nimmt sie gleichzeitig alle Rechte in Anspruch, die durch die Verfassung verbürgt dem Sudetendeutschtum zukommen, aber oft von der Gesetzgebung, Verwaltung und Rechtsprechung entweder verwehrt oder geschmälert worden sind. [...] Wir werden also einen grundsätzlichen Kampf um die Vervollkommnung sowohl der Rechtsgrundlagen des Staates als auch der Demokratie und aller ihrer Formen führen. [...] Die tschechische Politik hat [...] das System der deutschen Bedeutungslosigkeit durch Heranziehung kleiner Gruppen zur Regierung fortgeführt, obgleich das Sudetendeutschtum bei den Wahlen ein solches System der sogenannten ‚Teilhabe der Deutschen an der Macht' abgelehnt hat. [...] Sie wird alle bekämpfen, die auf diese Weise die völkischen Interessen hintenanstellen und an vernichtenden Schlägen gegen das eigene Volk beteiligt sind."[100] Dem demokratischen System mit seiner Suche nach einer politischen Mehrheitsbildung sagte Frank den Kampf an und betonte einmal mehr die Opferrolle des „Sudetendeutschtums".

Der scharfen Anklage stimmte die *Reichenberger Zeitung* zu: „Was hier an Grundsätzlichem gefordert wird, wurde vorgestern im Prager Parlamente nicht

99 Ebenda, 6.6.1935.
100 Ebenda, 20.6.1935.

zum ersten Male ausgesprochen. Neu und vielleicht ungewohnt ist lediglich der Geist unerschütterlicher Zuversicht und ein zukunftsfroher Glaube, der diese Kundgebung durchweht und ihr ein eigenes Gepräge verleiht."[101] Die Sudetendeutsche Partei schien größere Entschlossenheit zu garantieren, nicht jedoch einen substanziellen Wandel oder eine Verschärfung des deutsch-tschechischen Antagonismus herbeizuführen.

Allein blieb die Sudetendeutsche Partei mit ihrer Agitation gegen die tschechoslowakische Demokratie nicht. Auch die Christlichsozialen wandten sich unter Rückgriff auf die Sprache der Diktatur in Deutschland mit der Klage, das Parlament werde „ausgeschaltet", gegen die Verlängerung der Ermächtigungsgesetze, die dem neugewählten Parlament vorbehalten worden war.[102] Tatsächlich stieg die Gesamtzahl der Regierungsverordnungen von 20 (1933) über 70 (1935) bis auf 124 (1936) an, doch kann zu keiner Zeit von einer Gleichschaltung nach deutschem Vorbild oder auch nur einer Entparlamentarisierung gesprochen werden. Dank einer von den Parteien dominierten Regierung war die Gesetzgebung ohnehin aber auch nur eine Frage der „Form".[103]

Zumindest bot die *Reichenberger Zeitung* noch immer entgegengesetzten Tönen Raum. So erfuhr der Leser vom tschechischen Abgeordneten František Světlík, er habe die Rede Franks als ein Angebot um „Waffenstillstand" verstanden. Aufmerksam müssten die Tschechen aber bleiben, damit die Sudetendeutsche Partei nicht „für die Republik zum trojanischen Pferd werde".[104] Auch druckte die *Reichenberger Zeitung* am 26. Juni größere Auszüge aus der Rede des Sozialdemokraten Eugen de Witte ab. In seinem Bekenntnis zur Republik erhoffte er sich „Schutz und Hilfe für die Menschen, die in einem Trommelfeuer des Hasses und der Verleumdung" die Werte der Tschechoslowakei verteidigen.

101 Ebenda, 21. 6. 1935.
102 Ebenda, 25. 6. 1935.
103 Vgl. Sator, Anpassung ohne Erfolg, S. 76 f.
104 Reichenberger Zeitung, 25. 6. 1935.

Schlussbetrachtung

Zum Abschluss sei noch einmal durch die beiden Ausgaben der *Reichenberger Zeitung* vom 8. Mai 1935 geblättert. Der Wahlkampf steht allgemein im Mittelpunkt, immerhin soll in wenigen Tagen ein neues Abgeordnetenhaus gewählt werden. Die kaum gebremste Begeisterung für die Massenveranstaltungen mit ihrem Versprechen einer „Volksgemeinschaft" der Sudetendeutschen Partei überstrahlt hier die Parteienkonkurrenz. Darüber hinaus ist auch zu lesen von Spannungen mit Ungarn und von Italiens Kolonialpolitik, aber auch über Steuerpolitik oder eine Zugentgleisung in Teplitz-Schönau. Normaler Alltag für eine seit Jahrhunderten hier tief verankerte Bevölkerung. Nichts deutete darauf hin, dass wenige Jahre später diese nordböhmischen Landstriche als Sudetengau Teil des „Dritten Reichs" sein würden und nach der Unterdrückung der tschechischen Bevölkerung genau zehn Jahre später die Deutschen mit der Niederlage des Deutschen Reichs durch bald einsetzende wilde Verfolgungen und die folgende Vertreibung selbst ihre Heimat verlieren würden.

Blättern wir noch eine paar Jahre weiter. Noch ahnte es niemand, doch stand die traditionsreiche *Reichenberger Zeitung* selbst schon sehr bald vor ihrer Einstellung. Auf den 75. Geburtstag von 1935 sollte kein runder Geburtstag mehr folgen. Gerade deshalb lohnt es aber, einen kurzen Blick auf die weitere Entwicklung zu werfen. So stillschweigend, wie im Frühjahr 1938 der hochgeehrte, einst bei seiner Wahl 1929 unterstützte Oberbürgermeister Carl Kostka aus den Zeilen der *Reichenberger Zeitung* verschwinden sollte, so unkommentiert endete im Oktober des gleichen Jahres auch die jahrzehntelange Ära des Chefredakteurs Wilhelm Feistner.

Feistner leitete noch die ersten Ausgaben nach dem Anschluss. Am 8. Oktober 1938, der ersten Ausgabe nach dem Einmarsch der Wehrmacht, überstrahlten Reichsadler und Hakenkreuz sogar den Zeitungskopf. Das Blatt hatte sich an die neue Umgebung angepasst. Propagandameldungen, Werbung für die zahlreichen nationalsozialistischen Organisationen und schließlich hasserfüllte Nachrichten über die Tschechen ließen keine Unterschiede gegenüber den Parteizeitungen mehr erkennen.

Die Firma Stiepel warb nun für den Kauf nationalsozialistischer Literatur, allen voran Hitlers *Mein Kampf*. Dennoch kam der Schwenk für die *Reichen-*

berger Zeitung offensichtlich zu spät. Mit der neuen Zeit des „Dritten Reichs" nach dem Münchner Abkommen musste sie *Der Zeit* der Sudetendeutschen Partei und dann der NSDAP Platz machen. Ihre Uhr war abgelaufen. Zwar verschwand ab dem 16. Oktober zunächst laut Impressum vorläufig, ab dem 31. Oktober 1938 dann offiziell Wilhelm Feistner zugunsten von Franz Matzke[1] aus der Chefredaktion. Die Ausgabe vom 5. November sollte trotzdem die letzte sein. Mit dem im Innenteil der Zeitung versteckten Hinweis „An unsere Leser!" erinnerte man noch einmal an die eigene Geschichte und dankte den Lesern für die lange Treue. Die Einstellung erfolgte so plötzlich, dass selbst der Fortsetzungsroman abrupt mitten im Text endete.

Gründe für die Einstellung der *Reichenberger Zeitung* mag es verschiedene gegeben haben. Die bisherige Titelvielfalt wurde nicht mehr gebraucht, wenn ohnehin überall die gleichen Jubelmeldungen über die neuen Machthaber zu stehen hatten, aber ein Grund dürfte auch in der über viele Jahre gepflegten Unabhängigkeit des Blattes gelegen haben: Die gesamte politische Bandbreite von der äußersten nationalen Rechten bis in die Mitte fand Resonanzraum, die Linke blieb jedoch außen vor. Unzweideutig bürgerlich-„deutschbewusst" geprägt, hatte es sich lange weder mit radikal deutschvölkischem noch gar nationalsozialistischem Gedankengut gemein gemacht, überhaupt nur selten Partei ergriffen. Gerade nach der Gründung der Sudetendeutschen Heimatfront hatte man mit der unkommentierten Weitergabe ihrer Äußerungen zwar zu deren Verbreitung beigetragen, 1938 reichte dies aber offensichtlich nicht mehr aus. Jetzt war uneingeschränkte ideologische Zuverlässigkeit gefordert.

Wirklich verwundern darf das nicht. Nicht nur zwischen 1932 und 1935 stand die *Reichenberger Zeitung* zwar unverrückbar auf deutscher Seite bei nationalen Konflikten, hatte aber um einen Ausgleich im deutsch-tschechischen Verhältnis geworben. Noch zur Jahreswende 1936/37 hatte ein großer Leitartikel keinen Zweifel am guten Willen der tschechischen Politiker zur Befriedung zwischen den verschiedenen Völkern der Republik durch gerechte Regelungen gelassen.[2] Reich war auch das Lob für Tomáš G. Masaryk, der nicht erst bei seinem Tod als Freund der Demokratie und Garant für die Rechte der Minderheiten Achtung fand.[3] Außerdem verschwieg die Zeitung nicht ihre Sympathien für den politischen Aktivismus. Als zum 15. Jahrestag der Republikgründung 1933

1 Franz Matzke war am 17. März 1938 vermutlich Verfasser des in der *Reichenberger Zeitung* unter dem Titel „Vor der Entscheidung" abgedruckten Bekenntnisses zur Sudetendeutschen Partei und führte bereits zwischen 28. Juli und 28. August 1938 das Blatt interimistisch. Vgl. Rudiš, Německý regionální tisk, S. 35 f.

2 Reichenberger Zeitung, 2. 1. 1937.

3 Ebenda, 14. 9. 1937.

auch in den mehrheitlich deutsch besiedelten Gemeinden Festveranstaltungen mit reger Teilnahme der Bevölkerung zu vermelden gewesen waren, hatte sich die Redaktion mit dem Hinweis auf ihre seit Jahren gepflegte Akzeptanz für die Republik sogar allgemein bestätigt gefühlt.

Dennoch schimmern in den Ausgaben der *Reichenberger Zeitung* der Scharnierjahre 1932 bis 1935 die Auseinandersetzungen der folgenden Jahre bereits am Horizont durch. Natürlich wäre es völlig übertrieben, von einer wirklichen Ahnung des Kommenden zu sprechen. Selbst nach dem Wahlerfolg der Sudetendeutschen Partei 1935 war eine Abwendung der Deutschen von der Tschechoslowakischen Republik und ihrer Demokratie nicht zwingend. Die Lektüre der Spalten der *Reichenberger Zeitung* weisen aber doch hin auf eine nicht zu überlesende wachsende Distanz gegenüber den Tschechen. Beschrieben wurde ein Leben nebeneinander, geprägt durch unterschiedliche, teils gegensätzliche Interessen. Für diese deutschen Lebensbedürfnisse hätten aber zu viele Tschechen aufgrund der falschen Vorstellung, seit 1918 einen eigenen Nationalstaat zu besitzen, kein Verständnis.

Trotzdem finden sich in der *Reichenberger Zeitung* kaum Hinweise auf eine generelle Abwertung des tschechischen Volks. Geschah dies doch, dann nur in Dokumentationen von Veranstaltungen und Erklärungen externer Beiträger. Anders dagegen die stets mit negativen Beschreibungen verbundenen Meldungen über „Zigeuner". Als eine solche „Plage"[4] galten die Tschechen nicht, durchaus verstand man ihren Zuzug in die mehrheitlich deutsch besiedelten Landesteile aber als Gefahr für den Erhalt der eigenen Volkskultur und des wirtschaftlichen Überlebens, verallgemeinert gern als „deutscher Besitz" deklariert. Die Deutschen in der Republik wähnten sich ständig in einer erzwungenen Abwehrstellung. Ein sich wiederholendes Beispiele dafür war eine beklagte Bevorzugung tschechischer „Schulpaläste" gegenüber den vielfach sogar in ihrer Existenz bedrohten deutschen Schulen. Hier reichten die Klagen der *Reichenberger Zeitung* sogar bis zum Vorwurf einer systematischen Verschlechterung der Zukunftsaussichten der Deutschen im Land.

Überhaupt durchzog viele Artikel die Beschreibung einer rücksichtslos agierenden „kalten Bürokratie". Besonders befremdlich mussten diese Klagen wirken, wenn sie von einer der zahlreichen anrührenden Schilderungen der Armut vieler Menschen in der schweren Wirtschaftskrise kontrastiert wurden. Die Machtlosigkeit der selbst finanziell ausgezehrten Gemeinden hätte da staatliche Hilfen gefordert, doch in den Berichten der *Reichenberger Zeitung* fielen dagegen eher Beschreibungen einer nur in der Ferne wirkenden, kaum interessierten

4 Ebenda, 22.5.1935.

Verwaltung auf. Erschwerend für das tägliche Überleben trete dann noch Kleinlichkeit und fehlendes Fingerspitzengefühl der Behörden hinzu.

Während hier aber ein Bild eines alles in allem bei seiner Hilfsaufgabe versagenden Staates mainifestiert wurde, schien dieser auch das Versprechen „Gleiche unter Gleichen" für seine deutsche Minderheit zu oft nicht einzuhalten. Noch bei den Berichten zum Überfall von Tschechen auf eine deutsche Turnerveranstaltung in Dux hatte die Redaktion einerseits nicht mit Polemik gespart und von den Tätern als einem „Haufen von Apachen" geschrieben, verzichtete dabei aber durchaus auf eine undifferenzierte Herabsetzung der Tschechen insgesamt. Selbst die scheinbar unpolitischen Feiern zum 100. Todestag Johann Wolfgang von Goethes dienten zur Betonung, unverrückbar Teil eines bedeutenden Kulturvolks zu sein. Für die Feiern lieferte die *Reichenberger Zeitung* eindrucksvolle Schilderungen aus den großen, aber auch aus kleineren Gemeinden Nordböhmens. Das Klammern am Erbe des Dichterfürsten betonte so die Teilhabe der Sudetendeutschen an der Gemeinschaft aller Deutschen jenseits gezogener Grenzen, dokumentierte aber auch den Anspruch auf eine Gleichberechtigung der deutschen Sprache im Alltag, die jedoch nicht erfüllt werde.

Ein Gefühl deutscher Benachteiligung beförderten auch die Berichte über den Volkssportprozess 1932. Ihn schienen eine chaotische Vorbereitung durch die tschechoslowakischen Behörden, deren fehlende deutsche Sprachkenntnisse und damit ungerechtfertigte, mindestens aber völlig aufgebauschte Tatvorwürfe zu belasten. Ungefiltert wurde dann die Strategie der Verteidigung weiterverbreitet. Die letztlich Verurteilten erschienen hierbei als Opfer ihres Kampfs gegen ein System aus „Nationalismus, Zentralismus, Bürokratismus". Darüber hinaus schienen zahlreiche, wenn auch meist knappe Beiträge eine konzertierte Aktion des Staats gegen die Nationalsozialisten, damit aber auch gegen die eigentlich von der Verfassung garantierte Meinungsfreiheit zu dokumentieren. Diesen Eindruck sollte aber mehr die schiere Zahl der Meldungen vermitteln. Der direkte Vorwurf zeigte sich im Blatt zwar mehrfach, aber doch noch nicht so regelmäßig, dass von einer Kampagne gesprochen werden dürfte.

Überhaupt taugte alles in allem die *Reichenberger Zeitung* in Stil und Inhalt nicht als Propagandamittel. Hierfür sorgte nicht nur eine um Ausgleich bemühte, politisch unabhängige Redaktion, obwohl der regelmäßige, notwendige Rückgriff auf von den jeweiligen Veranstaltern verfasste Pressetexte manchen Themen durchaus eine zumeist ins Deutschnationale gehende Schlagseite verlieh, sondern auch der Rhythmus einer Tageszeitung. Meldungen des Vortags waren da jenseits einiger herausragender Ereignisse nur Vergangenheit, die durch tagesaktuelle Neuigkeiten abgelöst wurden. Selbst auch über die Presse lancierte Überlegungen um eine sudetendeutsche Einigung mittels Volksräten oder einer Ständegesellschaft konnten so von einem auf den anderen Tag aus der Zeitung verschwinden.

In der Frage der Zukunft der Parteien beschränkte man sich lange auf eine Rolle als Beobachter und Berichterstatter. Mit der Gründung der Sudetendeutschen Heimatfront verbanden sich dann aber sichtbare Sympathien für diesen Versuch einer Einigung. Großes Vertrauen setzte man dabei in Konrad Henlein. Bei der sonst üblichen nüchternen Distanziertheit fällt bei ihm die Betonung „seines starken Blickes“ auf, der einen „stillen Willen verrate“. Das von der Heimatfront dann selbst gepflegte und in Henlein personifizierte Bild einer dynamisch wachsenden, die bisherigen starren Parteiformen überwindenden „Bewegung“ für alle Volksschichten wurde von der *Reichenberger Zeitung* in ihrer von Beginn an auffallend breiten Berichterstattung vielfach übernommen. Die Heimatfront erntete Aufmerksamkeit wie keine andere politische Partei. Vom Tag von Böhmisch Leipa 1934 las man da gar eine Reportage im Stile eines Erweckungserlebnisses des Autors. Dennoch ist festzuhalten, dass auch noch im Wahlkampf 1935 die konkurrierenden deutschen bürgerlichen Parteien Beachtung fanden, während die Linke, der allgemein wenig Sympathien entgegengebracht wurde, kaum Erwähnung fand. So dürfte die kleine Deutschdemokratische Freiheitspartei, der Rest der Arbeits- und Wirtschaftsgemeinschaft mit ihren teils der Heimatfront diametral entgegenstehenden Zielen von der Berichterstattung durchaus profitiert haben.

Von besonderem Interesse war der Blick über die nahe Grenze nach Deutschland. Die zunächst aber noch vorhandene Nähe zu Alltagsgeschichten aus dem angrenzenden Sachsen und Schlesien, wie sie noch 1932 regelmäßig zu finden waren, verschwand mit der Machtübernahme der Nationalsozialisten im Reich aber bald zugunsten einer distanzierten Berichterstattung. Zu lesen war von gegenseitigen Abgrenzungsmaßnahmen, die die Region zerschnitten. Besonders die Grenzpendler litten unter diesen trostlosen Zuständen. Gerade in diesen Jahren wirtschaftlicher Not zeichnete der Schwarzhandel einen weiteren Schwerpunkt der Berichte. Während zunächst vor allem unterschiedliche Verkaufspreise den Schmuggel verschiedenster Waren beförderten, rückte ab 1933 der Schmuggel von Schriftgut in beiden Richtungen in den Fokus.

In ihrer Deutschlandberichterstattung prägte die *Reichenberger Zeitung* aber nicht ihre zweifellos vorhandene Skepsis gegenüber den neuen nationalsozialistischen Machthabern, sondern vielmehr der Verzicht auf Alltagsmeldungen und dafür die unkommentierte Übernahme von offiziösen Nachrichten der jetzt staatlich kontrollierten Agenturen. Hinzu trat eine spürbare Faszination für die Stärke und Einheitlichkeit, die das Regime den Deutschen versprach. Reichsdeutsche nationalsozialistische Propaganda fand bis hinein in die Wortwahl auf diesem Weg nahezu ungefiltert Zugang zu den Lesern der *Reichenberger Zeitung*. Besonders die Darstellung der Ereignisse rund um die Saarabstimmung 1935 zeichnete dann das Bild einer breiten Zustimmung, vielfach sogar Begeisterung für das die Fesseln von Versailles sprengende „Dritte Reich". Seine Dynamik faszinierte insbesondere in der wirtschaftlichen Krise in der Republik, die aus dem tiefen Tal der Not nicht herauszukommen schien. Staatliche Repressionen wurden derweil den eigenen Lesern nicht verschwiegen, erschienen aber als Randerscheinung oder wurden durch gleichzeitige Meldungen scheinbar ähnlicher Ereignisse in anderen Ländern zu einem allgemeinen antijüdischen, Deutschland nicht besonders kennzeichnenden Trend relativiert. Weder die Boykottbewegung noch die Öffnung von Konzentrationslagern erschienen so als eine spezifisch deutsche Maßnahme. Qualitative Unterschiede beschäftigten nicht bei dieser an der Oberfläche bleibenden Darstellung.

Im Heft zum 75. Jubiläum der *Reichenberger Zeitung* 1935 sollte der so oft gelobte Abgeordnete Alfred Rosche seine Gedanken zum Sudetendeutschtum in 25 Jahren äußern. Darin beklagte er, dass sich seit 1918 das „Sudetendeutschtum in ungezählte Parteien zerklüftet habe" – einmal mehr die so oft vernommene Klage fehlender Einigkeit. Immerhin herrsche inzwischen Übereinstimmung in der Akzeptanz der Republik und seiner demokratischen Bestimmung als Basis für den Aufbau der Zukunft. Dafür brauche es aber die „Sammlung aller Kräfte". Rosche schloß seine Gedanken mit dem Hinweis, das „Hauptproblem für die nächsten 25 Jahre" werde das „Zusammenleben der Völker in diesem Staate" sein. „Sowohl Deutsche als auch Tschechen müssen im gegenseitigen Interesse einen Zustand der Befriedung herbeiführen, der ihnen gestattet, in fleißiger Arbeit die Not der Zeit zu bekämpfen und das gräßlichste Ungeheuer, die allgemeine Wirtschaftskrise, zu beseitigen."[5]

Alles sollte anders kommen. 1938 zerbrach die jahrhundertealte Gemeinschaft zwischen Deutschen und Tschechen. Im Sog ihres Untergangs fand auch die jahrzehntealte Geschichte der *Reichenberger Zeitung* ihr Ende.

5 75 Jahre Reichenberger Zeitung, S. 35 f.

Literatur

75 Jahre Reichenberger Zeitung. Ihren Beziehern und Lesern gewidmet, Reichenberg 1935.

Alexander, Manfred, Edvard Beneš und seine Politik im Licht der österreichischen diplomatischen Quellen der 1930er Jahre, in: Otá Konrád/Renè Küpper (Hrsg.), Edvard Beneš: Vorbild und Feindbild. Politische und mediale und historiographische Deutungen, Göttingen u. a. 2013.

Art. Reichenberg/Liberec, in: Online-Lexikon zur Kultur und Geschichte der Deutschen im östlichen Europa, hrsg. von der Universität Oldenburg.

Bachstein, Martin K., Der Volkssozialismus in Böhmen. Nationaler Sozialismus gegen Hitler, in: Bohemia 14 (1973).

Balcerová, Jitka, Die deutschen nationalen Schutzvereine in den böhmischen Ländern und der Tschechoslowakei 1880–1945. Begriffsabgrenzung, Klassifizierung und Periodisierung, in: Peter Haslinger (Hrsg.), Schutzvereine in Ostmitteleuropa. Vereinswesen, Sprachenkonflikte und Dynamiken nationaler Mobilisierung 1860–1939, Marburg 2009.

Balling, Mads Ole, Von Reval bis Bukarest. Statistisch-Biographisches Handbuch der Parlamentarier der deutschen Minderheiten in Ostmittel- und Südosteuropa 1919–1945, 2 Bände, Kopenhagen 1991.

Bamberger-Stemmann, Sabine, Zwischen vielen Stühlen? Nationale Minderheiten zwischen staatsbürgerlicher Loyalität und konnationaler Solidarität, in: Martin Schulze Wessel (Hrsg.), Politische, nationale und kulturelle Zugehörigkeiten, München 2004.

Becher, Peter/Heumos, Peter (Hrsg.), Drehscheibe Prag. Zur deutschen Emigration in der Tschechoslowakei 1933–1939, München 1992.

Bendl, Eva, Die Region im Kopf. Zur regionalen Identitätsbildung der Vertriebenen aus Südmähren in Deutschland, Augsburg 2015.

Benešová, Marketa, „Česko-německé vztahy na Liberecku" [Die tschechisch-deutschen Beziehungen in Liberec], Liberec 2019.

Bosl, Karl, Die erste Tschechoslowakische Republik als multinationaler Parteienstaat, München u. a. 1979.

– Politik und Kultur in der Ersten Tschechoslowakischen Republik als gesellschaftlich-menschlich-literarisches Problem, in: ders./Ferdinand Seibt (Hrsg.),

Kultur und Gesellschaft in der Ersten Tschechoslowakischen Republik, München/Wien 1982.

Brandes, Detlef, Die Sudetendeutschen im Krisenjahr 1938, München 2008.

– /Ivaničková, Edita/ Pešek, Jiří (Hrsg.), Flüchtlinge und Asyl im Nachbarland. Die Tschechoslowakei und Deutschland 1933 bis 1989, Essen 2018.

Breitfelder, Miroslav, Volkssport a jeho proces [Der Volkssport und sein Prozess], in: Dějepis XXIII: sborník katedry historie: napsán a sestaven k šedesátým narozeninám katedry 1948–2008, Plzeň 2008.

Brenner, Hans u. a. (Hrsg.), NS-Terror und Verfolgung in Sachsen. Von den Frühen Konzentrationslagern bis zu den Todesmärschen, Dresden 2018.

Cihlařova, Romana, Základní škola v Novém Sedle [Die Grundschule in Neusattl], Bachelorarbeit, Plzeň 2015.

Cornelißen, Christoph/Holec, Roman/Kunštát, Miroslav, Medien und Öffentlichkeit. Zur nationalen und transnationalen Wirkungsmacht von Massenmedien im Spannungsfeld zwischen Tschechen, Slowaken und Deutschen, in: Bohemia 51 (2011).

Čapková, Kateřina/Frankl, Michal, Unsichere Zuflucht. Die Tschechoslowakei und ihre Flüchtlinge aus NS-Deutschland und Österreich 1933–1938, Wien 2012.

DNSAP/Krebs, Hans (Hrsg.), Der Volkssport-Prozeß. Ein Tatsachenbericht nach stenographischen Protokollen und den Zeitungsmeldungen über die Brünner Gerichtsverhandlungen vom 8. August bis 14. September 1932, Brüx 1932.

Eberhard, Winfried/Heimann, Heinz-Dieter/Lemberg, Hans (Hrsg.), Westmitteleuropa, Ostmitteleuropa. Vergleiche und Beziehungen, München 1992.

Ehlers, Klaas-Hinrich/Nekula, Marek/Niedhammer, Martina/Scheuringer, Hermann (Hrsg.), Sprache, Gesellschaft und Nation in Ostmitteleuropa. Institutionalisierung und Alltagspraxis, München 2014.

Eschenbächer, Jens-Hagen, Zwischen Schutzbedürftigkeit und Alleinvertretungsanspruch: Die Beziehungen der Sudetendeutschen Heimatfront zu den traditionellen bürgerlichen deutschen Parteien in der Tschechoslowakei 1933–1935, in: Bohemia 39 (1998).

Fischer, Markus, Neue Perspektiven auf die sächsische NS-Presse. Eine Aufarbeitung des NSDAP-Organs „Der Freiheitskampf", in: Neues Archiv für sächsische Geschichte 84 (2013).

Gebel, Ralf, Zwischen Volkstumskampf und Nationalsozialismus, in: Bohemia 58 (1997).

Graf, Raimund, Geschichte des Bundes der Landwirte, Kulmbach 2017.

Gränzer, Rudolf, Reichenberg. Stadt und Land im Neißetal, Augsburg 1974.

Haar, Ingo, „Sudetendeutsche" Bevölkerungsfrage zwischen Minderheitenkampf und Münchener Abkommen: zur Normalisierung und Radikalisierung deutscher Wissenschaften in der Tschechoslowakischen Republik 1919–1938, in: Historical Social Research 31 (2006).

Hahn, Eva, Über Rudolf Jung und vergessene sudetendeutsche Vorläufer und Mitstreiter Hitlers, in: Hans-Henning Hahn (Hrsg.), Hundert Jahre sudetendeutsche Geschichte. Eine völkische Geschichte in drei Staaten, Frankfurt a. M. 2007.

Hall, Adéla, Deutsch und Tschechisch im sprachpolitischen Konflikt. Eine vergleichende diskursanalytische Untersuchung zu den Sprachverordnungen Badenis von 1897, Frankfurt a. M. 2008.

Hall, Murray G., „Ein Bilderbuch aus dem Märchenhaus Stiepel". Zum Kinderbuchprogramm des Verlages Gebrüder Stiepel in Reichenberg, in: Archiv für Geschichte des Buchwesens 70 (2015).

Handschuh, Thomas, Die Geschichte der tschechischen Sokolbewegung unter besonderer Berücksichtigung der „deutschen" Perspektive, Diplomarbeit, Wien 2010.

Hartmann, Paul, Die politische Partei in der Tschechoslowakischen Republik. Eine juristische Studie, Brünn u. a. 1931.

Haslinger, Peter, Der spatial turn und die Geschichtsschreibung zu Ostmitteleuropa, in: Zeitschrift für Ostmitteleuropaforschung 63 (2014).

– Nation und Territorium im tschechischen politischen Diskurs 1880–1938, München 2010.

Heider, Rudolf, Neue Gemeinschaft – neue Presse, in: Sudetendeutsches Jahrbuch 1937.

Heimat Hohenelbe. Geschichte und Geschichten, zusammengestellt von Wolfgang Fink, Marktoberdorf 2007.

Heitmann, Clemens, „Wendenbewegung" und „Tschechengefahr", in: Konstantin Hermann u. a. (Hrsg.), Der gespaltene Freistaat, Neue Perspektiven auf die sächsische Geschichte 1918 bis 1933, Leipzig 2019.

Hesse, Wolfgang, „Dolchstoß von rechts". Visuelle Deutungen des Dresdner SA-Fememords von 1932, in: Volkskunde in Sachsen 22 (2010).

Heumos, Peter, Systemwechsel auf blankgefegtem Fundament. Arbeitskampf und Protestverhalten in der Tschechoslowakei 1918–1968, in: Dietmar Neutatz/Volker Zimmermann (Hrsg.), Von Historikern, Politikern, Turnern und anderen. Schlaglichter auf die Geschichte des östlichen Europa, Berlin 2018.

Höhne, Steffen, Erfindung von Traditionen? Überlegungen zur Rolle von Sprache und Kommunikation bei der Konstitution nationaler Identität, in: brücken. Germanistisches Jahrbuch 12 (2004).

Hoensch, Joerg K., Der Kameradschaftsbund, Konrad Henlein und die Anfänge der Sudetendeutschen Heimatfront, in: Eduard Mühle (Hrsg.), Mentalitäten – Nationen – Spannungsfelder. Studien zu Mittel- und Osteuropa im 19. und 20. Jahrhundert, Marburg 2001.

– /Kováč, Dušan (Hrsg.), Das Scheitern der Verständigung. Tschechen, Deutsche und Slowaken in der Ersten Republik 1918–1938, Essen 1994.

Howe, Philip J./Lorman, Thomas A./Miller, Daniel E., The creation of the conditions for consocional democracy and its development in interwar Czechoslovakia, in: Bohemia 56 (2016).

Jahn, Manfred, Grenzbeziehungen zwischen Sachsen und der Tschechoslowakei, in: Dresdner Hefte 48 (1996) 4.

Jaworski, Rudolf, Historische Argumente im sudetendeutschen Volkstumskampf 1918–1938, in: Bohemia 28 (1987).

– Ostmitteleuropa als Gegenstand der historischen Erinnerungs- und Gedächtnisforschung, in: Johannes Feichtinger u. a. (Hrsg.), Schauplatz Kultur – Zentraleuropa. Transdisziplinäre Annäherungen, Innsbruck u. a. 2006.

Jirgens, Eckhard, „... eine Arbeit an den wahren Interessen des Sudetendeutschtums." Der deutsche Rundfunk der Tschechoslowakei zwischen aktivistischen Idealen und Realität, in: Peter Becher/Anna Knechtel (Hrsg.), Hörfunk und Hörfunkpolitik in der Tschechoslowakei und im Protektorat Böhmen und Mähren, Berlin 2017.

– Der Deutsche Rundfunk der Ersten Tschechoslowakischen Republik. Eine Bestandsaufnahme, 2 Teile, Frankfurt a. M. u. a. 2005.

Kaleta, Petr, Tschechisch-sorbische Beziehungen im 19. und 20. Jahrhundert, in: Frank-Lothar Kroll/Miloš Reznik/Martin Munke (Hrsg.), Sachsen und Böhmen. Perspektiven ihrer historischen Verflechtung, Berlin 2014.

Karliček, Petr, Der Melniker Sender in Presse, Satire und Karikaturen seiner Zeit, in: Peter Becher/Anna Knechtel (Hrsg.), Hörfunk und Hörfunkpolitik in der Tschechoslowakei und im Protektorat Böhmen und Mähren, Berlin 2017.

Kasper, Tomáš, Sudetendeutsche Schulreform. Versuch eines deutsch-tschechischen Vergleichs, in: brücken. Germanistisches Jahrbuch 14 (2006).

Kasten, Tilman/Fechl, Elisabeth (Hrsg.), Heimatzeitschriften. Funktionen, Netzwerke, Quellenwert, Münster/New York 2017.

Kazda, Jan, Die Intrigen gegen die Tschechoslowakische Republik nach dem Republikschutzgesetz in der Zwischenkriegszeit, in: Jura. A Pecsi Tudomanyegyetem Allam – es Jogtudomanyi Karanak tudomanyos lapja 21 (2015).

Keller-Giger, Susanne, Carl Kostka und die Deutschdemokratische Freiheitspartei in der Tschechoslowakei der Zeit vor dem Zweiten Weltkrieg, Kulmbach 2021.

– Nicht zu Ende gedacht?! Ein Beitrag zur Sicht der deutschsprachigen Reichenberger Tagespresse auf die Situation der Sudetendeutschen in der Tschechoslowakei von 1929–1938, in: Fontes Nissae 5 (2004).

Kirsch, Paul, Das tragische Schicksal Emil Georg Fichtners, 2 Teile, in: Seifhennersdorfer Heimathefte 1 und 2, Seifhennersdorf 2005.

Kosta, Jiří, Die tschechische/tschechoslowakische Wirtschaft im mehrfachen Wandel, Münster u. a. 2005.

Krumpika, Miroslav, Die deutsche Sprache auf den Wellen des Tschechoslowakischen Rundfunks 1923–1945 und die Entstehung der Sendungen im Ausland, in: Peter Becher/Anna Knechtel (Hrsg.), Hörfunk und Hörfunkpolitik in der Tschechoslowakei und im Protektorat Böhmen und Mähren, Berlin 2017.

Küpper, René, Karl-Hermann Frank (1898–1946). Politische Biographie eines sudetendeutschen Nationalsozialisten, München 2010.

Kučera, Jaroslav, Demokratie auf Bewährungsprobe. Die Erste Tschechoslowakische Republik und ihre deutsche Minderheit 1918–1938, in: Matthias Stickler/Jaroslav Kučera/Raimund Paleczek (Koord.), Deutsche und Tschechen. Landsleute und Nachbarn in Europa, München 2018.

– Minderheit und Nationalstaat. Die Sprachenfrage in den deutsch-tschechischen Beziehungen 1918–1938, München 1999.

Lehnert, Katrin, Die Un-Ordnung der Grenze. Mobiler Alltag zwischen Sachsen und Böhmen und die Produktion von Migration im 19. Jahrhundert, Leipzig 2017.

Lemberg, Hans, Die Tschechoslowakei im Epochenjahr 1933, in: Bohemia 25 (1984).

– (Hrsg.), Grenzen in Ostmitteleuropa im 19. und 20. Jahrhundert. Aktuelle Forschungsprobleme, Marburg 2000.

Linz, Norbert, Der Aufbau der deutschen politischen Presse in der ersten Tschechoslowakischen Republik (1918–1925), in: Bohemia 11 (1970).

– Der Bund der Landwirte in der Ersten Tschechoslowakischen Republik. Struktur und Politik einer deutschen Partei in der Aufbauphase, München/Wien 1982.

Lipscher, Ladislav, Die parteipolitische Struktur der Minderheiten und ihre staatsrechtlichen Vorstellungen zur Lösung der nationalen Frage in der Tschechoslowakei (1918–1939), in: Bohemia 22 (1981).

– Verfassung und politische Verwaltung in der Tschechoslowakei 1918–1939, München u. a. 1979.

Lochner, Rudolf, Emil Lehmann. Ein Volkserzieher im deutschen Außengrenzland, in: Bohemia 6 (1965).

Lorenz, Ina/Berkemann, Jörg (Hrsg.), Die Hamburger Juden im NS-Staat 1933 bis 1938/39, Band VI, Dokumente, Göttingen 2016.

Lozoviuk, Petr, Grenzland als Lebenswelt. Grenzkonstruktionen, Grenzwahrnehmungen und Grenzdiskurse in sächsisch-tschechischer Perspektive, Leipzig 2012.

Luh, Andreas, Der Deutsche Turnverband in der Ersten Tschechoslowakischen Republik. Vom völkischen Vereinsbetrieb zur volkspolitischen Bewegung, 2. Aufl., München 2006.

– Die Deutsche Nationalsozialistische Arbeiterpartei im Sudetenland. Völkische Arbeiterpartei und faschistische Bewegung, in: Bohemia 32 (1991).

Melanová, Miloslava, Die Hauptstadt Deutschböhmens? Reichenberg zwischen 1848 und 1918, in: Kristina Kaiserová/Miroslav Kunštát (Hrsg.), Die Suche nach dem Zentrum. Wissenschaftliche Institute und Bildungseinrichtungen der Deutschen in Böhmen (1800–1945), Münster 2014.

Mertens, Adolf, Schulungslager und Lagererziehung, Dortmund 1937.

Mikota, Jana, Das Verhältnis von Deutschen und Tschechen im Grenzgebiet der 1930er Jahre, in: Renate Hennecke/Cornelia Fiedler (Hrsg.), Vom Münchner Diktat zur Nachkriegsordnung – Geschichte und ihre Instrumentalisierung in der aktuellen deutschen Politik, Hamburg 2004.

Morgenstern, Andreas, Die „Nationale Revolution" 1933 und die sudetendeutsche Presse. Die Reichenberger Zeitung – Sprachrohr der „deutschbewussten" Bevölkerung, in: Zeitschrift für Geschichtswissenschaft 69 (2021).

– Der Stuttgarter Rundfunkpionier Rudolf Formis und der Sender der Schwarzen Front in der Tschechoslowakei 1934/45, in: Peter Becher/Anna Knechtel (Hrsg.), Hörfunk und Hörfunkpolitik in der Tschechoslowakei und im Protektorat Böhmen und Mähren, Berlin 2017.

Mühldorfer, Friedbert, Kampfbund gegen den Faschismus, 1930–1933, in: Historisches Lexikon Bayerns.

Murdock, Caitlin E., Changing places. Society, Culture and Territory in the Saxon-Bohemian Borderlands, 1870–1946, Ann Arbor 2010.

Nachum, Iris, Die Deutschdemokratische Freiheitspartei in der Tschechoslowakei, in: Heuss-Forum 6/2017.

Neblich, Esther, Die Auswirkungen der Badenischen Sprachverordnung, Marburg 2002.

Němec, Mirek, Der Schulalltag in den deutschen Schulen der Tschechoslowakei (1918–1938) im Spannungsfeld zwischen Staat und Volksgruppe, in: brücken. Germanistisches Jahrbuch 12 (2004).

Nier, Thomas/Reissen-Kosch, Jana, Volkes Stimme? Zur Sprache des Rechtspopulismus, Bonn 2019.

Nittner, Ernst, Hitlers Machtergreifung und die sudetendeutsche Einigungsbewegung, in: Bohemia 25 (1984).

Oellermann, Thomas, Mehr als nur eine Partei. Die deutsche Sozialdemokratie in der Tschechoslowakischen Republik 1918–1938, Dissertation, Düsseldorf 2013.

Piňosova, Jana, Geteiltes Leben. Das sächsisch-böhmische Grenzgebiet in der Weimarer Republik, in: Konstantin Hermann/Mike Schmeitzner/Swen Steinberg (Hrsg.), Der gespaltene Freistaat. Neue Perspektiven auf die sächsische Geschichte 1918 bis 1933, Leipzig/Dresden 2019.

Prinz, Friedrich, Tschechen und Deutsche im neuen Staat: Ein Anfang mit mehreren Enden, in: Mitteilungen des Oberösterreichischen Landesarchivs, 19. Band, Linz 2000.

Rádl, Emanuel, Der Kampf zwischen Tschechen und Deutschen, Reichenberg 1928 [Neuausgabe Kulmbach 2017].

Remes, Friedrich W., Die Sorbenfrage 1918/19. Untersuchung einer gescheiterten Autonomiebewegung, Bautzen 1993.

Rexheuser, Rex, Das Schulwesen nationaler Minderheiten in Estland, Lettland, Polen und der Tschechoslowakei zwischen den Weltkriegen, in: Hans Lemberg (Hrsg.), Ostmitteleuropa zwischen den beiden Weltkriegen. Stärke und Schwäche der neuen Staaten, Marburg 1997.

Rieke, Jörg/Schuster, Britt-Marie (Hrsg.), Deutschsprachige Zeitungen in Mittel- und Osteuropa, Berlin 2005.

– /Theobald, Tina (Hrsg.), Deutschsprachige Zeitungen im östlichen Europa. Ein Katalog, Bremen 2019.

Rudiš, Jaroslav, Německy regionální tisk v Liberci v Letech 1918–1938 [Die deutsche Regionalpresse in Reichenberg in den Jahren 1918–1938], Diplomarbeit, Liberec 1994.

Sator, Klaus: Anpassung ohne Erfolg. Die sudetendeutsche Arbeiterbewegung und der Aufstieg Hitlers und Henleins 1930–1938, Darmstadt 1996.

Schellenbacher, Wolfgang, „Gewalttäter und Devisenschieber“. Die Wahrnehmung erzwungener Illegalität an der österreichisch-tschechoslowakischen Grenze vor und nach dem „Anschluss“ Österreichs, in: Bohemia 62 (2022).

Schmiechen-Ackermann, Detlef, Volksgemeinschaft: Mythos, wirkungsmächtige soziale Verheißung oder soziale Realität im Dritten Reich?: Zwischenbilanz einer kontroversen Debatte, Paderborn 2012.

Schmutzer, Reinhard, Der Wahlsieg der Sudetendeutschen Partei: Die Legende von der faschistischen Bekenntniswahl, in: Zeitschrift für Ostforschung 41 (1992).

Schönborn, Sibylle (Hrsg.), Grenzdiskurse. Zeitungen deutschsprachiger Minderheiten und ihr Feuilleton in Mitteleuropa bis 1939, Essen 2008.

Schoeps, Julius H., Der ungeliebte Außenseiter. Zum Leben und Werk des Philosophen Theodor Lessing, in: Walter Grab/Julius H. Schoeps (Hrsg.), Juden in der Weimarer Republik, Darmstadt 1998.

Schulze Wessel, Martin, „Loyalität" als geschichtlicher Grundbegriff und Forschungskonzept: Zur Einleitung, in: ders. (Hrsg.), Loyalitäten in der Tschechoslowakischen Republik. Politische, nationale und kulturelle Zugehörigkeiten, München 2004.

Seibt, Ferdinand, Deutschland und die Tschechen. Geschichte einer Nachbarschaft in der Mitte Europas, 3. Aufl., München/Zürich 1997.

– Unterwegs nach München. Zur Formierung nationalsozialistischer Perspektiven unter den Deutschen in der Tschechoslowakei 1930–1938, in: Robert Luft u. a. (Hrsg.), Deutsche, Tschechen, Sudetendeutsche. Analysen und Stellungnahmen zu Geschichte und Gegenwart aus fünf Jahrzehnten, München 2002.

Sláma, Jiří/Kaplan, Karel, Die Parlamentswahlen in der Tschechoslowakei 1935–1946–1948. Eine statistische Analyse, München 1986.

Slapnicka, Helmut, Die Grundrechte des geistigen Lebens und die Zensur, in: Karl Bosl/Ferdinand Seibt (Hrsg.): Kultur und Gesellschaft in der Ersten Tschechoslowakischen Republik, München 1982.

Smelser, Ronald M., Die Henleinpartei. Eine Deutung, in: Karl Bosl (Hrsg.), Die erste Tschechoslowakische Republik als multinationaler Parteienstaat, München u. a. 1979.

– Die SHF/SdP – 1933–1938, in: Hans-Henning Hahn (Hrsg.), Hundert Jahre sudetendeutsche Geschichte. Eine völkische Bewegung in drei Staaten, Frankfurt a. M. 2007.

Steinberg, Swen, „Karl Herschowitz kehrt heim". Der Schriftsteller-Journalist Edgar Hahnewald zwischen sächsischer Identität und der Heimat im Exil, Berlin 2016.

Stickler, Matthias, Von der alteuropäischen Universitas zum ethnisch-nationalen akademischen Schisma. Die böhmischen Länder als Bildungsraum (1848–1945), in: ders./Jaroslav Kučera/Raimund Paleczek (Hrsg.), Deutsche und Tschechen. Landsleute und Nachbarn in Europa, München 2019.

Suchomel, Reinhard, Die deutsche Minderheit in Ostböhmen. Sonderfall Schatzlar, Dissertation, Wien 2017.

Suppan, Arnold, Hitler – Benesch – Tito. Konflikt, Krieg und Völkermord in Ostmittel- und Südosteuropa, Wien 2014.

Šebek, Jaroslav, Zwischen Kreuz und Nation: Das politische Umfeld des sudetendeutschen Katholizismus in der zwischenkriegszeitlichen Tschechoslowakei, Berlin u. a. 2010.

Ther, Philipp, Die dunkle Seite der Nationalstaaten. „Ethnische Säuberungen" im modernen Europa, Bonn 2012.

Toivanen, Reeta, Minderheitenrechte als Identitätsressource? Die Sorben in Deutschland und die Saamen in Finnland, Hamburg 2001.

Tóth, Andrej/Novotný, Lukáš/Stehlík, Michal, Deutsche, Ungarn und Slowaken in der Tschechoslowakei zwischen den Weltkriegen. Ein Beitrag zur Geschichte der ersten Tschechoslowakischen Republik, in: West Bohemian Historical Review 1 (2011).

Vierling, Birgit, Kommunikation als Mittel politischer Mobilisierung. Die Sudetendeutsche Partei (SdP) auf ihrem Weg zur Einheitsbewegung in der Ersten Tschechoslowakischen Republik (1933–1938), Marburg 2014.

Weger, Tobias, Das Konzept der „Volksbildung". Völkische Bildung für die deutschen Minderheiten, in: Cornelia Eissler/Silke Götsch-Elten (Hrsg.), Minderheiten im Europa der Zwischenkriegszeit. Wissenschaftliche Konzeptionen, mediale Vermittlung, politische Funktion, Münster 2017.

– „Volkstumskampf" ohne Ende? Sudetendeutsche Organisationen 1945–1955, Frankfurt a. M. 2008.

Wohlfeldt, Udo, Der Fall Worch – eine Familie wird vernichtet. Mutter und Tochter als Geiseln im KZ Bad Sulza, in: ders./Peter Franz (Hrsg.), gefangen im netz. Die Konzentrationslager in Thüringen 1933–1945, Weimar 2000.

Wolf, Andreas, Das Egerland in der Tschechoslowakei. Politik und kollektive Erinnerung in einer ehemaligen Reichspfandschaft, in: Bohemia 41 (2000).

Zimmermann, Marco, Die Wahlkampagne der Sudetendeutschen Partei 1935, in: Střed. Časopis pro mezioborová studia Střední Evropy 19. a 20. století / Centre. Journal for Interdisciplinary Studies of Central Europe in the 19th and 20th Centuries 6 (2014).

Zvánovec, Mikuláš, Karrieren von Parlamentariern der Sudetendeutschen Partei. Eine gruppenbiographische Untersuchung, in: Bohemia 57 (2007).

Personenregister

Ortsverzeichnis

In der *Reichenberger Zeitung* verwendeter Name	Heutiger tschechischer Name
Abbazia (HR)	
Aich	Doubí
Albrechtsried	Albrechtice
Althabendorf	Stráž nad Nisou
Annaberg (D)	
Arnau	Hostinné
Asch	Aš
Aue (D)	
Augsburg (D)	
Auschowitz	Úšovice
Aussig	Ústí nad Labem
Bad Schandau (D)	
Bärenstein (D)	
Bärn	Moravský Beroun
Bautzen (D)	
Bayerisch Eisenstein (D)	
Bensen	Benešov nad Ploučnicí
Berlin (D)	
Bilin	Bílina
Bodenbach	Podmokly
Böhmisch Aicha	Český Dub
Böhmisch Hammer	České Hamry
Böhmisch Leipa	Česká Lípa
Bozen (I)	

In der *Reichenberger Zeitung* verwendeter Name	**Heutiger tschechischer Name**
Braunau	Broumov
Breslau (PL)	
Brünn	Brno
Brüx	Most
Buchau (PL)	
Chemnitz (D)	
Cimitz	Čimice
Cottbus (D)	
Cranzahl (D)	
Crimmitschau (D)	
Czernowitz (PL)	
Dachau (Konzentrationslager) (D)	
Dauba	Dubá
Dessau (D)	
Deutsch-Gabel	Jablonné v Podještědí
Deutsch-Gießhübel	Vyskytná nad Jihlavou
Dotterwies	Tatrovice
Dresden (D)	
Dux	Duchcov
Ebersbach (D)	
Ebersdorf	Habartice
Ehlbogen	Loket
Eichwald	Dubí
Eger	Cheb
Einsiedel	Mnichov u Mariánských Lázní
Engelsberg	Andělská Hora
Falkenau	Sokolov
Ferdinandsthal	Ferdinandov
Franzensbad	Františkovy Lázně
Freiberg (D)	

In der *Reichenberger Zeitung* verwendeter Name	Heutiger tschechischer Name
Friedland	Frýdlant v Čechách
Fulnek	Fulnek
Gablonz	Jablonec nad Nisou
Genf (CH)	
Glatz (PL)	
Görlitz (D/PL)	
Görkau	Jirkov
Gottesgab	Boží Dar
Gradno (SLO)	
Gräfenberg	Lázně Jeseník
Grafenried	Lučina
Graslitz	Kraslice
Graupen	Krupka
Groß-Lesnow	Hrubý Lesnov
Großdorf	Velká Ves
Großrückerswalde (D)	
Grottau	Hrádek nad Nisou
Grulich	Králíky
Grünthal	Zelený Důl
Grünwald	Pastviny
Haida	Nový Bor
Haindorf	Hejnice
Hannover (D)	
Haselbach	Lísková
Haslau	Hazlov
Hermsdorf	Heřmanice v Podještědí
Hinterdaubitz	Zadní Doubice
Hinterhermsdorf (D)	
Hohenelbe	Vrchlabí
Hohnstein (Konzentrationslager) (D)	

In der *Reichenberger Zeitung* verwendeter Name	Heutiger tschechischer Name
Hradzen	Hradce
Iglau	Jihlava
Ilmenau (D)	
Jüdendorf	Přítkov
Jungbunzlau	Mladá Boleslav
Kaden	Kadaň
Kaiserswalde	Císařský
Kallich	Kalek
Karlsbad	Karlovy Vary
Klösterle an der Eger	Klášterec nad Ohří
Köln (D)	
Komotau	Chomutov
Königgrätz	Hradec Králové
Königsmühle	Králův mlýn
Kratzau	Chrastava
Kropitz	Crapicz
Krummau	Český Krumlov
Kukan	Kokonín
Labau	Hutí
Landskron	Lanškroun
Langewiesen (D)	
Langugest	Jenišův Újezd
Laun	Louny
Lauterbach	?
Leipnik	Lipník nad Bečvou
Leipzig (D)	
Leitmeritz	Litoměřice
Leutschau (SK)	Levoča
Lichtenstadt	Hroznětín
Linz (A)	

In der *Reichenberger Zeitung* verwendeter Name	**Heutiger tschechischer Name**
Löbau (D)	
Lobositz	Lovosice
Lochtschitz	Lochočice
Loosdorf	Ludvíkovice
Löwenberg (PL)	
Machendorf	Machnín
Magdeburg	
Mährisch Neustadt	Uničov
Mährisch Schönberg	Šumperk
Mährisch Weißkirchen	Hranice
Mailand (I)	
Manchester (GB)	
Marienbad	Mariánské Lázně
Markneukirchen (D)	
Markt Eisenstein	Železná Ruda
Mautzendorf	Mutkov
Meistersdorf-Ullrichtsthal	Nový Oldřichov
Melnik	Mělník
Moldau	Moldova
Morchenstern	Smržovka
Moskau (RUS)	
München (D)	
Neu-Paulsdorf	Nové Pavlovice
Neugersdorf (D)	
Neuhausen (D)	
Neusattl	Nové Sedlo
Neustadt an der Tafelfichte	Nové Město pod Smrkem
New York (USA)	
Nieder-Georgenthal	Dolní Jiřetín
Niederzwönitz (D)	

In der *Reichenberger Zeitung* verwendeter Name	**Heutiger tschechischer Name**
Nieder Einsiedel	Dolní Poustevna
Niedergrund	Dolní Žleb
Niederlichtenwalde	Dolní Světlá
Niemes	Mimoň
Nixdorf	Mikulášovice
Ober Berzdorf	Horní Suchá
Ober Lohma	Horní Lomany
Oberleutensdorf	Horní Litvínov
Oberpolaun	Horní Polubný
Oberwiesenthal (D)	
Oderberg	Bohumín
Olmütz	Olomouc
Oschitz	Osečná
Osegg	Osek
Oybin (D)	
Pankratz (Gefängnis)	Pankrác
Pardubitz	Pardubice
Paris-St. Germain (F)	
Philippsdorf	Filipov
Philippshütte	Filipova Hut
Pilsen	Plzeň
Pirkenhammer	Březová
Podersam	Podbořany
Postelberg	Postoloprty
Prag	Praha
Preßburg (SK)	Bratislava
Preßnitz	Přísečnice
Prichowitz	Příchovice
Reichenberg	Liberec
Rosenthal	Růžodol

In der *Reichenberger Zeitung* verwendeter Name	**Heutiger tschechischer Name**
Rudig	Vroutek
Rumburg	Rumburk
Saarbrücken (D)	
Saaz	Žatec
Sachsenburg (Konzentrationslager) (D)	
Salzburg (A)	
Sarajevo (BiH)	
Schanz	Valy
Schluckenau	Šluknov
Schmiedeberg (D)	
Schönlinde	Krásná Lípa
Schönficht in Kaiserwald	Smrkovec
Schreckenstein	Střekov
Schüttenhofen	Sušice
Schwarzenberg (D)	
Sebnitz (D)	
Seestadtl	Ervěnice
Seidenberg (PL)	
Seifhennersdorf (D)	
Slap	Slapy
Sohland (D)	
Spansdorf	Lipová
St. Katarinaberg	Hora Svaté Kateřin
Staab	Stod
Starkenbach	Jilemnice
Stefanau	Štěpánov
Sternberg	Šternberk
Stirbitz	Štrbice
Swarow	Svárov
Tannwald	Tanvald

In der *Reichenberger Zeitung* verwendeter Name	**Heutiger tschechischer Name**
Teplitz-Schönau	Teplice
Teschen	Český Těšín
Tetschen	Děčín
Theresienstadt	Terezín
Tiefenbach	Hluboká
Tirschenreuth (D)	
Trautenau	Trutnov
Troppau	Opava
Turnau	Turnov
Tuschkau	Město Touškov
Waldsassen (D)	
Waltersdorf (D)	
Warnsdorf	Varnsdorf
Wartenberg	Stráž pod Ralskem
Wegstädtl	Štětí
Weigsdorf	Višňová
Weipert	Vejprty
Weißbach	Bílý Potok
Wien (A)	
Wilhelmshaven (D)	
Wisterschan	Bystřany
Wurzelsdorf	Kořenov
Wurzen (D)	
Zinnwald	Cínovec
Zittau (D)	
Znaim	Znojmo
Zwickau	Cvikov